Goldmann Sachbuch

Döblers Kultur- und Sittengeschichte der Welt umfaßt folgende Bände:

Eros, Sexus, Sitte
Stadt, Technik, Verkehr
Kochkunst, Tafelfreuden, Eßkultur
Kleidung, Mode, Schmuck
Schrift, Buch, Wissenschaft
Magie, Mythos, Religion
Handwerk, Handel, Industrie
Spiel, Sport, Kunst
Herrschaft, Recht, Krieg
Jäger, Hirten, Bauern

HANNSFERDINAND DÖBLER

Döblers Kultur- und Sittengeschichte der Welt

Sport Spiel Kunst

Mit 32 Farb- und Schwarzweiß-Tafeln

Wilhelm Goldmann Verlag

BILDNACHWEIS

Bayer. Staatsbibliothek, München (165); Verlagsgruppe Bertelsmann, Bildarchiv (56, 70, 208); Bildarchiv Foto Marburg (40); British Museum, London (55); Deutsches Archäologisches Institut, Athen (61); Deutsche Fotothek, Dresden (149); Giraudon, Paris (87, 161); Hirmer Fotoarchiv, München (53, 205); Holle Bildarchiv, Baden-Baden (204); Louvre, Paris (166); Martin-v.-Wagner-Museum, Würzburg (52); Matzkowski, Aachen (104); The Metropolitan Museum of Art, New York (207); Österreichische Nationalbibliothek, Wien (142, 168, 201, 202, 203, 227); H. Papadakis, Athen (50); Radio Times Hulton Picture Library, London (206); Rietberg-Museum, Zürich (13); Scala, Antella (51, 89, 90, 91, 96, 162, 163, 164); Presse-Foto Seeger, Ebingen (75); Staatsbibliothek, Preußischer Kulturbesitz, Berlin (49, 129, 132, 180, 191); W. Steinkopf, Berlin (115); D. H. Teutten, Harsewinkel (31); Theatermuseum, München (167); Unesco, Paris (92, 94); Universitätsbibliothek, Heidelberg (93); Victoria & Albert Museum, London (171); Wallraf-Richartz-Museum, Köln (95).

Made in Germany · 8/78 · 1. Auflage · 116

Umschlagentwurf: Creativ Shop, A. + A. Bachmann, München. Umschlagbild: »Zwei Tänzerinnen«, Gemälde von Edgar Degas (Ausschnitt), Agentur Preiss & Co, Albaching. Druck: Presse-Druck Augsburg · Verlagsnummer: 11172 · Schulte/Ernst
ISBN 3-442-11172-2

Inhalt

Vorwort

Kunst wird definiert als die gestaltende Tätigkeit des schöpferischen Menschengeistes in Architektur, Plastik, Malerei, Graphik, Kunsthandwerk, aber auch in Musik, Dichtung, Theater, Tanz. Sie werde, so heißt es, oft im Gegensatz zur Natur gesehen oder auch zum Handwerk. Mit Sport hingegen bezeichnet man laut Lexikon eine körperliche Tätigkeit, die um ihrer selbst willen ausgeübt werde, und zwar aus Freude an der Überwindung von Schwierigkeiten und meist unter Anerkennung bestimmter Regeln. Auf den ersten Blick scheinen so verschiedene menschliche Tätigkeiten wie die des Gestaltens und die, die körperlich um ihrer selbst willen ausgeübt werden, nichts miteinander zu tun zu haben. Dennoch ergeben sich gewisse Berührungspunkte. Einmal ist sehr fraglich, ob nicht auch die schöpferische Tätigkeit um ihrer selbst willen ausgeübt wird, und zweitens unterliegt auch sie gewissen Regeln, ganz ähnlich wie beim Sport, nur daß sie im Bereich der Kunst vor allem ästhetischer Art sind.

Der Schlüssel, der das Verständnis zu beiden Bereichen öffnet, ist der Begriff des Spieles, von dem es heißt, er bezeichne jede Tätigkeit, die lediglich »aus Freude an ihr selbst« geschehe und keine praktische Zielsetzung habe. Der Rückgriff auf die kulturgeschichtliche Ahnenreihe der Künste und Spiele zeigt, daß sie alle sich zuerst im kultischen Bereich manifestieren, daß aber mit solchen Zwecken allein das Wesen der Künste und Spiele nicht ausreichend erklärt ist. Man weiß, daß auch das Tier spielen kann; man kennt gewisse Funktionen des Spieles, z. B. daß es Spannungen abreagiert, die sich beim Individuum wie bei ganzen Gesellschaften angestaut haben. Die griechischen Mysterienspiele oder die römischen Bacchanalien etwa haben nicht nur die Aufgabe, etwas darzustellen, sondern auch, verdrängte Triebe abzureagieren – und kein anderes Ziel hat das Kampfspiel mit dem Stier oder das aztekische Spiel mit dem Ball, der die Sonne bedeutet.

Dort, wo der Mensch der jägerischen Urzeit sich von den Zufällen der Natur zu befreien bemühte und eine sichere Welt zu schaffen versuchte, in der die Not durch den Überfluß an Nahrung gebannt war, erlosch allmählich die magische Beziehung zum Tier und wurde durch die kosmische Beziehung zu Himmel und Erde ersetzt. Und wie vorher der Tanz der Jäger als die erste kollektive Form der Darstellung eingeübt war, oft als Nachahmung tierischen Verhaltens, wurden nun im Spiel Sonne und Erde dargestellt, die himmlische Hochzeit, man beschwor mit Worten die Götter. Tanz, Dichtung, Schauspiel sind aus solchen Ursprüngen gewachsen und in nur wenigen Jahrtausenden zu selbständigen Kunstformen geworden, nicht mehr vollkommen zweckfrei in ihrer Substanz und doch noch immer eine Art Spiel des selbstvergessenen Menschengeistes.

In diesen frühen Kulturschichten wurzeln aber nicht nur die Musik und die Tragödie, die bildende Kunst und viele Wettkämpfe, sondern auch solche Spiele, die heute nur noch der Geselligkeit dienen. So ist das Kartenspiel in Europa einige Jahrhunderte lang nur als Orakel befragt worden, ehe es zum Tarock oder Skat wurde, und hat damit seine wahre Natur gezeigt. Die Spielkarte kommt aus China, sie ist eine Art Dominostein aus Papier, und diese Steine wiederum, flache Elfenbeinplättchen, sind Überbleibsel jener Orakelstäbe, die man warf, um die Zukunft zu erforschen. Die direkte Antwort der Götter, wie beim Orakel zu Delphi, erhielt man selten, also bediente man sich im wörtlichen Sinne des Zufalls – man warf das Los, die Stäbe, den Würfel, so offenbarte sich die Zukunft in einem spielerischen Moment.

Die Kunstgeschichte der bildenden Künste ist, grob gerechnet, 200 Jahre alt, die Archäologie gibt es seit der Renaissance. Daß man heute einen griechischen Torso, eine afrikanische Plastik, eine mexikanische Maske als Kunst erlebt, ist nicht selbstverständlich, wie der Begriff des Schönen selbst nicht selbstverständlich ist. In keiner Epoche der Menschheit haben die verschiedenen Kulturen so enge Berührung gehabt wie heute, ist die Bereitwilligkeit, das Fremde aufzunehmen und zu verstehen, so groß gewesen. Zugleich aber ist die Ratlosigkeit und Ohnmacht gegenüber der Kunst in allen ihren Ausprägungen gewachsen. Es scheint, als sei selbst in die schöpferische Betätigung des menschlichen Geistes ein Leistungszwang eingedrungen, der sich an der Originalität statt am Spiel orientiert. Die industrielle Gesellschaft, welche Form sie auch haben mag, spiegelt sich in ihren Künsten nicht anders als die frühen Agrargesellschaften, als die Hofgesellschaft des Barock.

Der vorliegende Band, in dem solche Beziehungen nur angedeutet werden können, versucht den Blick zu öffnen für die Voraussetzungen schöpferischen Gestaltens, gelegentlich auch in seinen bizarren Formen. Es konnte nicht die Aufgabe dieses Buches sein, die Künste und Körperspiele aller Völker der Menschheit umfassend darzustellen. Manche einzelnen Aspekte lassen sich aber in ganz verschiedenen Kulturen nachweisen, auch gibt es soziologische Muster, die nicht einmalig sind, sondern häufiger wiederkehren. Das Verhältnis der Macht zur Kunst bleibt sich gleich in China wie im Reich des Inka, und anfangs verfügt nur der Gottkönig über jenen materiellen Überschuß, der sich in »Kunst« umsetzt, oder auch eine Priesterkaste als Stellvertreterin göttlicher Macht. Zwar sind auch im Urwald des Kongo oder auf den Inseln Neuguineas fabelhafte Masken, Statuen oder Idole geschaffen worden, die uns als »Kunst« erscheinen, doch ist nur in der chinesisch-japanischen und in der europäischen Kunst die Individualität des Künstlers anerkannt worden – man kennt weder aus dem altägyptischen noch aus dem mesopotamischen Kulturkreis den Namen auch nur eines einzigen Künstlers, von den Naturvölkern ganz zu schweigen. Aus diesem Grunde ist der europäischen Kunst ein breiterer Raum eingeräumt worden, vor allem den Anfängen, denn aus ihrer auch soziologisch bedingten Entwicklung ergibt sich zwingend, was heute an Formen gleichsam gegen die Kunst geschaffen wird. Daß ein Mensch Kunststoff schäumen läßt, ein Gemetzel mit Tierkadavern veranstaltet, sich in einen Käfig sperrt, mag dem entsetzten Zeitgenossen keineswegs als Kunst erscheinen, und doch ist auch dies nur ein Spiel, freilich eines, das einer historisch ableitbaren Bildungswelt entgegengesetzt wird als ein Versuch, auch heute, am Ende dieses Jahrtausends, einen Spielraum für Ursprüngliches zu gewinnen und Spannungen abzureagieren.

Ursprung der Kunst

Musik und Kosmos

Bis zum Jahre 1912 gab es im kaiserlichen China ein »Ministerium der Gesetze, die im Großen All wurzeln«. Über Jahrtausende hinweg war es Aufgabe dieses Ministeriums, die Einhaltung der Maßnormen für Musikinstrumente zu überwachen, und seine Entstehung beruht auf der Überzeugung, daß der Kosmos und damit auch die irdische Welt in Unordnung geraten müssen, wenn die Instrumente nicht »stimmen«. In einem mythischen Gedicht aus der Zeit der Tschou (ca. 1050–256 v. Chr.) ist von einem Musikmeister Kue die Rede, der Klingstein und Zither schlägt, während ihm die Väter und Ahnen im Saal lauschen. Draußen auf dem Hof hört man Flöte und Trommel, und Klapper und Rassel werden bewegt. Abwechselnd erklingen Panflöten und Glocken, und alle Tiere drängen sich herbei, um die heilige Musik zu hören, während das Phönixpaar feierlich umherschwebt. Dieses Phönixpaar, oft auch nur als ein einziger Phönix (chinesisch: fong huang) bezeichnet, hat ein fünffarbiges Gefieder und verkörpert fünf Haupttugenden, zugleich aber regiert es die Töne der heiligen Musik und das Reich der Vögel. Mit dem ägyptischen Sagenvogel hat dieser Phönix nur gemein, daß sein Name in die europäischen Sprachen mit demselben Wort übersetzt worden ist, das man aus der ägyptischen Mythologie kennt.

Dieser uralte chinesische Text ist sehr aufschlußreich, denn er führt unmittelbar an die Ursprünge der Musik – dorthin, wo die Geschichtslosigkeit beginnt, weil keine Zeugnisse mehr über sie Aufschluß geben können. Es werden die ältesten Instrumente erwähnt, aber schon in dem bestimmten Zusammenhang einer kultischen Bedeutsamkeit. Die Anfänge der Musik reichen offensichtlich noch viele Jahrhunderte oder Jahrtausende weiter zurück. Auch wird von dieser Musik gesagt, daß sie heilig sei, und heilig ist sie, weil sie sich auf dem Fünftonsystem aufbaut. Hier wird das Geheimnis des Großen Alls berührt, denn es ist die Überzeugung des Taoisten, daß die Erde in allen ihren Zusammenhängen von einer Gesetzmäßigkeit bestimmt werde, welche auf der Zahl Fünf aufgebaut ist. So gibt es fünf Elemente, nämlich Erde, Holz, Metall, Feuer und Wasser, man begreift sie als Manifestationen von Yin und Yang, vom Prinzip des Dualismus zwischen Himmel und Erde, vom männlichen und weiblichen Existieren. Die kosmische Fünfzahl wurde zu einer ganzen Theorie ausgearbeitet, die Farben und Eigenschaften, Himmelsrichtungen und Dynastien zu einem harmonischen Ganzen zusammenfügte.

Der Musik fiel in diesem System eine beherrschende Rolle zu, weil sie dieses Ordnungsprinzip am reinsten veranschaulichte. Die Fünfzahl wurde auch verwandt, um die Töne einer Flöte oder eines Saiteninstrumentes zu ordnen, damit es sich im Einklang mit dem Kosmos befand. Man legt die Intervalle bekanntlich fest, indem man bei Saiteninstrumenten die Saiten durch Abgreifen verkürzt, bei Blasinstrumenten die Luftsäule verkleinert. Um die Tonabstände festlegen zu können, braucht man aber einen Grundton, und es wäre denkbar, daß die verschiedenen uralten Hochkulturen, unbeeinflußt voneinander, von ganz unterschiedlichen und willkürlichen Grundtönen ausgegangen sind. Der Grundton dieses Tonsystems bei der Panpfeifen- und Xylophonstimmung ist aber im China der Tschou-Dynastie derselbe wie im frühen Ägypten und bei den Sumerern, wie bei einigen Naturvölkern Afrikas und der Südsee und sogar wie bei einigen Völkern Südamerikas, nämlich Fis. Dieser Ton wird gewonnen, wenn man eine genau 23 cm lange Flöte anbläst. Bemerkenswerterweise ist dies die Länge des altchinesischen Fußes, der zum altsumerischen Fuß in einer festen Beziehung steht (Dittmer). Das gleiche gilt für die jüngeren Prinzipien der Saitenlängen und Grifflochabstände der Flöten und Schalmeien, für die ebenfalls die metrischen, nicht musikalischen Maße der alten Hochkulturen verwendet worden sind.

Hinter solchen dürren wissenschaftlichen Feststellungen, die eine geradezu kriminalistische Ermittlungsarbeit voraussetzen, verbergen sich Vorgänge, die man heute nur noch ahnen kann. Schon die Herstellung einer Flöte oder Trommel muß in den alten Kulturvölkern, wie dies heute noch bei den Naturvölkern der Fall ist, ein Vorgang von großer Bedeutsamkeit gewesen sein, weshalb nur besondere Menschen mit geheimer Kenntnis, die gewisse Tabus und Vorschriften streng beachten, ein solches Instrument herstellen können. Töne bedeuten nämlich für die Menschen der frühen Kulturen und für die Angehörigen der Naturvölker etwas völlig anderes als die Musik einem Konzertbesucher. Der Klang ist, so glauben sie, der Leib des Unsichtbaren. Alle Kräfte, die in der Welt wirken, alle Götter und Geister, alle Dämonen und selbst die magischen Sprüche sind im Grunde ihres Wesens akustischer Natur, und um in Verbindung mit ihnen zu gelangen, muß man sie mit Tönen beschwören, erst dann werden sie »hörbar« und damit zugänglich.

Wo in den Mythen der Naturvölker der Anfang aller Dinge aus dem Nichts beschrieben wird, da gibt es fast immer etwas, das zu hören ist, ein Hauch oder ein Ruf, ein Singen, ein Sprechen oder ein Donner, als die eigentliche Ursache der Weltentstehung. Selbst in der Bibel heißt es ja, daß am Anfang das Wort gewesen sei, eine vergeistigte Form des bloßen Anrufes. »Wie ein Baum« wächst dieser Klang aus dem Urabgrund, dem Mund des Schöpfers, und verwandelt sich gegen Morgen in der Dämmerung des heraufziehenden Tages in ein leuchtendes Lied. Gelegentlich wird dieser lebenschaffende Weckruf durch eine singende Feder, einen singenden Faden oder Musikinstrumente dargestellt, und es gehen aus ihm klingende Urbilder hervor, die, in die Welt entlassen, zu Stein erstarren. Nun besteht die Gefahr, daß die tönende Brücke zwischen der Erde und dem Himmel zusammenbricht, daß die große Stille alles erstickt. In diesem Augenblick erscheint in den Mythen häufig ein Gott, der den singenden Baum oder einen höhlenreichen Berg erschuf, um Erde und Himmel wieder zu versöhnen: Diese Höhle ist die Resonanzhöhle, und das Musikinstrument, etwa eine Trommel, wird zu ihrem Abbild. So wird verständlicher, daß ein Trommelmacher, der auf Wunsch des Häuptlings eine neue große Schlitztrommel herstellt, eine bestimmte Frist von

Chinesisches Frauenorchester *und eine Tänzerin. Als Instrumente sind erkennbar: eine Trommel, verschiedene Arten von Flöten und ein mandolinenartiges Saiteninstrument. Die glasierten Terrakotta-Figuren aus dem 6. oder frühen 7. Jh. waren als Grabbeigaben gedacht. Rietbergmuseum, Zürich.*

Tagen fastet, bevor er mit seinem Gehilfen das Werk beginnt, daß er mit großer Sorgfalt den Baum, der gefällt werden muß, nicht nur nach praktischen Erfordernissen, sondern auch magischen Gesichtspunkten aussucht und daß die ganze Bewohnerschaft des Dorfes mit heiliger Scheu das Gelingen der Arbeit verfolgt. Es hängt von einem solchen Manne zu viel ab, als daß man es sich leisten könnte, auch nur eine einzige der uralten heiligen Vorschriften zu übersehen, denn Himmel und Erde sind nur versöhnt, wenn die Trommel stimmig ist.

Bei vielen Naturvölkern ist die spezifische innerste Substanz jeden Wesens demnach musikalischer Art, weshalb sie auch nur musikalisch wirksam gemacht werden kann. Wer den klingenden Rhythmus eines Wesens besitzt, wer sich musikalisch durch Gesang oder Ruf, durch Trommelschlag oder Rasseln und Flöten mit jener musikalischen Substanz identifizieren kann, der hat auch Macht über sie. Ebendeshalb hat die Schamanentrommel eine so große Bedeutung. Der Zauberer, der so vieler Verwandlungskünste fähig ist, benutzt die Töne wie ein Reittier oder wie Fahrzeuge, denn gute, kräftige Melodien sind wie »Fahrzeuge« starker Geister oder sind sogar diese Geister selbst. Daher singt oder spielt der Schamane nicht, sondern er »transportiert« die Melodie, um die Kraft des Geistes in Fluß zu halten.

Beim Menschen ist nach Ansicht vieler Naturvölker die musikalische Substanz besonders differenziert, und sein innerstes, unverwechselbares Wesen drückt sich aus in einem »Eigenton«, der auch nach dem körperlichen Tod seines Trägers nicht vergeht. Es scheint, als habe die christliche Auffassung von der Auferstehung und den himmlischen Chören, zu denen der gereinigte und erlöste Mensch stößt, hier ihre tiefste Wurzel. Bei einigen Naturvölkern wird dem Neugeborenen ein sogenanntes »Namenlied« verliehen, ein ganz persönliches und nicht übertragbares Lied, das den individuellen Rhythmus des neuen Wesens ausdrückt. Es darf und kann von keinem anderen Menschen gesungen werden. Nur bei der Totenfeier für den Verstorbenen ist es den nächsten Anverwandten erlaubt, eine Nachahmung des Liedes zu versuchen, um sein Wesen zu vergegenwärtigen.

Das Eigentumsrecht an einem Gesang wird aber nicht nur dort anerkannt, wo es um die individuelle Substanz eines Menschen geht. Weil Lieder nicht nur Melodien, sondern Kräfte sind, gibt es keine menschliche Tätigkeit, die bei den Naturvölkern nicht mit Liedern vorbereitet oder gefördert, begleitet oder abgeschlossen würde. Eng verschwistert mit diesen Liedern ist freilich der Tanz als die noch ältere expressive Lebensäußerung des Menschen. Die Entladung seelischer Spannung im magischen Tanz, der den Anlaß dieser Spannung manifestiert, scheint zu den ältesten Ausdrucksformen zu gehören: Kriegstänze und Jagdtänze, Liebestänze und Ahnentänze repräsentieren den kulturellen Besitz des Stammes, wobei Musik, Dichtung, künstlerische Techniken etwa in der Maske und Kleidung bedeutungsvoll zu einem »Gesamtkunstwerk« verschmelzen. Die Sehnsucht nach einer Zusammenfassung aller Künste begleitet denn auch den Weg der darstellenden Künste in den Hochkulturen, und wenn sie die Mythen und Kulte hinter sich gelassen haben, taucht sie als ästhetische Theorie besonders fortschrittlicher Künstler wieder auf, gleichsam auf einer anderen, begrenzteren Stufe.

Nicht jedes Lied, jede Melodie kann aber von jedem gesungen werden, dem sie gerade in den Sinn kommen. Es gibt in der Südsee Stämme, etwa in Neu-Britannien, bei denen das Recht, eine Melodie nachzusingen, regelrecht verkauft wird. Das gilt vor allem für Lieder, die auf Singwettstreiten geschaffen worden sind, um eine Sentenz oder ein Erlebnis in packender Form darzustellen. Bei vielen Naturvölkern gibt es nämlich bereits eine ziemlich deutliche Scheidung in höhere und niedere Musik: Die Schamanen und Zauberer beherrschen die Totengesänge, sie regieren das Leben des Stammes mit Spott- und Lobgesängen und rufen bei Krankheit und Not die Geister. Wie man den Regentanz richtig durchführt oder den Bärentanz, wissen sie besser als jeder andere, und ihre Musik ist stets, auch in ihrer spielerischsten Form, mit der Geisterwelt verbunden. Auch bei denen, die beim Singwettstreit auftreten, kann dies der Fall sein, wenn die Kraft des Liedes die Anwesenden bewegt, aber im allgemeinen überwiegt doch die amüsante Seite dieser Produktion. Diese Trennung, in Tragödie und Komödie, in Drama und Burleske, in hohe und niedere Minne, in Ritter und Knappe, in Dame und Zofe, bis ins Rollenspiel des europäischen Theaters durchgehalten, zeichnet sich demnach schon in den frühen Kulturstufen ab und spiegelt schon hier die gesellschaftliche

Schichtung wider, die der Ausdruck von verschiedenartiger Verantwortlichkeit gegenüber der Gesellschaft ist.

Man muß sich das Leben eines Stammes in dem unwirtlichen Bergland von Neuguinea, in den eisigen Tundren Sibiriens oder im Regenwald am Amazonas mit seiner Mühsal, seinem täglichen Kampf um Nahrung und seinen niemals endenden angstvollen Spannungen vergegenwärtigen, um zu verstehen, was es bedeutet, wenn alle, im Kreis um einen Vorsänger oder Vortänzer geschart, mit eigenen Augen sehen, mit eigenen Ohren hören, wie die Götter die Menschen geschaffen haben, wie die Geister reden, wie der heilige Ahn seine Weisungen an die Nachkommen gab. Die Schrecken der Dürre oder einer großen Flut, die Spannungen der Jagd auf den zottigen Riesen, den Bären, oder auf den Walfisch entladen sich in Schilderungen, die alle verstehen, weil sie alle mit Leib und Seele an Melodie und Rhythmus der Jagd teilhaben. Keine andere Art gibt es, die Erinnerung an die Ahnen wachzuhalten, den Verbrecher dem Spott des Stammes preiszugeben, den ruhmreichen Häuptling zu feiern, als diese Form, mit der nicht etwa etwas dargestellt, sondern etwas belebt und erlebt wird.

Man vermutet, daß überhaupt Sprache ursprünglich weitaus musikalischer gemeint gewesen ist, als unser rationalistisches Denksystem sich träumen läßt. Man kann noch heute beobachten, wie sich Jäger oder Fischer vorwiegend durch Zeichen verständigen, wie Menschen, die hart arbeiten und in begrenztem Umkreis existieren, zur Wortkargheit neigen. Für den Gesang, für den Orakelspruch, für das Rezitativ des Schamanen war Sprache der Leib der magischen Kräfte, und auch wenn sie profan gebraucht wurde, enthielt sie musikalische Elemente ihrer besonderen Bestimmung. Damit soll nicht gesagt sein, daß Sprache sich allein aus musikalisch-rhythmischer Beschwörung gebildet hätte, doch ist ihre Beziehung zu diesem Bereich unverkennbar. In den siamesisch-chinesischen Sprachen wie bei vielen Negersprachen des Sudans ist die Musikalität, die Tonhöhe des Sprachansatzes, von entscheidender Bedeutung für das Verständnis des Gesagten. Vor diesem Hintergrund erscheinen die »Trommelsprachen« der Urwaldvölker in Afrika, Melanesien und im Amazonasgebiet in anderem Licht. Sie sind nicht etwa eine primitivere Form des Morsealphabets, sondern die Übertragung von Sprache in Klangrhythmen und Klanghöhen, also eher eine Nachbildung der Sprache mit Hilfe der Trommel als eine Abstraktion.

Man könnte meinen, daß es nirgends Menschen gibt, die ohne irgendeine Art von Musik existieren können, wenn diese doch so bedeutsam für die Beziehungen zwischen Mensch und Umwelt ist. Die Steinzeitmenschen Australiens kennen als Musikinstrument nur das Schwirrholz, und bei ihren nächtlichen Tänzen schlagen sie ein paar Bumerangs aneinander oder klopfen auf ein Opossumfell, das der Sitzende zwischen den Knien ausgespannt hält und das wie das Schwirrholz die Stimmen der Geister wiedergibt. Auf Feuerland gibt es Stämme, die kein einziges Musikinstrument besitzen. Andererseits haben einige Indiostämme im Amazonasgebiet, die Mengen nicht weiter als bis 3 abstrahieren können, die fünftonige Panflöte als Musikinstrument. Bei vielen Naturvölkern aber wird Musik als eine Gabe aufgefaßt, die von den Göttern den Menschen gebracht worden ist wie der Ackerbau oder die Schmiedekunst. Die ersten mythischen Musiker sind jene Heilbringer, die Jäger und Schmiede oder Zauberärzte der Traumzeit, die aus einem hohlen Baum, einem Opfergefäß, dem Schallraum, oder aus dem Himmel als dem

Reich der Geister und Töne hervorgegangen sind. Übrigens wird man zum Musiker nicht, weil man sich Musik als Beruf erwählt, sondern aus einem inneren Zwang. Hier steht schon auf frühester Kulturstufe die Berufung am Anfang einer nicht alltäglichen Existenz.

Bei den Wildbeuterstämmen war es der Schamane, der die Welt der Töne beherrschte und magischen Zutritt zur Geisterwelt hatte. In den frühen Hochkulturen erweitert sich, im Rahmen komplizierterer Kulte, die Stellung des Musikers zu einer Art Zeremonienmeister wie in China. Auch in Ägypten müssen die Verhältnisse ähnlich gelegen haben, denn die älteste Mumie der Welt ist die eines solchen Musikmeisters, der gewiß nicht in der Pyramide von Sakkara bestattet wurde, weil er am Hofe des Pharao eine Art Hofkapellmeister gewesen wäre, sondern weil er als Musikmeister heiliger Musik eine höchst wichtige Persönlichkeit war. Dieser Nofre (ägyptisch: der Schöne) lebte am Hofe des Pharao Ni Osen Ra vor rund 4500 Jahren, und seine Mumie wurde durch irreführende Inschriften vor Grabräubern geschützt und an geheimer Stelle in der Pyramide beigesetzt, als sei sie besonders wertvoll. Erst 1971 ist sein Grab von ägyptischen Gelehrten entdeckt worden.

Flöte, Trommel, Gong

Wie alt die Flöte ist, vermag niemand zu sagen. Aus den jüngeren Epochen der Steinzeit um 50000 v. Chr. sind Flöten gefunden worden, so in Isturitz in der Nähe von Biarritz, aus den Höhlen bei Aurignac in Südfrankreich, bei Engen im Hegau und bei Schelklingen, wobei Flöten und eintonige Pfeifen zu unterscheiden wären. Ganz gewiß sind mit diesen zufälligen Funden nicht die ältesten Musikinstrumente erfaßt, zu denen auch die Schwirrhölzer gehören. Alle diese Instrumente werden noch heute von den Schamanen verwendet, in Australien ebenso wie im inneren Afrika bei den Buschmännern, und auch die Indianer haben keine anderen Instrumente gehabt. Das Schwirrholz bei den Australnegern, Tjuringa genannt, ist mit mythischen Zeichnungen bedeckt. An seinem oberen Ende hat das längliche, flache Holz ein Loch, durch das eine Schnur gezogen wird. Wenn man es an der Schnur durch die Luft schwingt, entsteht ein schwirrendes Geräusch, das ist die Stimme der Geister. Dieses Geheimnis kennen nur Männer, für Frauen ist der Anblick tabu. Auch die eiszeitlichen Schwirrhölzer sind mit Ornamenten bedeckt, gelegentlich sind sie, wie Tote, in Ockerfarbe gebettet gewesen, und wie die australischen Schwirrhölzer haben sie eine Öse oder einen kleinen Vorsprung, um den die Schnur geschlungen wurde. Eines dieser Stücke, das aus der Höhle La Roche bei Lalinde in der Dordogne gefunden wurde, ist 17 cm lang, in der Mitte etwa 3,5 cm breit und hat lanzettförmige Gestalt, ähnlich wie das australische Schwirrholz.

Fast alle Instrumente der Naturvölker sind Träger magischer Kräfte. Nur das Xylophon, und ursprünglich wohl auch die Panpfeife, scheinen völlig profaner Natur zu sein (Adami). Flöten und Trommeln beherbergen die Stimmen der Geister wie die Schwirrhölzer, der Klang der Pfeife gilt als Entladung großer Kraft, zuweilen sogar des Blitzes, und Musikbögen erleichtern die Befragung der Toten.

Die ersten Musikinstrumente sind ohne Zweifel eng mit den ersten primitiven Arbeitsgeräten verwandt, so die Trommel mit dem Topf, der Stampfstab des Tänzers mit dem Stampfer zum Zerkleinern von Korn, der Musikbogen mit dem Jagdbogen, das Schwirrholz mit dem Wurfholz, der Schraper mit dem Grabstock des Hackbauern. Ihre rhythmische Betätigung assoziiert nicht selten den Rhythmus der Sexualität, auch fordern bestimmte Formen wie die der Flöte zu sexuellen Vergleichen heraus. Die Vielfalt der Formen scheint unerschöpflich zu sein: Man schlägt Töne aus einem Baumstamm, höhlt ihn aus, versieht ihn mit einem Schlitz, trennt aus der Seite des Stammes Zungen, man verwendet Kürbisse und Totenschädel, Körbe und Gehänge als Rassel. Glocken fertigt man aus Holz, Schalen von Früchten oder gießt sie aus Erz, man bespannt die verschiedenartigsten Trommeln mit Fell oder Leder, füllt sie mit Körnern, um sie als Rasseltrommel zu verwenden, oder benutzt die sogenannte Wassertrommel, die in Nord- und Südamerika vorkommt. Auch bei den ausgestorbenen Hottentotten (holländisch: Stotterer), der Urbevölkerung Südafrikas, die sich selbst Khoin-Khoin, d. h. »Menschen« nennen, waren solche Wassertrommeln in Gebrauch. Sie bestehen aus einem Tongefäß, das mit Wasser gefüllt, mit einem Tierfell zugebunden und mit zwei Stöcken geschlagen wird. Der Wissenschaftler teilt die Musikinstrumente in verschiedene systematische Gruppen ein, die Idiophone, d. h. die »Selbstklinger« wie Baumstamm, Rassel u. ä., die Aerophone, also die »Lufttöner« wie Schwirrholz, Flöte, Trompete usw. Membraphone nennt man alle Arten von Trommeln, weil deren Ton mit einer Membran erzeugt wird, und schließlich kennt man die sogenannten Chordophone, nämlich Saiteninstrumente wie Erdzither und Brettzither, Harfenzither und Bogenharfe sowie einige andere primitive Saiteninstrumente.

Wie die schöpferische Neugier, verbunden mit wohl magischen Urvorstellungen, die verschiedensten Möglichkeiten realisiert, zeigt das Beispiel der Erdzither und das des Xylophons. Bei der Erdzither wird eine Höhlung in der Erde als Resonanzkörper benutzt. Waagerecht über diese Grube ist eine Saite gespannt, die in der Mitte mit einer Membran verbunden ist. Diese wiederum breitet sich über die Höhlung. Man erzeugt Töne, indem man die Saite mit einem Stöckchen schlägt. Auch beim Xylophon, dem Schlagstabspiel, das man als Kinderspielzeug kennt, gibt es eine Form, bei der sich der Mensch der Erde als Resonanzkörper bedient. Die einzelnen Stäbe des Instrumentes werden bei einigen Stämmen Hinterindiens und Indonesiens lose über eine Erdhöhlung gelegt und mit einem Hammer oder Schlegel gespielt, wobei die Erde den Schall verstärkt. Wenn man solche tastenden Versuche, Töne zu erzeugen und zu verstärken, mit einem modernen Symphonieorchester vergleicht, das von einem Dirigenten geleitet wird, wird einem der »evolutionäre« Weg kultureller Leistungen deutlicher als bei manch anderem Beispiel.

Unzählige Varianten werden, über lange Zeiträume hinweg, entwickelt und verworfen, aufgegriffen und ausgetauscht, ehe sich langsam die höhere, weil differenziertere Form der Instrumente, des Zusammenspiels und schließlich des Orchesters als eines einzigen Klangkörpers ergibt. Elefantenzähne und Schneckenhäuser, die Muscheln des Tritons und Tierbälge, Knochen und Rindenröhrchen werden als Blasinstrumente benutzt, von der Trompete bis zum Dudelsack, von der Nasenflöte bis zur Querpfeife, von der Orgel bis zum Alphorn reicht die Variationsbreite allein der Blasinstrumente, und auch kulturgeschichtlich treten sie in vielerlei Gestalt auf. Da wird das Jüngste Gericht durch den Ton der Trompeten angekündigt, und die Mauern von Jericho stürzen von ihrem Klang ein, da ist die

Hirtenlyrik mit der Panflöte verbunden und die Geistesströmung der Reformation mit der Orgelmusik eines Bach oder Händel. Alphorn und Jagdhorn stellen nur verschiedene Anwendungsbereiche desselben Instrumentes dar, dessen Ursprünge doch bis weit in frühgeschichtliche Zeiten zurückreichen. Bemerkenswert ist auch die Landkarte der Verbreitungsgebiete. Die Panflöte, griechisch Syrinx, kommt nicht nur in Europa, sondern auch bei einigen Stämmen Afrikas, Asiens, Ozeaniens und Südamerikas vor, und zwar in der Südsee wie in Südamerika mit genau demselben Tonsystem und mit denselben Tonhöhen: Die alte, von Thor Heyerdahl aufgegriffene Frage nach den Zusammenhängen dieser Gleichartigkeit ist unabweisbar. In Amerika gibt es vermutlich mehr Flötenarten als in Europa, aber Saiteninstrumente hat es dort, bevor die Europäer das Land mit Kolumbus neu entdeckten, nirgends gegeben.

Spezifisch asiatisch scheinen die Klangsteine zu sein, ebenso die Gongs. Klangsteine aus Jade, reliefartig mit mythischen Figuren geschmückt, wurden vom Kaiser an Würdenträger verschenkt; wenn sie gespielt wurden, hingen sie an Schnüren frei wie Glocken. Solche Klangsteine konnten einzeln gespielt werden, aber auch in einem »King«, einem Holzgestell. Jeweils acht Klangsteine aus Jade hingen an einer durchgehenden Schnur, die an einem Balken befestigt war. Zwei Balken dieser Art waren in dem von Drachenköpfen magisch beschützten Gerüst schräg übereinander angeordnet. Die chinesische Legende berichtet, Konfuzius (um 500 v. Chr.) sei über eine Hymne des schon erwähnten Musikmeisters Kue so entzückt gewesen, daß er drei Monate lang meditiert habe, ohne Nahrung zu sich zu nehmen. Der Weise soll selbst auf dem Instrument gespielt haben, und die Hymnen, die bis ins 20. Jahrhundert darauf gespielt wurden, waren Teil des konfuzianischen Kultes. Dem chinesischen Klangstein sind der Gong und die Glocke nah verwandt. Auch sie werden ja mit einem Klöppel angeschlagen, und man könnte meinen, der aus Bronze gegossene Gong sei im Grunde eine Nachbildung des Klangsteins in Metall. In Hinterindien gab es tatsächlich gegossene Aufschlagplatten mit einer zerrissenen dreieckigen Kontur, die mit einem Holzhammer angeschlagen wurden, ebenso in Japan. Der kreisrunde Gong, eine formale Vervollkommnung der Aufschlagplatte, trägt in der Mitte einen Buckel und ist an den Rändern gewölbt. Er gehörte schon im frühen China zu den kultischen Instrumenten und ist in Vorderasien durch den Hinduismus verbreitet worden.

Im buddhistischen Kloster spielen die Gongs eine ähnliche Rolle wie im christlichen Kloster die Glocken. Der Gong ist der »Löwenruf an die im geistigen Tode befangene Seele«, ein Mahner wie die Glocke. Gongs und Trommeln begleiten das Klosterleben des buddhistischen Mönches. Erwin Rousselle, der große Sinologe, hat die Szene beschrieben, eine Mondnacht in einem Tempelhof, wenn die mitternächtigen Nokturnen der Mönche fällig sind: »Da erschallt dann die mächtige Pauke in der Haupthalle – mit ungeheurem Dröhnen, Prasseln und Klatschen Dämonen scheuchend –, und ihr Klang schwingt in Wellen durch die Nachtluft in die Unendlichkeit der einsamen Berge. Auf einmal endet die Pauke mit vier starken Schlägen, und eine um so stärker wirkende Stille setzt ein. Dann aber läßt der Schlag auf ein bronzenes Gongbecken . . . die Papierfenster aller Dormitorien der Mönche gleichzeitig im mattgelben Licht hinter reizvollen Gittermustern aufleuchten. Und nun erklingt aus den geschlossenen Räumen – sich gegenseitig auffordernd und antwortend – das Spiel eines Glöckchens, eines Klangholzes und eines ›Holzfisches‹, geschlagen von den Mönchen in den verschiedenen Dormitorien.« Der Holzfisch, eine Pauke, hat seine Gestalt, weil ein Fisch Tag und Nacht die Augen offen hat, er mahnt die Mönche zur Wachsamkeit bei ihrem Streben nach Heiligung.

Gongs verschiedener Größenordnungen gehören auch zum vietnamesischen Gamelan-Orchester; sie sind bis zu einem Meter hoch und markieren mit ihrem hallenden Klang die einzelnen Phasen des dargebotenen Stückes. Aus dem Gong hat sich die besondere Form der Bronzepauke entwickelt, auch Kesselgong genannt. Diese Kesselgongs, eine Schöpfung der Vietnamesen, sind prächtig verziert, häufig mit vollplastischen Froschfiguren, und in der Mitte mit einem Stern versehen, der den Aufschlagpunkt für den stoffumwickelten Schlegel markiert. Es gibt in Vietnam eine bronzezeitliche Phase, die sogenannte Dongson-Kultur (3. Jh. v. Chr.–3. Jh. n. Chr.), die in ihrer Ausprägung der europäischen Hallstatt-Zeit verblüffend ähnelt. In dieser Zeit sind die Bronzepauken entstanden, deren mächtige Bronzeplatte mit einem zylindrischen Schallkörper versehen war. Mit einiger Phantasie könnte man behaupten, daß die Bronzeglocke im Grunde nichts anderes ist als ein zur Hohlform gebogener Gong.

Tatsächlich sind in China, der Heimat der Klangsteine und der Gongs, auch Glocken schon im 2. vorchristlichen Jahrtausend benutzt worden. Der lautmalerische Name für die große Glocke hieß »tschong«, der für die kleinen Glocken »ling«, außerdem gab es noch den Typ der aufgestellten Glocke, die keinen Klöppel hatte, sondern wie ein Klingstein von außen angeschlagen wurde. Gestimmt waren diese Glocken wie alle übrigen chinesischen Musikinstrumente auf die Töne der Rohre, die auf die Fünftonleiter ausgerichtet waren, und wie Klingsteine wurden sie in Gestellen zu einem Glockenspiel zusammengefügt. Von den aufgestellten Glocken sind Sätze von drei Glocken in abgestufter Größenordnung erhalten, die noch einen fast reinen Dreiklang hören lassen (Erdberg-Consten). Diese Glocken, der Gruppe der Sakral-Bronzen der Han-Zeit zugehörig, verraten einen hohen Stand der Gußtechnik in verlorener Form. Die Schwierigkeit besteht naturgemäß bei einem solchen Guß darin, die Menge des Metalls so abzumessen, daß das Volumen der gegossenen Glocke die Tonhöhe rein wiedergibt. Da es sich um sakrale Musik handelte, war ein mißlungener Guß ein schwerwiegender Fehlschlag.

Übrigens gab es Glocken auch in Babylon, in der ägyptischen Hochkultur und später in vielfältiger Verwendung in der Antike. Auch die Miniaturisierung zur Schelle, die man Hunden und Nachtwächtern umhing oder in den Verhauen der Befestigungsanlagen anbrachte, war bekannt. Die mit einem Seil bewegte Kirchenglocke ist in Europa zum ersten Male 580 n. Chr. von dem fränkischen Geschichtsschreiber Gregor von Tours erwähnt worden.

Allgemein läßt sich sagen, daß die rhythmischen Instrumente älter sind als die Blas- oder Saiteninstrumente. Ein melodisches Spiel hat sich erst da entwickeln können, wo die Instrumente dies zuließen. Große Trommel- und Panpfeifenorchester sind meist einem gemeinsamen Rhythmus unterworfen, und die westafrikanischen Xylophone werden oft im Kanon gespielt. Wo verschiedene Instrumente zu einem Orchester zusammentreten, scheint eine völlig freie Polyphonie vorzuherrschen, wobei jedes Instrument streng seinen eigenen Rhythmus durchführt. Zwischen dem Gesang und dem Spiel der Panpfeifen besteht häufig eine enge Wechselwirkung, da das Tonsystem der Sänger von der Tonleiter des Instrumentes beeinflußt wird, im Gegensatz zur europäischen Musik, bei der es solche flexiblen Abhängigkeiten nicht gibt. Manche Instrumente nehmen ja die menschliche Stimme in die Instrumentierung hinein. So kann man beim Spiel mit der Nasenflöte mitsummen. Umstritten war für Völkerkundler und Musikwissenschaftler die Frage, ob es bei den Naturvölkern wie in den Hochkulturen feste instrumentale Tonsysteme gibt. Die Gestimmtheit der verschiedenen Instrumente ist bei den Naturvölkern aber so unsicher, so verschiedenartig, daß man allenfalls von regional gültigen Tonsystemen sprechen kann.

Der Weg, der vom kultischen Tanz der steinzeitlich lebenden Völker und von der Geisterbeschwörung durch Rasseln und Gongs, Klangsteine und Saiteninstrumente zur heutigen europäischen Musik führt, ist ohne die Spiele der Griechen nicht nachzuzeichnen. Auch in der griechischen Kultur gibt es Dämonenglauben und Geisterbeschwörung, den Glauben an die magische Kraft der Musik, etwa in dem wunderbaren Mythos von Orpheus, dem Sänger, dem die Natur lauscht und der selbst die Unterwelt bezwingt, oder bei Homer in der Odyssee, wo des Odysseus stark blutende Wunde nach einer Saujagd durch Abbinden und durch zauberischen Sprechgesang geheilt wird. Der Zauberspruch erscheint in diesem Zusammenhang überhaupt als verkümmerte Form uralten Sprechgesanges, bei dem nicht nur die Worte, sondern auch die Töne selbst magische Kraft besaßen. Eben in der griechischen Kultur zeichnen sich aber die Umrisse einer Entwicklung ab, die über die magischen Aspekte der Musik, ja der künstlerischen Betätigungen weit hinausreichen. Sie beginnt mit dem Begriff des Wettstreites und dem damit zusammenhängenden Begriff der Schönheit, die beide in den Spielen der Griechen, sei es bei Olympia oder in Athen, ihren vollendeten Ausdruck finden. Zum ersten Male erscheint der Begriff des Wettstreites (griechisch: agon) als Mythe im Bereich der Musik: Der thrakische Sänger Thamyris soll der Sage nach die Musen mit der Behauptung gereizt haben, er überträfe sie mit seinem Gesang. Die Musen reagierten empfindlich und in ihrem Stolz gekränkt. Sie nahmen dem überheblichen Herausforderer das Augenlicht und das Gedächtnis, so daß er sein Harfenspiel vergaß. Psychologisch sind hier Selbstüberschätzung und Eifersucht als charakteristische Momente des Künstlertums Gestalt geworden, doch hat diese Mythe den tieferen Kern, daß zwischen Sängern ein Wettstreit bestehen muß, der sich am Kanon eines Schönheitsbegriffes orientiert. Damit ist die Ausübung einer Kunst von ihrem magischen Urgrund gelöst, jedenfalls aber in das Licht der Bewußtheit gerückt, und auch die Person dessen, der die Kunst ausübt, erfährt eine neue Wertung.

Das Antlitz des Zeus

Noch heute liegt der Ort, zwölf Kilometer von der Westküste des Peloponnes entfernt und mit einer Eisenbahnlinie zu erreichen, abseits vom Verkehr. Damals hieß diese Landschaft Elis, und ihr Herzstück war der heilige Bezirk des Zeus, eine hügelige, baumreiche Gegend, deren blühende Schönheit sich von den anderen, kargeren Gegenden unterschied. Seit 776 v. Chr. rechnete die griechische Zeitrechnung nach Olympiaden, die alle vier Jahre stattfanden. Diese Spiele waren für alle Griechen so bedeutungsvoll, daß der auf legendäre Zeiten zurückgehende innere Friede überall eingehalten wurde. In einem Vertrag zwischen dem sagenhaften Gesetzgeber von Sparta, Lykurg, und dem König von Elis soll im Jahre 776 v. Chr. Olympia als heiliger Ort anerkannt worden sein. Der Text des Vertrages wurde auf einen bronzenen Diskus eingeritzt und im Tempel der Hera hinterlegt. Den Untergang der Weihestätten, die später von den Christen zerstört wurden, hat er nicht überlebt, aber der römische Tourist Pausanias, der im 2. Jahrhundert n. Chr. über die Sehenswürdigkeiten in Griechenland berichtet hat, versichert glaubwürdig, diesen Diskus noch mit eigenen Augen gesehen zu haben. Zu dieser Zeit fanden in Olympia noch »Opfer in die Grube« statt, also uralte magische Opfer an die Unterwelt, und man hat, als man Olympia mit Hilfe der damaligen deutschen Reichsregierung 1875 unter Leitung von Ernst Curtius auszugraben begann, uralte Reste eines Heiligtums für Pelops entdeckt. Ihm wurde ein schwarzer Widder geopfert, dessen Fleisch tabu war und nicht gegessen werden durfte. Wer sich gegen dieses Tabu verging, durfte den Tempel des Zeus nicht betreten.

Der Vertrag über Olympia, ursprünglich auf Elis beschränkt, hatte nach den Perserkriegen 479 v. Chr. für ganz Griechenland Gültigkeit. Damals stand der Zeustempel noch nicht, dessen Statue zu den sieben Weltwundern gezählt wurde und der wohl erst 468–456 v. Chr. errichtet worden ist, doch gab es bereits andere, ältere Tempel auf dem heiligen Boden, und es gab die Platanengruppe, die dem Pelops geweiht war, sowie den heiligen Hain aus Steineichen und Ölbäumen, in dessen Gezweig die Sieger Votivgaben hängten. Man hat in den Aschenschichten der Anlage große Mengen solcher primitiver Menschen- und Tierfiguren gefunden, die aus dem 10.–7. vorchristlichen Jahrhundert stammen. Auch der Heratempel enthielt Kostbarkeiten, nämlich eine Lade, die aus Gold und Elfenbein gearbeitet und mit Szenen aus der griechischen Mythologie geschmückt war. In dieser Lade, die man sich als Truhe vorstellen mag, soll ein Herrscher von Korinth als Kind versteckt worden und so den Nachstellungen seiner Feinde entgangen sein. Seine Nachkommen haben dieses Möbel dann der Hera geweiht und in ihrem Tempel aufstellen lassen.

Mit der Zeusstatue des Phidias ließ sich diese Truhe aber wohl kaum vergleichen. Ursprünglich muß es in Olympia zwischen dem Kult zu Ehren des Heilbringers und Heros Pelops und dem Kult des Zeus Rivalitäten gegeben haben, doch gehörte die Zukunft den Göttern, nicht den alten Ahnenkulten. So manifestierte sich in der Zeusstatue der Triumph des Gottes über den Heros, und offensichtlich waren es weder ihre Größe noch ihre Pracht, welche die Menschen überwältigte, sondern vor allem ihr künstlerischer Ausdruck. Nicht der barbarische Prunk unpersönlicher orientalischer Götterbilder, sondern die Feierlichkeit eines Menschenantlitzes hat diese Statue zu einem Wunder werden lassen. Wer die Treppen erstiegen, die Säulen durchschritten und das Innere des Tempels betreten hatte, sah sich in einer Entfernung von siebzehn Metern einem Standbild gegenüber, das den sitzenden Gott darstellte und mit Sockel etwa dreizehn Meter hoch war. So mächtig war dieser Eindruck, daß man fürchtete, wenn der Gott aufstände, würde er das hölzerne Balkendach des Tempels durchstoßen. Pausanias, der auch die Statue noch selbst gesehen hat, berichtet: »Der Gott aus Gold und Elfenbein sitzt auf einem Throne, auf seinem Haupt ruht ein Kranz von Ölbaumzweigen. Auf der Rechten trägt er die Siegesgöttin, die gleichfalls aus Gold und Elfenbein gebildet ist, eine Siegesbinde hält und einen Kranz auf dem Kopf hat. In der linken

Hand des Gottes ruht ein Zepter, das mit vielen Arten von Metall ausgelegt ist. Ein Adler, der auf dem Zepter sitzt, ist aus Gold. Von Gold sind auch die Sandalen des Gottes, desgleichen der Mantel, in den Figuren und Blumen, namentlich Lilien, eingelegt sind. Der Thron ist mit Gold und Edelsteinen geschmückt, zugleich auch mit Ebenholz und Elfenbein. An ihm sind bildliche Darstellungen gemalt und Figuren angebracht. Der Schemel des Zeus zeigt in erhabener Arbeit goldene Löwen und die Schlacht des Theseus gegen die Amazonen. An dem Postament, welches den Thron und den Zeus trägt, befinden sich goldene Reliefﬁguren.«

Alle diese Einzelheiten konnte der Betrachter erst nach und nach aufnehmen. Alle unbekleideten Körperteile des Gottes wie Arm und Hand werden vermutlich aus getöntem oder bemaltem Elfenbein gewesen sein, während die Gewänder, Bart und Haar aus Gold gebildet waren. Die ganze Figur war, wie zu dieser Zeit üblich, über einen Holzkern gearbeitet, und das Elfenbein war nicht geschnitten, sondern unter Dampf geweicht und gebogen, so daß seine schimmernden Rundungen den fast natürlichen Anblick eines atmenden Körpers boten. Der erste Blick fiel aber auf das erhabene Antlitz des Zeus, dessen Ausdruck von so leuchtender Güte gewesen sein muß, daß man sich nur schwer von diesem Anblick trennen konnte. Ein Besucher aus dem ersten nachchristlichen Jahrhundert, der griechische Redner und Philosoph Dio Chrysostomus, schreibt darüber: »Der unglücklichste Mensch vergißt beim Anblick der Statue all seine Leiden, so viel Licht und Güte hat der Künstler in die Züge des Gottes gelegt.« Auch Epiktet (50–117 n. Chr.), ein ehemaliger syrischer Sklave und einer der letzten großen Stoiker, hat diesen Eindruck bestätigt; er meinte, wer nach Olympia gegangen sei und das Zeusstandbild gesehen habe, würde es für ein Unglück gehalten haben, gestorben zu sein, ohne diesen Anblick genossen zu haben.

Olympischer Friede

So wurde Olympia auf vielfältige Weise zum Zentrum des griechischen Denkens. Jahrelang trainierten die frei geborenen Hellenen, die zur Teilnahme zugelassen waren, um in den Spielen zu siegen, und ein solcher Sieg galt nicht nur als sportlicher Erfolg, sondern als Krönung des Lebens: Wer den Ölzweig erhalten hatte, für den gab es auf der Welt keine Ehren mehr und kein höheres Glück. Auch die Frist des Friedens zwischen all den Kämpfen und Streitereien, wie sie für Griechenland typisch waren, mag die Phantasie beflügelt haben, wenn der Name Olympia fiel. So begann, wenn die ersten Griechen aus den entlegeneren Provinzen aufbrachen, um an den Spielen teilzunehmen, eine festliche Zeit, für die es im christlichen Abendland nichts Vergleichbares gibt.

Wer um den olympischen Sieg kämpfen wollte, mußte ohne Blutschuld sein, durfte also keinen Totschlag oder gar Mord verübt haben (Jakobi). Frauen waren selbstverständlich nicht zugelassen, nur Mädchen – und auch diese nur beim Wettlauf im Stadion. Einen Ehrenplatz hatte die amtierende Priesterin der Demeter, die als einzige Frau anwesend war. Oft schickten die Städte regelrechte Gesandtschaften. Sklaven und Barbaren, also Leute, die nicht Griechen waren, durften vermutlich Zuschauer sein, waren aber selbstverständlich von der Teilnahme an den Spielen ausgeschlossen. Zehn Monate lang dauerte die Vor-

Der Wagenlenker. *Weihegeschenk des Polyzalos von Gela auf Sizilien, um 470 v. Chr. gestiftet. Bronzeplastik. Museum, Delphi.*

bereitungszeit, wobei die Athleten (griechisch athlos: Wettkampf) den letzten Monat in Olympia selbst übten. Väter, Brüder und erfahrene Freunde, die als Trainer berieten, begleiteten die Jünglinge, die sich vorgenommen hatten, im Kurzstrecken- oder Langstreckenlauf, im Fünfkampf – Wettlauf, Weitsprung, Diskuswurf, Speerwurf und Ringen – und später auch im Faustkampf oder im Wagenrennen zu siegen. Als Schiedsrichter waren während der Kämpfe angesehene Bürger von Elis tätig, die sogenannten Helladoniken, die als Auszeichnung lange purpurne Gewänder trugen. Kurz vor den Spielen führten diese Helladoniken die Teilnehmer mit ihrem Gefolge zur Halle der Ratsversammlung, wo ebenfalls ein Zeusaltar stand. Hier mußten die Kämpfer geloben, nicht willentlich gegen die Satzungen zu verstoßen. Dann wurden die Paare ausgelost, und die Wettkämpfe begannen.

Der Sage nach waren die Wettkämpfe, die zu Ehren des Helden Pelops abgehalten wurden, Wagenrennen, die einst Oinomaos, der König von Elis, von den Freiern seiner Tochter verlangte. Die Mythe von Pelops offenbart ein uraltes Thema, den Vaterhaß des Mannes auf die Bewerber seiner Töchter, in großartiger, jedermann verständlicher Weise, doch ist nicht Psychologie das Wesen der Mythe, wenn sie auch oft einen solchen Kern hat, sondern die Kraft, im Nachvollzug der Ereignisse das Leben selbst zu prägen, wie dies in Olympia geschah. Schon in der Antike aber wurden verschiedene Heraklessagen mit den Spielen verknüpft, und bereits damals äußerte der als Geograph bekannte Strabo (63 v. Chr.–20 n. Chr.): »Die alten Sagen von der Gründung des Tempels und von der Stiftung der Spiele verdienen keine Beachtung. Dergleichen erzählt man auf verschiedene Weise und mißt ihm keinen sonderlichen Glauben bei.« Sportliche Wettkämpfe bei Leichenfeiern zu Ehren geachteter Ahnen hat es ja auch in anderen Kulturen gegeben, und das Wort Homers gilt nicht nur in Griechenland: »Gehe denn hin und feire den Tod des Gefährten mit Wettkampf.«

Es gab solche Spiele auch in Rom, unabhängig von Griechenland, und selbst Attila, der Hunnenkönig, wurde 453 durch Reiterspiele geehrt. Baschkiren und Turkmenen, Georgier und Kaukasier kennen diese Sitte, und in China wurde im 5. Jahrhundert v. Chr. das Andenken des Dichters und Ministers Wat Yuen, der sich ertränkt hatte, durch eine Ruderregatta geehrt. Wer bei diesen Wettkämpfen in den Fluß stürzte, wurde nicht gerettet, sondern als Opfer für die Götter der Fruchtbarkeit seinem Schicksal überlassen. In Griechenland haben die olympischen Spiele allerdings einen weniger barbarischen als einen sittlichen Hintergrund gehabt. Sie sind keine militärisch geplante Prestigeschau mit Nationalmannschaften, kein Geschäft und kein Sport, sie sind leidenschaftlich geführter Wettkampf, denn der Beste soll siegen: Undenkbar, wenn der Beste nicht auch der Edelste, der Edelste nicht auch schön wäre, denn nach Ansicht der Griechen wohnt ein edler Geist in einem edlen Körper, Schönheit und adlige Tugend bedingen einander. Diese Begriffe haben in der Antike nicht immer dasselbe bedeutet wie heute, auch sind sie während der griechischen Geschichte selbst Wandlungen unterworfen gewesen und nur unscharf mit heutigen Begriffen zu fassen. Solche Feinheiten sollen hier außer acht gelassen werden. Nur soviel sei gesagt: Schönheit ist bei Homer keine ästhetische Qualität, die dem Sein hinzugefügt wäre, sondern eine Stufe der Vollendung, und jedes »Nicht-Schöne« ist mangelhaftes Sein (Grassi).

Die Athleten kämpften nackt, das heißt, sie setzten sich mit ihren Leibern einer

Betrachtung aus, die in der Nacktheit mehr als nur einen Körper erlebte, der nicht angezogen war: Es war ein freier, dem göttlich Vollendeten naher Zustand, und jeder Grieche hatte den Blick dafür. Das ist nicht immer so gewesen. Bis zur 15. Olympiade trugen auch Griechen den Lendenschurz, und wie im Orient galt ihnen Nacktheit als tabu, gewiß aus Furcht vor Dämonen. Erst 720 v. Chr. wurde der Schurz abgelegt und in völliger Nacktheit gekämpft, und gerade darin zeigte sich die Besonderheit des griechischen Denkens, die auch in der Kunst so weitreichende Folgen gehabt hat – nicht nur in der Antike, sondern über die Renaissance bis in die Gegenwart. Unser eigenes Verständnis von der Leiblichkeit, von der Anmut des nackten Körpers und der Schönheit des Natürlichen ist durchaus nicht selbstverständlich, sondern geschichtlich begründet und der späteren Leibfeindlichkeit des Christentums durch den Rückgriff auf die Nacktheit der Hellenen abgerungen.

Die Spiele

Die Spiele fanden im August, also bei glühender Hitze, statt, und die beiden Flüsse Alpheios und Kladeos, die den heiligen Bezirk wie die Schenkel eines Dreiecks begrenzen, sind nur dünne Rinnsale. Auf rund siebzig Altären, die mit der Zeit errichtet worden waren, werden ständig Tieropfer dargebracht. Über das Feld streicht der schwache Geruch verbrennenden und verwesenden Fleisches, Scharen von Vögeln kreisen um die Opferstätten, lästig sind die Schwärme von Fliegen, die sich auf den Abfällen niedergelassen haben. Es sind Tausende von Menschen zusammengekommen, aber es gibt keine hygienischen Anlagen, keine Sickergruben und Kläranlagen, keine Unfallstationen und Waschmöglichkeiten – die Strapazen sind also beträchtlich, aber die Griechen scheuten keine Mühe, um Zeugen der Wettkämpfe zu sein. Man kam zu Schiff, mit dem Wagen oder zu Fuß. Bis zu 30 000 Menschen versammelten sich in der glühenden Ebene und schlugen ihre Zelte unter den Bäumen auf. Jeder Zuschauer verstand etwas von dem, was er sah, denn die musische Erziehung der Griechen forderte von jedem freien Mann eine gewisse Übung in den Disziplinen, die dort von den Besten als Wettkampf ausgetragen wurden.

Die ersten Wettläufe Olympias waren zu Ehren des Zeus durchgeführt worden. Zur Zeit des Begründers der Spiele Iphitos, des Königs von Elis, pflegten die Priester einen Holzstoß aufzurichten und Tiere und Früchte als Opfergaben daraufzulegen. In einiger Entfernung, etwa 200 m, stand eine Schar von Jünglingen aus den besten Familien, die durch einen Wettlauf um die Ehre kämpften, den Altar in Brand setzen zu dürfen. Einer der Priester entzündete die Fackel, gab das Startzeichen, und wenige Sekunden später stieß der Gewinner des Laufes hochatmend die Fackel in den Scheiterhaufen. Das ist der Beginn der Wettkämpfe gewesen, an denen dann immer mehr Menschen, nicht nur Spartaner und die Bürger von Elis, beteiligt waren.

Jahrhundertelang beherrschten übrigens die Spartaner mit ihrer strengen vormilitärischen Erziehung das Feld, ehe sie von den Krotionaten abgelöst wurden, die aus dem heutigen Crotone kamen, der damals mächtigsten Griechenstadt Unteritaliens. Die Kämpfe waren so wichtig, daß es keine politische und militärische Situation gegeben hat, in denen die Spiele nicht den Vorrang gehabt hätten. Als Leonidas, der spartanische König, mit seiner Vorhut die unermeßliche Heerschlange des Großkönigs von Persien heranmarschieren sah, der sich endlich das kleine Griechenland unterwerfen wollte, schickte er einen Boten nach Sparta, um Verstärkung zu bekommen, weil ihm klar war, daß er mit seinen wenigen Soldaten die Thermopylen nicht würde halten können. Man teilte ihm mit, er müsse sich noch etwas gedulden, bis die Olympischen Spiele beendet seien. Inzwischen verdunkelte bereits der Pfeilregen der persischen Bogenschützen die Sonne, so daß der König lakonisch bemerkte, dann werde man eben im Schatten kämpfen. Seine Stellung wurde bekanntlich umgangen, weil sich ein Verräter fand, der die Perser führte, und Leonidas mit seinen Spartiaten fiel, leuchtendes Beispiel des Heldentums für Generationen von Soldaten.

Die Wettkämpfe selbst dauerten ursprünglich einen Tag, später fünf Tage. Wenn alle Sieger ermittelt waren, wenn die Spannung sich gelegt hatte und das den ganzen Tag währende gellende Geschrei der anfeuernden Haufen verstummt war, beging man die Siegerehrung. Auch hier hatten die Griechen eine Form gefunden, die nicht mehr aus der Angst und aus magischen Zwängen entstanden war, sondern aus dem Sinn für Symbol und Maß: Ein Jüngling, dessen beide Eltern noch leben mußten – die Griechen nannten das »doppelt umblüht« und meinten damit wohl die existentielle Vollkommenheit eines solchen Lebens –, schnitt mit einem goldenen Messer die Zweige vom heiligen Ölbaum. Diese Art Siegerehrung ist aber erst bei den 7. Olympischen Spielen eingeführt worden, bis dahin bot sich wohl immer noch das Anzünden des Opfers als Ehrung für den Sieger.

Der Lauf wurde in einem Stadion durchgeführt, dessen Bahnlänge 191,27 m betrug. Die Bahn selbst bestand aus weichem Sand und bot Schwierigkeiten. Jeweils vier Läufer traten gegeneinander an, nach dem jeweiligen Sieger erhielt die Olympiade ihren Namen, der sie von den anderen Olympiaden unterschied. So weiß man, daß der erste Sieger eines olympischen Laufes Koroibos hieß und von Beruf Zuckerbäcker war. Später kamen der Doppellauf, als Hin- und Rücklauf, sowie seit 720 v. Chr. der Langlauf über 4,5 Kilometer und seit der 65. Olympiade der Kampf in Waffen dazu. Im Jahre 708 v. Chr. wurde der Fünfkampf eingeführt. Beim Weitsprung durfte man Gewichtsteine in die Hand nehmen, die den Körper vorwärts rissen. Man hat errechnen können, wie weit im Jahre 664 v. Chr. der damalige Sieger, der Spartiate Chionis, gesprungen ist. Er erreichte eine Weite von 7,5 m. Der Weltrekord liegt heute mehr als einen Meter weiter, aber heute bestehen auch andere Bedingungen. Wagenrennen führte man dann im Jahre 680 v. Chr. ein, und zwar mit leichten, zweirädrigen Wagen, die von vier nebeneinander geschirrten Pferden gezogen wurden.

Mit dem Ölzweig geehrt

Ein olympischer Sieg bedeutete für einen Griechen mehr, als ein Triumphzug für einen römischen Feldherrn bedeutet hat. Wer ihn erlangte, der hatte nach dem Ausspruch Pindars »die Säulen des Herakles« erreicht, also das Äußerste, was ein Mensch auf der Erde erreichen konnte. So werden Reaktionen verständlich, die heute sonst lächerlich erscheinen würden. Chilon von Sparta, einer der sieben Weisen, starb aus Freude über den Sieg seines Sohnes, offensichtlich an einem Herzinfarkt. Ebenso ging es einem gewissen Diagoras aus Rhodos, der aus einer alten Familie stammte. Sie leitete sich von Herakles ab und hatte sich im Faustkampf einen Namen gemacht. Auch Diagoras hatte schon zweimal im olympischen Faustkampf gesiegt und mehrmals in anderen nationalen Wettkämpfen gewonnen. Offenbar hatte er auch seine beiden Söhne trainiert. Als sie tatsächlich siegten und ihm ihre eigenen Kränze auf das Haupt setzten, brach er vor Freude tot zusammen.

Die Siegerehrung krönte als Abschluß die Spiele. Menschenmassen drängten sich in den Wandelhallen und Höfen der Tempel. Die Kränze aus den Zweigen der heiligen Ölbäume lagen auf einem Dreifuß, später auf einem mit kostbaren Intarsien verzierten Tisch, der aus dem Tempel der Hera stammte. Daß es ausgerechnet ein Zweig vom Ölbaum war, mit dem die Griechen ihre Sieger ehrten, hat schon einen der persischen Großkönige verwundert und läßt sich nicht leicht erklären. Mit der Verbreitung des Ölbaumes in Griechenland und seiner Rolle als Spender des Öles ist wenig gesagt. Näher führt eine der Gründungssagen, obwohl diese allesamt nach Ansicht des Schriftstellers Strabo »keine Beachtung verdienen«. Nach heutigem Stand des Wissens erklärt sich diese Siegerehrung so: In frühgeschichtlicher Zeit glaubte der Mensch an Baumseelen, ja der Baum galt ihm als Mensch, als mythische Person. Nun wuchs auf der Akropolis ein heiliger Ölbaum, gewidmet dem alten Stammesheros Erechtheus. Niemand durfte die abgebrochenen Zweige dieses Baumes forttragen, denn er besaß, wie der Leib des Halbgottes, magische Kraft. Offenbar haben die indogermanischen Einwanderer die Kampfspiele zum Gedächtnis des Toten mit nach Süden gebracht, wo sie langsam in Vergessenheit gerieten. Erst während der Kriege im Pelepones besann man sich auf die alten Riten und belebte sie neu; die Formel der Spiele übernahm man bis zu einem gewissen Grade aus Kreta, doch die Ehrung mit dem Ölzweig erinnerte an den alten Stammesheros. Es ist dies eine Erklärung, die durch eine der Sagen um Herakles belegt wird – es heißt, er habe den Ölbaum »aus dem Lande der Hyperboreer«, also aus dem Norden, mitgebracht – und durch Funde bestätigt wird, denn das alte Heiligtum der Indogermanen aus dem 14. oder 15. vorchristlichen Jahrhundert ist von dem Archäologen Dörpfeld ausgegraben worden.

Unter spannungsvollem Schweigen rief der Herold während des Festaktes noch einmal Name und Vaterstadt eines jeden Siegers, dem dann durch einen der Kampfrichter eine Wollbinde als Siegeszeichen um die Stirn gewunden wurde. »Heilige Hymnen«, sagt der Dichter Pindar, »strömen hernieder, wenn nach des Herakles alten Satzungen des Zeus wahrhafter Kampfrichter um das Haar legt des grünen Ölzweigs Schimmer«. Nun zogen die bekränzten Sieger zu den Altären, um den Göttern ihrer Stadt zu opfern und für den Sieg zu danken. Von Chören, die sie begleiteten, wurden Siegesgesänge vorgetragen; man wird sie sich als rhythmischen Sprechgesang vorzustellen haben. Unter günstigen Umständen waren solche Lieder von einem befreundeten Dichter, der ja immer auch Sänger war, eigens verfaßt und den aktuellen Verhältnissen angepaßt. Wenn dies nicht der Fall war, sang man ein ehrwürdiges Chorlied, das den mythischen Sieger Herakles feierte. Bei den Griechen galt er als Begründer der Spiele. Wenn auch die Sage von Pelops noch gegenwärtig war, stammten doch Ordnung und Satzung vom legendären Herakles ab, dem stärksten und mutigsten Mann der Antike; er war deshalb allgegenwärtig. Schließlich fand ein Festmahl im Amtssitz der Priesterschaft von Olympia statt, das bis tief in die Nacht dauerte und bei dem noch einmal alle Einzelheiten der Kämpfe besprochen, der Sieg gefeiert wurde. »Wann der schönsten Selene geliebtes Abendlicht leuchtet, dann erschallt die ganze Landschaft bei festlichen Gelagen von Siegesgesängen«, sagt Pindar, dessen Hymnen zu Ehren Olympias und olympischer Sieger seinen Ruhm begründeten.

Der Sieger hatte das Recht, für sich im heiligen Bezirk eine Siegerstatue errichten zu lassen, aber nicht in voller Größe. Erst wenn ein Mann dreimal gesiegt hatte, erhielt seine Heimatstadt das Recht, ihn in voller Lebensgröße naturgetreu aufzustellen. So entstand in Altis, wie der Bezirk hieß, ein ganzer Wald von Bronzestatuen. Aus diesem Bedarf bildete sich eine ganz eigentümliche Industrie. Solche Bronzestatuen konnten zwar in der Heimat der Sieger unschwer gegossen werden, doch mag es Transportprobleme gegeben haben. Also ließen sich Bronzegießer im heiligen Bezirk nieder und gossen die Statuen an Ort und Stelle. Man hat dort allein zehn solcher nicht gemauerten, sondern provisorisch errichteten Lehm- und Steinsetzungen gefunden, in denen gegossen wurde. Man arbeitete nach dem Prinzip des Gusses in verlorner Form. Häufig wurden alte Figuren, die man nicht mehr benötigte, oder anderes Bronzematerial wieder eingeschmolzen, denn natürlich waren Rohstoffe in Olympia knapp. Man hat neben einem Ofen noch viele solcher abgeräumten Weihegeschenke gefunden. Auch Bronzebleche wurden eingeschmolzen, blieben aber oft liegen, da sie wenig Material ergaben. Gerade solche Bleche mit ihren Gravierungen sind heute kostbare Fundstücke (Jakobi).

Große Ehrungen erwarteten den Sieger in seiner Vaterstadt, denn schon damals fühlte man sich als Mitbürger durch den Sieg ausgezeichnet. Allerdings waren auch hier die Ehrungen von feierlicher Würde, wie überhaupt über all diesen Vorgängen der Glanz einer auf die Götter bezogenen Feierlichkeit lag. Im Purpurgewand, auf einem von vier weißen Pferden gezogenen Wagen sitzend, begleitet von seinen Verwandten und Freunden, zog der Sieger unter dem Jauchzen der Menge in die Stadt ein. Diese griechischen Orte waren keine riesigen Großstädte, sondern mit Mauern umgebene Landstädte, und so nahm jedermann an diesem Ereignis teil. Um den Sieger zu ehren, riß man einen Teil der Stadtmauer und des Tores ein, damit der Wagen in breiter Bahn in die Stadt hineinrollen konnte. Plutarch hat diese wohl eher symbolische Geste gedeutet. Eine Stadt, die solche Männer besaß, meinte er, habe keiner Mauern zu ihrem Schutz bedurft. Auch hier wurden Siegeslieder und Chorgesänge angestimmt, die in den folgenden Jahren wiederholt wurden. Wie in Europa einem Fürsten oder Feldherrn, errichtete man dem Olympioniken in den Sportanlagen, auf dem Markt oder vor dem Tempel Ehrenstatuen, auch bekam der Sieger Geldgeschenke und einen Ehrenplatz bei allen öffentlichen Veranstaltungen im Theater. In Sparta kam zu solchen Ehrungen noch eine beson-

Münze des Akragas *mit der Darstellung eines Viergespanns, um 411 v. Chr. Wagenrennen gehörten zu den beliebtesten Disziplinen bei den Olympischen Spielen. Staatliche Münzsammlung, München.*

dere Auszeichnung: Der Olympionike durfte in den Schlachten an der Seite des Königs fechten.

Pindars Oden und die Plastiken eines Praxiteles, heilige Opfer und die Allgegenwart der Götter, nackte Schönheit von Knaben und Jünglingen und das stolze Selbstbewußtsein der Bürger eines Gemeinwesens (griechisch polis: Stadt) bilden den Raum des Bewußtseins, in den alles auf den Sieg im Wettstreit, auf den heiligen Ölzweig, auf die Bronzestatue im Hain von Olympia zielt. Hier sind Kunst und Sport, Spiel und Götterdienst noch nicht zerfallen, und für wenige Menschenalter werden Formen des Lebens, Formen der Kunst erschaffen, an denen sich immer neue Epochen orientieren. Den Grund dafür, daß gerade in Griechenland ein solches Bewußtsein gebildet, aus einer Berührung von Göttern und Menschen solche Bildwerke, solche Kulte, solche Lebensformen und Erkenntnisse erwachsen konnten, vermag auch heute niemand zu sagen. Gewiß aber bildet die politische Form, in der sich diese Gesellschaft freier Hellenen in einer Demokratie ordnet, eine wesentliche Voraussetzung für das neue Selbstverständnis des Menschen, das weder im alten Orient noch in sonst irgendeiner Hochkultur ein Beispiel hat.

Weder in Amerika noch in Asien oder Afrika würde man sich heute für die eigene Vergangenheit interessieren, wenn nicht Europa in dem Versuch, die Antike aus dem Schutt der Jahrhunderte ans Licht zu bringen, Methoden und Maßstäbe für die Geschichtswissenschaften entwickelt hätte. Man hat zuerst die Texte der Griechen, die im Mittelalter verstümmelt und entstellt waren, zu reinigen und exakt zu übersetzen versucht. Das beginnt um 1350 mit den Arbeiten Petrarcas und gipfelt in der Entstehung der klassischen Philologie, der Mutter aller wissenschaftlichen Beschäftigung mit der menschlichen Sprache. In den Naturwissenschaften befreite man sich von der Vormundschaft der Kirche und las in den alten Texten eines Heraklit, eines Ptolemaios, eines Aristoteles oder hörte von Aristarch, der behauptet hatte, die Erde drehe sich um die Sonne. Vermittelt durch die arabische Wissenschaft, haben diese Denkanstöße wesentlich zur Entstehung der modernen Naturwissenschaften beigetragen, die ja ohne die Basis der griechischen Mathematik ohnehin undenkbar wäre. Und schließlich hat man sich an der griechischen Baukunst, am griechischen Schönheitsideal zu orientieren versucht, das lag in der Zeit, war zwangsläufig und ist doch von einem Mann mächtig vorangetrieben worden.

Man kann geschichtliche Entwicklungen nicht aus den Zufällen einer individuellen Biographie erklären: Wenn zum Beispiel der alte Lehrer, der den Schustersohn in sein Haus nahm, nicht erblindet wäre, hätte der Achtzehnjährige in Berlin auf dem Köllnischen Gymnasium in Griechisch und Latein kaum so gut abgeschnitten. Aber würde das bedeuten, daß ohne Johann Joachim Winckelmann es keinen Klassizismus, keine Begeisterung für die Antike, keine Ausgrabung in Griechenland gegeben hätte? Gewiß, so wie die Dinge liegen, ist er zum Propheten der Vergangenheit geworden, aber er selbst hat den sogenannten Klassizismus nicht geschaffen, sondern vielmehr einen Kristallisationspunkt gebildet, an den sich immer wieder neue Strukturen neueren Geschichtsverständnisses über das Griechentum angesetzt haben. Winckelmann (1717–1768) ist dem alten Mann Blindenführer und Vorleser gewesen, ein Handwerkerssohn aus beengten Verhältnissen. Als er in Stendal, einem Ackerstädtchen in der Mark Brandenburg, nichts mehr lernen konnte, ging er nach Berlin, dann nach Halle, an die hochberühmte theologische Fakultät. Schon früh zeigt sich Besessenheit: Zu Fuß wandert er während seiner Gymnasiastenzeit nach Hamburg, weil er von einer berühmten Bibliothek gehört hat, wo man klassische Texte erwerben könne. Er erbettelt sich unterwegs bei Pfarrern und Gutsbesitzern Geld, um seinen Plan zu verwirklichen.

Sein weiterer Lebenslauf: Hofmeister, Hauslehrer, Korrektor, das ganze elende Dasein eines lohnabhängigen Intellektuellen, der aus der falschen Gesellschaftsschicht kommt. In der Zeit als Bibliothekssekretär des Grafen Bünau bei Dresden leuchtet ihm ein Lebensziel auf: Nach ständiger Beschäftigung mit Kunst und Künstlern wünscht er sich nach Italien. Er tritt 1754 einzig aus diesem Grund zur römischen Kirche über, 1755 erscheint seine erste Schrift »Gedanken über die Werke der griechischen Malerei und Bildhauerkunst«. Im gleichen Jahr geht er mit einem königlichen Stipendium nach Rom. Hier hat er zunächst als Bibliothekar des Kardinalstaatssekretärs Archinto gearbeitet, seit 1758 beim Kardinal Albani, und schließlich wurde er 1763 Präses der Altertümer des Vatikans. Seine 1764 erschienene »Geschichte der Kunst des Altertums« begründete die Kunstgeschichte und richtete den Blick von Rom nunmehr auf Griechenland. Den damaligen Papst hat er dazu bewegen können, in Olympia Ausgrabungen zu veranstalten. Winckelmann hat nach Berlin reisen wollen, wo eine französische Ausgabe seines Buches vorbereitet wurde. Diese rätselhafte Reise, zunächst in Begleitung eines Malers bis nach Regensburg, dann nach Wien, von dort nach Triest, diesmal in Begleitung eines zum Tode verurteilten, dann aber begnadigten und des Landes verwiesenen Italieners, beendete sein Leben: Am 8. Juni 1768 wurde er von Francesco Arcangeli in einem Gasthof zu Triest erstochen. Niemand kümmerte sich mehr um die Grabungen in Olympia.

Als die Deutschen, seit jeher für die Antike begeistert und vor allem durch ihre Dichter auf die Klassik eingeschworen, 1875 in Olympia neu zu graben begannen, setzten sie Winckelmanns Werk fort. Und auch der grauhaarige Baron in Frack und Zylinder, Pierre de Coubertin, der Verfasser von 36 Bänden zum Thema einer Erziehungsreform, der 1894 die ersten Olympischen Spiele der Neuzeit ins Leben rief und so den internationalen Sport ermöglichte, ist einer der Nachfolger des Schustersohnes aus Stendal. Wilhelm Dörpfeld (1853–1940), der große Archäologe und Freund der Griechen, hat bis 1929 weiter in Olympia gegraben; als 1936 die Olympiade in Berlin stattfand, wurden auf Veranlassung des Deutschen Archäologischen Instituts neue Grabungen vorgenommen, deren Ziel es war, das Stadion freizulegen und die übrigen Baugruppen völlig aufzudecken. Auch heute wird noch in Olympia gegraben, und während man vorsichtig Schicht um Schicht der Vergangenheit abträgt, trainieren in aller Welt die Sportler der Nationalmannschaften für eine moderne Olympiade. Wie vor 2000 Jahren wird der Diskus geworfen, werden Weit- und Hochsprung gemessen, gibt es Langläufe und Faustkämpfe, doch wird keines Siegers Bronzestandbild mehr aufgestellt, kein Opfer mehr gebracht, und wie der kultische Hintergrund der Zeusverehrung, so ist auch die Kunst versunken.

Von dem reichen plastischen Schmuck des Zeustempels zu Olympia sind nur Bruchstücke erhalten, wie überhaupt die gesamte griechische Kunst nach Zufallsfunden, nach römischen Kopien oder einigen Berichten von Zeitgenossen oder Reisenden beurteilt werden muß. Diese wenigen Zeugnisse, diese Bruchstücke, aus dem Trümmerschutt oder aus dem Meer geborgene Standbilder reichen aus, um eine Vorstellung von griechischer Bildkraft zu geben, die Winckelmann mit den Begriffen »edle Einfalt und stille Größe« erfaßt sehen wollte. Für den modernen Philologen, dem soviel reichere Kenntnisse, so viele Vergleiche aus anderen Kulturen zur Verfügung stehen, wirkt diese Formel eher als Ausdruck einer bürgerlichen Verinnerlichung, verursacht durch bestimmte Zustände im Deutschland der Kleinfürstentümer, und nicht als zutreffende Erkenntnis der griechischen Haltung. Die griechische Plastik ist Ausdruck einer ganz bestimmten Vorstellung vom Menschen. Weder die Abbilder von Schreibern und Handwerkern, die der ägyptische Totenkult hervorbrachte, noch die Herrscherbilder Mesopotamiens oder die Porträtkunst des orientalischen Totenkultes bis hin zum edlen Kopf einer Nofretete sagen über den Menschen aus, was Bronzeplastiken wie der Kopf der »Geraubten Braut«, »Herakles und Atlas« oder der »Knabe mit der Siegerbinde« verkörpern.

Abbildungen anstelle der Wirklichkeit, Figuren aus Lehm oder Ton, das kommt von weit her, reicht bis in steinzeitliche Votivgaben zurück, bis in die Totenbeigaben für die frühen ägyptischen Pharaonen. Auch die griechische Plastik hat ihre Geschichte, ihre Wurzeln im Pelasgertum, der Schicht der Ureinwohner. Man hat über sie keine Kenntnisse, der Begriff selbst ist verwaschen und steht für jene Bevölkerungsgruppe, die Griechenland besiedelte, ehe die Dorer (griechisch: Speerwerfer), aus Südeuropa kommende Hirten- und Bauernkrieger, über Dalmatien und Albanien in Griechenland eindrangen, den Peloponnes eroberten und sich dort festsetzten. Sie waren wohl die letzte Welle eines Völkersturmes, der die kretisch-mykenische Kultur vernichtet hat und fast auch Ägypten überflutet hätte.

Im sechsten vorchristlichen Jahrhundert geschieht, was man das griechische Wunder nennen möchte. Heerkönigtum und Adelsherrschaft treten zurück, ein Bürgertum bildet sich, und die Tyrannenhöfe bilden neue Zentren politischer Macht. Zugleich beleben sich die nach orientalischem Vorbild starren Figuren aus Stein und Holz und gewinnen neuen Ausdruck. In dieser Zeit wird der großformatige Hohlguß aus Erz erarbeitet, das bedeutet: Man kann die plastische Oberfläche modellieren, seinen Vorstellungen vom lebendigen Körper einen differenzierten Ausdruck geben, den das gegossene Erz festhält. »Die Errungenschaften späterer Jahrhunderte, Kontrapost und Seelenbildnis, liegen durchaus in der Richtung dieser Entwicklung, sind in ihr im Keim schon enthalten. Vergleicht man die äußerlich so ähnlichen orientalischen Bildwerke, so wird deutlich, daß gerade diese Elemente ihnen fehlen und den griechischen schon vor ihrer Berührung mit dem Osten, ja von Anfang an, seit der Jahrtausendwende zu eigen gewesen sind. Die Grundstimmung dieser Jünglingsbilder ist – im Gegensatz zu den Spätlingen der alten östlichen Kunst – Daseinsfreude, ein Aufwachen wie aus einem langen Schlaf. Nicht nur aus der freieren, willensmäßigeren Haltung spricht diese Grundstimmung, sondern auch aus den Zügen des Antlitzes, die von lebendiger, freudiger Bewegung erfaßt scheinen« (Buschor).

Es ist, als rühre jemand mit einem Zauberstab die einst so starren Bildnisse an. Um den Mund spielt ein leichtes Lächeln, die Haut spannt sich wie von innerem Leben, und die Füße, bisher streng nebeneinander, werden in Schrittstellung gesetzt. Noch wird der Kopf hoch und gerade getragen, noch ist die Gewichtsverlagerung von Spielbein und Standbein nicht gefunden. Der Kunsthistoriker bezeichnet die Gestaltung des menschlichen aufrecht stehenden Körpers, die auf der Gewichtsverlagerung beruht, mit dem Begriff Kontrapost: Die lässige, freiere Haltung verrät eine Wandlung des Selbstgefühls; wer sich vor orientalischen Despoten in den Staub wirft, wird nie so zu stehen wagen, den Menschen so abbilden können. Die sich hier ergebende gegensätzliche Gestaltung der beiden Körperhälften, in denen Last und Gelöstheit, Ruhe und Bewegung harmonisch zum Ausgleich gebracht werden, kennzeichnet die Statue der klassischen Zeit.

Im fünften und vierten vorchristlichen Jahrhundert entwickelt sich diese Kunst zu ihrer vollen Höhe. Nun hält man sich auch nicht mehr an die überlieferten Haltungen – bisher wurden Menschen nur stehend oder sitzend dargestellt –, sondern findet die freie, raumgreifende Form. Von den alten, strengen Mustern und Linien der geometrischen Epoche bleibt nichts mehr übrig, jede Bewegung lebt aus innerer Gespanntheit, aus einem voll erfaßten Raum, und immer detaillierter werden die bestimmenden Züge herausgearbeitet. Von griechischer Malerei besitzt man nur Bruchstücke, auch täuscht das weiße Marmorbild, das der Erde entrissen worden ist, über die wahre Formenwelt der Hochklassik: Diese Giebelfiguren unter der strahlenden südlichen Sonne, diese Olympioniken auf ihren Säulen, diese Götter und Göttinnen waren bunt bemalt, sind nicht Museumsgut, sondern greifbare Wirklichkeit und Beweis, daß sich Götter- und Menschenwelt berühren.

Aber die leidenschaftliche Beseeltheit des griechischen Antlitzes, der griechischen Figurengruppe gibt nur einen Aspekt griechischen Denkens und Fühlens. Noch immer werden die alten Mysterien in Eleusis gefeiert, und während Themistokles, der Sieger von Salamis, der Sieger über die persische Weltmacht, durch ein Scherbengericht verbannt wird, dichtet Äschylos seine Tragödien, schreibt Aristophanes seine aggressiven Lustspiele, stehen die Schauspieler mit der vorgebundenen Maske, der »persona«, als Ödipus, als Orestes, als Prometheus vor 15000 Athenern auf der Bühne.

Der Bock des Dionysos

Die Stadtverwaltung von Athen reagierte angeblich erst, als es zu spät war. Wie seit jeher waren Bühne und Zuschauersitze für die üblichen Dionysosfeiern aus Holz errichtet worden, und obwohl immer wieder gewarnt worden war, daß die Konstruktion nicht ausreiche und zu viele Menschen die Tribünen belasteten, hatte man derartige Hinweise mit der Auskunft abgetan, man habe die Dionysosfeiern seit jeher so durchgeführt und werde das auch nicht ändern. Schließlich waren, wie zu erwarten, die Tribünen zusammengebrochen, es hatte Tote und Verletzte gegeben, und die Stadt entschloß sich, nunmehr die Bauten in Stein zu errichten. Der Dionysoskult, der aus Thrakien nach Griechenland gekommen war und mit seinen wilden Mysterien von Tod und Auferstehung, mit seiner orgiastischen Raserei den Priestern von Delphi, den Politikern in Athen Unbehagen verursacht hatte, war längst durch einen gewissen Pomp und durch geschickte Inszenierung gezähmt worden. Ursprünglich tanzten die Schwärme der »Bacchen«, der Frauen und Töchter aus den Winzerdörfern, in ekstatischer Raserei durch die Weinberge. Immer wieder wurde der Mythos vom Sterben und von der Auferstehung des Dionysos erzählt. Kein Mann durfte sich den Frauen nähern, bis sie schließlich, auf dem Höhepunkt des Festes, einen schwarzen Ziegenbock oder einen Stier mit den Zähnen zerrissen, sein Fleisch roh hinunterschlangen, sein Blut tranken. Damit fühlten sie sich eins mit dem Gott, Gott war in ihnen, sie hatten die mystische Teilhabe und Erleuchtung, ja sie konnten die Zukunft weissagen. Die Frauen, die diesen Kult trugen und ihr Leben dem Dionysos geweiht hatten, hießen Mänaden. Sie brachten auch die Opfer dar, damit die Traube voll am Weinstock reifte. Wenn aber trotz aller dieser Zeremonien und Opfer die Lese eine schlechte Ernte brachte oder gar die Traube am Stock verfaulte, wurde die Totenklage über den im Vorjahr getöteten und zerstückelten Gott, den »tragos« (griechisch: Bock) angestimmt. Diese »Ode« über den Gott in Bocksgestalt, diesen Trauergesang nannte man Tragödie, im Gegensatz zu den heiteren Gesängen des Festzuges (griechisch: komos), den Komödien.

Weder die Dionysosfeste noch die Eleusinischen Mysterien sind ja ohne Vorgänger, ohne Beispiel, sondern gehen ihrerseits auf ältere Spielformen zurück, sind fremdartigen, aber ähnlichen Vorstellungen vergleichbar. Um eine Vorstellung geht es tatsächlich im wahrsten Sinne des Wortes. Das Hohelied Salomonis aus der Bibel geht auf literarische Formen zurück, die ursprünglich auf göttliche Liebespaare des sumerisch-akkadischen Kulturkreises oder auf die sogenannte Heilige Hochzeit bezogen waren. Es gab im Mesopotamien des dritten vorchristlichen Jahrtausends mehrere tausend Götter der verschiedensten Art, meist Lokalgötter oder irgendwelche Hilfsgötter. Diese Götter wurden in stereotypen Wendungen gepriesen und angebetet. Vermutlich sind einige der überlieferten keilschriftlichen Texte, bisher unerkannt, als Begleittexte für kultische Dramen oder Mysterienspiele gedacht, die an bestimmten, regelmäßig wiederkehrenden Tagen im Jahreslauf magischen Beistand herbeirufen und magische Kräfte entbinden sollten. Für die sumerische Zeit wird mit hoher Wahrscheinlichkeit angenommen, daß regelmäßig einmal im Jahr die Heilige Hochzeit zwischen dem Stadtgott und der Stadtgöttin zelebriert wurde (Schmökel). Sie wird in einem pompösen Aufzug, in feierlichen Pantomimen und Symbolhandlungen vollzogen worden sein. Ein feierliches gemeinsames Mahl und der öffentliche Vollzug des Beischlafes unter gespannter Anteilnahme der Menge dürften wesentliche Bestandteile des Kultes gewesen sein, dessen bedeutungsschwerer Ablauf mit Gesang, Orchestermusik und Dialogen begleitet wurde. Die Farbenpracht der Tempel mit ihren glasierten Ziegeln, die Pracht der Gewänder und des Goldschmuckes, der dumpfe Rhythmus der Instrumente, das Rasseln und Klappern, die wilden Flötenlieder müssen auf die Zuschauer eine überwältigende Wirkung gehabt haben. In Babylon wurde diese Heilige Hochzeit, eine Urform des »Schauspiels«, auf einem goldenen Prunkbett vollzogen, das auf der Spitze der Pyramide stand.

Der Kult für die zahllosen Götter Mesopotamiens muß das Handwerk stark belebt haben, denn jeder einzelne dieser Götter benötigte nach Ansicht der allmächtigen Priester alles, was einem König zustand, nur in weit größerem Umfang. Thron und Schmuck, Hausgerät und Kleidung, Wagen und Boot wollten angefertigt und gepflegt sein, und es war gewiß keine schlaue List der Priester, sondern tiefe Unterwürfigkeit und Angst, wenn alle diese Tausende von Göttern täglich bekleidet und entkleidet, gewaschen und mit Musik und Rezitationen unterhalten wurden. An solchen erhabenen, nicht banalen Anlässen mag sich die dichterische Prosa und Poesie entfaltet, der Sinn für den Ausdruck wie der Kunstverstand geschärft haben. Neben den fast ununterbrochenen Opferhandlungen aus den verschiedensten Anlässen und den Mahlzeiten, welche die Priester sich selbst einverleibten, müssen die gleichsam künstlerischen Bereiche des Kultes das ganze Leben einer Kaste bestimmt haben.

Kultdramen hat es aber durchaus nicht nur in Mesopotamien gegeben, auch zielte ihr Sinn nicht immer auf Fruchtbarkeitsmagie. Oft wird in solchen Spielen, die aus feierlicher Rezitation und Maskentanz gebildet sind, die Weltenschöpfung beschworen, die Ereignisse der mythischen Vorzeit, in der die Heilbringer den Menschen ihr Wissen vermittelten, werden zur Darstellung gebracht, und die Ahnengeister und Tierdämonen verkörpern lichte und dunkle Vergangenheiten, die es zu erleben und in sich aufzunehmen gilt. Gerade in den schriftlosen Kulturen ohne jene künstlerischen Monumente, wie sie die Hochkulturen kennen, lebt das Gedächtnis des Stammes oder Volkes im kultischen Tanz, in der feierlichen Rezitation uralter Texte, in denen das Wissen um die eigene Herkunft und die mythischen Zusammenhänge des Kosmos über Jahrhunderte hinweg weitergereicht werden. Häufig werden solche zunächst meist mimischen Kultdramen anläßlich der Initiationsriten aufgeführt, wenn Knaben oder Mädchen aus der Kindheit herausgeführt und als vollwertige Partner in den Stammesverband aufgenommen werden. Bei den Naturvölkern sind Tanz, Gesang und Musik untrennbar verbunden, kommen aus einem einzigen, übermächtigen Zwang zum Ausdruck, dem sich alles unterwirft. Bei den Hochkulturen differenziert sich der Ausdruckswille zur künstlerisch gestalteten Form, zum einheitlichen Stil: Es entsteht ein vielfältiges Netz von geistigen Bezügen, von Zusammenhängen und Anspielungen, die von jedermann verstanden werden und ihrerseits neue Formen erzeugen.

Der Schritt vom expressiven Tanz, von der magischen Beschwörung, die noch der des Schamanen nahesteht, zum kultischen Drama ist denn auch in mehreren Hochkulturen vollzogen worden. Im alten Mexiko wie in Peru gab es Ansätze zu regelrechten Schauspielen, und auch in China hat es im 6. Jahrhundert solche dramatischen Aufführungen gegeben. Daß sie hier erst später, unter griechischem und indischem Einfluß, zur vollen Blüte gekommen sind, ist nicht ungewöhnlich, denn stets sind ja derartige Tendenzen durch kulturelle Einflüsse von außen verstärkt oder abgebaut worden. Gesetzmäßigkeiten lassen sich in der Entwicklung einer Kultur selten nachweisen, eher schon Zufälligkeiten, die zu überraschenden Auswirkungen führen.

Oft werden solche kultischen Spiele von Geheimgesellschaften veranstaltet, ja sie bilden geradezu den Kern der Geheimlehre. Solche Zusammenschlüsse sind meist zu Instrumenten der Herrschaft geworden, sei es, daß man in besonderem Maße über Moral und Recht wacht, sei es, daß man das Gemeinwohl durch besonders wirksame Fruchtbarkeitsriten fördert. Dem einzelnen Mitglied bringt die Zugehörigkeit einen Zuwachs an Macht, Ansehen und Einfluß, eine verstärkte Sicherung gegen die Zufälligkeiten des Lebens. Man hat teil an der magischen Kraft, die vom Toten oder Ahnengeist, von einem Gott oder einer Zeremonie hergeleitet wird. Nächtliche Tänze, bei denen oft Masken benutzt werden und merkwürdig vermummte Wesen auftreten, also gleichsam »schwarze Messen«, Spiegelbilder der religiösen Wirklichkeit, verkörpern zum Beispiel bei der afrikanischen Gilde der »Menschenfresser« den Mythos vom Kannibalengeist, dessen Heimat im fernen Norden gelegen habe. Höchste Ehren erwarb man in diesem Bund durch Genuß von Menschenfleisch, aber nicht von frisch ermordeten Opfern, sondern von Leichen. Für jede Teilnahme an einer kannibalischen Mahlzeit durfte man sich einen kleinen Totenschädel aus Holz an den Gürtel hängen. Auch die Eleusinischen Mysterien, die ihrerseits auf ältere Kulte zurückgehen, sind von einer radikalen Geheimgesellschaft getragen worden. Nicht nur auf die Fruchtbarkeitsmagie, sondern auf den Auferstehungsglauben verwies das Mysterium, und nur wer eingeweiht war und teilgenommen hatte, konnte hoffen, dieser Auferstehung teilhaftig zu werden. So nahm die kultische Hochzeit zwischen den Orgien einen zentralen Platz ein. Radikal war dieser Geheimbund insofern, als nicht nur Freie, sondern auch Sklaven ihm angehören konnten, ein für jene Zeiten ganz ungewöhnlicher Umstand, der die Menschen unglaublich verunsichert haben muß. Niemand konnte ja wissen, ob nicht sein eigener Haussklave in Wirklichkeit Mitglied jenes höchst mächtigen Geheimbundes war.

Thespis wird berühmt

Komödie und Tragödie stammen demnach nicht aus der gleichen Wurzel, jedenfalls ist die Komödie keineswegs eine ins Heitere übertragene, gegebene dichterische Form, sondern entstammt vergleichbaren, wenn auch den Dionysosspielen ähnlichen Ansätzen aus Sizilien, der griechischen Kolonie. Um 560 v. Chr. entwikkelt ein gewisser Susarion aus Megara aus kultischen Prozessionen drastische Szenen mit derben Scherzen, bei denen der Phallusträger eine wichtige Rolle spielte. In Griechenland hießen diese Prozessionen »komos«, eigentlich »Umgang«. Von Sizilien aus kam die neue Kunst auf den Peloponnes und von dort nach Attika. Wandernde Schauspieltrupps führten zu gegebener Zeit die Szenen auf, veranschaulichten den Bewohnern abgelegener Dörfer den kultischen Zusammenhang. Was aber in anderen Kulturen auf dieser magisch-kultischen Stufe stehenblieb, entwickelte sich in Griechenland zu bewußter Form. Auch hier hatte man aus den Dionysosfesten und Demeter Mysterien szenische Darstellungen entwickelt, doch die Gesänge waren kunstvoll gegliedert, dichterisch überhöht. Die Verse, die für das Mysterienspiel geschaffen wurden, nannte man Dithyramben.

Entscheidend für die Entfaltung der Dichtung war, daß man die bedeutendsten Dithyramben schriftlich festhielt. Dies geschah unter Peisistratos, der auch die Dichtungen des Homer von einem fünfköpfigen Dichtergremium in ihre endgültige Form bringen ließ. Als Meister des Dithyrambos galt der Sänger Arion, um den sich bald verschiedene Legenden gebildet haben. So soll er während der Überfahrt von Tarsos nach Korinth von Matrosen ausgeraubt und vor die Wahl gestellt worden sein, entweder erstochen oder ertränkt zu werden. Er sang ein letztes Lied und stürzte sich vom Schiff ins Meer, wurde aber von einem Delphin gerettet, der ihn zur Küste trug. Die tiefe Naturbeobachtung und die intuitive Kenntnis der Delphine, die so stark auf Töne reagieren, von vergangenen Jahrhunderten als Fabelei abgetan, ist erst in der »Flipper-Zeit« gewürdigt worden. Arion hat statt des berauschenden Versgesanges den zyklischen Chor mit Arie und Rezitativ geschaffen, der dann die Voraussetzung für die weitere Entwicklung bot.

Den nächsten Schritt tat ein gewisser Thespis, ein geltungsbedürftiger Tanzlehrer aus Ikaria. Dieses Städtchen lag nicht weit von Eleusis, wo das rituelle Drama von Demeter, Persephone und Zeus alljährlich aufgeführt wurde, auch Megara mit seinem Dionysoskult war nicht allzuweit entfernt. Dieser Mann, der als Chorführer eine bestimmte Rolle in den Tanzgesängen zu übernehmen hatte, löste sich aus dem Chor und improvisierte den Vorgang in Rede und chorischer Gegenrede. Sein komödiantisches Temperament muß unbezwinglich gewesen sein, denn es hielt ihn auch in dieser Rolle nicht. Er hatte die versammelte Menge anschaulich darüber ins Bild gesetzt, was sie sehen würde, er hatte mit Geste und Mienenspiel den Kontakt zum Publikum hergestellt, er war als Showmaster, als erster Schauspieler aufgetreten und hatte selbst den Dionysos dargestellt. Dem strengen Solon mißfiel diese »Verstellung«, die er als unaufrichtig, als lügnerisch empfand. Thespis selbst nannte sich »Erklärer« (griechisch: hypokrites), und er schuf etwas, das einen Widerstand überwinden mußte, eine Handlung, die auf ein zunächst abwartendes und stummes Publikum einwirkte. Das griechische Wort für ein solches Tun heißt Drama (Frischauer). Thespis, nach seinen Auftritten in Athen berühmt, ist offenbar mit seiner Truppe von Ort zu Ort gezogen. Dazu benutzte er, wie der römische Dichter Horaz behauptet, jenen Karren, der in den allgemeinen Sprachgebrauch eingegangen ist. Offenbar hat man auf dem Thespiskarren die Dekorationen befördert, auch wohl die Schauspieler, wenn sie nicht mehr laufen oder auf dem Esel reiten wollten.

Vermutlich wäre der Name Thespis vergessen, wenn sich der Herrscher Peisistratos, ein geschickter Psychologe, nicht entschlossen hätte, den Athenern wieder etwas Neues zu bieten. Schon einmal war ihm das gelungen. Als er, ein erklärter Gegner der Großgrundbesitzer, 560 v. Chr. durch einen Staatsstreich die Macht an sich gerissen hatte, in die Stadt eingezogen war, hatte er auf einem Streitwagen an der Spitze seiner Truppe eine strahlend schöne, hochgewachsene Frau mit den Insignien der Göttin Athene voranfahren lassen. Dem Wagen folgten Ausrufer, die verkündeten, die Göttin Athene sei vom Olymp gestiegen, um Peisistratos zum Alleinherrscher von Athen zu erheben. Dieser geschickte Appell an die Phantasie der Menge tat seine Wirkung und brachte dem Tyrannen die Popularität, die er brauchte, um seine politischen Ziele zu realisieren. Nun bot er dem Volk eine neue Attraktion, die nicht weniger wirksam, aber noch weit folgenreicher war: Für die Olympiade 535–534 v. Chr. schlug er nicht nur die Veranstaltung von Kampfspielen vor, sondern eine Festaufführung, mit der der Lieblingsgott des Volkes, der geheimnisvolle Dionysos, gefeiert werden sollte. Diese Aufgabe übertrug er dem Schauspieler Thespis, dessen illusionäre Kunst bei Solon auf so schroffe Ablehnung gestoßen war. Damals hatte man ihm den Vorwurf gemacht, er betreibe öffentlichen Betrug und schädige die öffentliche Moral. Jetzt stellten ihn die Herrschenden in ihren Dienst. Beide Reaktionen, schon mit den Anfängen des Theaters verknüpft, haben sich durch die Jahrhunderte stets wiederholt.

Der neuartige Gedanke des Peisistratos war, auch für die Dramen Wettkämpfe durchzuführen, und so setzte der Gedanke, der schon in der Musik und im sportlichen Wettkampf so fruchtbare Folgen hatte, auch hier erstaunliche Energien frei. Thespis hat bei einem solchen Wettkampf im Jahre 534 v. Chr. den Sieg davongetragen, und die neue Form der Dichtkunst, das Drama, gehörte von nun an zum Bestand der Künste. Schon eine Generation später hat Choirilos, der 523/22 v. Chr. zum erstenmal an einem Wettbewerb teilnahm, ein breites literarisches Werk hinterlassen, von dem leider heute nichts mehr erhalten ist. Er soll 160 Stücke geschrieben haben und war dreizehnmal Sieger. Im Jahre 499/98 v. Chr. kämpfte er gegen Äschylos und den weniger bekannten Pratinas. Bestimmte Neuerungen für Kostüm und Maske werden ihm zugeschrieben. Für die Wettbewerbe selbst entwickelten sich bestimmte Formen. Jeder Dichter, der teilnehmen wollte, hatte seine Stücke dem für die jeweiligen Spiele zuständigen Archon einzureichen. Diese höchsten Beamten, etwa den modernen Senatoren für Recht oder Wissenschaft vergleichbar, entschieden nach unbekannten Kriterien, ob das Stück zur Aufführung angenommen werden könne. Ob vorwiegend ästhetische Gesichtspunkte oder auch politische Rücksichten eine Rolle bei der Auswahl spielten, kann nur vermutet werden. Nach der Annahme teilte der Beamte dem Dichter einen Chorführer zu, der seinerseits den Chor zu stellen hatte. Auch organisierte er die Besetzung. Alle weiteren Details wie Kostüme, Masken, Ausstattung hatte der Chorführer zu liefern, der gleichsam als Oberspielleiter fungierte. Der Dichter selbst übernahm die Regie und studierte sein Stück ein, nur der Chor wurde meist vom Chorführer selbst eingeübt. Ein Kollegium von Preisrichtern – aus zehn durch Los bestimmten Richtern wurden die endgültigen fünf Namen wiederum durch Los bestimmt – entschied mit einfacher Mehrheit über die Reihenfolge. Schon damals wurden erste, zweite und dritte Plätze gewertet, ein Schema, das offenbar tief in der menschlichen Natur verankert ist.

Die Baugeschichte des Theaters, das ja ursprünglich stets ein »Dionysostheater« war, ist nicht unumstritten. Zunächst hat man wohl in der Nähe des Tempels auf einem steinernen Sockel eine kreisrunde Fläche geschaffen, die »orchestra« (griechisch orchester: Tänzer), auf der unter dem aufwühlenden Sprechgesang der Chöre die stampfenden Tänze durchgeführt wurden. Am Hang des Hügels, von dem aus man einen guten Überblick hatte, wurden hölzerne Bankreihen angeordnet. Jedes moderne Stadion wiederholt dieses Schema, auch die Einteilung in Sektoren ist bereits antiken Ursprungs. Man hatte schon auf Kreta Schautreppen benutzt, auch kannte man eine weiterentwickelte Form, die gebogenen Schautreppen, die schon auf einen Mittelpunkt bezogen waren, nicht linear gleichsam auf einen Festzug. Wo das Halbrund der Zuschauer im Dionysostheater endete, errichtete man eine »szene« (griechisch skene: bedeckter Ort, Prachtzelt), das heißt einen Holzverschlag, der abgeteilte Räume hatte, aber auch zum Zuschauerkreis hin eine große Wand, die mit einem runden Loch geöffnet war. Ob dieser Aufbau aus dem seinerzeit erbeuteten Prunkzelt des Perserkönigs oder aus einer Form des Opferaltars entwickelt worden war, bleibt Gegenstand eines wissenschaftlichen Streites, dem man viele gründliche Erkenntnisse der Details verdankt, ohne daß die Sache selbst sich entscheiden ließe. Ursprünglich wurde die Skene für jedes Stück neu aufgeschlagen, später als fester Holzbau installiert. Vermutlich zur Zeit des Perikles haben sich dann die Ereignisse abgespielt, nach denen dann die hölzernen Konstruktionen schrittweise durch Steinbauten abgelöst wurden. Inzwischen hatte sich auch vor der Skene eine Plattform für das Spiel entwickelt, das Proszenium, sie lag podiumartig erhöht, und Stufen führten von dort hinab in die kreisrunde Orchestra.

So hatten sich die neuen literarischen Formen Tragödie und Komödie, ihre Spielformen und Ausdrucksmöglichkeiten und die dazugehörigen Bauten in wenigen Jahrzehnten gleichsam in einem einzigen Anlauf entwickelt. Jedes westliche, europäisch orientierte Theater, das heute irgendwo auf der Welt zwischen

Archangelsk und Kapstadt, zwischen Moskau und New York gespielt wird, reproduziert die alten, wenn auch vielfach erneuerten und ergänzten Formen der Antike.

Magie der Maske

Maske und Persönlichkeit sind geistesgeschichtlich auf höchst intensive Weise miteinander verknüpft. Aber die Maske ist weitaus älter als das, was wir Persönlichkeit nennen, diesen erst vom europäischen Bürgertum getragenen und verklärten Begriff, den Goethe im Zusammenhang mit dem »höchsten Glück der Erdenkinder« apostrophiert. Das Wort Persönlichkeit nämlich ist abgeleitet von dem lateinischen Wort für Maske (lateinisch persona von per: durch, sonare: tönen). Der Schauspieler, im Freilichttheater auf starke Wirkungen über große Entfernung hin angewiesen, trug die Maske mit der Augen- und Mundöffnung vorm Gesicht. Durch diese Maske hindurch sprach er seinen Text. Aber auch diese Erklärung erfaßt nicht die volle Tiefe der Beziehung, denn sie bietet nur eine durchaus flache, nur aufs Wort gestellte Deutung. Rätselhafter erscheint, daß der etruskische Totengott »phersu« hieß, daß er im alten Mysterienspiel dargestellt wurde, selbstverständlich maskiert, und wahrscheinlich ist, daß sich aus diesem Wort »phersu« durch Lautumwandlungen, wie dies in allen Sprachen zu beobachten ist, das Wort für Maske gebildet hat. Dann wäre Persönlichkeit, wenn man darunter das Charakteristische, ausgeprägt Einmalige eines Menschen verstehen will, etymologisch eben gerade aus einem Bereich her abgeleitet, wo es keine Einmaligkeit gibt, sondern das Maß, das allen Lebewesen ohne Unterschied zugemessen ist.

Daß die Steinzeitjäger sich Tiermasken umgebunden hätten, um das Wild besser beschleichen zu können, ist nur eine der Erklärungen für das Phänomen, daß der Mensch sich etwas vor das Gesicht hält oder bindet, um ein anderer zu sein, als der er ist. Schon die Felszeichnungen zeigen nämlich die Maske des Zauberpriesters, des Schamanen.

In zahlenmäßig kleinen Gesellschaften, in denen wenige Menschen, ohne näheren Kontakt mit anderen Gruppen, durch die Wildnis ziehen oder ihre kargen Äcker bebaut haben, mußte jedes Mittel genutzt werden, um sich zu »verfremden«: Er, der jedermann von Kind auf vertraut war, mußte seine magischen Kräfte nicht nur durch Erfolge glaubhaft machen, sondern auch durch seine ganze Kleidung auszudrücken verstehen. Wenn er die Schamanentrommel schlug, die Dämonen austrieb, mit unsichtbaren Mächten um Sonne oder Regen rang, war er nicht der allen bekannte Stammesangehörige, der alles dies tat, sondern ein gleichsam anderes Wesen. Unheimlich und ehrfurchtgebietend muß die Wirkung des Kostüms und der Maske auf Menschen gewesen sein, die an solche magischen Zusammenhänge ebenso fest glaubten wie der moderne Europäer an die Elementarteilchen.

Wer die Maske trägt, verkörpert etwas, sei es einen Ahnengeist, ein Totemtier oder einen Dämon. Man kann mit einer solchen Maske nicht wie ein gewöhnlicher Mensch durch das Dorf gehen oder seine Arbeit tun. Zur Maske gehört der Tanz, vielmehr umgekehrt, weil getanzt wird, und zwar mit bestimmter Absicht, braucht

Holzmaske *von der afrikanischen Goldküste. Die Tradition der Maske innerhalb des kultisch-magischen Bereichs ist uralt. Sammlung Goldschmidt, Heidelberg.*

man Masken. Die magische Wirkung der Rhythmen, die Verkörperung des Regengeistes, der Wolkenmutter, des Sonnenahnen wird verstärkt, wenn die Maske getragen wird. Nicht der Wunsch, so auszusehen, als ob man Geist sei, sondern die Überzeugung, in der Maske tatsächlich das zu sein, was die Maske zeigt, beseelt den Tänzer oder Zaubermann. In Afrika und in der Südsee, bei den Eskimos und den Jägervölkern rings um den Polarkreis sind Masken besonders ausgebildet, doch gab es sie auch in Mittel- und Südamerika, in Indien und Europa. Auf Ceylon stellen die Masken Krankheitsdämonen dar, und auf eine rätselhafte, psychologisch zwar wirksame, aber uns unvorstellbare Weise kann man Krankheitsdämonen vertreiben, also echte Heilung erzielen, indem man die Dämonen auftreten läßt (Lommel).

Wie bei den Jägervölkern die Tiermaske, die Darstellung der totemistischen Ahnenform, gebräuchlich war, so bei einigen Hochkulturen die Totenmaske. In Ägypten wie in Mexiko ist sie gelegentlich aus feinem Goldblech gearbeitet, trägt keine individuellen, sondern nur die für den Herrscher typischen Züge, doch gibt es auch andere, aus kostbarem Material gearbeitete Stücke. Solche Masken werden oft auf dem Mumienbündel befestigt, auf daß der Tote sein Gesicht behalte, auch werden gelegentlich die Götter selbst maskiert dargestellt.

Wie kulturgeschichtlich die schamanistischen Masken mit den Totenmasken und diese wiederum mit den Theatermasken zusammenhängen, ist ungeklärt, wie überhaupt das Gebiet der Maskenkunst systematisch noch kaum zusammenhängend dargestellt worden ist. Theatermasken gibt es in Indonesien, auf Java und Bali, doch sind die berühmtesten Masken Asiens in Japan entstanden und untrennbarer Bestandteil des No-Theaters geworden. In Europa gibt es keine vergleichbare Tradition, denn die zur Fastnacht in manchen Bereichen der Alpen gebrauchten fratzenhaften Volksmasken, an alte Fruchtbarkeitsriten erinnernd, stellen Teufel oder auch Tiere dar, ihre Bedeutung ist vergessen worden, ihr Zusammenhang mit den eiszeitlichen Tanzmasken, den Schamanenmasken der alten Jägervölker ist nicht mehr herzustellen; auch zur antiken Theatermaske gibt es offenbar keine Verbindung. Nur in der bayerischen Jungmännerschaft, die noch im 19. Jahrhundert gegen Unliebsame und Außenseiter ein sogenanntes Haberfeldtreiben veranstaltete und dabei maskiert war, meint man die uralten Formen der Geheimbündelei mit ihren Verkleidungen und Masken zu erkennen. Ein pervertierter Rest steckt letzten Endes auch im Ku-Klux-Klan, der nur maskiert zu handeln wagt und die Bevölkerung im Sinne der »schweigenden Mehrheit« nicht anders terrorisiert als ein afrikanischer Geheimbund der Leopardenmenschen. Die antike Schauspielermaske scheint von solchen Zusammenhängen völlig unberührt gewesen zu sein. Hier ist sie, wenn man den spärlichen Quellen Glauben schenkt, wie der hohe Schuh, der Kothurn, der dem Schauspieler statuarische Würde gab, ein vorwiegend zweckgebundenes Theaterrequisit.

Äschylos, dessen ganzes Leben von seiner Teilnahme an der Schlacht von Marathon geprägt war, hatte ursprünglich nur Stücke geschrieben, die das Wirken der Götter und des Schicksals verdeutlichen sollten. Mit einer Trilogie, deren erstes Drama »Phineus« und deren letztes mit dem Titel »Glaukos« verlorengegangen sind – erhalten sind nur die »Perser« –, wagte er ein Zeitstück mit unmittelbarem aktuellem Bezug. Im Jahre 472 v. Chr. bei den »großen Dionysien« errang er einen durchschlagenden Erfolg. Bei dieser Aufführung hatte er, zum ersten Male in der kurzen Geschichte der Tragödie, den Chor wie eine Person behandelt, hatte ihn Stellung nehmen, Fragen stellen und Antworten geben lassen. Außerdem verteilte er die Handlung, die bisher in feierlicher Rede von nur einem Schauspieler vorgetragen wurde, auf zwei Personen. Diese beiden Schauspieler, ihre Namen Meandros und Mynniskos sind überliefert, spielten zum erstenmal Dialoge in regelrechten Kostümen der handelnden Personen, und so dienten auch die Masken der Charakterisierung der Feldherren und Helden (Frischauer). Für diese Masken der attischen Tragödie gilt, was der irische Dichter William Butler Yeats über die Masken des No-Spieles gesagt hat, als er das irische Legendenspiel über das japanische No-Spiel neu beleben wollte. »Eine Maske, ganz gleich, wie nah man sie betrachtet, bleibt immer ein Kunstwerk«, schreibt Yeats. »Man verliert nichts, wenn man die Bewegungen des Mienenspiels ausschaltet, denn die Tiefe des Gefühls wird in der Bewegung des ganzen Körpers ausgedrückt.«

Japanisches Theater

In keiner Hochkultur der Welt außer in Japan gibt es eine Mythe, in der ein Schauspieler, ein Pantomime an den Anfang der Kultur neben andere Kulturheroen gestellt wird. Offenbar hat man hier der Schauspielkunst schon früh eine so große Bedeutung beigemessen, daß kosmische Zusammenhänge in sie einbezogen wurden. Der Meeresgott, so sagt die japanische Mythe, hat dem Jüngeren von zwei Brüdern die Macht über Ebbe und Flut verliehen. Der ältere Bruder erkennt die Gefahr, die sein jüngerer Bruder Yamahiko mit dieser Macht für ihn selbst bedeutet. Er beschließt, sich dessen Gunst zu sichern, indem er seine Unterwerfung unmißverständlich ausdrückt. So bestreicht er sich Hände und Gesicht mit roter Erde und mimt im Tanzschritt sein eigenes Ertrinken. Erst steigt ihm die Flut bis zum Knöchel, dann bis zum Knie, schließlich bis zum Hals. Mit den Worten »Von nun an will ich dein possenreißender Untertan sein« unterwirft Umihiko sich dem Bruder.

Wenn eine Deutung dieser Mythe gewagt werden kann – etwa daß der ältere Bruder, der sich mit Ocker bestreicht, die ältere jägerische Kulturstufe verkörpert, der jüngere Wasserherr aber die Stufe der Ackerbauer –, so mag dies nur eine von vielen Möglichkeiten sein. Jedenfalls ist der Schauspieler als Possenreißer etabliert, von nun an gehört er zur japanischen Kultur wie das Theater selbst. Der andere Mythos ist der bereits in anderem Zusammenhang geschilderte Sonnenmythos, der mit der Wiederauferstehung der Sonne und dem Krähen der Hähne endet. Beide Mythen werden im zeremoniellen, pantomimischen Tanzspiel dargestellt.

Wie im Vorderen Orient oder in Griechenland geht es bei den ältesten Tanzspielen um die feierliche Darstellung von Mythen. Diese Tanzspiele sind noch kein Theater, aber sie sind doch auch nicht mehr kultische Tänze, etwa wie die japanischen Wildschwein-, Hirsch- und Löwentänze, die man auch unter dem Begriff Kagura zusammenfaßt. Zwischen den kultischen Tänzen und den pantomimischen Tanzreigen besteht ein wichtiger Unterschied: Die kultischen Tänze sind konfliktlos, sie stellen nur dar und haben magische Kraft. Ohne Konflikte aber gibt es kein »Theater«, und Konflikte entstehen erst, wenn es zwischen Menschen und Göttern Auseinandersetzungen gibt, wenn der Mensch in einem neuen Selbstbewußtsein den Göttern gegenübersteht.

Das Kagura entspricht der schamanistischen Kulturstufe und beschwört in feierlich-strengem Tanzzeremoniell die Mythe von der Sonnengöttin und dem Herrn der Gezeiten. Der Name ist mit Sicherheit älter als das für ihn heute gebrauchte chinesische Schriftzeichen, gehört also der vorchinesischen Urkultur Japans an. Man übersetzt ihn heute mit »Göttersitz« oder »Götterbelustigung«, erreicht aber damit vielleicht nicht die ursprüngliche Bedeutung.

Schon in dieser frühen Vorstufe des Theaters haben sich bestimmte Elemente herausgebildet, die sich bis heute erhalten haben. Mit Ocker werden Gesicht und Hände bestrichen, man erinnert sich an die Blutmagie der Jägervölker, die Bestattung mit Ocker bei steinzeitlichen Jägern. Aus diesem Bemalen mit Ocker entsteht in Japan die Schminkmaske, wie sie das europäische Theater nur noch beim Pantomimen oder aus dem Zirkus vom Clown kennt. Auch andere Requisiten, wie Bambuszweig, Kopfschmuck und Spiegel, gehen auf diese Kagura-Tänze zurück. Man faßt aber auch alle Gaukler und Possenreißer, alle tief im Unterbewußtsein des Volkes verankerten naturreligiösen Spiele und Feste unter dem Begriff Kagura zusammen.

Bekannter als diese Tanzspiele ist das Gigaku (japanisch: kunstreiche Musik), das mit dem Buddhismus ins Land kam. Ein koreanischer Schauspieler, der mit einer Spielgruppe durchs Land reiste – dieselben Lebensformen wie in der griechisch-römischen Antike finden sich auch hier –, traf im Jahre 612 in Nara, der damaligen japanischen Hauptstadt, ein und führte das erste buddhistische Tanz- und Singspiel vor. Überall in Asien ist ja der Tanz untrennbarer Bestandteil des Theaters, und so gehören die schmiegsamen indischen Tempeltänzerinnen und die feierlichen Gigaku-Tänzer durchaus zusammen. Zweimal im Jahr, am Geburtstag Buddhas und am Totenfest, wurden die Gigaku-Spiele aufgeführt. Die Masken, die dabei getragen wurden, gehören zu den ältesten Masken der Welt. Man hat noch einzelne Stücke im japanischen Nationalmuseum und im Sho-Sho-In-Tempel. Heute werden Gigaku-Tänze nicht mehr aufgeführt, aber man weiß, es traten ein Löwe auf, ein König, ein junges Mädchen und ein Tänzer in Gestalt eines Vogels. Offenbar enthielt der Tanz phallische Elemente, und auch die Masken gehören eigentlich nicht in den asiatischen Kulturkreis. Man kann sie, nach Form und Ausdruck, nur mit den alten Masken des antiken Mimus vergleichen, und natürlich hat sich die Frage gestellt, ob zwischen dem japanischen Gigaku-Tanz und den phallischen Tänzen zu Ehren des Bacchus Zusammenhänge bestehen. Diese Frage hat sich nicht zufriedenstellend beantworten lassen, weil das Material spärlich ist, um beweisbare Hypothesen zu ermöglichen.

Es gab in Japan auch einen Tanz, der ohne Maske aufgeführt wurde, das Bugaku. Er kam aus Indien, Korea und dem China der Tang-Zeit, und wenn Masken benutzt wurden, so hatten sie einen beweglichen Unterkiefer wie die javanischen und indonesischen Puppen. Theater in unserem Sinne ist das alles noch nicht, wie überhaupt nie ein konfliktreiches Drama, etwa im antiken oder elisabethanischen Sinn, außerhalb Europas entstanden ist. In Asien behält das Theater stets seinen kontemplativen, beschreibenden Charakter, und wo menschliche Leidenschaften geschildert werden, bleiben sie weitgehend stilisiert. Das gilt besonders für das aus der japanischen Feudalzeit stammende No-Spiel, das tief im japanischen Bewußtsein verwurzelt ist und zweierlei Aspekte verkörpert. Es wurde geschaffen für eine selbstbewußte, ästhetisch verfeinerte Kaste von Rittern, die Samurai, und spiegelt das Bestreben des Zen-Buddhismus, durch Konzentration und Meditation den Weg der Erleuchtung zu finden. Dabei ging es um die seelische Erfahrung des Absoluten, und das No-Spiel gab die Erfahrungen solcher Erfahrungen wieder.

Man unterscheidet fünf Kategorien von No-Stücken, nämlich die Götterstücke, die Samurai-Stücke, die Perückenstücke – hier werden Frauen durch Perückenträger dargestellt –, die dramatischen Schicksalsstücke, wie man sie als Europäer nennen würde, die ein weibliches Schicksal schildern, und schließlich die Legendenstücke, die den Ausklang eines jeden Theaterabends bilden. Es gibt einen Spielgruppenleiter, seinen Partner, einen meist aus acht Sängern bestehenden Chor, der sitzend das Geschehen kommentiert, aber niemals wie der griechische Chor eingreift, und die Gefolgsleute der beiden Schauspieler. Diese Stücke werden mit Masken gespielt, um die Zufälligkeit des Gesichtes auszuschalten und sich auf das Wesentliche zu konzentrieren. Für den No-Spieler ist jede Geste vorgezeichnet, jeder Augenblick fordert von ihm Bewegungen, die im Einklang mit seiner Rolle stehen müssen. Durch den Wandel der Masken verkörpert der Spielführer immer neue Gestalten, und seit dem 14. Jahrhundert wird in immer gleichem Zeremoniell gespielt. Das ist so, als ob man in Europa noch heute Theater spielen würde wie zur Zeit der Ordensritter. Um den Vergleich mit der europäischen Tragödie deutlich zu machen, soll das Stück »Yamauba« (japanisch: alte Bergfrau) hier kurz umrissen werden.

Dieses Stück, vermutlich von einem alten japanischen Priester verfaßt, stellt die Liebe in den Mittelpunkt, aber nicht in Gestalt einer strahlenden Göttin der Schönheit, sondern als weißhaarige, gekrümmte Frau, die sich ihr Leben lang um andere sorgt und deren Liebe Mühsal ist. Die »alte Bergfrau«, so etwas wie ein guter Geist in Gestalt einer wohlmeinenden freundlichen Alten, steigt der Legende nach von den Bergen herab, um Segen zu hinterlassen, wo immer sie eintritt. Das Stück schildert in epischer Breite, wie eine junge schöne Tänzerin mit ihrer Dienerin zu einem fernen buddhistischen Tempel aufbricht. Ihren Ruhm verdankt die Tänzerin der Tatsache, daß sie das Leben ebendieser Yamauba so besonders eindrucksvoll zu singen und darzustellen verstand. Hoch auf einem Paß begegnet sie nun der Uralten und hat mit ihr ein Gespräch, in dem das Wissen der Yamauba in lyrisch einprägsamen Szenen geschildert wird. »Wenn ich allein in den Bergen sitze, die dem Menschentreiben am fernsten sind, so lausche ich oft, wie ein einsamer Vogel oder ein wandernder Holzfäller singt, und nehme die tiefe Stille rings in mich auf. Wenn ich zum höchsten Gipfel des Dharma-Wesens emporschaue (sanskrit: Weltgesetz), so denke ich unseres endlosen Suchens nach der erhabensten Wahrheit. Wenn ich hinabblicke in die grundlose Tiefe des gähnenden Tales dort unten, so gemahnt es mich an den Abgrund der Unwissenheit, in den alle Wesen versinken, und ich begreife, wie unerschöpflich meine Aufgabe ist.«

Verinnerlichung und Weltflucht, Lyrik und Meditation – auf der Bühne des No-Spieles werden sie nuanciert dargeboten – und die starren Masken, die nichts Zufälliges mehr zeigen, nur noch das Wesen der tief verinnerlichten Rolle, geben dem Spiel seinen für den Europäer so schwer zu erfassenden Reiz. Kaum ist es denkbar, daß mit weniger künstlerischen Mitteln ein stärkerer Ausdruck erreicht werden könnte, und wie in den Landschaftsbildern des Zen-Buddhismus, wie in der Tee-Zeremonie oder beim Ikebana bestechen die Strenge und Konzentration. Zum europäischen Drama, zu den Konflikten eines König Lear oder Hamlet, eines Faust oder König Ödipus läßt sich kaum ein stärkerer Gegensatz denken, und doch entstammen beide Formen dem menschlichen Spieltrieb, oder besser, dem Zwang zum Spiel.

Vom Spiel zum Schauspiel

Festspiele in Athen

Keine Gesellschaft freier Männer, sondern ein Diktator, mit dem griechischen, heute blutrünstig klingenden Wort »Tyrann« bezeichnet, entschied zeitweise darüber, welche von der Dichterjury vorgeschlagenen Dramen anläßlich der großen Dionysien aufgeführt werden würden. Seine Reaktionen waren ebenso unberechenbar wie die der Menge, die lärmend und lachend, stets zu Spott aufgelegt, die Ränge des weiten Rundes füllte, entschlossen, sich zu amüsieren oder rühren zu lassen, auf jeden Fall aber neugierig und außerordentlich kritisch. Es waren die alten, aus täglichem Anruf, aus Gebet und Opfer, aus Dichtung und Tempelplastik vertrauten Götter, die man sehen würde, und auch die Handlung selbst war nicht frei erfunden. Wenn überhaupt, wie in den Komödien, lebende Personen auf der Bühne standen, schützte keine einstweilige Verfügung ihre Persönlichkeitsrechte, denn die treffendste Ähnlichkeit war erwünscht, und ihre Schwächen wurden erbarmungslos gegeißelt. Die Neugier richtete sich also nicht so sehr auf den Stoff, auch nicht auf Stil und Machart der Darbietung, sondern darauf, wie es der Verfasser verstanden haben mochte, den altvertrauten Stoffen eine neue Seite abzugewinnen. Wehe ihm, wenn er in diesem Bestreben zu weit gegangen war und die Gefühle der Zuschauer verletzte. In Athen gab es außer den Sklaven keine silent majority, keine »schweigende Mehrheit«, denn hier redete jeder, der sprechen konnte.

Bei den großen Dionysien dauerten die Festspiele drei volle Tage. Vom frühen Morgen bis zum Sonnenuntergang wurde gespielt, jeweils drei zusammengehörige Stücke eines Verfassers, dann die nächste Trilogie. Wer mit seinen Tragödien den Sieg errang, erhielt einen »tragós«, einen Ziegenbock, wer als Komödienschreiber siegte, einen Korb mit Feigen, eine Anspielung auf den weiblichen Schoß, und einen Krug Wein. Der Dichter und der Chorführer erhielten einen Efeukranz, man bezeichnete sie als »gottgerufen«.

Es gibt in der klassischen Epoche verschiedene Versuche, ästhetische Maßstäbe zu setzen, vor allem bei Platon und Aristoteles. Platon erklärt, daß es kein »begründetes Wissen« sei, was den Dichter befähige, seine Gestalten so überzeugend, so plastisch zu schaffen. Von dieser Treffsicherheit ist er selbst offenbar so angerührt gewesen, daß er die dichterische Intuition – ein Begriff, der im Grunde auch nichts erklärt – als ein Geschenk der Götter betrachtet, ja als eine Art göttlichen Mitleids, welches die Hilflosigkeit und Unzulänglichkeit des Menschlichen zu überwinden erlaubt (Grassi). In der Kunst vollzieht sich ein von der geistigen Erkenntnis verschiedener Vorgang, und »aus Mitleid haben uns die Götter Apollon und die Musen zu Genossen gegeben und dazu noch Dionysos als dritten«. Apoll und Dionysos, ein Schlüsselwort, das nach der Renaissance in der europäischen Geistesgeschichte seine Rolle spielen wird und schließlich zum Thema des genialen jungen Altphilologen Friedrich Nietzsche wird. Damit ist der Gegensatz von Klarheit und Rausch, von Form und Chaos, von Helligkeit des Bewußtseins und zeugungsmächtiger Finsternis gemeint. Wenn also ein Dichter als »gottgerufen« bei den Spielen bezeichnet wurde, war dies nicht einfach ein Beiwort wie bei einem europäischen Fürstennamen, sondern meinte, daß man ihn als unmittelbar von den Göttern berufen betrachtete – nicht nur als begabt, sondern als einen Mann voller Botschaften und Einsichten, die ihm von den Göttern eingegeben wurden.

Für jemanden, der die Götter mit ehrfürchtiger Scheu verehrte, weil er am eigenen Leibe ihr Walten verspürt hatte, muß es ein unglaubliches Ziel gewesen sein, sich um den Sieg im Tragödienwettstreit zu bemühen. Äschylos hat ein solches Erlebnis gehabt: Als 35jähriger Hoplit hatte er, als einer von 9000 schwerbewaffneten Griechen, auf der Ebene von Marathon gekämpft und erlebt, wie dieses kleine Heer, dank der Feldherrnkunst des Themistokles und dank des Waltens der Götter, die mächtige persische Übermacht entscheidend schlug. Dieser Tag war der Höhepunkt seines Lebens. Man konnte damals Hoplit nur werden, wenn man ein freier Mann, kein Sklave war und das volle Bürgerrecht besaß. Für seine Ausrüstung war man selbst verantwortlich und mußte sie auch selbst erstellen. Angetan mit dem Helm, dem Brustpanzer und Beinschienen, in der Hand den großen Schild, am Gürtel das Schwert und außerdem mit einem Handspeer bewaffnet, war er mit seinem Bruder Kyneigeros aufgebrochen, um seine Heimatstadt, die Polis Athen (griechisch polis: Stadt), und ganz Griechenland vor der Unterwerfung durch die Perser zu schützen, deren fremdartige, orientalische Lebensform sich zum griechischen Leben verhielt wie eine rigorose Militärdespotie zu einer liberalen Demokratie. Der Bruder des Äschylos war schwer verwundet worden, Äschylos selbst kam heil zurück, bis an sein Lebensende stolz darauf, an dieser Schlacht teilgenommen zu haben. Auf seiner Grabinschrift – er starb während eines Besuches in Sizilien 456 v. Chr. in Gela als 81jähriger Greis – ließ er festhalten, daß die »Perser im wallenden Haarschmuck« ihn und seinen Mut kennengelernt hatten.

Auch in der Seeschlacht von Salamis hat er an Bord eines der Schiffe gekämpft, Zeuge eines weltgeschichtlichen Ereignisses, das er durchaus bewußt miterlebt hat. Bekanntlich war der persische König seines Sieges so sicher, daß er sich mit Schreibern umgab, die den Verlauf der Schlacht für die Nachwelt aufzeichnen sollten. Äschylos hat sie mit anderen Augen gesehen, aber jede Einzelheit registriert. Äschylos stammte aus der herrschenden Schicht; sein Vater war Grundbesitzer in Eleusis, das damals politisch zu Athen gehört hat. Verbindungen zu der Geheimgesellschaft von Eleusis sind nicht nachzuweisen. Es hat zwar einen Prozeß gegeben, in dem Äschylos sich gegen den Vorwurf verteidigen mußte, er habe die Geheimnisse von Eleusis verraten, aber das Verfahren endete mit einem Freispruch.

Zum erstenmal hat Äschylos als junger Mensch von 25 Jahren an einem Dramenwettbewerb teilgenommen, aber der Erfolg kam erst sechzehn Jahre später, als er, zusammen mit vielen anderen schauspielernden Autoren, in den sogenannten Diskalien erwähnt wurde, also gewissermaßen im Protokoll der Dionysien. Äschylos ist kein fortschrittlicher Autor gewesen, er hat sich von den damals herrschenden skeptischen Geistesströmungen nicht beeinflussen lassen und nahm genau den Standpunkt ein, den man seiner Herkunft nach von ihm erwarten konnte. Er war ein konservativer Patriot, dem der Sieg bei Marathon als Bestätigung seiner Auffassungen diente. Für ihn hatte nicht die größere politische Freiheit mit ihren selbständigeren Menschen den Sieg davongetragen, sondern die Götter hatten gesiegt, die man zu seiner Zeit schon an allen Ecken und auf allen Märkten in Frage zu stellen beliebte. Zwar war er ein überzeugter Anhänger der Demokratie, aber er wünschte keine Veränderung, keinen Fortschritt, denn so, wie die Verhältnisse waren, hielt er sie für richtig, und er bejahte die Ordnung, in der er lebte, aus ganzem Herzen. Insgesamt hat er etwa 90 Dramen und fünf Satyrspiele geschrieben, und alle haben sie vermutlich diese Tendenz gehabt. Erhalten sind von all diesen Werken nur sieben Dramen, von denen eines nicht einmal mit Sicherheit dem Äschylos zugeschrieben werden kann. Man kennt 70 seiner Dramen wenigstens dem Titel nach, und tatsächlich wird die Frage des Nachruhms an einem solchen Beispiel fragwürdig: Wie sähe der Kanon der großen Vorbilder in der Dichtung, wie sähe die Entwicklung des europäischen Dramas aus, wenn noch ein paar Texte mehr vernichtet, »Die Perser« oder der »Ödipus« des Sophokles nicht erhalten geblieben wären! Solche Fragen sind vielleicht müßig, doch vergrößern sie auch die Skepsis gegenüber allem kulturellen Jubel.

Obwohl Äschylos sich zur Demokratie nach dem Modell Athens und zu der griechischen Götterwelt bekannte, konnte er Tyrannen nicht hassen. So folgte er der Einladung des Tyrannen Hieron I. von Syrakus, der 478 v. Chr. die Macht in der reichen Metropole an sich gerissen hatte und wünschte, daß man zu Ehren seines Sohnes ein Festspiel schriebe. Dieser von der Geschichte vergessene Abkömmling wurde als König über die Stadt Aetna gesetzt, und tatsächlich hat Äschylos aus diesem Anlaß ein Festspiel geschrieben und aufgeführt, das den Titel »Die Aitnaierinnen« hatte. Keine Zeile davon ist erhalten geblieben, und man weiß nicht, ob dieses Stück bereits den »Persern« vergleichbar ist. Es wäre denkbar, daß Äschylos sich von der Theaterpraxis auf Sizilien hat anregen lassen und daß seine freiere Gestaltung der Dialoge, sein gelegentlicher Verzicht auf Chöre, überhaupt seine Neuerungen auf solche Eindrücke zurückgehen. Nach seiner Rückkehr aus Syrakus gewann Äschylos den Preis der Dionysien. Sein Chorführer bei dieser theatergeschichtlich so bedeutenden Aufführung war übrigens ein junger Adliger namens Perikles, der sich um diese Aufgabe beworben hatte und dessen Namen die Athener in diesem Zusammenhang zum ersten Male hörten. Von nun an galt Äschylos als der unbestritten größte lebende Dichter Griechenlands. Nur noch einmal hat er, wenn auch nur vorübergehend, den Sieg im Wettstreit abtreten müssen, und zwar im Jahre 468 v. Chr. an einen jungen Mitbewerber namens Sophokles. Aus diesem Jahr kennt man übrigens weder die eingereichten Dramen des Äschylos noch die des Sophokles, nicht einmal dem Titel nach.

Äschylos hat in Athen ein würdiges, zurückgezogenes Leben geführt. Daß er trank, hat ihm zu Lebzeiten niemand vorzuwerfen gewagt, also kann es nicht zu Skandalen gekommen sein, wie sie bei wirklichen Alkoholikern so häufig sind. Sein opus magnum, seinen großen Wurf, schrieb er mit der »Orestie«, die aus den Tragödien »Agamemnon«, »Das Totenopfer« und »Die Eumeniden« besteht. In diesen Tragödien von Schuld und Sühne, von Gattenmord und Sohneshaß, Muttermord und Geschwisterliebe werden die sterblichen Menschen in ausweglosen

Situationen geprüft, erleiden sie nach dem, was ihnen von den Göttern verhängt wurde, gräßliche Schicksale, und weil sie zu blind und zu schwach sind, den Willen der Götter zu erkennen und ihm zu gehorchen, müssen sie die Strafe für ihre »hybris«, ihre Selbstüberschätzung, erleiden. Der Kampf des sich aufbäumenden Menschen gegen das unentrinnbare, uneinsehbare Schicksal, dem selbst die Götter dienen, indem sie es vollstrecken, bildet zum ersten Male das Thema der Tragödie: Schuldlos schuldig, sehenden Auges den eigenen Untergang herbeiführend, so gehen sie alle ihren Weg, die Helden des antiken wie des modernen Dramas, und wer heute von der Unausweichlichkeit des Schicksals spricht, beruft sich, ohne es zu wissen, auf die antike Auffassung, nicht auf christliches Erbe oder außereuropäische Kulturen.

Dabei spielt der besondere Schuldbegriff des Äschylos eine wichtige Rolle. Für diesen Landadligen, der in Generationen und Geschlechtern dachte, hatte der einzelne für das Vergehen seiner Sippe einzustehen. Jeder war in Gefahr, daß die Götter gerade ihn eines dunklen Verhängnisses, einer alten Schuld aus Vorzeiten wegen strafen würden, und es blieb nichts anderes, als dem ins Auge zu sehen und dennoch sein Bestes zu geben. Stets war es der »Fluch der bösen Tat«, die nach dem Klassiker Schiller »fortzeugend Böses muß gebären«, um den alle Handlungen kreisten, und das Böse, das ein solcher Fluch gebar, türmte vor dem menschlichen Willen unüberwindliche Hindernisse, stellte ihm unvermeidliche Fallen. So gingen diese Helden an sich selbst zugrunde, und über allem thronte Zeus, für Äschylos der Inbegriff der Gerechtigkeit. Das klingt großartig, bezeichnet aber doch auch den begrenzten Horizont eines Mannes, der noch als Achtzigjähriger an den Idealen seiner Jugend festhielt. Das Ende des Äschylos ist von der Nachwelt gleichsam werkgetreu als Legende formuliert worden. So soll das Orakel, das den wissenden Zuschauer das Verhängnis ahnen ließ, nur den handelnden Helden nicht, auch Äschylos gewarnt haben. Es sei ihm geweissagt worden, so heißt es, ein Geschoß vom Himmel werde ihn töten. Auf ihn bezogen, der so fest an das Walten des Zeus und an seine Gerechtigkeit glaubte, mußte eine solche Prophezeiung absurd erscheinen. Im hohen Alter ist Äschylos dann zum dritten Male nach Sizilien gereist und war in Gela, der Geburtsstadt des Tyrannen von Syrakus. Dort stand er und sah einem Adler zu, der eine Schildkröte in seinen Fängen hielt. Der Adler ist in der griechischen Mythologie der Vogel des Zeus, und so wundert es nicht, daß ebendieser Adler die Fänge öffnete. Die Schildkröte fiel auf das Haupt des greisen Dichters, den die Athener so oft mit Kränzen aus Ölzweigen gefeiert hatten, und erschlug ihn, ein ebenso merkwürdiges wie folgerichtiges Ende für den Dichter des Schicksals.

Tanzanzug *mit Maske aus Neuguinea. Als Material wurde Palmblattgeflecht, Palmstielhüllgewebe und Bast verwendet. Staatliche Museen Preußischer Kulturbesitz, Museum für Völkerkunde, Berlin.*

Faustkämpfende Knaben. *Wandmalerei aus Thira, Griechenland. Minoischkretische Kultur. Nationalmuseum, Athen.*

Diskuswerfer. *Der Athlet ist in der spannungsgeladenen Ruhepause zwischen zwei Bewegungsabläufen dargestellt, nämlich dem nach rückwärts gewandten Ausholen zum Schwung für das nach vorne gerichtete Wegschleudern der Scheibe. Marmorplastik des griechischen Bildhauers Myron, um 450 v. Chr. Römische Kopie. Museo Nazionale Romano, Rom.*

Ein verkleideter Schauspieler *hält seine Maske in der Hand. Die griechischen Schauspieler (nur Männer) trugen während der Aufführung stets Masken, um den Rollencharakter deutlich hervortreten zu lassen. Gesprochen wurde durch Schalltrichter, damit man auch für die Zuschauer der letzten Reihen verständlich war. Fragment eines tarentinischen Kraters, 2. Hälfte 4. Jh. v. Chr. Martin-von-Wagner-Museum, Würzburg.*

Szene aus einer Phylakenkomödie. *Eine Akrobatin vollführt vor Dionysos ihre Kunststücke, rechts daneben zwei Phylaken. Kelchkrater, um 370 v. Chr. Museo Eoliano, Lipari.*

Kongo-Rikishi-Maske, *eine japanische Kultmaske aus Bronze. Kopie um 1900. Augustinermuseum, Freiburg im Breisgau.*

Hou-Chu *(583–589), der letzte Kaiser und Mäzen der Ch'en-Dynastie in Nanking mit seinen Musikantinnen. Malerei auf Seide, frühes 14. Jh. British Museum, London.*

Der Weg zu Ödipus

Das Griechenland des 18. Jahrhunderts – »edle Einfalt, stille Größe« – entsprach der Wirklichkeit so wenig wie jedes andere Bild, das man sich von diesem Land macht. Nirgends wird die Fragwürdigkeit geschichtlicher Darstellungen so bloßgestellt wie am Beispiel Griechenlands, wie bei der Schilderung Spartas oder Athens. Denn wer von griechischer Plastik, griechischer Tragödie spricht, rückt etwas in den Mittelpunkt, was doch damals so am Rande des Alltags lief wie in einer modernen Großstadt ein neuer Film oder die Einweihung eines neuen Wohnviertels. Feierlichkeit ist nicht am Platze, und so hat schon der geistreiche Egon Friedell in seiner »Kulturgeschichte der Neuzeit« die verschiedenen Griechenlandbilder kritisch gesehen. »Man wird natürlich niemals genau angeben können, wie das alte Hellas in Wirklichkeit ausgesehen hat, aber man kann ziemlich genau sagen, wie es nicht war, nämlich nicht so, wie das achtzehnte Jahrhundert es sich vorstellte. Sondern: bunt und gebrochen, nervös und irisierend, unbeherrscht und tumultuös und ganz und gar nicht abgeklärt; sein Zentrum Athen ein Farbenkasten, mitten in eine grelle, pittoreske Natur gesetzt, mit der deutlichen Absicht, sie noch zu überschreien, eine charmante Spielzeugschachtel von Stadt, wie man sie in nachantiken Zeiten niemals wieder gesehen hat und leider nicht einmal nachzuahmen versucht hat, angefüllt mit geschmackvoll und amüsant kolorierten lebensgroßen Stein- und Tonpuppen, prachtvoll und lärmend vergoldeten Kolossalfiguren, schillernden Fayencen, koketten Nippes und zierlichen Terrakotten; und dazwischen Menschen, die mit allem und jeglichem spielten: nicht nur mit ihren Leibes- und Redeübungen, ihrer Kunst und Erotik, sondern auch mit ihrer Wissenschaft und Philosophie, ihrer Justiz und Volkswirtschaft, ihren Staaten und Kriegen und sogar mit ihren Göttern, immer in Motion und Emotion, ungeheuer viel und schnell sprechend, was allein schon die Vorstellung der Klassizität aufhebt, jedoch trotzdem in Betonung und Aussprache, Wortstellung und Satzgefüge die letzten Feinheiten beobachtend; ihr Theater eine Mischung aus Ballett, Marionettenspiel und Volkskonzert, ihr eigentliches Theater aber ihr tägliches Parlament . . .«

Und im übrigen, sagt Egon Friedell, bestand die versunkene griechische Kultur auch zur Zeit des Perikles im Gehirn eines Durchschnittsatheners aus demagogischem Geschwätz, strategischen Kannegießereien, sportlicher Fachsimpelei und Zwiebelpreisen. Denkbar, daß in solcher Atmosphäre die Geschichte vom Ende des Äschylos einen ironischen Akzent hat, wie überhaupt die blitzschnelle Wendung, die leichthin geäußerte Ironie häufiger gewesen sein dürften, als die klassischen Texte vermuten lassen. Allein im Theater, wenn der greise Ödipus, der sich selbst die Augen mit den goldenen Spangen seiner Gattin Jokaste, die auch seine Mutter ist, ausstach, mit blutüberströmten Augenhöhlen auf die Bühne wankte, mag das sonst so bewegliche, schlagfertige und leichtlebige Publikum überwältigt worden sein vom Entsetzen, für Augenblicke einer »Katharsis« unterworfen, einer Reini-

Lamaistische Maske *aus Sikkim. Der Lamaismus, eine Sonderform der buddhistischen Religion, hat eine beachtenswerte religiöse Kunst hervorgebracht, von der Kultmasken, wie diese hier, Zeugnis geben. Naturkundemuseum, Salzburg.*

gung durch Schauder und Jammer. Dieser Vorgang, den Aristoteles definiert hat, war aber keineswegs als moralische Läuterung durch die »moralische Anstalt« gemeint, sondern als eine Art Purgieren, als eine geradezu medizinisch aufgefaßte »Entschlackung« durch Affekte. Diese Entschlackung bewirkt ein Lustgefühl, heute würde man sagen, die Zuschauer seien »high« gewesen, und genau dies wird von Aristoteles als Ziel der Tragödie bezeichnet. Moralische Wirkungen hat niemand erwartet, weil die Frage der Moral so noch nicht gestellt war. Man bemühte sich in jener Zeit, das Gute und das Schöne zu definieren, die Götter zu ehren und so zu leben, wie es sich für einen freien Athener gehörte – Fragen der Moral betrafen etwa Tapferkeit und Feigheit in der Schlacht oder andere bürgerliche Pflichten, und erst Sokrates hat Fragen der persönlichen Moral, nicht der allgemeinen Moral zum Gegenstand seiner bohrenden Gespräche gemacht. Das Theater, als bedeutendstes Massenmedium seiner Zeit, hat zwar auf die lebenslustige Bevölkerung keine unmittelbaren Wirkungen gehabt, aber doch ihr Bewußtsein beeinflußt: Aus den archaischen Dialogen der Dionysosumzüge waren dramatische Szenen geworden, aus denen das moderne Illusionstheater hervorgegangen ist, und aus statuarischen Maskenträgern, die Typen verkörperten, lebendige Menschen, deren unentrinnbares Schicksal man mit Herzklopfen verfolgte.

Der Staatsmann und Stratege Sophokles, ein Mann von großer geistiger Überlegenheit und bezwingendem Charme, der von jedermann geliebt wurde, hat neben seinen zahlreichen Ämtern und Aufgaben noch Zeit gefunden, soviel wir wissen, insgesamt 114 Dramen zu schreiben, von denen nur sieben Tragödien erhalten sind. Zeitlich sind überhaupt nur zwei Stücke zu datieren, so ruht der gewaltige Ruhm des klassischen Dichters auf sehr wenigen Säulen. Während des gesamten »goldenen Zeitalters« Athens, also unter der Herrschaft des Perikles, beherrschte er die Bühne, wie dies eine Generation vor ihm durch Äschylos geschah. Ursprünglich hat er sich an den feierlich-pompösen Tragödien des Äschylos orientiert und erst später seinen eigenen Stil gefunden. Bekannt wurde er in seiner Jünglingszeit nicht durch seine dichterischen Versuche, sondern durch seine sportlichen Erfolge. Er hatte eine erstklassige Erziehung genossen, denn sein Vater war ein wohlhabender Schwertfabrikant. In Musik wurde der junge Sophokles (griechisch: der an Weisheit Reiche), Sohn des Sophilos (griechisch: der die Weisheit liebt), von einem der berühmtesten Musiker jener Zeit, einem gewissen Lampros, erzogen, und auch in den gymnastischen Übungen war er so gut trainiert, daß er mit sechzehn Jahren als Ballspieler einen Preis gewann, ebenso im Harfenspiel.

Damals, um 480 v. Chr., hatten gerade die 300 Spartiaten den Engpaß der Thermopylen unter ihrem König Leonidas gegen die Perser zu sperren versucht und waren durch Verrat umgangen und allesamt erschlagen worden. Athen war ein Opfer der persischen Plünderer geworden, ganz Griechenland zitterte davor, von dem riesigen Perserreich endgültig überwunden zu werden. Allerdings waren Kriege damals noch keine totalen Kriege, sondern wie Gewitter lokale, wenn auch vernichtende Ereignisse. So scheinen die Vorgänge in Athen den väterlichen Besitz in Kolonos, der Heimatstadt des Sophokles, einige Kilometer nordwestlich der Stadt, nicht unmittelbar betroffen zu haben. Ein Jahr später wendete sich das Blatt. Im Jahre 479 v. Chr. schlugen die Spartaner unter Pausanias bei Platäa das persische Heer, und auch die griechischen Küstenstädte Kleinasiens wurden von der persischen Herrschaft befreit. 462 v. Chr. trat Perikles in die Politik ein und versuchte mit Hilfe der demokratischen Partei, die Macht des Landadels zu beschränken, wenn sie schon nicht zu brechen war, und bereits damals dürften Sophokles und Perikles befreundet gewesen sein.

Im Jahre 480 v. Chr. hatte der etwa siebzehnjährige Sophokles nach dem Seesieg der Athener bei Salamis die Ehre, den Siegesreigen und Festgesang der athenischen Jünglinge anzuführen. Man hat sich das wohl wie eine Mischung aus indianischem Kriegstanz und mediterranem Freudenfest vorzustellen. Hunderte von nackten, wohlgebauten Jünglingen, alle von leidenschaftlichem südländischem Temperament und einer unglaublichen Musikalität, vergleichbar negroiden Tänzern, feiern mit wilden Stampfrhythmen, mit Sprechgesang und Pantomime den größten Sieg aller Zeiten, von dem man glaubte, daß damit die persische Bedrohung endgültig gebannt sei. Damals also muß Sophokles zu den strahlendsten Erscheinungen seines Jahrganges gehört haben, sonst hätte man ihn nicht für diese Aufgabe ausserwählt. Erst ein gutes Jahrzehnt später, mit 28 Jahren, wird der Name des Sophokles wieder genannt, denn in diesem Jahr gewinnt er bei den großen Dionysien im Wettbewerb mit dem großen alten Mann der damaligen Schaubühne den ersten Preis und schlägt Äschylos.

Wenn er trotz eines so erfüllten, so tätigen Lebens, das in dieser Hinsicht an Goethes Tätigkeit gemahnt, dennoch so leidvolle Tragödien schrieb und das Leben nicht von seiner lichten Seite darstellte, so hatte das letzten Endes politische Gründe. Perikles, der ja schon in seiner Jugend der Welt der »Orchestra« nahegestanden hatte, wünschte seine Mitbürger vor der Hybris, der Selbstüberschätzung, zu warnen, die diesem leicht entflammbaren Volk so nahe lag. Er konnte bei der Besetzung des »Spielplanes« anläßlich der Dionysosfeste seinen Einfluß geltend machen, und so förderte er, seinen Vorstellungen von einer ausgewogenen Demokratie entsprechend, die Tragödien seines Freundes Sophokles. Hier ging es nicht um Fragen des Geschmacks oder Stils, sondern um den Versuch, die Athener mitten im übermütigen Glanz der Nachkriegszeit auf Zeiten vorzubereiten, die andere Tugenden erfordern würden als Leichtsinn und Geschäftstüchtigkeit, Genußsucht und Stolz. Sophokles hat immer wieder dargestellt, daß man die Widersprüche des Lebens, seine Leiden und Schmerzen nicht ertragen könne ohne die dunkle Zuversicht, daß die Unsterblichen nach einem dem Menschen unerkennbaren Plan handelten. Er selbst war fromm und ehrte die Götter, von Geburt wie Äschylos kein Rebell, kein Skeptiker, sondern ein Mann der Ordnung, der Ausgewogenheit. Er hatte in seinem Leben, seit die Perser die Burg von Athen verwüstet hatten, genug Leid und Elend gesehen, er kannte die Regungen des menschlichen Herzens, aber er stellte nicht den Menschen, sondern das Schicksal in den Mittelpunkt seines Denkens: Für ihn war die Welt nicht zu verändern, sondern nur zu ertragen. Wie er dies alles freilich schilderte, hat unmittelbare Wirkung, und seine Kunst, mit der Unwissenheit des Helden und dem Wissen der Zuschauer eine fast unerträgliche Spannung zu erzeugen, ist zur Grundlage der klassischen Dramaturgie geworden. Übrigens hat er keine Trilogien geschrieben, sondern einzelne Dramen, die freilich thematisch miteinander verbunden sind.

Nach Äschylos hat auch er den Ödipus-Stoff aufgegriffen und zur Vollendung gebracht. Weil der von Freud so benannte Ödipus-Komplex, die unbewußte Bindung des Sohnes an die Mutter, verbunden mit dem Wunsch, sie zu besitzen und den Vater zu töten, als Sprachklischee in aller Munde ist, soll die Fassung des Sophokles kurz umrissen werden. Erst dieses Drama hat einen Mythos, der als Tatsache den Griechen bekannt, in seinem Verlauf aber nicht weiter bewußt gemacht war, zu einer tief ins Unterbewußte reichenden Dichtung verwandelt. Der Inhalt des Mythos ist einfach erzählt: Das Orakel von Delphi prophezeit dem König von Theben Laios und seiner Gattin Jokaste, er werde durch die Hand seines Sohnes umkommen. Weshalb dies von den Göttern verhängt wird, weiß niemand, auch Sophokles stellt diese Frage nicht, erst das Christentum wird versuchen, auf die Frage nach der Ursache des Leides eine neue Antwort zu geben. Mit diesem Orakel sind die Würfel gefallen, alles andere ist gräßlicher Vollzug. Die Eltern beschließen, ihren Sohn mit durchstochenen Füßen (griechisch oidipous: Schwellfuß) in der Wildnis auszusetzen. Ein Hirte findet ihn, der brave Mann schleppt das Kind zu seinem König, der es an Kindes Statt annimmt und aufzieht. Dem erwachsenen Jüngling wird eröffnet, daß seine Eltern nicht seine wahren Eltern seien, also geht Ödipus nach Delphi, um Näheres über sich zu erfahren. Er werde, antwortet die Pythia, seinen Vater erschlagen und seine Mutter heiraten. Auf seine Frage, von wem er abstamme, erhält er keine Antwort. Sorglich meidet er die Stadt seiner Jugend Korinth, um seinem Verhängnis auf alle Fälle auszuweichen, den Fluch nicht zu erfüllen, denn die Gräßlichkeit des ihm vorausgesagten Verbrechens ist nicht einfach »kriminell«, sondern sprengt jede menschliche Vorstellungskraft, frevelt an der auf den Ahnendienst gegründeten Ordnung. Unterwegs begegnet ihm in einem Hohlweg ein Greis, der seinem Wagen nicht schnell genug ausweicht und ihn in Zorn versetzt. Er erschlägt ihn, doch wiegt dieser beiläufig vollbrachte Mord offensichtlich moralisch nicht schwer, derlei muß damals häufiger vorgekommen sein.

Daß dieser unselige Mensch keine unbeachtete, geringe Existenz führen kann, leuchtete jedem Griechen ein, denn Ödipus stammte aus einem Königsgeschlecht, da spielen archaische Vorstellungen vom königlichen Blut mit hinein. Damals wurde Theben – nicht das ägyptische, sondern das siebentorige griechische Theben – von einer Sphinx terrorisiert, die im Auftrag der Göttin Hera jedem ein unlösbares Rätsel stellte, der ihr begegnete. Wer es nicht löste, wurde getötet. Dies war die Strafe für eine einst von König Laios begangene Untat. Der Königssohn Ödipus, der seine eigene Identität nicht kennt, löst das Rätsel und gewinnt die Hand der verwitweten Jokaste; ein fremder, doch großartiger Mann, der nun über Theben herrscht. Wieder ist, den Handelnden unbewußt, die Prophezeiung um einen weiteren Schritt erfüllt, doch nun wird auch zum ersten Male ein Stück des Schleiers gelüftet. An den Waffen erkennt Jokaste, daß dieser Fremde, dessen Gattin sie geworden ist, der Mörder ihres erschlagenen ersten Mannes, des Königs Laios, sein muß. Daß es ihr Sohn ist, ahnt sie nicht. Sie behält ihr Wissen für sich, aber auch das hält den Gang des Schicksals nicht auf.

Theben wird von einer Pest heimgesucht, und das Orakel in Delphi eröffnet, rätselhaft wie stets, die Ursache der Leiden: Man müsse, sagt Apollon, »die Blut-

Kopf einer Knabenstatue. *Marmorplastik, um 480 v. Chr. Akropolis Museum, Athen.*

schuld, die in diesem Lande wuchert, austilgen«. Damit ist der Mord an König Laios gemeint, und der Mörder wird gesucht. Damals, als die Tat geschah, war jedermann mit der Sphinx beschäftigt, doch jetzt nimmt der tatkräftige König Ödipus die Sache in die Hand: »Wer den alten König erschlug, ist schnell bereit, die blutige Mörderhand auch gegen mich zu erheben. Rache für Laios dient mir selbst zum Schutz. Ich setze mich mit allen Kräften ein, was immer auch kommen möge. Es wird sich zeigen, daß ich Gott diene.« Zum ersten Male hört man auf der Bühne Worte voll tragischer Ironie, denn in der Tat dient Ödipus den Göttern, wenn er den Mörder entlarvt. Unermüdlich forscht er nach den Zusammenhängen des Mordes, verflucht den ihm noch unbekannten Mörder und wünscht ihm ein Todeslos, noch »grauenvoller als die Pest«. Schließlich läßt er den blinden Seher Teiresias kommen, den Fürsten jener, die mit der Gabe des zweiten Gesichtes geschlagen sind. Der Dialog zwischen dem Greis, der die grauenvolle Wahrheit kennt, aber sich weigert, sie auszusprechen, und dem immer ungeduldiger werdenden König Ödipus steigert sich in immer neuen Wendungen zu einem Gipfel von atemberaubender Spannung und Dramatik. Teiresias erklärt, er fürchte weder des Königs Gericht noch seine Rache, wenn man ihn erpressen wolle, die Wahrheit zu sagen. »Höre nur das eine, der Mörder, den du suchst und den du hier vor allem Volk verflucht hast, der Königsmörder ist unter uns hier. Er gilt als Fremder und erweist sich als eingeborener Bürger. Aber wenig Glück bringt die Entdeckung, denn sie macht aus einem Sehenden einen Blinden, einen reichen Mann zum Bettler, der mit dem Stab tastend durch fremde Länder zieht. Seinen Kindern offenbart er sich als Vater und zugleich als Bruder, seinem Weibe als Sohn und zugleich als Gatte. Er wird der Mörder seines eigenen Vaters und folgt ihm in die Ehe nach. Nun geh hinein und löse dieses Rätsel.«

Auf der Bühne hat man weder gesehen, wie Ödipus den König erschlug, noch wird man sehen, wie er sich selbst mit den goldenen Spangen der Frau, die seine Mutter und Gattin war, die Augen aussticht. Alles, was geschieht, ist geschehen oder geschieht außerhalb der Bühne, Handlungsspielraum ist das Dunkel der menschlichen Seele. Noch einmal kann Ödipus aufatmen: Ein Bote bringt ihm die Nachricht, sein Vater Polybos sei gestorben – also kann dieses Mannes Tod nicht mehr durch den eigenen Sohn verursacht werden. Dieser Augenblick der Erleichterung vergrößert nur die Wucht des Sturzes, denn der Bote berichtet, daß er selbst damals den Säugling aus der Hand eines Hirten empfangen und zum König gebracht habe. Nun will Ödipus wissen, woher der Hirte das Kind bekommen hat, und die Katastrophe nimmt ihren Lauf (griechisch katastrophe: Wendung). Noch setzt sich Ödipus mit dem Gedanken auseinander, vielleicht unedler Herkunft zu sein, doch zerstreut das Auftreten des Hirten jeden Zweifel. Ödipus muß erfahren, daß er selbst der Mann ist, der durch Vatermord Blutschuld auf sich lud und Blutschande durch die Ehe mit seiner Mutter. Im Palast erhängt sich Jokaste, die das alles früher als Ödipus durchschaut hat. Mit den goldenen Spangen ihrer Kleidung sticht Ödipus sich die Augen aus, man sieht ihn mit blutenden Augenhöhlen auf der Bühne erscheinen: Was die Götter verhängten, was das Orakel verkündete, ist erfüllt. Gestützt auf seine Tochter Antigone verläßt er die Stadt.

Sophokles ist in Kolonos geboren, und er hat diesen Ort in dem versöhnlichen Drama »Ödipus auf Kolonos« verklärt. Noch einmal rückt der blinde Greis in den Mittelpunkt des Geschehens, es geht um Nachfolgeprobleme auf dem thebanischen Thron, um Macht und Gewalt. Bedeutsamer als diese Verwicklungen, in denen Ödipus keine beherrschende Rolle mehr spielt, ist sein Ende: Von dem Gott der Unterwelt gerufen, geht er unter Blitz und Donner in den Abgrund der Unterwelt ein, und zwar in den Hain, der den Rachegöttinnen geweiht ist. Von Sophokles stammt der Vers, daß vieles Gewaltige lebe, doch nichts gewaltiger sei als der Mensch. Nicht ein Staubkorn im ewigen Kreislauf des Werdens, kein Spielzeug der Götter ist er nach des Dichters Auffassung, sondern jemand, der sich trotz aller Verhängnisse seiner Stärke bewußt ist. Das ist nicht orientalisch gedacht, sondern bezeichnet den Beginn abendländischer Bewußtheit, den Weg zur Persönlichkeit.

Das Maß ist der Mensch

Daß der Mensch das Maß aller Dinge sei, diese Grundüberzeugung des Euripides kann bei jemandem, der an kosmische Dimensionen denkt, nur Kopfschütteln hervorrufen und als überholt erscheinen. Selbstverständlich ist diese Aussage nicht naturwissenschaftlich im modernen Sinne gemeint, sondern bezieht sich auf ein Weltbild, in dem sich der Mensch gleichsam selbst entdeckt hat. Euripides ist kein Kind des Glückes gewesen. Er ist auf Salamis als Sohn eines Gutsbesitzers geboren, seine Mutter stammte offenbar aus einer vornehmen Familie. Dem Vater hat ein Orakel prophezeit, sein Sohn werde Siege in Wettkämpfen erringen – keine sehr unwahrscheinliche Aussicht, wenn man die damalige Situation bedenkt. Euripides wurde auf Faustkämpfe trainiert, aber er war kein strahlender Jüngling wie Sophokles, eher ein Grübler. Daß er in einem Wettkampf siegen würde, hat sich spät erfüllt. Euripides ist Philosoph gewesen, das heißt ein Mann, der sich das Denken schwer machte und zu eigenen Ergebnissen kommen wollte.

Sein Lehrer war Anaxagoras, ein bedeutender und unabhängiger Kopf (ca. 500–425 v. Chr.), dem 430 v. Chr. wegen seiner »Gottlosigkeit« der Prozeß gemacht wurde. Demokrit, der den Gedanken vom Atom vertiefte, ist von ihm ebenso beeinflußt worden wie Aristoteles und Platon. Auf Euripides, der kein eigenständiger Denker war, hat er großen Einfluß gehabt: Ein Mann, der die Welt als Materie interpretierte, die Meteore als glühende Gesteinsklumpen bezeichnete und im All nur ein geistiges Prinzip anerkannte, keine handelnde Götterwelt, muß einen Menschen wie Euripides fasziniert haben. Von den 90 Dramen des Euripides sind 20 überliefert, also immerhin mehr als von Äschylos und Sophokles. Seine Art, die Menschen zu schildern, hat ihm lange den Erfolg verwehrt und das Publikum abgestoßen. Sophokles, der diese völlig andere Denkweise ablehnte, etwa wie der klassische Goethe die Romantik als krankhaft abgelehnt hat, äußerte im Vergleich: »Ich stelle die Menschen dar, wie sie sein sollten, Euripides stellt sie dar, wie sie sind.« Zum Freundeskreis des Meisters Anaxagoras, der in Abwesenheit zum Tode verurteilt wurde und nur durch Flucht dem Schicksal des Sokrates entging, gehörte auch Protagoras, ein Skeptiker reinsten Wassers. Er hatte erklärt, von den Göttern könne man nichts wissen – weder daß sie existierten noch daß sie nicht existierten. Von seiner Hand stammt eine im übrigen unvollständige Schrift, die mit den Worten beginnt: »Der Mensch ist das Maß aller Dinge.«

Euripides, der diese Überzeugung nicht durch ein philosophisches System, sondern durch seine Dichtungen zum Ausdruck gebracht hat, errang erst mit 40 Jahren den ersten wirklichen Erfolg. Er ist zweimal verheiratet gewesen, aber ohne Glück: Seine erste Frau betrog ihn so offensichtlich, daß er sie verstoßen mußte, und auch seine zweite Frau suchte ihre sexuelle Befriedigung bei anderen Männern.

Psychologische Erklärungen und Vermutungen drängen sich auf, denkt man an den durch das Orakel ausgelösten Erfolgszwang, den Ehrgeiz des Vaters, die wohl dominierende Stellung der standesbewußten Mutter, doch mag das täuschen. Seine Zeitgenossen beschreiben Euripides als einen mürrischen, finsteren Eigenbrötler, doch sind die Zeugnisse unzuverlässig – man war damals mit Verleumdungen schnell bei der Hand; Euripides hatte Feinde mehr als genug, und Athen lebte von Gerüchten. Frauen jedenfalls hat er dargestellt, wie sie sind – nicht als Wesen minderer Gattung, als bloße Lustobjekte wie im Mythos, sondern als handelnde und leidende Menschen. Überhaupt hat er den psychologischen Hintergrund der Mythen ausgeleuchtet. Nicht das unentrinnbare Schicksal, die Verknüpfung mit dem Ratschluß der Götter interessierte ihn, sondern das reale Motiv. So erklärt er den Haß der Medea auf Jason als weibliche, nicht als mythische Reaktion und bringt ihre Handlungsweise auf eine innere Formel, den Konflikt zwischen Mutterliebe und Eifersucht. Es gelingt Euripides, den Zuschauer Mitgefühl für eine Frau empfinden zu lassen, die aus Eifersucht die Nebenbuhlerin und ihre eigenen Kinder schlachtet.

Seine Konflikte konnte Euripides häufig nicht mehr nach dem mythologischen Vorwurf lösen, er braucht das »Machtwort der Götter«, er braucht den »Deus ex machina«. Tatsächlich gab es inzwischen eine Bühnentechnik, nämlich einen Kran, der einen Korb hinter dem Dach des Bühnenhauses hervorschweben ließ. In diesem Korb saß der, der mit überraschender Wendung einzugreifen hatte, ein Gott oder Held. Ferner gab es eine kleine, meist auf Rollen bewegte Sonderbühne, auf der nunmehr alle jene Morde und Gräßlichkeiten vorgewiesen werden konnten, die bisher hinter der Bühne stattgefunden haben sollten und nur im dichterischen Wort beschworen wurden. Götter ließ man gerne auf einer Art Dachpodium auftreten, deshalb »Theologeion« genannt. Das seinerzeit begonnene Theater aus Stein ist stets ein Provisorium geblieben, als die Klassiker noch lebten. Erst unter Lykurg (338–326 v. Chr.) wurde es vollendet, aber da war das Ende der Tragödie schon besiegelt.

Auch Euripides, dessen Dichtungen man nur unwillig anerkannte, dann aber für Jahrhunderte über die des Äschylos und Sophokles stellte, mußte politische Prozesse fürchten. Einzelheiten über sein Leben sind nicht bekannt, jedenfalls fand er ein schreckliches Ende am Hofe des Königs von Makedonien, wohin er als alter Mann, gewiß nicht ohne Notwendigkeit, ein Jahr vor seinem Tode ging. Es heißt, er sei im Alter von 75 Jahren von den wilden Hunden des Königs zerfleischt worden. Man ehrte ihn in seiner Heimatstadt, und die von der Regierung befohlene Trauerfeierlichkeit ist von Sophokles geleitet worden, der im Theater des Dionysos an der Spitze eines schwarz gekleideten Chores auftrat und die ehrenden Verse sprach. Man mag das Ableben des Euripides mit einer gewissen Erleichterung gefeiert haben. Seine unbestechliche und nur indirekt ausgesprochene Kritik an den alten Mythen ging den Behörden auf die Nerven, das Volk im Theater mochte seine Kompliziertheit nicht, politisch hatte er sich nie betätigt, und doch stellte er eine Macht dar, kurzum, er war ein Intellektueller und störte die Ruhe des Denkens – um so eifriger ehrte man ihn, als er tot war. Am mißgünstigsten urteilten über ihn seine Berufskollegen, vor allem die Komödienschreiber, denn wer den Mythos ernsthaft in Frage stellte, war ihr Feind: Aus dem Gegensatz zwischen dem Ansehen und dem allzu menschlichen Handeln der Götter zogen sie ihre Wirkung. Nach seinem Tode wuchs seine Wirkung. Plutarch berichtet, daß alle im Jahre 413 v. Chr. bei dem mißlungenen Feldzug nach Syrakus gefangenen Athener die Freiheit erhielten, wenn sie Dramenstellen aus den Stücken des Euripides rezitieren konnten.

Sokrates auf der Premiere

Der Wettstreit der Komödiendichter um den Feigenkorb der Dionysien war eine Art Fortsetzung des kollegialen Intrigantentums mit anderen Mitteln, nämlich mit denen beißenden Hohnes und kabarettistischer Attacken. Man versteckt sich unter anderem Namen, verunglimpft die hohlköpfige Konkurrenz, verspottet alles, was dem Publikum heilig ist, und niemand ist vor Angriffen sicher. So nahm man sich selbst Perikles vor, dessen Bühnenfigur man mit einem grotesken Kopfputz, nämlich mit der in seinem Auftrage errichteten Musikhalle (griechisch: Odeion) ausstattete: »Da kommt ja Perikles, der Zeus Athens. Wo hat er bloß die Kappe her? Ein neuer Kopfschmuck im Odeionstil, ganz fürchterlich zerzaust vom Sturm der Kritiker!« Kein Tragödiendichter hat je eine Komödie geschrieben, ebenso umgekehrt, das Metier war nicht austauschbar, ebensogut hätte man von einem Phidias Töpferware und vom Töpfer Marmorstatuen fordern können (Berthold).

Mimen und Possenreißer boten sexuelle Stegreifpossen mit Phallos und Dickwanst, verschmolzen mit den ätzenden Parodien auf die alten Mythen, mit scharfzüngiger Zeitkritik, mit Aggressionen, die den Zuschauern wieherndes Gelächter entlockten. Nirgendwo sonst auf der Welt hat der kritische Geist, verbunden mit überschäumendem Komödiantentum, sich so ungehemmt äußern können wie im Griechenland des Goldenen Zeitalters.

Gespielt wurden diese Stücke nicht etwa von den zwei oder drei Schauspielern, die hinter ihren Masken immer neue Rollen der Tragödien darboten, sondern von wandernden Schauspielertruppen, eben den Komödianten. Da sie an Zahl nicht groß waren und keinen Chor zur Verfügung hatten, mußten sie neue Formen finden. Also ließen sie den Chor weg und stellten sich vor Beginn des Stückes vor (griechisch parabasis: Vorstellung). Bei diesen Parabasen, bei denen jeder Spieler an die Rampe trat, um sich selbst und seinen Namen herauszustreichen, und bei denen das Stück selbst eingeführt wurde, ging es darum, Neugier und jenen ersten Lacherfolg zu erzielen, der für jede Aufführung den Ton angeben sollte. Die Komödiantentrupps, die nach und nach alle fahrenden Sänger ersetzten und anstelle des feierlich vorgetragenen Homer Rüpelszenen brachten, die sich über ihn lustig machten, waren wie die moderne Boulevardpresse aktualitätensüchtig, auf Wirkung bedacht und respektlos, was Autoritäten betraf. Das wäre in keiner der orientalischen Despotien, der von Priestern regierten Gesellschaften, möglich gewesen, was damals in der griechischen Demokratie hart an der Grenze des Zumutbaren ausgesprochen wurde. Wer betroffen war vom Spott eines Krates oder Kratinos, eines Eupolis oder Aristophanes, durfte nicht empfindlich sein. Deren publizistische Wirkung war unabsehbar, denn nichts macht einer Menge Menschen mehr Vergnügen, als auf Kosten anderer zu lachen. So hat Perikles, der zutiefst verletzt war über Angriffe auf Aspasia, seine Geliebte, mit der er zusammenlebte und deren Wirken über jeden Zweifel erhaben war, solche Angriffe auf die persönliche Ehre durch ein entsprechendes Gesetz abzuwürgen versucht, aber alle seine Versuche waren vergeblich. Schon nach vier Jahren war er gezwungen, das Gesetz aufzuheben.

Der trickreichste, geistvollste und eleganteste Komödiendichter war Aristophanes. Seinen ersten Erfolg hatte er mit 23 Jahren, als er eine bissige Komödie auf den Nachfolger des Perikles, Kleon, vorgelegt hatte, die offensichtlich dem allgemeinen Unbehagen Ausdruck verlieh. Auf Kleon, den umstrittenen Gerberei-Unternehmer, war es gemünzt, wenn ein Wursthändler sich fragte, wie er zum Helden werden könne. Unter der Maske des Kleon antwortete ein Sklave: »Du wirst zum Mann des Tages, weil du gemein, dummdreist und pöbelhaft bist. Wenn du ganz und gar zum Abschaum gehörst, dann bist du zur Leitung der Staatsgeschäfte befähigt. Regieren ist kein Beruf für Leute von Charakter und Erziehung. Nichtswürdig und unwissend muß man sein, das gehört zum Beruf.« Böse Worte von einem Mann, dem es um den Beifall der Massen ging, aber auch mutige Worte, was Kleon anging. Aristophanes selbst hat mit einem Prozeß und mit schlimmem Ausgang gerechnet. Er stand nach diesem Stück, die »Persona« in der Hand, vor dem Publikum und deutete an, was ihm geschehen würde: »Heute Erfolg und morgen vergessen, heute geachtet und bejubelt und morgen nicht einmal zu einem Wettbewerb zugelassen.« Er prophezeite, man werde ihn totschweigen und mundtot machen, das werde das Ende seiner Laufbahn sein (Frischauer). Daß er in einem gerichtlichen Verfahren siegen würde wie vor Jahren, als er von Kleon aufgrund der »Babylonier« verklagt worden war, konnte er nicht erwarten. Damals hatte die Anklage behauptet, er habe die Behörden beleidigt und den Staat vor Fremden verhöhnt. Diese Anklage war nicht populär, wie auch Kleon, dessen Bild vorwiegend von seinen Feinden überliefert wurde und dessen Haltung schwer deutbar ist, nicht populär war. Aristophanes wurde freigesprochen, ein zweites Mal konnte er nicht damit rechnen – aber diesmal nahm niemand von ihm Notiz, der Krieg gegen Sparta war dem Kleon wichtiger als der stadtbekannte Komödiant und Hochstapler. Man wußte nicht einmal mit Sicherheit, ob Aristophanes das athenische Bürgerrecht besaß, dabei gab er sich mit seinem Namen, als gehöre er dem Adel an.

Daß eine so windige Existenz, in Konkurrenz mit anderen, nicht weniger schwankenden Gestalten, bis in die Gegenwart wirkt, spricht für den Witz dieser doch auf die Aktualität bezogenen Stücke. Mit Aristophanes endet bereits die klassische Epoche der Komödie. In seinen letzten Jahren lohnte es kaum noch, Stücke zu schreiben, denn es fehlten die großen Themen und Anlässe, die dem Zeitkritiker immer neue Einfälle schenkten. Perikles und seine Freunde waren tot, die Politik interessierte nicht mehr, den Krieg gegen Sparta hatte Athen verloren, mit dem Phallos konnte man auf der Bühne keine Pointen mehr setzen, und nichts mehr kam beim Publikum an – wobei er selbst seinen Teil dazu beigetragen hatte, daß die klassische Zeit der Komödie der Vergangenheit angehörte.

In den »Wespen« verspottete er die Richter, in den »Fröschen« die Tragödiendichter Äschylos, Sophokles und Euripides, und in den »Wolken« griff er Sokrates an. Hier ereignete sich übrigens der klassische Fall, daß die Geschworenen bei dem späteren Prozeß voreingenommen urteilten, als sie über Sokrates zu Gericht saßen. Sie alle hatten natürlich die »Wolken« gesehen, und sie hatten, während der kahlköpfige Philosoph in der ersten Reihe saß und, ohne eine Miene zu verziehen, zuhörte, den Sokrates auf der Bühne unglaubliche politische Äußerungen vorbringen hören. »Die Götter«, hatte der Sokrates auf der Bühne gesagt, »sind hier abgebrauchte Münze ... Es gibt keinen Zeus« – das nahm man wörtlich, ohne zu begreifen, daß es im Grunde die Worte oder Unterstellungen des windigen Aristophanes waren. Dessen Trick war es, verschiedenen Personen wie dem »Anwalt des Guten« oder vor allem dem »Anwalt des Bösen« extreme Ansichten in den Mund zu legen, und niemand konnte daraufhin den Aristophanes belangen, denn er selbst hatte keine eigene Meinung. So fragte der »Anwalt der schlechten Sache«, ans Publikum gewandt: »Was sind die Rechtsgelehrten? Klaffärsche. Was sind die Tragödiendichter? Klaffärsche. Was sind die Demagogen? Klaffärsche. Sieh dich unter dem Publikum um, was siehst du ringsum? Die meisten sind Klaffärsche.« Der Schauspieler deutete ins Publikum, stellte direkten Kontakt her: »Hier einer, dort einer.« Das war ein Spaß wie im Zirkus.

Aristophanes hat den Leitsatz des Euripides ins Lächerliche gezogen, nach dem das Maß aller Dinge der Mensch sei. Wenn er sich nicht mehr hinter vorgegebenen Figuren verstecken konnte, griff er zur Tiermaske: Mäuse und Frösche, Füchse und Vögel konnten alles sagen, ohne daß irgend jemand für ihre Äußerungen einen Menschen hätte verantwortlich machen können. Einen politischen Standpunkt hat der Autor Aristophanes gewiß gehabt, aber man kennt ihn nicht, denn seine Äußerungen in den Komödien sind widersprüchlich: In »Lysistrata« schildert er bekanntlich die Macht der Frauen, die sich ihren Männern verweigern, macht aber in seinem Stück »Frauenversammlung« die Frauen und ihr Streben nach politischer, wirtschaftlicher und erziehungsmäßiger Gleichberechtigung lächerlich. Nur daß Aristophanes gegen den Krieg Athens mit Sparta war, unterliegt keinem Zweifel, und auch hier dürfte er seinem Publikum aus der Seele gesprochen haben. Seine Methodik hat, wie schon G. B. Shaw bemerkt hat, etwas Journalistisches, seine Gesinnung ist wohl, was man als »aufklärerisch« zu bezeichnen pflegt, ein skeptischer Optimismus, der auf die Vernunft setzt und mehr Vernunft fordert, im Grunde die Geste jeder literarischen Zeitkritik. Über sein Leben und seine Herkunft weiß man wenig. Er ist vor 445 v. Chr. geboren, sein Vater oder er selbst waren in Ägina begütert, es kann sein, daß er Ratsherr gewesen ist. Platon hat ihm im »Symposion« ein literarisches Denkmal gesetzt, vermutlich nach seinem Tode, der irgendwann nach 388 v. Chr. gelegen haben muß. Ein unscharfes Bild also, und doch ein Mann, dessen auf den Tag bezogenes Werk einige zeitlose Wirkung aufzuweisen hat, nicht nur mit der »Lysistrata« oder den fast dichterisch formulierten »Vögeln«, die immer wieder einmal, auch auf griechisch, aufgeführt werden.

In der Kunst erhält sich ein Genre oft wie eine Hülle, aus der das Leben längst geflohen ist, nur von den Gewohnheiten der Zeit gestützt. Komödien wurden auch weiterhin geschrieben, weil es Theater gab, aber ohne Witz und Salz. Erst im 4.

vorchristlichen Jahrhundert hat es noch einmal einen Dichter gegeben, der so etwas zu schreiben verstand. Menander (342–291 v. Chr.) lebte in gesicherten Verhältnissen, ein Mann, der mit den bekanntesten Männern seiner Zeit verkehrte, mit dem Philosophen Epikur und dem bedeutenden Naturwissenschaftler Theophrast in engem Kontakt stand. Er hat seine Villa am Piräus trotz verlockender Angebote aus Syrakus nicht verlassen und im Laufe der Zeit über 100 Stücke verfaßt, nachdem er mit 24 Jahren seinen ersten Theatersieg errungen hatte. Menander war Realist und Skeptiker, er schilderte die Verwicklungen des Lebens so, wie sie sich aus den Charakteren der Menschen zwangsläufig ergaben, und dachte in dieser Hinsicht »modern«. Es gab denn auch keinen Chor mehr auf der Bühne, die Tendenz geht bei Menander zum Kammerspiel, zur Boulevardkomödie – und ausgerechnet er ist der einzige Klassiker, der zu Lebzeiten auf dem gerade fertiggestellten steinernen Theater in Athen gespielt worden ist. Diese Architektur, die nach Tragödien, nach großen Gesten verlangt, ist Menander schon nicht mehr gemäß; sein Ruhm reicht bis weit in die Renaissance, nicht nur die römischen Satiriker Plautus und Terenz, sondern auch Molière und Goldoni greifen auf ihn zurück, den sie immer wieder zitieren und der nur in zitierter Form bekannt ist. Erst 1907 gelingt es geduldiger wissenschaftlicher Arbeit, aus Papyrusfunden eine Komödie Menanders zu rekonstruieren, das »Schiedsgericht«, dem 1959 der »Menschenfeind« folgt.

Auch bei den Stücken des Aristophanes lohnt sich die Frage, wie sie die Jahrhunderte überdauert haben, weil man einen Begriff von der Zufälligkeit der Überlieferung bekommt. Diese Überlieferung hat ihre eigene Geschichte. Zunächst einmal wurden die Komödien nach dem Tod ihres Autors nicht mehr aufgeführt. Ein Wunder ist, daß diese wie andere Stücke, Tragödien und Komödien, überhaupt gesammelt worden sind. Das ist der Finanzverwaltung des Lykurg zu verdanken, der in seiner Zeit (338–327 v. Chr.) den Bau des steinernen Dionysostheaters vollendete und von den berühmtesten Dichtern Marmorstatuen anfertigen ließ: der Übergang von der Kultur zur Kulturpflege. Erst die Philologen in Alexandria und Pergamon haben sich viele Jahrhunderte später der Mühe unterzogen, die Texte zu lesen und zu bearbeiten. Auf diese Bearbeitungen gehen die heute vorliegenden Texte zurück. Rom hat sich um die Komödien wenig gekümmert, man schätzte die attische Sprache, nicht die Stücke. Roms bedeutendster neuerer Komödiendichter war der Athener Menander, den Aristophanes kannte man nicht. Vom 2. Jahrhundert an ist er aber dann doch gelesen worden, erst in Alexandria und später in Byzanz. Hier ist er mit Auswahltexten im Mittelalter auch als Schullektüre eingeführt. Diese Stücke, »Pluto«, »Wolken« und »Frösche«, sind dann auch bei den humanistischen Kreisen Europas verbreitet worden; Hans Sachs hat sie 1531 bearbeitet, Zwingli hat für Schulaufführungen Zwischenmusiken komponiert.

Auf diesem Weg sind insgesamt 11 von 40 Komödien erhalten geblieben. Damit ist eine Bilanz genannt, die ja auch schon bei den Tragödiendichtern erschreckende Verluste aufwies. Vor allem durch die Plünderung Alexandrias mit seinen Bibliotheken sind die Texte verlorengegangen. Die geschichtliche Legende schreibt diese Barbarei dem Islam zu, wobei Kalif Omar erklärt haben soll: Wenn alle diese Bücher mit dem Buch Gottes übereinstimmten, so seien sie wertlos und brauchten nicht aufbewahrt zu werden. Wenn sie aber nicht übereinstimmten, müßten sie vernichtet werden. Ein arabischer Autor behauptet, der Inhalt der großen Bibliothek mit ihren unersetzlichen Manuskripten von Äschylos und Euripides, Platon und Aristoteles, Sophokles und Aristophanes sei an die städtischen Hallenbäder verteilt worden, die ihre Warmbäder und Saunen vier Monate lang mit Papyrus- und Pergamentrollen beheizt hätten (Durant). Tatsächlich ist ein großer Teil der Bibliothek bereits von radikalen Christen unter dem Patriarchen Theophilos im Jahre 392 vernichtet worden, und selbstverständlich steckte niemand mehr Geld in eine so fragwürdige, von der heidnischen Vergangenheit her belastete Institution. Bibliotheken leben nur, wenn laufend neue Bücher angeschafft werden können. Die größte Bibliothek des Abendlandes vermochte das nicht mehr, ihre Bestände wurden Stück für Stück verschleudert, bis 642 war der größte Teil der Büchersammlung verschwunden, war im Christentum die Kontinuität zur Kultur der Antike nahezu abgerissen, und auch die arabische Renaissance, eine Folge des buchgläubigen Islams, stand erst noch bevor.

Mimus und Pantomimus

In Rom gab es eine seltsame Art und Weise, sich die Szenen der hellenistischen Autoren zu Gemüte zu führen, nämlich durch den Pantomimus. Da stand ein einziger Schauspieler auf der Bühne und trug die Texte, natürlich in lateinischer Übersetzung, wie ein Zirkuskunststück vor. Man kann das Theater ja nicht allein aus den Mysterienspielen erklären, sondern es auch, wie Arthur Maria Rabenalt das in einer speziellen Untersuchung »Mimus eroticus« auf geistreiche Weise getan hat, auf die Schauerotik während der antiken Gastmähler zurückführen. Hier ließ man offen, nicht etwa gleichsam hinter vorgehaltener Hand, wie in heutiger Herrengesellschaft Pornofilme gezeigt werden, Schauspieler sexuelle Szenen spielen, und zwar so lebendig, so eindrucksvoll wie nur möglich. Es gibt aus der Antike höchst eindrucksvolle Schilderungen solcher Darbietungen, die von bezaubernden Liebesszenen bis zum drastischen Spiel mit dem Phallos reichen. Das römische Patriziat pflegte das Privattheater, das man sich und seinen Gästen schuldig zu sein glaubte: ein Mäzenatentum prestigesüchtiger Reicher, die gelegentlich auch einmal wirkliche Liebhaber des Theaters waren und von der Sache etwas verstanden. Auf einem Epitaph findet sich ein Vers Martials, der die Szenerie der römischen Theaterkultur beleuchtet: »Wanderer auf der Flaminischen Straße, gehe nicht an diesem edlen Marmorbau vorbei. Die Wonne Roms, der Witz Alexandriens, Kunst und Anmut, Scherz und Freude, die Zierde und der Schmerz des römischen Theaters und alle Liebesgöttinnen und Liebesgötter sind in diesem Grabe mit Paris bestattet.« Paris, den Namen des antiken Helden, hatte sich der sonst unbekannte junge Schauspieler gegeben, der als Geliebter der Kaiserin Domitia bekannt geworden ist.

Es gibt mehrere solcher berühmten Pantomimen, begabte Jünglinge meist griechischer Herkunft, deren Schauspielerei den Weg vom rezitierenden Mimus zum Pantomimus mit einer gewissen frivolen Bewußtheit ging. Es gab auch Kombinationen: Der Schauspieler sprach Texte, der Pantomime drückte sie mit seinem Körperspiel aus. Man kann diese Art des Theaters als Niedergang bezeichnen, wenn man die kurze Epoche des klassischen Theaters in Griechenland kennt, man kann aber auch konstatieren, daß die Ausstrahlung des Perikleischen Zeitalters

Römische Theaterfigurinen *aus »Le maschere sceniche e le figure comiche d'antichi romani« von Francesco de Figoroni, Rom 1736.*

stark genug war, um noch Jahrhunderte später unter widrigsten Bedingungen einen Abglanz der versunkenen Zeiten hervorzurufen. Diese Schauspieler waren in Rom Prominente, jedermann kannte ihren Namen, und wo immer sie sich zeigten, mögen sie von Bewunderern und Bittstellern umschwärmt gewesen sein. Als Kaiser Augustus es wagte, den Pantomimen Pylades aus Rom zu verbannen, mußte er unter dem Druck der Straße das Gerichtsurteil wiederaufheben und den Mann zurückholen lassen. Von Pylades, von dem man im übrigen wenig weiß, wird berichtet, er habe eine Tänzer- und Pantomimenschule gestiftet und die Summe seiner Erfahrungen in einer theoretischen Schrift niedergelegt, es ist aber nichts von ihr erhalten geblieben (Berthold). Die Schaulust, in Rom ohnehin schon ein Laster, stilisierte die Pantomimen zu Halbgöttern, ihre Darbietungen zu künstlerischen Offenbarungen. Der Philosoph Seneca hat die adligen Jünglinge Roms, die Söhne der High-Society, mit beißendem Spott als »Leibsklaven der Pantomimen« bezeichnet. Seneca selbst, Autor großer Tragödien, ist in Rom nie gespielt, sondern verspottet worden. Erst die europäische Renaissance hat Ende des 15. Jahrhunderts seine Texte ausgegraben und gleichsam den Autor Seneca geschaffen, wie er heute bekannt ist.

Zu den berühmten Sensiblen Roms gehörte auch Bathyllus, ein in Alexandria geborener Grieche, der das Glück hatte, bei dem bekannten Maecenas – daher das Wort Mäzen – Haussklave zu sein. Der einflußreiche Politiker aus altem etruskischem Königsgeschlecht förderte jede Begabung – Horaz, Properz und andere gehörten zu seiner Klientel –, so wurde Bathyllus ein berühmter, von den Frauen gefeierter Pantomime, dessen Darbietung »Leda mit dem Schwan« höchstes Entzücken erregte.

Es liegt über diesen Verhältnissen und Erfolgen der Dunst eigentümlicher Zweideutigkeit für uns, doch gehörte Sexualität schon in der Antike ins Milieu des Theaters. So stand beim Mimus auch die Frau auf der Bühne, undenkbar bis zuletzt in der klassischen Tragödie, und zwar die Frau, die nicht nur darstellte, sondern sich darbot wie die Tänzerin des antiken Symposions, wie die reizenden Flötenspielerinnen in ihren Schleiergewändern aus Kos.

Alle diese Mimen und Pantomimen waren aufs höchste gefährdet, denn ihr Leben und ihre Existenz hingen von Herrenlaunen ab, Mißerfolg konnte lebenslange Sklaverei in den spanischen Erzgruben oder auf den römischen Ruderern bedeuten, in einzelnen Fällen sogar den Tod. So ließ Nero einen seiner Günstlinge, den sogenannten »älteren Paris«, ohne große Umstände köpfen, als dieser beim Publikum nicht mehr ankam, und ein anderer Kaiser erstach den bereits erwähnten jüngeren Paris auf offener Straße mit einem Dolch – freilich nicht, weil diese Zierde des römischen Theaters Mißerfolge gehabt hätte, sondern eher aus dem gegenteiligen Grund. Er wünschte, diesen Nebenbuhler im Bett der Kaiserin zu beseitigen.

Die Kunst des Pantomimen ist zeitlos wie die Figur des Narren oder die Gestalt des Zwerges; in allen europäischen und asiatischen Hochkulturen hat es sie gegeben, und so gilt überall, was Quintilian über jene schreibt, die mit Händen und Füßen reden: »Sie können sprechen, bitten, versprechen, rufen, verabschieden, drohen und flehen; sie drücken Abscheu, Furcht, Frage, Weigerung, Freude, Trauer, Zagen, Geständnis, Reue, Maß und Überfluß, Zahl und Zeit aus. Haben sie nicht die Fähigkeit, zu erregen, zu beruhigen, anzuflehen, zu billigen, zu bewundern, Scham zu zeigen? Dienen sie nicht, wie Adverbia und Pronomina, um Ort und Personen zu bezeichnen?« Das klingt edel, doch war es immer und immer wieder der blanke Sexus, der vom Pantomimen geboten wurde, und sein Repertoire umfaßte Vergewaltigungen und Sadismen aller Art, von offenen Spielen zwischen Mensch und Tier, von allen Stufen raffinierter Entkleidung ganz zu schweigen.

Das alles spielte sich nicht etwa auf einer öffentlichen Bühne ab, sondern im Privattheater des Patriziers, denn alle Pantomimen waren Sklaven, von jenen Ausnahmen abgesehen, die die Regel bestätigen. Die Patrizierin Ummidia Quadratilla, die im Jahre 107 n. Chr. im Alter von 80 Jahren starb, hat sich bis ins hohe Alter von ihrer Schauspieler- und Mimentruppe hauseigene Szenen vorspielen lassen, aber ihren Enkel, einen Jüngling mit ehrbaren Vorstellungen, jedesmal aus dem Hause weisen lassen, wenn sie sich einen Theaterabend machte – aus Achtung vor dem jungen Menschen, wie sie erklärte. In seinem Buch hat Rabenalt übrigens darauf hingewiesen, daß solche Privattheater mit durchaus »spätrömischem« Repertoire auch im zaristischen Rußland existiert haben, und zwar bis zur Aufhebung der Leibeigenschaft im Jahre 1861. Hier in Rußland hat diese lange Tradition freilich auch stark ins offizielle Theater hineingewirkt. Zu Beginn des 19. Jahrhunderts gab es in Moskau 15 Adelstheater mit etwa 160 Schauspielern und 226 Musikern. Diese Leibeigenen wurden wie die Jagdhundmeute oder das Reitpferd des Herrn gut gehalten, aber auch verprügelt oder verkauft, eine erstklassige Sängerin für rund 5000 Rubel; das waren allerdings Spitzenpreise. Männer und Frauen wurden streng getrennt gehalten, allenfalls untereinander, nicht nach eigener Wahl, verheiratet, und ihr Spiel galt nie der Öffentlichkeit, höchstens den Gästen des Hausherrn. Die Zustände in Rom wird man sich ganz ähnlich vorzustellen haben, mit einem einzigen Unterschied, daß die Lage einer solchen Truppe auf einem russischen Adelssitz isolierter und trostloser war als die eines Pantomimentheaters in Rom.

Der Mime und der Pantomime nahmen ihre Stoffe, wo sie sie fanden, und jeder Außenseiter, der lächerlich war, wurde attackiert und parodiert. So wurde auch der Jude lächerlich gemacht, der sich zu etwas so Absurdem wie dem jüdischen Jahwe bekannte. Wie der alternde Ehemann, der Fresser und Säufer oder das militärische Großmaul wurde jetzt auch der vom Glauben plappernde Jude verhöhnt, und auch hier applaudierte die Masse. Der Theatergeschichtler Hermann Reich, der sich auf die Erforschung des Mimus spezialisiert hat, glaubt erkannt zu haben, daß die berühmte biblische Szene der Krönung Jesu mit der Dornenkrone eine typische Spottszene aus dem Mimus gewesen sei: König und Jude hätten zu den stehenden Figuren derartiger Parodien gehört, die übrigens als Privilegien der römischen Besatzungsmächte galten.

Es gibt noch eine andere, höchst seltsame Beziehung zwischen dem frühen Christentum und der Welt des Mimus. Auf einer Hauswand auf dem Palatin hat man unter anderen Kritzeleien eine primitive Zeichnung gefunden, unter der die Worte stehen: Alexamenos betet Gott an. Dieser Alexamenos wird dargestellt mit einem Kittel und kurz geschorenem Haar, ein Sklave also, gewiß kein reicher Mann, und er hebt die rechte Hand einem gekreuzigten Menschen entgegen, der einen Eselskopf trägt. Diese Zeichnung stammt nachweislich aus dem 2.–3. Jahrhundert, sie befindet sich jetzt im Thermenmuseum in Rom und ist die erste erhaltene Darstellung der Kreuzigung Christi. Auch die Frage, weshalb der mit einer Eselsmaske versehene Mann am Kreuz der Gekreuzigte sein soll, kann nur theatergeschichtlich beantwortet werden. Schon vor Jahrhunderten waren aus der Stadt Atella in Kampanien scharenweise Schauspieler in die Stadt gekommen, die ihre Masken, ihre Rollenverteilung, ihre derb-fröhlichen Possen mitbrachten. Was sie boten, gefiel, und so bekamen sie nach einiger Zeit eine offizielle Funktion. Sie durften bei Tragödien und ernsten Stücken, die während der »ludi Romani«, der »römischen Festwochen«, aufgeführt wurden, die Spannung durch ihre Auftritte jeweils lösen, ähnlich wie der Clown in der Zirkusmanege. Mit dem römischen Weltreich hat sich auch diese Eigentümlichkeit römischen Lebens ausgebreitet, und die Masken fanden überall Nachahmung. Man hat festgestellt, daß sich die Masken aus Kreta, aus Tarent, aus Gallien auffallend gleichen und daß sie alle eine bestimmte Warze tragen, die in der Antike als »kampanische Krankheit« bezeichnet wurde. Selbst auf asiatischen Masken kann man, an dieser oft zur Beule ausgebildeten Warze, die Ursprünge erahnen. In das Repertoire der kampanischen Possen, die später vom Mimus verdrängt wurden, gehörte neben anderen Tiermasken auch die des Esels; seine Nachwirkung reicht bis in Shakespeares

»Sommernachtstraum«. Offensichtlich wird auf der Wandkritzelei ein Sklave verhöhnt, weil er den Gekreuzigten anbetet, und wenn man diesem Gottessohn eine Eselsmaske aufsetzte, wußte jeder, was gemeint war.

Spiele in Rom

Roms Schaulust muß unersättlich gewesen sein, und jeder entrichtete ihr seinen Tribut. Mimus und Pantomimus wogen nicht leicht in einer Weltstadt, in der sich selbst Kaiser als Schauspieler gaben und jeder zeremonielle Akt zum Schauspiel umstilisiert wurde. Man weiß, daß Julius Caesar sich von fackeltragenden Elefanten begleiten ließ, Marc Anton umgab sich, zur Empörung von Cicero, mit ganzen Ballettcorps und Flötenorchestern, und seine Mätresse war eine Mime, also eine jener im Grunde verachteten Schauspielerinnen, die von eines Herrn Gunst emporgetragen wurden: Wenn sie aus besonderen Anlässen gemeinsam in der Öffentlichkeit auftraten, fuhr Marc Anton in einem von Löwen gezogenen Prunkwagen. Liktoren mit den bekannten Rutenbündeln schritten voran, und mitten unter ihnen trug man eine offene Sänfte, in der die Schauspielerin ruhte. Das Volk der Stadtviertel, durch die man diesen Umzug veranstaltete, hatte die Dame nicht mit ihrem Namen anzujubeln, sondern als Göttin.

Die düstere Kehrseite dieser Schaulust, für die es zahllose Beispiele gibt, war der zunehmend sadistische Zug, den man mit dem Bedürfnis nach Authentizität rechtfertigte. Wenn auf der Bühne beim Spiel eine Hinrichtung vollzogen wurde, wünschte man richtiges Blut und richtige Schreie, wie man ja auch beim Sex die Realitäten forderte. So wurde unter Kaiser Domitian (51–96) die Szene vom Räuberhauptmann Laureolus auf höchst realistische Weise ergänzt. Der Kaiser, der für die ersten Christenverfolgungen verantwortlich ist, ließ die Titelrolle einem zum Tode verurteilten Verbrecher übertragen. Der unglückliche Mann wurde in der Arena gekreuzigt und lebendig von Raubtieren zerfleischt.

Wichtiger als solche Schauspiele waren dem einfachen Mann in Rom die Tierhetzen und Gladiatorenkämpfe, von den Wagenrennen ganz zu schweigen. Die Tierkämpfe hatten sich eingebürgert, seit die siegreichen Feldherren in ihren Triumphzügen auch wilde Tiere mit sich führten und von ihren Sklaven zähmen ließen. So ließ Caesar bereits 400 Löwen und 40 Elefanten kämpfen, während Pompejus nur 18 Elefanten bot, aber etwa 500–600 Löwen. Der heutige Tierverhaltensforscher weiß, daß diese Tiere sich nicht ohne Not miteinander zerfleischt haben; man darf grausame Foltern und Hungerdressur vermuten, bis diese Tiere sich, halb wahnsinnig vor Angst, aufeinander stürzten. Kaiser Trajan, der ja auch in einem Löwengespann fuhr, hat nach seinem zweiten dakischen Feldzug, also aus den Wäldern des heutigen Siebenbürgen, 11000 Tiere für ein Festspiel von insgesamt vier Monaten gestellt. Nur an den Fürstenhöfen wie auf den Treibjagden der orientalischen Herrscher sind ähnliche Mengen von Wild geschlachtet worden, doch hat es das Element des blutrünstigen Schaukampfes zwischen verschiedenen Tieren oder Tier und Mensch selten gegeben. Es mag sein, daß zwischen den großen Unternehmungsgruppen, die Wagenrennen organisierten, den sogenannten »Weißen«, »Roten«, »Blauen« und »Grünen« und den Veranstaltern der Tierkämpfe, Verbindungen bestanden, denn auch die Tierhetzen erforderten hohe Investitionen für Wartung und Ernährung des Tierbestandes, doch wurden diese Ausgaben wahrscheinlich von den jeweiligen politisch Verantwortlichen finanziert.

Ganz anders war das bei den Wagenrennen, die in ihrer Bedeutung etwa an die heutigen Fußballspiele, an die Baseballspiele der Amerikaner oder an Ruderregatten erinnern. Auch hier sind ja im Grunde völlig gleichgültige Ereignisse durch Neugier, Schaulust und Prestigekomplex in ihrer Bedeutung so aufgeladen, daß es sich z. B. kein Mann der Öffentlichkeit leisten kann, uninteressiert zu erscheinen, und tatsächlich schlägt die leidenschaftliche Anteilnahme am Ausgang eines im übrigen gänzlich bedeutungslosen Wettkampfes alle Menschen in ihren Bann. Das ist auch im kaiserlichen Rom so gewesen. Schon vor Morgengrauen bricht man auf, um im Circus maximus einen guten Platz zu bekommen. Durch die engen Straßen Roms wälzt sich eine Menschenmenge, man hört schon von weitem das dumpfe Brausen der Stimmen, die ungeduldig den Beginn erwarten.

Es gab in Rom allein neben dem Circus maximus noch drei weitere große Zirkusanlagen, die alle nach dem gleichen Prinzip angelegt waren. Gestufte Zuschauerränge, die Arena (600 × 100 m), die Logen und Treppen, das Haupthaus, an ein Stadttor erinnernd, in dem Start und Ziel für die Wagen zusammengefaßt waren, in dem die Veranstalter und die Preisrichter saßen, sowie die Details der Ausstattung waren gleich. Man hatte nicht wie heute elektronisch gesteuerte Anzeigetafeln, aber immerhin wurde, auch für die Wagenlenker, die in einer Staubwolke die Arena umrundeten, die Zahl der Runden angezeigt. An der einen Seite der elliptischen Arena standen 7 große hölzerne Eier, von denen jeweils eines weggenommen wurde; nach jeder Runde am anderen Ende standen 7 drehbare Delphine, die heiligen, dem Gott des Meeres und der Rosse geweihten Tiere. Schon früh zog vom Kapitol ein Festzug mit Götterbildern, die auf Wagen mitgeführt oder auf Thronen getragen wurden, durch die Stadt zum Zirkus, wo eine religiöse Zeremonie die Spiele einleitete. Die Initiatoren der Spiele, also jene Politiker, die dem Volk das Schauspiel bieten wollten, schritten in Purpur gehüllt dem Zug voran – damit war der eigentliche Zweck, den man heute Public Relations nennen würde, erfüllt.

Schon bei den homerischen Griechen muß es ja Wagenrennen gegeben haben, und Homers Darstellung ist glaubwürdig, denn Wendepunkt und Zielpfahl, Kurventechnik und die ganze Atmosphäre sind so exakt beschrieben, daß sie unmöglich Erfindungen der Phantasie sein können. Deshalb weiß man auch, daß die sehr teuren Viergespanne nur vom Adel unterhalten werden konnten. Selbstverständlich fuhr der junge Besitzer sein Gespann selber, begleitet von seinem mit Helm und Schild bewaffneten Beifahrer, der während der 12 Runden mit Ab- und Aufspringen seine Gewandtheit beweisen mußte. In Rom fuhr der Besitzer den Wagen in der Regel nicht selbst, sondern überließ das seinen Sklaven, denn es gab zahlreiche Unfälle, sei es, daß die Pferde ihren Wagenlenker zu Tode schleiften oder die Gespanne sich ineinander verkeilten. Die Wagenrennen selbst, unter dem rasenden Geschrei der Menge durchgeführt, sind in den einschlägigen Filmen, etwa »Ben Hur«, auf Breitwand vorgeführt worden und gehören zu unseren festumrissenen Vorstellungen vom römischen Sport. Dennoch dürften die damals gefahrenen Rennen mit der ganzen Leidenschaft des Augenblicks barbarischer und aufregender gewirkt haben als die monströsen Panoramen des Historienfilms mit seinen zahllosen kostümierten Statisten. Der Sieger erhielt, auch das ist bezeichnend, keineswegs nur Kränze oder Palmzweige, sondern Geldprämien wie heute im Rennspiel.

Es hatten sich vier große Unternehmensgruppen gebildet, die Kapital genug besaßen, um die Pferde und ihre Wärter, die Wagenlenker, die Stallungen und die gesamte Ausrüstung zu finanzieren. Wer Wagenrennen veranstalten wollte, mußte diese Veranstaltung regelrecht einkaufen, und da die vier Gesellschaften ein Monopol besaßen, erzielten sie entsprechende Gewinnspannen. Anfangs waren es die »Weißen«, die »Roten«, die »Blauen« und die »Grünen« gewesen, ganz simpel nach Farben unterschieden, die mit ihren Wagen das Publikum in Raserei versetzten. Von diesen vier Unternehmensgruppen blieben nach den Gesetzen der kapitalistischen Logik nur zwei Gruppen übrig, die »Blauen« und die »Grünen«, auf die sich nun das leidenschaftliche Interesse der Römer richtete. Diese Wettkämpfe lenkten die Massen ab, wurden also von allen Herrschenden veranstaltet. Jahrhundertelang scheint es, als hätten die Römer nichts anderes im Kopf als Spiele. Es gab mit der Zeit nicht nur Zweier- und Vierer-, sondern auch Dreier-, Sechser-, Achter- und selbst Zehnergespanne. Aber nicht nur die Gespanne wur-

Einblick *in die unterirdischen Räumlichkeiten der ellipsenförmigen Arena des Kolosseums in Rom. Hier wurden Märtyrer, Gladiatoren und wilde Tiere vor ihren Auftritten gehalten. Das Kolosseum wurde von den flavischen Kaisern erbaut und im Jahre 80 n. Chr. eröffnet.*

den vergrößert, sondern man steigerte auch die Zahl der Rennen pro Tag. Wenn unter Kaiser Augustus noch 12 Rennen ausreichend gewesen waren, so kam man ein Menschenalter später schon auf 34 Rennen und unter den Flaviern (69–96 n. Chr.) sogar auf rund 100 Rennen am Tag.

Als sich das neue Rom, die Gründung Kaiser Konstantins, vom alten Rom trennte, aber seine kulturellen Errungenschaften übernahm, sind auch die Maffiosi der Rennbahn in Konstantinopel aufgetaucht. Das Hippodrom in Byzanz hatte 80000 Sitzplätze aus Marmor, seine Pracht muß überwältigend gewirkt haben, dagegen verblaßte das alte Rom mit seinen geplünderten Schaustätten. In diesem Hippodrom stellte die Kaiserin Eudoxia ihr silbernes Standbild auf, ein Kunstwerk von solch erotischer Freizügigkeit, daß der später heilig gesprochene Chrysostomus vor Zorn erbleicht sein soll, als er in der nahe gelegenen Hagia Sophia predigte. Dieses Hippodrom war ein Zentrum der Metropole Konstantinopel. Hier haben sich die Anhänger der »Blauen« und der »Grünen« zu politischen Parteien entwickelt, deren Machtkämpfe im 7. Jahrhundert einen für Byzanz verhängnisvollen Höhepunkt erreichten. Diese Vorgänge sind kaum ausreichend untersucht, doch würden sie Aufschluß geben über die Verschmelzung von wirtschaftlichen mit politischen Interessen und über die Struktur solcher Machtkämpfe, wie man sie auch heute im Show-business kennt.

Schauspiele und Wagenrennen fanden in dem 225000 Personen fassenden Circus maximus statt, während Tierkämpfe und Gladiatorenspiele herausgenommen und im Amphitheater veranstaltet wurden. Die architektonische Form, die für diese Kämpfe gefunden worden ist, das Amphitheater bzw. die Arena, ist von Curio dem Jüngeren ca. 53 v. Chr. in Form von zwei mit dem Rücken aneinander gelehnten halbrunden Theatern entwickelt worden. Diese Theater, um eine sandbestreute ovale Arena herumgebaut, sind die Vorläufer unserer Sportstadien. Das riesigste Bauwerk dieser Art, das römische Kolosseum, ist 80 n. Chr. vollendet worden. Man kennt das System von Eingängen, Gängen und Blocks, mit dem eine so riesige Masse gegliedert wird. Das architektonische Monstrum, das unter Kaiser Titus vollendet wurde, faßte 48000 Sitzplätze und etwa 50000 Stehplätze. Bis zu sieben Meter tief unter der Erde lagen die Gewölbe und Verliese, in denen die Raubtiere eingesperrt wurden, ehe man sie in die vertiefte Arena ließ. Jedermann kennt das Bild: Die Zuschauerränge sind gefüllt, unten in der Arena werden Märtyrer von Löwen und Tigern zerfleischt. Tatsächlich haben die Römer in dieser Zeit einen konsumierbaren Sadismus entwickelt, der erst in neuerer Zeit in den sadomasochistischen Produktionen der Comic strips und vergleichbarer Fernsehserien wieder erreicht worden ist.

Der Märtyrer in der Arena ist aber nur die Ausnahme, nur ein Nervenkitzel für ein verwöhntes Publikum. Die Stars waren, wie in Spanien die Stierkämpfer, ausgepichte Profis, jene todgeweihten Kämpfer mit ihrem Elitebewußtsein, die vor dem Kampf hinauf in die Loge des Kaisers grüßten.

Morituri te salutant

Die Todgeweihten grüßen dich! So riefen die Gladiatoren, bevor sie ihre Waffen fester faßten und den Kampf begannen, voll Spannung betrachtet von einer Menge, die Blut sehen wollte, denn je öfter einer die Kämpfe überlebt hatte, um so sehnlicher wünschte man, ihn endlich überwunden zu sehen, und gerade die stärksten, kühnsten Gladiatoren wußten nur zu gut, wie gering ihre Chance war, das Gemetzel zu überleben. Auf die raffinierte Zusammenstellung der Paare legte man besonderen Wert. So ließ man unter Nero zu Ehren des armenischen Königs Tiridates Neger gegen Neger und unter Domitian 90 n. Chr. einen Zwerg gegen eine Frau kämpfen. Alle Maßnahmen dienten dazu, die sadistischen Instinkte des Publikums bis zur Raserei zu steigern. Wenn der Gladiator fiel, kam ein Diener in der Maske Charons, des etruskischen Totengottes, und überzeugte sich durch Hammerschläge gegen die Stirn des Toten, ob er wirklich nicht mehr lebte. Wer nur verwundet war, aber den Kampf nicht fortsetzen konnte, warf die Waffen fort und bat um Gnade, indem er die linke Hand hob. Das Begnadigungsrecht stand dem Sieger zu, der es an den anwesenden Kaiser abtrat. Dieser ließ sich vom tobenden Volk zurufen, ob der Gladiator zu töten oder zu begnadigen sei, und entschied durch das heute noch gebräuchliche Daumenzeichen. Der siegreiche Gladiator, auf der Stelle reich beschenkt, lief mit Silberschalen, gefüllt mit Edelsteinen und Kostbarkeiten, durch die Arena und genoß während der kurzen Zeit bis zur nächsten Veranstaltung alle Annehmlichkeiten der Prominenz, die so groß war wie die der berühmten Wagenlenker und Pantomimen.

Die Gladiatoren wurden in der Provinz von speziellen Unternehmern, den »Verleihern« (lateinisch: lanista), truppweise an die veranstaltenden Behörden verliehen. Diese Gladiatorentruppen wurden auf Kosten des Unternehmers in Kasernen gehalten und mit eiserner Strenge regiert. Wenn sie nach Ablauf der Vertragsfrist noch lebten, erhielten sie eine Prämie. Es gab Netzkämpfer, nur mit Netz und Dreizack ausgerüstet, ferner schwerbewaffnete Samniten mit Langschild, Helm und Schwert, auch wurden Gladiatoren für Wasserkämpfe ausgebildet und mußten gegen wilde Tiere, z. B. Stiere, Bären, Tiger, Panther usw., antreten. Dabei wurden sie zuweilen von schottischen Hundemeuten begleitet und waren mit Fackeln, Bogen, Lanzen und Dolchen bewaffnet. Bei diesen Schaujagden benutzten die Kämpfer kugelförmige, mit Eisenstacheln bewehrte Körbe, um sich blitzschnell vor den angreifenden Tieren zu verstecken, oder sie setzten im Stabhochsprung über die Mauer hinweg, welche die Arena begrenzte.

Daß diese Schaukämpfe, wie die griechischen Olympiaden, aus kultischen Ursprüngen stammen, mag verwundern, doch läßt sich gerade an solchen Entartungserscheinungen ermitteln, durch welche Motive und gesellschaftliche Strukturveränderungen der originäre Charakter dieser Darbietungen verfälscht wurde. Die Söhne des Decimus Pera haben 264 v. Chr. anläßlich des väterlichen Begräbnisses nach etruskischer Sitte drei Gladiatorenpaare auftreten lassen, um den Vater zu ehren. Im Laufe der folgenden Jahrhunderte wurde das Interesse an derartigen von Privatleuten veranstalteten Gladiatorenkämpfen immer größer, bis 105 v. Chr. der Senat das Recht erhielt, offiziell derartige Kämpfe zu veranstalten (lateinisch munera: Leistungen, im Sinne von Festspielen). Von nun an versuchten die jeweiligen Wahlkandidaten, Stimmen zu erobern, indem sie möglichst blutige

Schaukämpfe veranstalteten. Zwar ließ noch Caesar rituelle Schaukämpfe durchführen, 65 v. Chr. zu Ehren seines Vaters und 45 v. Chr. zu Ehren seiner verstorbenen Tochter Julia, aber die Veranstaltung war schon längst durch politischen Mißbrauch entartet. Im Jahre 27 n. Chr. verbot Kaiser Tiberius Privatpersonen, solche Schaukämpfe zu inszenieren, wenn sie nicht mindestens 400000 Sesterzen Kapital nachweisen konnten. Auf diese Weise waren Privatpersonen praktisch ausgeschaltet, denn nur der Magistrat der Municipien konnte solche Summen aufbringen. Es gab außer den zwei gewöhnlichen vom Magistrat veranstalteten Gladiatorenkämpfen zahlreiche »außergewöhnliche« Veranstaltungen, für die z. B. Augustus die verschiedensten Vorwände fand. Diese Schaukämpfe erhielten in der Kaiserzeit einen ebenso festen Platz im öffentlichen Leben wie die »Spiele« im Theater oder im Zirkus.

Die Beschaffung von Gladiatoren war eine eigene Branche, auch sie privatwirtschaftlich organisiert. In der römischen Provinz gab es sogenannte »Verleiher«, spezialisierte Unternehmer, welche auf den Sklavenmärkten geeignete junge Männer aufspürten, aufkauften und kasernierten. In diesen Kasernen herrschte brutale Disziplin – Kaserne und Disziplin sind bekanntlich lateinische Lehnworte –, und die Chance, den Job zu überleben, stand für den Gladiator 50 : 50. Er verschrieb sich seinem Verleiher mit Haut und Haaren für eine bestimmte Frist. Wenn er sie wider Erwarten überleben sollte, erhielt er eine Geldprämie ausgezahlt. Die Gladiatorentrupps wurden vom jeweiligen Unternehmer an die Behörden ausgeliehen, die ihrerseits dafür eine runde Summe auf den Tisch legen mußten. Mit der Zeit hatte sich also eine regelrechte Industrie entwickelt, mit deren Interessen sich immer mehr Menschen identifizierten, angefangen von den Bossen der Monopolunternehmen bis zu den Pastetenhändlern, Barbieren, Wasserträgern und Prostituierten im Kolosseum. Welche Ausmaße diese Veranstaltungen annahmen, beweisen folgende Zahlen: Im Jahre 107 n. Chr. traten unter Kaiser Trajan etwa 10000 Gladiatoren auf. Im Jahre 113 n. Chr. standen sich in drei Tagen 2404 Gladiatoren paarweise im Ringkampf gegenüber. Diese Schaukämpfe, Schlachthof und Folterkammer zugleich, sind durch den Mut der frühchristlichen Märtyrer geadelt worden.

Heldenlied und Frauenminne

Sänger für Helden

Die römischen Lager entlang des Grenzwalls, des Limes, kann man sich vorstellen wie die französischen und englischen Forts in den riesigen Wäldern Nordamerikas. Und wie die Franzosen und Engländer von ferne die Kriegstänze der Indianer hörten, so lauschten die römischen Posten dem wilden Gesang der »Eingeborenen«, die irgendwo hinter den bewaldeten Gebirgsschluchten ihre Siedlungen hatten. Mit Liedern wurde, wie bei allen Naturvölkern, der König und sein Kriegsruhm gefeiert, mit Schlachtgesängen zog man in den Kampf, die Überlieferung an die Helden der Vergangenheit lebte nicht schriftlich, sondern mündlich fort, nicht der Schriftgelehrte, sondern der Sänger verkörperte die Geschichte seines Volkes. Man weiß über die germanische Kultur, trotz der lateinischen Berichte eines Caesar oder Tacitus, nicht allzuviel, am meisten vertraut ist die materielle Kultur, weil Bodenfunde Aufschluß geben. Immerhin erfährt man aus den alten Rechtsquellen, daß der fahrende Sänger hohes Ansehen genoß. Nach altfriesischem und fränkischem Recht mußte einer, der die Hand eines Harfenspielers verletzte, eine viermal höhere Geldbuße leisten als einer, der nur eines gewöhnlichen freien Mannes Hand verletzte. Das erscheint recht und billig, zeigt doch aber auch die Achtung vor dem, der den Beruf des Sängers hat.

Bei den Germanen und Kelten hieß der fahrende Sänger Skop oder Barde, auch Skalde, sein Metier war das heldische Preislied, genau wie bei dem griechischen Aöden, dem altindischen »suta« und dem südslawischen Guslaren. Die nordischen Völker liebten den Sänger. Er gehörte zu den Besten seines Volkes, hochgeehrt einer Kunst wegen, die ihm von den Göttern eingegeben worden war. Jeder Hof hatte einen Sänger im Gefolge. Andere Barden wanderten von Hof zu Hof, von Herrensitz zu Herrensitz, freie Männer waren sie alle. Der irische »file« schritt mit der Harfe in der Hand, in ein weißes Gewand gekleidet, dem kämpfenden Heer voran; mit eigenen Augen sah er die Taten, deren Ruhm er später verkündete. Mit Königen verkehrte der Sänger als Gleicher unter Gleichen, in der Halle saß er auf den Stufen des Hochsitzes, dem König nahe. Ein solcher Sänger, mehr schon ein Spielmann mit seiner Geige, ist Volker aus dem Nibelungenlied, ein großer Herr, der einen eigenen Grund besitzt und beim Aufbruch ins Hunnenland von 30 Gefolgsleuten begleitet wird. Als Karl der Große die Heldenlieder, die ihm noch lieb waren, sammeln ließ, waren sie schon bloße Überlieferung, nicht mehr lebendiger, aktueller Heldengesang.

Solche Heldengesänge gibt es nicht in allen Kulturen; außerhalb des europäisch-asiatischen Kulturkreises sind sie nicht bekannt, also etwa in Afrika oder bei den Indios. Dafür kennen die Eskimos, außer einer reich entwickelten Lyrik, eben auch regelrechte Heldenlieder, wie sie auf einer reicher entwickelten Stufe als nordische Saga bekannt sind und wie sie durch Homer zur Weltliteratur gehören.

Während der Christianisierung Europas stoßen der Mönch als Missionar und der Sänger als Vertreter der gewachsenen heidnischen Kultur aufeinander. Als zum Beispiel der heilige Liudger von Altfried (gestorben 809) nach Friesland gekommen war, um dort das Evangelium zu predigen, brachten sie einen Blinden namens Bernlef zu ihm, den seine Stammesgenossen liebten, weil er freundlich und milde war und weil er die Taten der Ahnen sowie die Kämpfe der Könige zum Saitenspiel schön vorzutragen verstand. Schon hier zeichnet sich das Wohlwollen einer Gesellschaft ab, die sich durch ihren Sänger bestätigt und überhöht dargestellt sieht, aber auch das Außenseitertum dessen, der solche Gaben besitzt. Hier sind Gesang und Saitenspiel keine Elemente des Kultes mehr, sondern eine gehobene Unterhaltung. Zum Bild gehört die Blindheit des Sängers: Schon Homer ist blind, wie im Kampf um Troja der Seher Teiresias es ist, und noch bei Goethe findet sich die Vorstellung vom blinden Harfner. Es scheint, als steigere das Gebrechen die geistige Kraft, als gebe eine höhere, göttliche Macht zum Ausgleich für den Verlust des Augenlichtes die geistige Schau.

Der Sänger gehörte zu den fahrenden Leuten, nur so konnte er, von Königshof zu Königshof, von einem Adelshof zum anderen ziehend, sein Brot verdienen. Er brachte Neuigkeiten, er stellte Verbindungen her, er bildete sich ein Urteil und trug es unter die Leute. Längst vor dem gedruckten Wort, vor den Erzeugnissen der Druckerpresse, vor Zeitung und Fernsehen verkörperte ein solcher Mann das, was wir heute die öffentliche Meinung nennen. Sein Auftritt fand nicht auf einer Bühne statt, sondern in der Halle, wenn alle Männer um die Langtische saßen. Jeder wollte hören, was der Sänger zu singen und zu sagen hatte, denn jeder war der Langeweile, der ewigen Gespräche über Jagd, die Weiber und die letzten Kämpfe mit den Nachbarn überdrüssig. Für den, der hinter der Harfe stand und in die Saiten griff, galt dasselbe wie für den heutigen Bühnenautor: Mit den ersten Sätzen mußte er ein Publikum fesseln. Also sang er gegen den Lärm an, gegen Gelächter und Becherklirren, bis es ganz still war und man die Scheite im Feuer knistern hörte: »Es sagte der Kundige / Der Menschen Ursprung / In alten Zeiten / Wie der Allmächtige / Die Erde schuf / Die lichten Fluren / Von der Flut umschlossen / Dann siegesfroh setzte / Sonn und Mond / Als leuchtendes Licht / Den Landbewohnern.« Wie hier im Beowulfslied mischen sich christliche mit alten heidnischen Vorstellungen, man sang vom Asgard und Niflheim, aber auch von König David, der die Harfe schlug. Die Harfe des germanischen Sängers hat man sich nicht wie das heutige Instrument vorzustellen, sondern handlich wie ein Hackbrett oder eine Zither. Über einen dreieckigen Holzrahmen waren die Saiten gespannt, später wurde dieses »Psalterium« in der Form verändert und mit mehr Saiten ausgestattet.

Nun schreibt aber in der ersten Hälfte des 9. Jahrhunderts in Ellwangen ein besinnlicher Mönch namens Ermenrich an den Abt Grimold von St. Gallen: »Ergreife du zum Preise Gottes die Harfe, aber natürlich nicht die eines Mimen, der vor der Tür steht, noch auch die eines tanzenden Sklaven.« Diese Anspielung meint kulturelle Einflüsse, die mit den römischen Händlern und christlichen Missionaren über die Alpen nach Mitteleuropa vorgedrungen waren. Aus dem Orient waren im 2. nachchristlichen Jahrhundert allerlei fahrende Gaukler nach Rom gekommen. Das waren Schauspielerinnen und Tänzerinnen, Bettelpriester der Großen Göttin, der Magna Dea, oder auch Fakire oder Magier, Bärenführer oder Spielleute, die mit Hunden, Affen oder Schlangen im Land herumzogen. Neben diesen bunten Gestalten mit ihrem Flitter, ihrem Reiz wirkte der fahrende Sänger mit seinen Heldenliedern wie ein Wesen aus versunkener Zeit, zumal er nicht mehr die heidnischen Heldentaten besingen durfte. Im Laufe des 9. Jahrhunderts wurde der Sänger von den fahrenden Leuten, den »Jokulatoren« (lateinisch iocus: Vergnügen, Scherz), fast völlig verdrängt, und an die Stelle der Harfe trat das umgeformte Psalterium, die sogenannte Rotta.

So hielt der Gaukler, der gymnastische Übungen, mimische und pantomimische Künste vereinigte, seinen Einzug auf den Burgen und in den Marktflecken zwischen den Pyrenäen und der Elbe, zwischen der dänischen Nordseeküste und den Alpen, und da man sie in keinen der Stände einzuordnen wußte, sie keinem Stamm und keiner Sippe zugehörten, standen sie so außerhalb der Gesellschaft wie heute die Zigeuner. Diese Spielleute waren nicht wie die alten Sänger geachtet, sondern man behandelte sie wie Bettler, praktisch als rechtlose Leute, die man ohne Buße erschlagen konnte. Und doch waren Mimus und Pantomimus, Possenreißer und Gaukler unverwüstlich, sie bildeten die Hefe der christlich-ritterlichen Kultur, und wo im Burghof der fahrende Sänger die Harfe schlug, da hockten sie unten im Dorf am Burgberg und belustigten die Bauern und kleinen Handwerker – Einmannunterhalter, die das Erbe der Komödie weitertrugen.

Troubadour und Minnesang

Daß ausgerechnet die Ritter dazu berufen sein würden, mit ihrem Minnesang die Dichtung des Abendlandes nachhaltig zu beeinflussen, hat fast etwas Unglaubliches. Denn diese Männer, hochfahrende Einzelgänger aus den unterschiedlichsten Lebensbereichen, die mit dem Schwert schnell bei der Hand waren und die kaum irgendwelche moralischen Bindungen anerkannten, waren zum Dichten nicht geschaffen. Und doch unterwarfen sich einige von ihnen, eine Minderheit, dem modischen Zwang, nach andalusischer Art zu singen und zu komponieren, und formten durch ihr Verhalten das Selbstverständnis aller, die zu Pferd und bewaffnet durch Europa zogen, um für die Heilige Jungfrau Maria und die eigene Dame zu streiten.

Die erotisch-psychologische Komponente des Minnesangs ist bereits geschildert worden. Hier geht es um die Formsprache und ihre geistesgeschichtlichen Folgen. Um das Ergebnis vorwegzunehmen: Der Minnesang ist die erste Form einer individualistischen Kunst in Europa (Renner) und hat die jeweiligen Sprachen ähnlich vertieft und differenziert, wie dies in ganz anderer Beziehung später die Bibelübersetzungen getan haben. Dabei haben die abendländischen Ritter ihre lyrische Form nicht selbst geschaffen, sondern übernommen oder unter dem Einfluß des Orients gewandelt. Ursprünglich ist die höfische Liedkunst wohl nicht unbedingt kirchenfeindlich gewesen, denn in den Klosterschulen lernten die jungen Adligen, die bis zum 14. Jahr, erst am eigenen Hof, dann als Pagen der Damen an fremden Höfen, unter der Obhut von Frauen lebten, Lieder auf die Gottesmutter Maria vorzutragen. Man hat ursprünglich gemeint, unter dem Einfluß der Kreuzzüge seien die

Marienlieder in Minnelieder entartet. Erst nach dem Zweiten Weltkrieg hat man die Vorbilder der Troubadour-Lyrik entdeckt, nämlich zweisprachige Liebeslieder in Arabisch und Spanisch, die im arabischen Teil Spaniens gesungen wurden, als die Frau in Europa noch nicht mit Galanterie behandelt wurde. Daß christliche Herren die Liedchen übernahmen, die sie von ihren arabischen Sklavinnen kannten, war ungewöhnlich. Denn wenn man sich überhaupt um künstlerische Form bemühte, dann in Erinnerung an die griechisch-römische Formsprache. Dichtung war, was Homer und Vergil geschrieben hatten, außerhalb des antiken Versmaßes gab es nichts, das man als Vers empfunden hätte – doch nun trällerte ein Mann wie Wilhelm IX. von Aquitanien, der auch Graf von Poitiers war und mit 14 Jahren ein Reich übernommen hatte, das größer als das des französischen Königs war, so ungewöhnliche Liedchen wie dies: »Mein Lied wird um rein nichts sich drehn; / Weder um mich noch um irgendwen, / Um Liebe nicht noch Jugendwehn, / Noch andren Tand; / Zu Pferd ist's und im Schlaf geschehn, / Daß ich's erfand.«

Wenn schon diese Form, die so deutlich die Sympathien für den arabischen Lebensstil variiert, wie eine Provokation gewirkt haben muß, dann erst recht ihr Inhalt. Denn mit Hilfe dieser Formsprache konnte ein Ritter eine bestimmte Protesthaltung ausdrücken, eine gewisse Unverfrorenheit, was die moralischen Forderungen der Kirche anging. In einem kleinen Roman »Aucassin und Nicolette«, einer Liebesgeschichte zwischen dem christlichen Grafensohn und dem verschleppten Sarazenenmädchen, die wohl auch auf arabische Vorbilder zurückgeht und um 1200 geschrieben wurde, wird die Grundhaltung des Ritters klar ausgesprochen: »Was habe ich im Paradiese zu schaffen? Ich sinne nicht darauf, hineinzukommen, sondern darauf, Nicolette, meine süße Freundin, zu bekommen, die ich über alle Maßen liebhabe. Denn ins Paradies geht niemand hinein als die, welche ich Euch nennen will: Es kommen die alten Priester hinein und die alten Lahmen und Einäugigen, welche Tag und Nacht vor den Altären und den alten Krypten hocken und die mit alten Lappen bekleidet sind und alten, zerrissenen Mönchskutten, welche nackt und barfuß und ohne Hosen sind, welche vor Hunger und Durst, vor Kummer und Kälte sterben. Aber in die Hölle will ich gehen, denn in die Hölle kommen die klugen Leute und die schönen Ritter, welche ihren Tod bei Turnieren und grimmigen Kriegen fanden, und gute Knappen und freie Männer. Mit denen will ich leben. Und dorthin kommen die schönen, höfischen Damen, welche zu ihren Eheherren zwei oder drei Freunde haben.«

Höfisch sein heißt sich in Zucht nehmen, und das wiederum ist keine Realität des Alltags, sondern eine mit großer Geste vorgetragene literarische Forderung. Wie roh die Sitten, wie plump die Sprache, wie hochfahrend und trotzig die Herren sind, erfährt man aus der Forderung, die Wilhelm von Aquitanien stellt: »Erbötig fast zu jedermann / Sei er, der lieben will; und dann: / Daß er galant sei, wo er kann, / Und daß er nicht, / Wenn er zu Hof parliert, wohlan, / Gar bäurisch spricht.«

Wie die fahrenden Spielleute zogen die Troubadoure von Burg zu Burg, von einem Fürstensitz zum anderen. Es war ihr Beruf, neue Melodien innerhalb eines festumrissenen Kanons zu finden. Der Name Troubadour leitet sich im Französischen von »Trouvère« (französisch: Finder) ab, während es im Spanischen »art de trobar« hieß. Wichtiger mag sein, daß der Spielmann im Arabischen »tarrab«

heißt, so waren verschiedene Bedeutungen angesprochen. Begleitet wurde der Ritter von einem Knappen, der die Laute, Mandoline oder Harfe spielte, übrigens arabische Instrumente, falls der Ritter selbst nicht spielen konnte. Man sang »canzonas« und »sirventes«, das waren »Frauenlieder«, die »Dienst- und Huldigungslieder an die Geliebte«, ferner Heldenklagen (französisch: plains), »rondels« (französisch: Rundgesänge), die Gesänge in Dialogform, und die »tenzones«, die Streitlieder, die im Französischen »cours d'amour« hießen. Häufig wurden Wettgesänge ausgetragen, und zwar stets mit solchen Streitliedern. Dabei handelten die Troubadoure ein bestimmtes Thema in ebendieser lyrischen Form ab. Der Sieger erhielt von der Herrin dieses Wettstreites eine Blume, wurde also wie einst ein Sieger in Olympia nicht mit einem materiellen Wert belohnt, sondern nur mit einer Geste. Der berühmte »Sängerkrieg auf der Wartburg«, ein aus Frankreich übernommenes Wettsingen der Troubadoure, der 1207 am Hof des Landgrafen von Thüringen durchgeführt wurde und im 13. Jahrhundert von unbekannten Verfassern geschildert worden ist, war ein solcher »cours d'amour«. Richard Wagner hat die Ereignisse bekanntlich aufgegriffen und in seiner Oper Tannhäuser (1845) dargestellt. Hier herrscht bereits ein romantisch-sentimentales Ideal von Weiblichkeit und hoher Minne, das dem bürgerlichen Bewußtsein entspricht. Dem Troubadour des 12. oder 13. Jahrhunderts ging es weniger um die Gefühle selbst als um den intensiven Ausdruck, der für die Selbstdarstellung wichtiger war.

Über die Vertiefung der Liebeslyrik durch den Minnesang schreibt J. Huizinga in seinem Werk »Herbst des Mittelalters«: »Gewiß hatte auch das Altertum die Sehnsucht und die Schmerzen der Liebe besungen, aber sah man dort in dem Schmachten nicht eigentlich nur ein Hinausschieben und den Reiz der sicheren Erfüllung? Und in der traurig ausklingenden Liebesgeschichte der Antike bildete meist nicht ein ungestilltes Verlangen das Stimmungsmoment, sondern die grausame Trennung der schon vereinten Liebenden durch den Tod, so bei Cephalus und Phocris, so bei Pyramus und Thisbe. Die Empfindung des Schmerzes wurzelt nicht im erotischen Unbefriedigtsein, sondern in dem traurigen Schicksal. Erst in der höfischen Minne des Troubadours ist die Unbefriedigtheit selbst zur Hauptsache geworden. Damit war eine erotische Gedankenform geschaffen, die fähig war, ein Übermaß an ethischem Gehalt in sich aufzunehmen, ohne deshalb je den Zusammenhang mit der natürlichen Frauenliebe ganz aufzugeben.« Es geht auf die höfische Minne zurück, wenn heute an die versittlichende Kraft der Liebe geglaubt wird. Nach der ritterlichen Auffassung wird der edle Liebhaber durch seine Liebe tugendsam und rein (Huizinga). Ein literarisches Modell ist entworfen, nach dem die Gefühle sich richten, wie überhaupt der ganze Begriff des Ritters im Grunde keine Lebenswirklichkeit faßt, sondern einen Typ stilisiert, den es so nie gegeben hat.

Außer den Liebes- und Frauenliedern gehörte zum Repertoire des Troubadours die Zwiesprache des Liebhabers mit dem Warner, dem Wächter oder dem Tod. Hier konnte er, indem er die Warnung nicht ernst nahm und seiner Leidenschaft folgte, die Glaubhaftigkeit seiner Gefühle ausspielen, auch gab es die Balladen (spanisch: ballatas), die »pastorales«, nämlich die Hirtenpoesie der Liebe, und einige andere Themen, zu denen sich der Troubadour etwas einfallen lassen mußte. Neu war im Vergleich zum antiken Versmaß der Endreim, der sich von nun an in Europa einbürgerte. Daß jeder der fahrenden Spielleute eine eigene

Weise erfand, gehörte zum Stil: »Ein Vers ohne Musik ist wie eine Mühle ohne Wasser«, schrieb Folquet de Marseille (gestorben 1231).

Nach drei Jahrhunderten geistlicher Dichtung entstand hier zum erstenmal eine Dichtkunst, die aus anderen als kirchlichen Quellen gespeist wurde. Daß der Ritter sich in der Literatur neben den Geistlichen stellte, bedeutete einen Bruch mit der bisherigen Entwicklung und leitete die Literatur in neue Bahnen. Hier wird eine Befreiung von der Vormundschaft der Kirche vorweggenommen, die in anderen Bereichen der Kultur erst Jahrhunderte später nachgeholt wird. Damit ist nicht gesagt, daß es keine dichtenden Kleriker mehr gegeben hätte oder daß sich alle Ritter an der Spitze der kulturellen Entwicklung bewegt hätten. Es gab zugleich den ritterlichen Troubadour und den berufsmäßigen Spielmann, ganz abgesehen von allerlei fahrendem Volk.

Spielleute

Diese gemeinen Spielleute bildeten eine höchst interessante Gruppe außerhalb der offiziellen Kultur. Um ihre Situation zu verstehen, muß man die mittelalterliche Auffassung von Musik kennen, die weit in die Antike zurückreicht und von den Pythagoreern beeinflußt worden ist. Im frühen Christentum lehnt man Musik, die ja heidnischen Ursprungs war und die zur abgewirtschafteten römischen Kultur gehörte, mit Nachdruck ab. Die Kirchenväter halten Gottesdienste mit Musik für lächerlich, Clemens von Alexandrien will in der Kirche keine Instrumentalmusik, kein Psalterion, keine Chöre und ähnliche »Leichtsinnigkeiten« dulden. Die Schalmei solle man »abgöttischen Leuten« überlassen. Schon damals entsteht die Erbfeindschaft zwischen den Spielleuten, die als Vorsänger und Vortänzer bei den alten Fruchtbarkeitsfesten zum Tanz spielen, und der Kirche, die dem entgegenwirken will. Mit allen Mitteln versucht man, diese heidnischen Einflüsse auszuschalten; die geistliche Dichtung ist nichts als der literarische Versuch, den mächtigen Einfluß des Spielmannes zu verdrängen.

Zugleich aber finden auch die philosophischen Gedankengänge des klassischen Altertums Eingang in das Christentum, das als Staatsreligion ja die antike Bildungsgrundlage weitgehend übernahm. So kommt es, daß man die Ideen der Pythagoreer über die Harmonie der Sphären weitergab. Diese oft mönchisch zusammenlebenden Bekenner einer auf Pythagoras zurückgehenden Weltanschauung waren überzeugt, daß sich die Ordnung des Kosmos durch Zahlen ausdrücken ließe und daß die Musik ein unmittelbarer Ausdruck der kosmischen Harmonie sei. Man ordnete den Planetensphären jeweils Töne zu und glaubte an ein tönendes All. Christianisiert wurde diese Vorstellung mit dem Lobgesang der himmlischen Heerscharen der Engelschöre, den nur Begnadete zu vernehmen vermögen. Man findet im Prolog zu Goethes »Faust« diesen Gedanken, wenn gesagt wird: »Die Sonne tönt nach alter Weise / In Brudersphären Wettgesang / Und ihre vorgeschriebne Reise / Vollendet sie mit Donnergang.« Das ist die »musica mundana«, die Musik der Welt. Ihr Widerhall auf der Erde, auch dies eine im Grunde antike Vorstellung aus der Ideenwelt Platons, ist die »musica humana«, die Musik frommer Menschen, die in sich ruhen und nichts anderes wollen, als Gottes himmlische Schöpfung zu preisen. Das ist die Kirchenmusik, die liturgische Chormusik nach den Regeln des Papstes Gregor I. (590–604). Und schließlich kennt man im frühen Mittelalter noch die »musica instrumentalis«, die weltliche Sing- und Spielmusik. In grellen Terzen und stampfenden Rhythmen wurde diese Musik auf den alten Instrumenten, der Grotta und der Sackpfeife, der Rebec und der Drehleier, gespielt. Die Spieler dieser Instrumente, vom Volk begafft und geliebt, waren der Kirche verhaßt wie diese ganze »teufflisch geschmückt buhlmusik«.

Für den Kampf der Kirche gegen die fahrenden Jokulatores, die Mimen und Spielleute, gibt es genug Zeugnisse. Vor allem auf die Spielleute hatte sie es abgesehen, denn hier wurde das alte, oft kaum mehr verstandene heidnische Gedankengut im Volke weiter verbreitet. Besonders fanatisch äußert sich der Franziskanermönch Berthold von Regensburg über die Spielleute. Den himmlischen Chören setzt er zehn irdische Klassen entgegen. Der zehnte, unterste Chor, »das sind die Possenreißer, Geiger, Tambure und wie sie alle heißen mögen, die Gut für Ehre nehmen«. Ihr ganzes Leben, lehrt er, sei auf Sünde und Schande gerichtet, und wie Luzifer, der mit dem Engelschor abgefallen und in die Hölle gestürzt sei, seien die Spielleute der Christenheit ganz und gar abtrünnig. Meist werden sie, zusammen mit anderen Bevölkerungsgruppen oder Minderheiten, vom Abendmahl ausgeschlossen. So erfaßt ein Statut des Bischofs Johann von Lüttich aus dem Jahre 1287 öffentliche Dirnen, Spielleute und Wucherer, und eine Stuttgarter Handschrift des 14. Jahrhunderts nennt für diese Ausschließung Zauberer, Unholde, Fallsüchtige, Epileptiker, Jokulatoren und »spillüt«. Auch im Sachsenspiegel diffamiert man die Spielleute: »spielleut und gaugkler sind nicht leut wie andere menschen, denn sie nur einen schein der menschheit haben, und fast den tollen zu vergleichen.« Erst Papst Eugen IV. (1431–1447) hat den Spielleuten gestattet, als ehrlich zum Abendmahl zu gehen, und damit eine jahrhundertealte Schranke aufgehoben.

Es war auch undenkbar, daß jene Spielleute, die mit den Troubadouren durch die Lande zogen und mit ihrer Kunst so sehr zum Erfolg ihres Herrn beitrugen, ähnlich in Mißkredit blieben wie die echten Fahrenden, die niemandem gehorchten und auf der Kirchweih oder zum Maifest aufspielten. Diese Wandlung in der Einschätzung der Spielleute ist vor allem dem Wirken der sogenannten Minstrels, Ménestriers oder Ministerialen zu verdanken, wie man die in Dienst stehenden Spielleute in Frankreich und Deutschland nannte. Fast jeder Minnesänger ließ sich von einem solchen Mann begleiten, und viele machten Karriere. Das Verhältnis zwischen Troubadour und Dienstmann war nicht unkompliziert und hat auch bis zum Ausgang des Mittelalters mancherlei Wandlungen durchgemacht. Der ritterliche Sänger, trouvère, Troubadour oder Minnesänger genannt, wollte sich von dem nichtadligen Spielmann unterscheiden, er behandelte seinen Stoff gewollt elitär, machte dem Volke unverständliche Anspielungen und sang bewußt »schwierig« – die Literaturgeschichte nennt dies den »dunklen Stil« des Minnesangs. Andererseits ist das weltliche Dichten nicht mehr unmöglich, und der nichtadlige Spielmann kann, wie der Ritter, seine persönlichen Gefühle darstellen. Es bildet sich sogar in dieser Schicht eine profilierte Vorstellung der eigenen Urheberschaft, mit anderen Worten, der Dichter nennt seinen Namen – das war bisher nicht selbstverständlich.

Es gab Spielleute, die im Dienst eines ritterlichen Herrn standen, andere verdingten sich, gleichsam als Hofdichter, an Fürstenhöfen, wie auch ritterliche Minnesänger sich ihrerseits in Dienst nehmen ließen. Diese Gesellschaft der fahrenden Ritter und Spielleute scheint eine durchaus »offene« Gesellschaft gewesen zu sein, in der Auf- und Abstieg möglich war, keine feste ständische Bindung beengte, wie in einer Zunft, die Dynamik dieser Gruppe. Anfangs war der gesellschaftliche Abstand zwischen Spielmann und Ritter groß. Dieser Abstand verringerte sich aber allmählich, und als Ergebnis der Nivellierung wird der Ministeriale ein gebildeter Mann, der gelegentlich den Ritterschlag und Lehen erhält. Neidhart von Reuenthal (bekannt um 1210–1245), Wolfram von Eschenbach (um 1170–1220), Reimar und Hartmann von Aue sind von unfreien Ministerialen zu ritterlichen Minnesängern aufgestiegen. Andererseits sind ritterliche Minnesänger – etwa Walther von der Vogelweide oder Tannhäuser – zu ritterlichen Vaganten geworden. »Ich bin des milten Landgrafen ingesinde«, singt Walther von der Vogelweide, »es ist meine Art, daß man mich immer bei den tiursten finde.«

Längst sind die Aufgaben des Spielmannes gehoben, nicht mehr nur auf die Musik beschränkt oder Rezitation. Diese Männer, Festdichter, Hofpoeten, Hochzeitsregisseure, Festarrangeure, Ratgeber und Verkünder fürstlichen Ruhmes, kommen sogar zu diplomatischen Ehren und erledigen im Auftrage ihrer Herren manche delikate Mission, zu der nicht zuletzt die Brautschau gehört. Nun lächelt dem einst so verhaßten Spielmann auch die Kirche, und sie tut dies in Form der Legende vom Gaukler unserer lieben Frau. Ein Gaukler, so heißt es, seines weltlichen Treibens müde, verschenkt all seine Habe, Roß, Geld und Kleidung. Allnächtlich schleicht er sich dann ins Kloster und bringt dem Standbild der Mutter Gottes in akrobatischen Luftsprüngen seine Verehrung dar. Er vollführt den französischen, den spanischen, den bretonischen Luftsprung und zeigt der Mutter Gottes alle seine Künste, bis er erschöpft zusammenbricht. Der Abt des Klosters, angezogen von dem seltsamen Schauspiel, wird Zeuge eines Wunders: Maria steigt vom Himmel herab und fächelt dem erschöpften Spielmann Kühlung zu. Der Abt schließt ihn dann in seine Arme, nimmt ihn in die Klostergemeinschaft auf und beauftragt ihn, ein weiser und frommer Mann, auch weiterhin vor dem Standbild der Mutter Gottes seine Luftsprünge zu vollführen. Der Tänzer Tumbeor Nostre Dame tut dies, bis er im Kloster in Frieden stirbt.

Das weltliche Schicksal der Spielleute endet in vergleichbarem Glanz. Nach soviel Elend auf den Landstraßen zieht es den Spielmann in die Stadt, wo das Geld sitzt und der Bürger sich feiern läßt. Als Stadtpfeifer, Trompeter, Wächter oder Tanzgeiger kann ein geschickter Spielmann leicht sein Brot verdienen, auch an den Schulen werden sie gebraucht. Wer in der Stadt lebt, muß einen festen gesellschaftlichen Rahmen haben. Mancherorts schlossen sich die Spielleute zu Genossenschaften zusammen. So wurde in Wien im Jahre 1288 die Nicolaibrüderschaft gegründet, an deren Spitze der »Pfeiferkönig« stand (Renner). Die juristischen Streitigkeiten dieser Genossenschaft bearbeitete ein »Spielgrafenamt«, das erst 1782 aufgehoben worden ist. Auch in Paris hat es eine solche Genossenschaft gegeben, die Ménestrandie, die von den verschiedenen französischen Herrschern in ihren Rechten bestätigt wurde und erst 1773 aufgehoben worden ist. Die organisierten Musiker haben auf die Entwicklung der Kirchenmusik entscheidenden Einfluß genommen. Angehörige des einst so verhaßten Standes wurden nun von der Kirche angestellt und als Sänger, Lehrer und Komponisten gefördert. Die im 15. Jahrhundert sich anbahnende Blütezeit der mehrstimmigen Kirchenmusik im flä-

Johannes Ockeghem, *der berühmte niederländische Komponist des 15. Jhs. lehrt seine Schüler Kompositionstechnik. Miniatur um 1500. Bibliothèque Nationale, Paris.*

misch-burgundisch-niederländischen Raum, die ganz Europa beeinflußt hat, gründet sich auf die Tradition der Spielmannszünfte. Selbst im 17. und 18. Jahrhundert haben diese Berufsgruppen, die Stadtpfeifereien und Ménestriers, in der Musikgeschichte eine gewisse Rolle gespielt. In der Geschichte vom Rattenfänger von Hameln und in den Bremer Stadtmusikanten lebt die Erinnerung an die ursprünglich zauberische Spielmannsmusik fort, zu deren Vertretern zur Zeit der Troubadoure und der Minnelyrik der legendäre Spielmann Blondel gehört, der Gefolgsmann des Richard Löwenherz (1157–1199).

Das geistliche Spiel

Wenn die kleinen Mädchen im Sommer für ihr Hüpfspiel mit Kreide Karrees auf das Pflaster zeichnen, bezeichnen sie den oberen, runden Teil der Karrees als Himmel, den unteren Teil als Hölle. Rund ein halbes Jahrtausend nach den mittelalterlichen Passionsspielen im alemannischen Raum bewahren sie die alte Einteilung, nach der auf dem Marktplatz für das Freiluftspiel der obere Teil mit »Himmel« oder das »Haus zur Sonne« bezeichnet wird, der untere Teil als Luzifers Reich mit dem Höllendrachen. Das Passionsspiel, nur ein Teil des christlichen Schauspiels, wird damals im 16. Jahrhundert vom Bürgertum getragen. In Luzern zum Beispiel redigiert der damalige Stadtschreiber die Spielbücher, studiert die Rollen ein, führt die Regie und spielt selbst die Gottesmutter, denn natürlich wird alles geboten, was dem frommen Christen teuer ist. Diese Passionsspiele sind schon eine weit entwickelte Form des Schauspiels, dessen Wurzeln weit zurückreichen: Mimus und Pantomimus waren die beherrschenden Figuren der römischen Theaterkultur, aber was sollte und konnte das Christentum mit so windigen, so ausgesprochen sinnenfrohen, drastischen Gestalten anfangen? Diese übermütigen Schauspieler mit ihrem versnobten Getue, die Bruchstücke von griechischen Klassikern und römischen Lustspielautoren mehr schlecht als recht vortrugen, die parfümiert und verdorben waren, voller Hoffart und Wollust, sie paßten nicht zum Geist des wahren Christentums, um das man damals in der Nachfolge Christi so mühsam rang.

Bis Ödipus und Antigone, Agamemnon und Iphigenie in ihrer klassischen Form auf die Bühne zurückkehren würden, sollte noch über ein Jahrtausend vergehen. Zugleich aber entstand aus dem Christentum eine Art Theater, das auf den tiefsten Inhalt des christlichen Glaubens zielte, auf die Auferstehung. Wieder einmal, ähnlich wie bei den griechischen Mysterien, übernahm das Spiel die Aufgabe, etwas ganz und gar Unerhörtes darzustellen, damit es glaubwürdig werde, und kein Ort konnte dafür geeigneter sein als die Grabeskirche in Jerusalem. Hier wurde zum erstenmal im 4. Jahrhundert die »adoratio crucis«, die Anbetung des Kreuzes, gefeiert. Mit einer solchen Anbetung des Kreuzes am Karfreitagmorgen begann das Spiel, am Nachmittag schloß sich die »depositio crucis« an, die Niederlegung, und während die Glocken schwiegen, erwartete die Christenheit die Auferstehung, die mit der »elevatio crucis«, der Erhebung des Kreuzes, endete. Chöre mit liturgischem Wechselgesang feierten das Wunder, das mit Prunk und Pomp der Ornate, mit der Handgreiflichkeit des Kreuzes erlebte Wirklichkeit wurde.

Aus Byzanz gelangten die Anstöße nach Westen über den Balkan, und während des 9./10. Jahrhunderts übernahm die römisch-katholische Christenheit die Kreuzessymbolik. Aus dieser Zeit stammt auch das älteste »Osterspiel«, wenn man die ausgestaltete Liturgie im Kirchenraum so nennen will, die dramatische Darstellung des Heilsgeschehens, die nachweislich von Notker Balbulus (840–912) stammt, dem stotternden Mönch aus St. Gallen. Die Impulse werden in der gesamten Christenheit wirksam. So ist auch aus Winchester eine Anleitung erhalten, wie das Kirchenraumspiel zu gestalten sei: »Während der dritten Lesung sollen sich vier Brüder umkleiden . . . Einer von ihnen soll mit der Alba bekleidet hereinkommen, sich an die Grabesstätte begeben und dort mit einer Palme in der Hand still hinsetzen. Die drei anderen sollen beim dritten Responsorium folgen, mit der

Komödienszene mit Straßenmusikanten. *Späthellenistisches Mosaik aus der Villa des Cicero in Pompeji nach einem Gemälde des 3. Jh. v. Chr. Museo Nazionale di Capodimonte, Neapel.*

Schauspieler *bereiten sich für eine Aufführung vor. Das römische Theater steht in der realistischen Tradition des hellenistischen Theaters. Weibliche Rollen werden nunmehr von Frauen gespielt, und durch das Weglassen der Maske entsteht ein neuer Zweig der theatralischen Darstellung: die Mimik. Römisches Mosaik. Museo Nazionale di Capodimonte, Neapel.*

Ein römischer Gladiator, *der für den Faustkampf gerüstet ist. Mosaik. Museo Nazionale di Capodimonte, Neapel.*

Ein katalanischer Hirte *bläst auf der Panflöte. Fresko aus der 2. Hälfte 12. Jh. aus dem Panteón de los Reyes in León, Spanien.*

Reinmar der Fiedler *spielt vor zwei Damen. Miniatur aus der Manessischen Liederhandschrift, der berühmtesten Sammlung deutscher Minnelieder, um 1320. Universitätsbibliothek, Heidelberg.*

Türkische Ordnungsbeamte *sind beauftragt, das Volk im Hippodrom von Istanbul mit allerlei Späßen und Gauklerstücken zu unterhalten und es auf diese Weise zu überwachen. Im Hintergrund nehmen der Sultan und Sein Diwan – die türkische Regierung – an den Festlichkeiten zu Ehren der Beschneidung seines Sohnes teil. Miniatur aus dem Surname (Buch der Feste), Murads III., 16. Jh. Istanbul.*

Zu den glänzendsten Zeugnissen der mittelalterlichen Tafelmalerei *in Deutschland gehören die Altarbilder von Stefan Lochner, dem Hauptmeister der Kölner Malerschule des 15. Jhs. Hier ist sein Gemälde »Die Muttergottes in der Rosenlaube« von 1440/50 abgebildet. Wallraf-Richartz-Museum, Köln.*

Flußmündung, *Gemälde von Jan van Goyen (1596–1656). Die Landschaftsmalerei entwickelte sich in Holland zu einem eigenständigen Genre. Charakteristisch für van Goyen ist die tief heruntergezogene Horizontlinie, wodurch der Himmel bis zu zwei Drittel der Bildfläche einnimmt. Mauritshuis, Den Haag.*

Cappa bekleidet und mit Weihrauchfässern in der Hand, und sich langsam, als ob sie etwas suchten, dem Grabe nähern. Sie stellen die drei Frauen dar, die mit Spezereien kommen, um den Leichnam zu salben.« Sie finden das Grab bekanntlich leer, das wird denn auch deutlich ausgespielt, der Engel am Grab und die Frauen steigern die Szene bis zum erlösenden Jubel »Te Deum laudamus«; dies ist eine der ältesten christlichen Choralmelodien, die vermutlich um 535 von dem Bischof von Trier, Nicetus, geschrieben worden ist, jahrhundertelang aber als »ambrosianischer Lobgesang« bezeichnet wurde und fälschlicherweise als Werk des heiligen Ambrosius galt.

Die Feierlichkeit der frühen Osterspiele wird bald gelockert durch die sogenannten »Mercatorszenen«. Man läßt die Frauen die Spezereien beim Apotheker, beim Pillendreher und Kleinhändler kaufen – so feiert der alte Mimus Auferstehung –, der »Mercator« samt raffgieriger Frau und samt Gesellen zieht als stehende Rollenfigur ins mittelalterliche Osterspiel ein. Ursprünglich ist aber das Osterspiel streng festgelegt, und zwar für die gesamte Christenheit. Man bewahrt heute im Vatikan den Text einer 1160 in der Grabeskirche zu Jerusalem abgehaltenen Osterfeier. Er stimmt wörtlich überein mit den entsprechenden Texten von Besançon und Fleury, mit den liturgischen Spielen in Sizilien und Skandinavien, an der Atlantikküste und der Weichsel. Überall entstanden um diese Zeit Kirchenbauten, deren Mittelpunkt das Reliquiar des Heiligen Kreuzes vom Grabe Christi war, und überall erschollen die gleichen liturgischen Wechselgesänge, das gleiche »Te Deum laudamus . . .« Diese Spiele wurden von Mönchen gegeben, die ihrerseits regelrechte Spielbruderschaften gründeten.

Der Themenkreis des christlichen Spiels erschöpfte sich nicht im Osterspiel. Es gab das ausgebaute, alle Stationen umfassende Passionsspiel, wie es noch heute in Oberammergau aufgeführt wird – in Paris hat übrigens eine Passionsbruderschaft, die Confrérie de la Passion, seit 1400 einen großen Ruf gehabt und bis etwa 1600 ein Privileg behaupten können; es gab das Rolandsspiel und das Antichristspiel vom Rex teutonicus und dem Antichrist, das Mysterienspiel von Adam und Eva und natürlich das Weihnachtsspiel.

Wieder erscheinen auf der verwandelten Bühne Narren und Esel, Geizige und Bettler, Possenreißer und Aufschneider, und die alten Figuren der Komödie verbinden sich im Spiel mit Herodes und Pilatus, den Marien und Christus, den Jüngern und den Kriegsknechten auf Golgatha zu einem bunten Abbild der mittelalterlichen Glaubenswelt, die sich im Schauspiel selbst darstellt. Schließlich gerät das Spiel immer mehr ins Volkstümliche, und der Bauhandwerker Joseph aus Galiläa »hantiert mit Blasebalg und Kerze, kocht einen Milchbrei für das Neugeborene, bandelt mit den Mägden an und muß sich weidlich Spott gefallen lassen« (Berthold) – der Mimus besiegt wieder einmal den frommen Ernst, die Idylle überwindet die Askese, und nur in den anspruchsvolleren Prophetenspielen von der Erschaffung der Engel, vom Sturz Luzifers, von Adam und dem Sündenfall kommt den Christenmenschen ein Grauen an. Es ist die gleiche Bilderwelt, wie man sie aus den Gemälden der romanischen und gotischen Meister kennt, nur wird, was auf der Holztafel mit Eitempera und Öl gemalt ist, auf der Bühne als wirkliches Leben dargestellt. Welchen Zielen diese Kunst dient, ist klar und zu allen Zeiten offensichtlich. Eine alte Theatersatzung aus dem Japanischen sagt es so: »Theater ist Wissenschaft für das Volk. Es soll durch Beispiele und Vorbilder den Weg der gesellschaftlichen Pflicht lehren.« Kein Mittel wird gescheut, die Zuschauer das Staunen und Gruseln zu lehren, und an Christus soll er denken, wie der Athener im Theater beim Anblick des geschlagenen persischen Großkönigs an die Hüterin der Stadt denken sollte, die stolze Göttin Athene.

Das Bild des Gekreuzigten

Von einem Kruzifix hätten sich die Christen der ersten Jahrhunderte nach der Kreuzigung entsetzt abgewendet, und gewiß hätte niemand geahnt, daß dies das große Thema der abendländischen Malerei liefern würde. Diese Reaktion ist sehr verständlich, und die spätere Entwicklung mag einem geradezu unwahrscheinlich vorkommen; im Grunde war ja eher mit einem Bildersturm zu rechnen als mit Heiligenbildern und Christusdarstellungen.

Ursprünglich ist die christliche Kirche bekanntlich eine »Ostkirche« gewesen, bevor sie das römische Imperium, also die damals bekannte Weltzivilisation, mit ihrem Geist durchdrang. Jerusalem war ihr geistliches Zentrum, aber nicht aus dem Judentum, sondern aus der römischen Kultur nahm sie ihre Formsprache zur Verherrlichung ihres Herrn, das war Jesus Christus, der Erlöser. Das römische Imperium verband viele Völker und Rassen zwischen Spanien und der Krim durch eine einheitliche Kultur und Sprache. Viele Völker und Rassen zwischen Britannien und Nordafrika gehörten zum Römischen Reich, und sie alle waren durch die römische Kultur verbunden, auch einten sie sich in der kultischen Verehrung für den göttlichen Kaiser. Als Konstantin der Große Kaiser war, der praktisch dem Christentum den Rang einer Staatsreligion einräumte, vollzog sich eine entscheidende Wendung, die natürlich auch die Kunst beeinflußt hat. Anstelle des bisher für einen Gott gehaltenen und als Gott verehrten obersten Herrschers trat Christus, Gottes Sohn, und der christliche Kaiser verstand sich als sein Stellvertreter auf Erden, der in seinem Namen regierte, zugleich aber auch das Oberhaupt der christlichen Kirche war. So entwickelte sich aus der Institution des römischen Kaisertums durch Konstantin, den man als neuen Moses und David ehrte und vor dessen Statue man noch Opfer brachte, schließlich in späterer Zeit ein Sakrament, das die »Apostelgleichheit« des Herrschers bestätigte.

Diese Auffassungen hatten wesentlichen Einfluß auf die frühe christliche Bilderwelt, aus der schließlich die abendländische Malerei in ihrer ganzen Fülle und Breite hervorgegangen ist. Die Juden, aus deren Glauben das Christentum hervorgegangen ist, ursprünglich als eine Sekte, hatten von der hellenistischen Bilderwelt, die sie umgab und die das römische Kulturleben prägte, keine hohe Meinung. Ihnen wäre es nie in den Sinn gekommen, die Inhalte ihres Glaubens durch steinerne Plastiken oder durch Mosaiken darzustellen. Eine Bildnistradition gab es in Ägypten, wo man die Mumien neuerdings mit auf Holzbrettchen gemalten Porträts versah, auch dürfte man in Ägypten und Syrien Grabkapellen zu frühchristlicher Zeit errichtet haben, deren Stifter im Bild festgehalten wurden. Alle diese Ursprünge sind dunkel, doch vermutet man, daß sich aus diesen Voraussetzungen der Wunsch entwickelt hat, auch den Herrn der Welt, Christus und die Gottesmutter Maria im Bild darzustellen, wenn ihnen ein Bauwerk geweiht war.

Die alte Kirche war strikt gegen jede Christusdarstellung. Clemens von Alexandria betonte, daß das zweite Gebot sich gegen bildliche Darstellungen jeder Art richte. Diese Einstellung änderte sich, als kein Rückfall in die heidnische Götzenverehrung zu befürchten war, aber noch im 3. Jahrhundert bezeichnete der Kirchenvater Eusebios die Darstellung Christi als schriftwidrig und götzendienerisch. Erst im 5. Jahrhundert beginnt die Produktion solcher Darstellungen, und nun wird das Christusbild magisch wirksam, wie später das Kreuz, das man dem Teufel entgegenhielt. Auch philosophische Gründe sprachen ursprünglich gegen die Darstellung Christi, denn man empfand Kunstwerke als grob materiell. »Male Christum nicht ab«, äußert einer jener alten Kirchenväter, »es ist ihm genug an der einen Erniedrigung des Menschwerdens, welcher er sich freiwillig und unseretwillen unterzogen hat, trage vielmehr in deiner Seele das unkörperliche Wort geistig herum.«

In der sogenannten Ostkirche, der byzantinischen Kirche, hat sich die Einstellung zum Bild erst 691/92 auf der Synode in Konstantinopel grundlegend geändert, die im Trullosaal des kaiserlichen Palastes tagte. Damals befand man, nicht mehr durch Symbole sollten die heiligen Personen dargestellt werden, sondern mit ihrem wirklichen Bild. Die Menschwerdung Christi ist Voraussetzung für seine Heilstat. Weil Christus sich in einen Menschenleib inkarniert hat, kann eine Ikone von ihm gemalt werden. Dabei ist Christus selbst, als neuer Adam, zum gereinigten Bild des Menschen, frei von Sünde und zugleich Urbild der Schönheit. Es ist selbstverständlich, daß niemand die einmal gewonnene Offenbarung ändern darf, denn diese Form der Ikone ist keine künstlerische, sondern eine heilsgeschichtliche Tat. So bekommt das Bild, die Ikone, im Kulturkreis von Byzanz eine ganz andere Bedeutung als im römisch-katholischen Raum. Denn in Byzanz zeigt sich das Mysterium Christi durch die Ikone, und gleichrangig neben Gottes Wort wird das sakrale Bild als Offenbarung und Erkenntnis Gottes anerkannt. Die Gegner der Bilder sahen in der Eucharistie, in der Umwandlung von Brot und Wein in den Leib und das Blut des Herrn, die einzig mögliche »Ikone« Christi. Für die Orthodoxen bedeutete jedoch die Ablehnung des Bildes die Ablehnung der Tatsache, daß Christus Mensch geworden sei; sie kämpften also, indem sie für die Ikone eintraten, für den christlichen Glauben in seiner unverfälschten Form. Deshalb spielen die, welche die Bilder verändern wollen, in der Ostkirche eine provokatorische Rolle, und der Widerstreit zwischen den Neuerern und Traditionalisten erschütterte mehr als einmal vor allem die russische Kirche, die bekanntlich von Byzanz abhing und später mit Moskau, dem dritten Rom, ein eigenes Zentrum bildete.

Selbstverständlich konnte auch im Westen Christus als Herrscher der Welt, der an die Stelle des heidnischen Caesars getreten war, nicht als Gekreuzigter dargestellt werden, als Opfer des damals üblichen Strafvollzuges. Also stellt man ihn mit der segnenden Geste des Herrschers dar, gekleidet in die Toga, das römische Würdekleid, so zeigt ihn eine Katakombenmalerei in der Domitilla-Katakombe um 200 n. Chr., und auch die Mosaiken von Ravenna bilden einen uns ungewohnten Christus ab, der eher den vertrauten Apostelgestalten ähnelt. Als Herrscher erscheint Christus auch später noch, als es schon die ersten gekreuzigten Heilandfiguren gibt. So steht er, ein entschlossener Mann mit offener Stirn und ritterlichem Gewand, an der Kathedrale zu Amiens (13. Jahrhundert), und als thronenden Herrscher des Weltreiches zeigen ihn so verschiedene Darstellungen des Abendlandes wie ein Fresko in Spanien (San Clemente/Tahull) und eine Treibarbeit aus Goldblech im Münster zu Aachen.

Initialen und Fresken

Vielfältig ist die Formsprache, mit der die christliche Kunst das große Thema zu bewältigen versucht. Bis in die antike Tradition reicht die Symbolik des »guten Hirten«, der das verlorene Lamm, oft unter eigener Lebensgefahr, vor dem Verderben rettet. Es ist die Form, in der sich dem antiken Menschen das Gewissen darstellte, denn niemand war so allein in der Wildnis wie eben der Hirte, und niemand konnte sehen, wenn er ein verlorenes Tier verloren gab oder rettete, am wenigsten sein Herr. So wird der »gute Hirte« zur Formel für die unerschütterliche und gewissenhafte Pflichttreue, für eine freiwillig geleistete Mühe, aufgewandt zur Rettung auch des geringsten Lebens. Christus ist hier nicht »Lamm Gottes«, sondern eben der Hirte, und so haben ihn viele frühchristliche Künstler dargestellt, aber auch moderne Arbeiten zeigen ihn so; noch Christian Rohlfs hat 1918 das Thema so aufgefaßt.

Man darf nicht vergessen, daß diese Formsprache anfangs durchaus nicht etwa christlich ist. Dieser Christus mit seiner herrscherlichen Gebärde und den aufgerissenen Augen auf den Mosaiken von Ravenna, dieser thronende Weltherrscher und auch der gute Hirte sind tausendfach vertraute Bilder, immer und immer wieder von den Künstlern gestaltet und auch in der neuen Religion bewährt. So hatte man früher den Kaiser abgebildet oder andere Göttergestalten, da war im Grunde noch nichts neu, nichts spezifisch christlich, und auch die Bildhauer und Maler waren das, was sie immer gewesen waren, nur arbeiteten sie jetzt mit anderen Auftraggebern. In den Klöstern aber erwuchs ihnen bereits eine Konkurrenz, denn hier schrieben geduldige Mönche mit unendlicher Mühe die heiligen Schriften ab, verzierten die Buchstaben mit Rankenwerk, »illuminierten« sie, das heißt, gaben ihnen Farbe und versahen die Kapitelanfänge wohl auch mit erläuternden Bildern.

Das Kopieren und Illustrieren von alten Handschriften ist zum Ruhmesblatt der frühen Klöster geworden. Die Institution der Bibliotheken und Schreibräume, die Cassiodor in dem von ihm gegründeten Kloster Vivarium in Kalabrien eingeführt hatte, ist von den Benediktinern übernommen worden, mit denen er in regem Gedankenaustausch stand. Schon im frühen Mittelalter sind die Schreiber von Tours, Fleury, Corbie, Trier, Köln, Regensburg, St. Gallen, von der Reichenau und St. Albans berühmt. Es gab verschiedene Methoden, die kostbaren Pergamente kopieren zu lassen, nämlich den Manufakturbetrieb im Kloster selbst und eine Art Heimarbeit. Bei den Benediktinern gab es große, gemeinsame Scriptorien, in denen die Maler (lateinisch: miniatores), die Meister der alten Schriften (lateinisch: antiquarii), die Schreibgehilfen (lateinisch: scriptores) und die Maler der Initialen, die Rubrikatoren, nebeneinander arbeiteten. Die Schreibwerkstätten beschäftigten aber außer den hauseigenen Mönchen auch Abschreiber, die außerhalb des Klosters arbeiteten und in Lohn standen.

Eine Buchstabenschrift stellt einen hohen Grad von Abstraktion dar, das Auge verlangte jedoch nach Nahrung, und so hatten die Mönche das dringende Bedürfnis, die strengen Seiten mit Bildern aufzulockern. Diese selbe Bilderwelt kehrt auch an den Klosterwänden auf Fresken wieder, und sie bezog ihre Themen nicht mehr aus der heidnischen Welt, sondern unmittelbar aus der Schrift.

Es gibt eine christliche Wandmalerei bereits in den ersten nachchristlichen Jahrhunderten. Man weist in den Katakomben malerisch darauf hin, daß der Verstorbene der christlichen Minderheit angehörte, und tat dies, der Mode der Zeit entsprechend, im heitersten Stil. Sündenfall, Taufe, die Auferweckung des Lazarus oder das Opfer Isaaks bieten die Themen, die man allesamt leichthin abhandelt, noch dramatisiert die Kunst nicht, sondern beschwichtigt. Um die Mitte des 3. Jahrhunderts ändert sich das, und nachdem das Christentum Staatsreligion geworden ist, gewinnt auch die christliche Kunst, vielmehr die von Christen und für Christen hergestellte Kunst, ihre Strenge und die Würde der Macht.

Nur im westlichen Abendland sind es Jesu Geburt, Passion, Auferstehung und Himmelfahrt, die dargestellt werden müssen, damit der Phantasie des Gläubigen nachgeholfen werden möge. Trotzdem scheut man sich noch in der Karolingerzeit, die Passion Christi ausführlich darzustellen. Zwar liebt man das Kreuz, dessen segensreiche Wirkung man tausendfach erprobt hat und im täglichen Leben, nicht nur bei der Teufelsaustreibung, immer wieder beschwört, aber noch nicht die Kreuzigung. Viel lieber verweilt man bei den Wundern und Gleichnissen Christi, und man bevorzugt, wie überall, die Entsprechung. Den ganzen Kosmos bezieht man auf die Bibel, alles und jedes dient der Durchsetzung christlicher Moralvorstellungen, alles hängt mit allem zusammen, und so schreibt man Bestiarien (lateinisch bestia: Tier), Kräuterbücher, Symbolbücher, um diese Zusammenhänge aufzudecken, und auch in der Malerei stellt man Beziehungen her. Jeder Szene aus dem Neuen Testament entspricht eine Szene aus dem Alten Testament, und ein Christuswort erfüllt die Schrift der Väter.

Als die heidnischen Handwerker in den Metropolen des Weltreiches christliche Arbeiten schufen, dachten sie daran, daß die Arbeit dem christlichen Auftraggeber zu gefallen habe. Die Mönche wollten nicht gefallen, sondern erziehen. Um ihre Arbeit zu erleichtern und sicherzustellen, daß auch Maler für die Kirche arbeiten konnten, schuf die Kirche regelrechte Handbücher für Maler. Das bekannteste, wenn auch nicht abendländische und nicht frühmittelalterliche, sondern byzantinische Beispiel ist das sogenannte Malerbuch vom Berge Athos. Dieses Buch gibt Anweisungen, mit welchen Attributen die Heiligen zu malen seien und wie überhaupt die Malerei die einzelnen christlichen Themen zu bewältigen habe. So wird die Symbolwelt, die in der Liturgie der Kirche niedergelegt ist, für alle Zeiten voll ausgeschöpft, und die Bilder, freilich nicht wie in Byzanz als Offenbarung verstanden, sondern nur als Illustration, variieren das große Thema von der Menschwerdung Jesu, von seiner Erlösung, vom Fall und von der Erhebung der Menschheit und vom großen Gottesreich auf Erden, das in Urtagen anhob und seinen Abschluß im Weltgericht findet.

Malerei auf Tafeln

Für den modernen Menschen ist ein Bild viereckig und hängt an der Wand. Es zeigt einen Ausschnitt aus der sogenannten Wirklichkeit oder zeigt Vorstellungen, von diesem Künstler nach eigenem Ermessen erschaffen. Die Anfänge dieser Art, Kunst herzustellen, indem man eine Leinwand oder eine Holztafel mit Farben bemalt, liegen im frühen Mittelalter.

Die Malerei der Antike war eine Wandmalerei, wenn man von der Illustration auf den griechischen Vasen absieht. Porträts wurden nur in Ägypten gemalt, sonst gab es die steinerne Porträtbüste. Diese Form der Selbstdarstellung ist vor allem im selbstbewußten Bürgertum des römischen Weltreiches zur Vollendung gebracht worden. In China gab es das Rollenbild, keine Tafeln, sowie die bezaubernde Gebrauchskunst der Lackgegenstände, vergleichbar der griechischen Vasenmalerei. Nirgends, außer bei der Ikonenmalerei, hatte man bisher Gründe gehabt, Bilder auf Tafeln zu malen. Dabei hatte sich bereits eine Formsprache für die Malerei gebildet, einmal, wie gesagt, in der Wandmalerei und außerdem in der Illuminierung und Illustration von Handschriften. Nicht nur die griechischen Mönche haben ja ihre handkopierten Pergamentrollen und Codices liebevoll geschmückt, sondern auch die persischen und indischen Miniaturmaler, die im Reich der Großmogule im 16. und 17. Jahrhundert so etwas wie Gesellschaftsmaler waren, gleichsam Hofphotographen am kaiserlichen Hof. Diese Miniaturisten haben nicht nur den Kaiser verherrlicht, sondern später auch geistliche und weltliche Themen behandelt, aber niemals hat es in diesem Kulturbereich die große Form gegeben, das große Tafelbild, wie es im Abendland entstanden ist und heute die Museen der westlichen Welt füllt.

Die Geschichte der abendländischen Malerei beginnt, wenn man die großen Linien nachziehen will, mit dem Altarbild der Gotik, und dieses wiederum entspricht dem neuen Baustil. Im lichtdurchfluteten Chorumgang der Abtei St. Denis bei Paris werden die von mittelalterlicher Mystik beeinflußten Ideen des Bauherrn Suger (1081–1151) anschaulich: Licht als Symbol für geistige Erhellung tritt erstmals hier in der abendländischen Architektur auf, unterstützt durch die konstruktiven Möglichkeiten des Rippengewölbes. Die Auflösung der Wände in Pfeilerbündel und Fenster verdrängte allmählich das Fresko, die Wandmalerei, die auf den frischen Putz aufgetragen wurde. Die Heilsgeschichte, bisher von der Wandmalerei erzählt, wurde auf die Glasmalerei übertragen. Es lag in der Absicht der kirchlichen Bauherren, daß alle Blicke in einem gotischen Dom auf den Altar gelenkt wurden, wo der Priester die heilige Wandlung von Brot und Wein vollzog. An einem solchen Dom baute die ganze Stadt, jeder brachte sein Opfer, und wenn es nur ein Stück Stoff war, eine Spange oder einen Ring. Gemeinschaftsopfer dieser Art kennt unsere Zeit nur aus nationalen Notzeiten, aus dem Krieg.

Damals war es jedem Bürger, jedem Handwerker selbstverständlich, zum Bau des Gotteshauses das Seine beizutragen, und die Kirche förderte diese Tendenz nach Kräften. So wurde das Münster in »gotischem« Stil zum Ausdruck der Frömmigkeit, aber auch zum Symbol städtischen Bauwillens; der Domturm setzte einen neuen Akzent, wie man ihn sonst nur von der Burg des Herrn kannte. Solche gewaltigen Bauwerke waren nicht, wie die Herrensitze, Ergebnis der Fron, sondern beruhten auf weitgehend freiwilliger Leistung der gesamten Bürgerschaft, und so ging auch die Kunst aus den Händen der Fürsten und Herren in die der Bürger über: Die Patrizier stifteten die Summen, aus denen der Handwerker bezahlt wurde, der Steinmetz, der Kunstschmied und schließlich auch der Maler: Er schuf mit dem Altarbild den geistigen Mittelpunkt des Domes. Auch diese Form der Malerei hat Vorläufer, aber sie sind hier bedeutungslos und interessieren nur den Fachmann. Das Tafelbild ist zunächst nur und ausschließlich ein Altarbild, und seine Formsprache ist bis in alle Einzelheiten festgelegt. Nicht Originalität ist beim Maler gefragt, sondern Genauigkeit hinsichtlich der Ausführung. Zur Verfügung steht ihm der ganze Formenschatz der frühmittelalterlichen Kirchenkunst, dazu eine bestimmte Technik, er malt mit Eitempera-Farben auf grundiertem Holz und firnißt sein Bild.

Im 12. und 13. Jahrhundert sind es nur wenige Altäre, die mit solchen Tafeln geschmückt werden; eine Kirche besitzt Reliquiare und Altargeräte, der Bildschmuck ist neuartig und setzt sich nur zögernd durch; es braucht etwa ein Jahrhundert, bis sich regelrechte Malerwerkstätten bilden, ganz nach dem Vorbild anderer Handwerker organisiert. Im 14. und 15. Jahrhundert entwickelte sich das Handwerk zur »Kunst«, die Bedürfnisse öffentlicher und privater Andacht begünstigten die Entstehung von Kupferstichen, Holzschnitten und Zeichnungen, denn das Auge will sehen, was das Herz verehrt. Ein Nürnberger Holzschnitt aus dem Jahre 1488 zeigt denn auch den heiligen Lukas als Madonnenmaler. Gesellen und Lehrlinge gehen ihm zur Hand. Daß der Handwerker, sobald er ein wenig freier zu schildern beginnt, seine eigene Welt reproduziert, kann nicht überraschen. Man hat beim Anblick mittelalterlicher Altarbilder oft den Eindruck, der Handwerker Joseph, der Zimmermann, der doch in der Heiligen Familie eine recht bescheidene Rolle spielt, sei mit besonderer Liebe gemalt.

Überall in Europa wurden in dieser Epoche Kirchen gebaut oder verändert, und für die fromme Tafelmalerei gab es eine regelrechte Konjunktur. Man schloß miteinander sehr eingehende Werkverträge, die auch die kleinste Einzelheit regelten, damit zum beiderseitigen Nutzen nichts dem Zufall überlassen blieb. So verpflichtete sich der Maler Hans Schnatterbeck aus Meran, keine Leuchte seiner Zunft, sondern ein ehrbarer Meister, wie es deren Hunderte gab, für die Kirche von Nieder-Lana »eine schöne, neuartige und wohlgeformte Tafel, mit gutem, feinem Dukatengold vergoldet und in guter beständiger Farbe und mit gutem Material meisterlich gemacht, gemalt und zugerichtet« zu liefern. Acht Jahre hat er Zeit, und eine Summe von 1600 Gulden wird als Honorar ausgesetzt. Offensichtlich hat man aber Erfahrungen, daß es zwischen dem Auftraggeber und dem Handwerker zu Schwierigkeiten kommen kann, wenn das Werk nicht gefällt, zumal im Bereich der Kunst, wo es um Geschmacksfragen geht. So sind durch den Vertrag Schiedsmänner eingesetzt, und zwar drei Obmänner von seiten des Malers, die von ihm selbst namhaft gemacht werden, drei Obmänner von seiten des Auftraggebers sowie ein Schiedsmann. »Diese sollen die Tafel und ihre Arbeit, wie es notwendig ist, besichtigen und alsdann volle Gewalt haben auf Treu und Glauben zu erkennen, ob man von den sechzehn Hundert Gulden etwas abstreichen oder hinzugeben soll, und wie es diese Sieben bestimmen oder aussprechen, dabei soll es beiderseits ohne alle Weiterung bleiben und bestehen.«

Die Ergebnisse dieser Art Malerei hat die Kunstgeschichte durchleuchtet und zusammengefaßt, gedeutet und in ihren vielfältigen Abhängigkeiten geschildert.

Kreuzigung Christi *mit Maria und Johannes. Die Darstellung der Passion Christi findet erst relativ spät Eingang in die abendländische Kunst. Byzantinisches Elfenbeinrelief, 10. Jh.*

Man kennt die italienischen Einflüsse, etwa durch den großen Maler Simone Martini (1284–1344) vermittelt, dessen Kunst die Tafelmalerei des französischen und deutschen Kulturkreises nachhaltig beeinflußt hat, man weiß über die böhmische Malschule Bescheid und kennt die Werke eines Meisters Bertram aus Minden, eines Konrad von Soest. In Frankreich wurde Avignon durch das päpstliche Exil für einige Zeit zum Mittelpunkt des kulturellen Lebens, in Deutschland geschah dies, als Kaiser Karl IV. in Prag hofhielt. In beiden Fällen sind es Italiener, die ihre Kunst über die Alpen mitbringen. So bilden sich auf europäischem Boden Malerschulen, man kennt die großen Namen der Zeit, etwa eines Stefan Lochner oder Martin Schongauer, und man weiß, was sie dem Tommaso di Modena zu verdanken haben, so wie man die Einflüsse des Simone Martini auf die französischen Malerschulen analysiert hat.

Im 15. Jahrhundert aber beginnt ein neuer Abschnitt in der Geschichte der europäischen Malerei, bezeichnet durch die Brüder Hubert und Jan van Eyck, und auch er ist ohne bestimmte gesellschaftliche Veränderungen nicht denkbar. Am Ende dieser Entwicklung steht das Tafelbild, das nicht mehr der Andacht dient, sondern der Welt des Alltags, und ein Maler, der sich nicht mehr als Handwerker, sondern als Künstler fühlt. Diese Veränderung des Bewußtseins drückt sich zuerst in einer Veränderung der Perspektive aus, aber auch in einer veränderten Malweise: Plötzlich ist es dem Maler wichtig, die Gegenstände genau zu zeigen, nicht mehr nach dem Maßstab ihrer christologischen Bedeutsamkeit, und so schaffen Hubert und Jan van Eyck einen neuen, ganz eigenartigen Stil, einen bürgerlichen Realismus.

Unter niederländischem Himmel

Im 17. Jahrhundert hatte fast jeder Holländer seine kleine Galerie. Beim vornehmsten Mann wie beim kleinen, einfachen Bürger hing das Haus voller Bilder. Zu diesen Gemäldesammlern zählen die reichen Handelsherren, deren Beziehungen über die Landesgrenzen hinausreichten, die Gesandten fremder Länder, Handwerker und Gewerbetreibende, vor allem Verleger und Buchhändler, aber auch die Bürgermeister und Beamten der Städte, die Künstler selbst, aber auch die reichen Bauern, ja selbst die Kanalschiffer und die Spediteure.

Die Grundlage dieses bürgerlichen Kunstinteresses ist ein solider Wohlstand, psychologisch erinnert die Situation an das Perikleische Zeitalter und das elisabethanische England. Denn auch in den Niederlanden wird das Nationalgefühl vom Bewußtsein einer neugewonnenen Freiheit beflügelt, nachdem man gegen Spanien rebelliert und die spanische Herrschaft abgeschüttelt hatte. Diese Rebellion begann bekanntlich im Jahre 1566 mit einem Bildersturm – denn die sozial Entrechteten dieser spanischen Provinz waren Calvinisten, und ihre soziale Lage zwang sie zum Handeln, ohne daß ihnen zunächst zum Bewußtsein kam, daß ihr Haß gegen die kirchlich-katholische Bilderwelt nur der Ausdruck ihres Hasses gegen ihre Ausbeuter war. Friedrich Schiller schreibt in der »Geschichte des Abfalls der Vereinigten Niederlande«: »Der Anfang des Bildersturms geschah in Flandern. Eine rasende Rotte von Handwerkern, Schiffern und Bauern, mit öffentlichen Dirnen, Bettlern und Raubgesindel untermischt, etwa dreihundert an der Zahl, mit Keulen, Äxten, Hämmern und Leitern und Strängen versehen, nur wenige darunter mit Feuergewehr und Dolch bewaffnet, werfen sich, von fanatischer Wut begeistert, in die Flecken und Dörfer, sprengen die Pforten der Kirchen und Klöster, stürzen die Altäre, zerbrechen die Bilder der Heiligen und treten sie mit Füßen . . . Der lachende Wohlstand der feindlichen Religion kränkt ihre Armut, die Pracht jener Tempel spricht ihrem landläufigen Glauben Hohn, jedes aufgestellte Kreuz an den Landstraßen, jedes Heiligenbild, worauf sie stoßen, ist ein Siegesmal, das über sie errichtet ist, und jedes muß vor ihren rächerischen Händen fallen . . .« Zwischen den Patriziern und dem Volk, zwischen den Niederländern und den Spaniern, die im Lande saßen, gab es eine Vielfalt von Interessengegensätzen, die nach dem Bildersturm nicht mehr beschwichtigt werden konnten. Das Land geriet in eine politische Gärung, die auf religiöse und nationale Freiheit zielte. So trat im Jahre 1573 der Statthalter dieser spanischen Provinzen, Wilhelm von Oranien, zum Calvinismus über, das heißt, er verließ seinen gemäßigten Standpunkt und nahm eine radikalere Haltung ein. Der Zerfall der Niederlande in zwei glaubensverschiedene Provinzen, heute Holland und Belgien (1579), und die Anerkennung der Freiheit der Niederlande durch Philipp III. von Spanien im Jahre 1609 bezeichnen eine politische Entwicklung, die zur wirtschaftlichen Blüte des Landes führte und damit auch der Kunst neue Möglichkeiten bot.

Die Schicht, die den Künstlern Aufträge gab und ihnen Bilder abkaufte, war wirtschaftlich orientiert und dachte in anderen Kategorien als die Auftraggeber der Kirchenkunst vor dem Bildersturm. Diese gerissenen Bürger und Kleinbürger, die mit Handel und Abenteurertum in Übersee ihr Geld machten, diese biederen Handwerker und Beamten ließen keine Bilder zur höheren Ehre Gottes malen, sondern kauften, um ihr eigenes Prestige zu stärken. Der Stil, den man schätzte, ging auf die Brüder van Eyck zurück, auf Rogier van der Weyden und auf Pieter Brueghel.

Im 15. Jahrhundert, als die Italiener sich mit dem antiken und byzantinischen Erbe auseinandersetzten, haben diese nordeuropäischen Maler sich unbefangen und realistischer geäußert als die Italiener. Brügge war damals das Zentrum der niederländischen Kultur. Von den beiden Brüdern Hubert van Eyck (1370–1426) und Jan van Eyck (1390–1441) weiß man wenig. Über den älteren van Eyck berichtet eine Inschrift auf dem berühmten Genter Altar, die ihn auf lateinisch als den Größten aller Maler rühmt und ihn als Schöpfer des Altars bezeichnet. Es heißt, der jüngere Bruder habe dieses unvollendet gebliebene Werk zu Ende geführt. Der jüngere van Eyck, seit 1422 Hofmaler bei Johann von Bayern in Den Haag, stand dann in den Diensten des Herzogs Philipp von Burgund. In seinem Auftrag reiste er in verschiedene Länder Europas, unter anderem auch nach Spanien, um die Prinzessin Isabella zu porträtieren.

Der realistische Stil der Brüder van Eyck war in der Buchmalerei bereits vorgeprägt. Das sogenannte Mailänder Stundenbuch, vor 1417 entstanden, zeigt bereits eine neuartige Schärfe der Details, einen sicheren Blick für Dinge, die man im Mittelalter überhaupt nicht gesehen hatte. Jan van Eyck, eine der größten Persönlichkeiten in der europäischen Malerei, überträgt diesen Stil auf die Tafelmalerei, für die er eine neue Technik entdeckt. Vasari behauptet in seinen Künstlerbiographien, Jan van Eyck habe die Ölmalerei erfunden.

Die neue Technik, eigentlich keine neue Erfindung, faßte offenbar die verschiedenen im Mittelalter schon bekannten Techniken zusammen. Denn Ölmalerei und in Öl gekochte Harze waren schon seit Jahrhunderten bekannt und Lasuren schon seit Appelles (4. Jh. v. Chr.). Zur Lasurmalerei ist van Eyck wohl gekommen, weil er, ehemals Glasmaler, eine möglichst klare Tiefe seiner Bilder zu erreichen versuchte. Vermutlich haben die Brüder van Eyck mit einer langsam trocknenden Tempera oder mit einer Harz- bzw. Harzölfarbe in den nassen Firnis gemalt. Die van Eycks konnten so mit einem Minimum an Öl die Wirkungen der Ölfarbe ohne deren Nachteile erzielen. Hier scheint der entscheidende Fortschritt gegenüber der rasch trocknenden Tempera und das Geheimnis der Van-Eyck-Technik zu liegen (Doerner). Diese neue Technik bezeichnet aber nicht die wesentliche Neuerung in den Bildern der Brüder van Eyck. Auch die Anwendung der Luftperspektive, so revolutionierend sie auf die Raumvorstellungen des Abendlandes wirkt, ist nicht die Hauptsache. Entscheidend ist, daß die Einzelheiten eines Bildes, aus ihrem ikonographischen Grund gelöst, ein malerisches Eigenleben erhalten, das einer veränderten Auffassung von der Wirklichkeit entspricht. In ihrer eigenen Stofflichkeit und Beleuchtung treten hier zum erstenmal in der Geschichte der europäischen Malerei Bildnis, Akt, Landschaft und Stilleben auf, wie dies aus einem Vergleich älterer Werke der Gotik mit den Hauptwerken der Brüder van Eyck deutlich sichtbar wird. Noch sind die Bezugspunkte religiöser Natur, und man malt, was seit jeher die Maler für ihre Auftraggeber gemalt haben, nämlich Altäre, Madonnen, dazu aber schon sehr eindrucksvolle Porträts wie das des Kaufmannes Arnolfini und seiner Gattin. Längst stehen die Einzelheiten des Bildes nicht mehr als Chiffre für eine höhere, mystische Bedeutung, sondern sind selbst bedeutend, und gerade darin spricht sich ein neues Weltgefühl aus, als sähe man alles mit neuen Augen.

Von nun an entwickelt sich die Kunst diesseits und jenseits der Alpen unterschiedlich. Schon bald verlor aber Brügge seine Anziehungskraft, und man schulte sich dort an den Kartons, die Raffael für den Vatikan entworfen hatte und die an die Gobelinwirkereien in Brügge gingen. Im Jahre 1508 pilgerte nun der Niederländer Jan Gossaert nach Rom, um diese neuen Stilmittel der Italiener aus nächster Nähe zu studieren; so wurde er zum Vorläufer ganzer Generationen von Künstlern, die in Italien an den Ursprung der Künste zu gelangen hofften. In der Heimat schlossen sich diese Progressiven zu den Bruderschaften der »Romanisten« zusammen. Der Bildersturm erstickte zunächst einmal jedes künstlerische Leben, weil die Kunst aus der Kirche verbannt war, kein Maler also ein religiöses Thema mehr malen mochte. In der Epoche zwischen dem Bildersturm und der Erringung der nationalen Freiheit ist denn auch kein einziges bedeutendes Werk der Malerei geschaffen worden. Nach dem Abfall der Niederlande von Spanien veränderte sich das Bild. Nun wurde es geradezu Mode, die Welt und sich selbst malen zu lassen; man wünschte das eigene Land mit seinem kühlen hohen Himmel im Bild zu sehen, das Leben auf dem Dorf, die Behaglichkeit der Stadt; man nimmt die Welt, wie sie ist, und man will sie auch so dargestellt wissen.

Der Bedarf an Bildern, der Mangel an Malern ist so groß, daß es sich auch für anspruchsvolle Männer lohnte, sich am Geschäft mit der Malerei zu beteiligen und Bilder herzustellen, das heißt selbst zum Pinsel zu greifen. Es kam nicht selten vor, daß wohlsituierte Bürger ihren erlernten Beruf aufgaben, um sich ausschließlich mit der Malerei zu befassen. Jacob van Ruisdael war ein geachteter Arzt und promovierter Doktor der Medizin, Jan van Goyen hatte Häuser und Grundstücke gemakelt, auch spekulierte er mit Tulpenzwiebeln, Aert van der Neer war Weinwirt, und Jan Steen besaß eine Brauerei und eine große Schenke. Man kann diesen Männern Geschäftssinn nicht absprechen, und so konnte, wer für den damaligen Kunstmarkt produzierte, mit erheblichen Einkünften und ausreichenden Aufträgen rechnen (Lindemann). Jeder, der auch nur das geringste Talent besaß, sah sich fast zwangsläufig zur Malerei getrieben, und so gab es in diesem goldenen Jahrhundert der niederländischen Malerei zum Beispiel in Amsterdam rund 300 Maler, aber nur 70 Fleischer. Die Zahl der niederländischen Maler insgesamt wird für diese Epoche auf über 3000 geschätzt.

Wenn in Italien der Kunstmarkt der Renaissance ein Markt der fürstlichen Kenner und ihrer Schützlinge war, so war er in den Niederlanden handfest wie auch das übrige bürgerliche Handelsgeschäft. Gelegentlich versuchten die Künstler, einander auszustechen; man kopierte ohne Bedenken, und die Dichte des Angebots zwang zur Spezialisierung. Ruisdael, Goyen und Hobbema spezialisierten sich auf Landschaften, Frans Hals war der anerkannte Porträtist, Brouwer und Steen malten das bäuerliche Milieu, und wie für das Interieur, so gab es Maler für Architektur oder für Seestücke. Nur einer dieser niederländischen Maler ließ sich in kein Schema zwängen und starb verarmt, obwohl er in seinem Leben 700 Gemälde, 300 Radierungen und über 1000 Zeichnungen hinterließ. Mit diesem Werk hätte er, auch bei großzügiger Lebensführung, ein wohlhabender Mann sein können, aber seine Natur stand ihm dabei im Wege. So ist sein Werk, das alle die speziellen Zweige der Malerei zur Vollendung brachte, zugleich ganz atypisch für die niederländische Malerei jener Epoche; er hat ihre reifsten Werke geschaffen, ist aber weder mit den politischen noch den religiösen Strömungen der Zeit in nennenswerter Weise verknüpft. Daß sich aber auch in seinem Leben der Klassengegensatz der niederländischen Gesellschaft auswirkte, zeigt der Auftrag für die Ausmalung des Rathauses von Amsterdam, den Rembrandt aus guten Gründen nicht erhielt. Zwischen dem bürgerlichen Realismus und dem mythologisch-humanistischen Geschmack der aristokratischen Schicht bestand ein nie ganz überwundener Gegensatz, und in zunehmendem Maße orientierte sich das Bürgertum an der Aristokratie. So war den Stadtvätern von Amsterdam ein Rembrandt zu realistisch, um nicht zu sagen plebejisch, und das war einer der Gründe, warum man ihn ablehnte.

Der neue Mensch

Tausendundeine Nacht

Als die Märchen von Tausendundeiner Nacht in Bagdad eine neue Fassung erhielten, war diese Stadt seit zwei Jahrhunderten ein Zentrum der arabischen Wissenschaften. Bagdad ist die erste rein islamische Stadtgründung. Im Jahre 750 hatte al Mansur, in Europa als Almansor bekannt, die Omajaden-Dynastie gestürzt und die der Abassiden gegründet. Er verlegte seinen Sitz von Damaskus, der alten syrischen Kulturmetropole, in die neue Stadt, die er 762 als runde Stadt mit vier Toren, Palast und einem starken Befestigungswerk anlegen ließ. Sie ist Hauptstadt des arabischen Reiches geblieben, bis die Mongolen den letzten Kalifen töteten und die Stadt 1258 in eine Wüste verwandelten. Zu ihrer Glanzzeit war sie der geistige Mittelpunkt der arabischen Kultur. Schon der große Harun al Raschid aus dem Geschlecht der Abassiden, 786–809 Kalif von Bagdad, hatte dieser Stadt zu einer bisher nicht gekannten kulturellen Blüte verholfen. Er hatte den Völkern, die er unterwarf, Reparationen in Büchern abverlangt und gelehrte Sprachkenner nach Bagdad gerufen. Die Leidenschaft für Bücher nahm im Islam Formen an wie sonst in keiner anderen Kultur; schon das Verhältnis des Propheten Mohammed zum Buch ist ja im Grunde mystischer Art gewesen. Der Sohn des Harun al Raschid gründete in Bagdad das »Haus der Weisheit«, das eine riesige Bibliothek und ein Observatorium umfaßte, ferner eine Übersetzerakademie, an der neben anderen Gelehrten auch Juden und nestorianische Christen beschäftigt wurden, ein Zeichen ungewöhnlicher Toleranz. An dem Observatorium im »Haus der Weisheit« haben viele bedeutende Gelehrte des Islams gearbeitet, so Muhammed ben Mußa, der exakte Planetenbeobachtungen anstellte und die Sterntafeln des Ptolemäus herausgab, oder al Khwarizmi, der die Schrift »Aldschebr Walmukabala«, ein System von linearen und quadratischen Gleichungen, aufstellte: eben die bekannte Algebra.

In Bagdad diskutierte der junge Tadschike Al Hussain ben Abdallah Ibn Sina, ein Wunderkind, mit zehn Jahren über Weltintellekt und Weltseele, befaßte sich mit Philosophie, Geometrie und dem indischen Zahlensystem und studierte die Schriften der antiken Autoren, die in Syrien aus dem Griechischen ins Arabische übersetzt worden waren und sich nun im »Haus der Weisheit« befanden. Ibn Sina, lateinisch Avicenna, hat mit 18 Jahren das gesamte Wissen seiner Zeit beherrscht und ist später einer der großen Philosophen des Islams und einer der größten Ärzte der Menschheit gewesen. Sein Kanon, die Summe seines medizinischen Wissens, galt in Europa bis an die Schwelle der Neuzeit als Standardwerk; Avicennas Bild hängt noch heute in der Sorbonne als das eines Gründers der medizinischen Wissenschaft. Rund 100 Buchhandlungen gab es zu seiner Zeit im Basar der Buchhändler, die Aufkäufer reisten durch das ganze Reich vom Irak bis nach Andalusien, von Indien bis nach Sizilien, um alte Handschriften aufzustöbern, so war der Antiquariatsbuchhandel ein blühendes Gewerbe. Ein Buchhändler hat damals eine

Bibliographie sämtlicher in arabischer Sprache erschienenen Übersetzungen und Originalwerke verfaßt, um dem Liebhaber eine Übersicht zu verschaffen; dieses berühmt gewordene Verzeichnis, mit biographischen Angaben versehen, ist zu einem Kompendium der islamischen Wissenschaften geworden.

Als das erste nachchristliche Jahrtausend zu Ende ging, war Bagdad Kreuzungspunkt der arabischen und der iranischen Kultur, die ihrerseits griechische und indische Elemente in sich vereinigte. Seine Ausstrahlung reichte bis nach Cordoba im fernen Spanien. Während das Abendland ein unterentwickeltes Agrarland war, in dem wie Inseln einzelne Klöster und Burgen christliche Kultur überlieferten, war der Vordere Orient ein großer Wirtschaftsraum, ein gemeinsamer Markt. Das Handelskapital beherrschte ihn von Spanien bis zum westlichen Indien, und Mekka war sein wirtschaftlicher und geistiger Mittelpunkt. Man kann diese Entwicklung als das »arabische Wunder« bezeichnen, denn die Entwicklung von einer Vielzahl rivalisierender Nomadenstämme zur Schutzmacht eines blühenden Staatenbundes, der durch das Bekenntnis zum Islam geistig geeint war, hat nur in der Einigung der Mongolen unter Dschingis-Khan eine weltgeschichtliche Parallele.

Wer an die Kultur des Islams denkt, mag sich an Moscheen und Minarette erinnert fühlen, an das reiche Rankenwerk der »Arabesken« islamischer Baukunst, an die Lyrik, wie Goethe sie in seinem »Westöstlichen Divan« weitergesponnen und nachempfunden hat. Man weiß inzwischen auch, welche Rolle der arabische Zwischenhandel bei den Beziehungen zum Orient spielte und wieviel die europäische Küche den Kräutergärten Arabiens verdankt. Eine erste Vorstellung von arabischer Kultur vermittelt seit Kindertagen aber doch vor allem die Sammlung der »Märchen aus Tausendundeiner Nacht«. Welches Verhaltensmuster dieser Sammlung zugrunde liegt, ist im Zusammenhang mit der Erotik des Orients schon angedeutet worden. Kulturgeschichtlich sind diese Märchen noch aus einem anderen Grunde bedeutsam: Sie spiegeln gleichsam auf literarischer Ebene die arabische Zivilisation und erklären ein Phänomen, das für die Kultur des Islams charakteristisch ist. Wer die prachtvoll erzählten Geschichten etwa von Sindbad dem Seefahrer liest, meint die Essenz des Orients selbst zu spüren, denn jede einzelne Erzählung scheint die typisch arabische Phantasie, die Lust an der Übertreibung, aber auch das Entzücken an vollendetem literarischem Stil zu verraten. Die Araber waren, was Literatur anging, anspruchsvoll, ihnen imponierte die geschliffene Sentenz, ihr Sinn für Poesie hatte ihren Geschmack geschärft, und sie verfügten, anders als die Christen des Abendlandes, über einen weiten geistigen Horizont.

In der Tat stellt nun aber die zwischen 900 und 1500 in verschiedenen Teilen des arabischen Sprachbereiches entstandene Sammlung, die Europa als die Geschichten der Scheherezade kennt, keine originale Leistung dar. Den arabischen Literaten ist niemals eine Erzählung gelungen, die das Format eines Romanes gehabt hätte; man liebte die knappe Anekdote, man schilderte verblüffende, erstaunliche, skurrile Ereignisse, wie man wohl früher Kuriositäten sammelte, aber die geistige Spannung reichte für einen dynamischen Aufbau von Verwicklung und Lösung in einer erdichteten Erzählung nicht aus. Man griff auf alle Vorbilder zurück, die sich fanden, gestaltete sie um und durchwob sie mit dem unnachahmlichen Zauber arabischer Phantasie und arabischer Lebensweisheit. Wie mit einem farbigen Schmelz überzogen, unter dem die ursprüngliche Form kaum noch erkenntlich ist, wirken die Geschichten aus Tausendundeiner Nacht auf den, der die buddhistischen, persischen, griechischen, babylonischen und ägyptischen Motive kennt. Ihr Reichtum hat dieses Werk zum Besitz der Weltliteratur werden lassen. »Nach außen hin ist es die arabische Sprache, nach innen der Geist des Islams, was die vielfarbigen Fäden zu einem Teppich von blendender Schönheit zusammenschließt. In dieser Synthese des Verschiedenartigen bietet Tausendundeine Nacht im kleinen ein Abbild der islamischen Kultur als Ganzes« (Grunebaum). Zugleich gehört es zu den kostbarsten Werken der sogenannten »arabischen Renaissance«, die sich nicht in der Blüte der Wissenschaften, in der Erforschung der Sternenwelt, in Reiseberichten und in der Auseinandersetzung mit Aristoteles erschöpft, sondern auch die griechisch-hellenistische Literatur einbezieht.

Italienische Renaissance

Tatsächlich spricht man von der arabischen Renaissance, die einige Jahrhunderte vor der Renaissance des Abendlandes stattgefunden hat, als sei Renaissance ein fest umrissener Begriff und als benötige man nur einen Hauch griechischen Geistes, eine stärkere Berührung mit griechischer Kunst, und schon entstände in der jeweiligen jüngeren Kultur eine bisher nicht gekannte Blüte der Künste und der Wissenschaften. Tatsächlich ist der Begriff Renaissance praktisch erst von der Kunstgeschichte des vorigen Jahrhunderts entwickelt worden, seit Jakob Burckhardt in seinem Werk »Die Kultur der Renaissance in Italien« 1860 die Grundlinien dieser Auffassung festgelegt hatte. Zwar hatte schon Vasari im Jahre 1550 in dem Vorwort zu seinen Lebensbeschreibungen von einer »rinascità«, einer Wiedergeburt, gesprochen und die der Künste gemeint, aber keine Epoche genannt. Gemeint war die mit Giotto beginnende Bewegung in der italienischen Kunst, die etwas Neues darstellte, wenn man sie mit den bisherigen Maßstäben maß. Aber mit »Wiedergeburt« war dieser geistige Aufbruch gemeint, keine Epoche und kein Stilbegriff. Er ist, wie gesagt, erst von der Kunstgeschichte geschaffen worden und meint nun für Italien die Epoche, die etwa 1420 als Frührenaissance einsetzt, um etwa 1520 als Hochrenaissance verstanden wird und danach als Spätrenaissance in der Baukunst, als Manierismus in der Malerei bezeichnet wird. Das alles sind dürftige Schulstubenbegriffe, die in der Sache nicht weiterhelfen, Fachwort für Spezialisten oder Reiseführer, zumal der Begriff Renaissance weithin korrumpiert worden ist.

Man spricht inzwischen von einer augusteischen Renaissance und meint eine spätrömische Blüte der Kultur, von karolingischer Renaissance und meint ähnliches für die Karolingerzeit, und auch von ottonischer und byzantinischer Renaissance ist die Rede.

In der Auseinandersetzung mit dem Begriff der Renaissance spiegeln sich die Geistesströmungen des 19. Jahrhunderts. Die Romantiker hatten das Mittelalter neu entdeckt, das deutsche Volkslied gesammelt, Volksbücher und Volksmärchen herausgegeben. Wer gegen den Klerikalismus war, gegen die Propaganda, die von den Romantikern für die Autorität der Kirche getrieben wurde, der konnte sich nun mit dem Renaissancebild identifizieren. Das Ideal der Gedanken- und Gewissensfreiheit schien im 15. Jahrhundert vorgebildet, die »Entdeckung des Menschen und der Welt«, wie Burckhardt das formuliert hatte, wurde als das große Thema jener Epoche verstanden. So sah der bürgerliche Liberalismus in der Renaissance den Beginn einer Entwicklung, welche die Ideen der Freiheit und der Vernunft schließlich zum Siege führen würde, und eine Art Ahnentafel (Hauser). Der französische Historiker Michelet stellt Rabelais, Montaigne, Shakespeare und Cervantes zusammen mit Columbus, Kopernikus, Luther und Calvin – ein Sternbild, das nur aus einer bestimmten Perspektive den Umriß einer Epoche erkennen läßt, in sich aber nicht weniger widersprüchliche Züge vereinigt wie der zeitliche Begriff der Renaissance. Schließlich haben auch die nationalen Befreiungskämpfe des vorigen Jahrhunderts dazu beigetragen, die Renaissance in den Mittelpunkt des Interesses zu rücken und die bürgerlichen Freiheiten von Florenz und Venedig zu glorifizieren. Man entlieh aus der Zeit der Borgia das Pathos der starken Persönlichkeit, aus dem funkelnden Bild der italienischen Stadtstaaten das politische Pathos, und der liberale Begriff der Epoche wurde vom antiklerikalen Journalismus in Italien, vom antinapoleonischen Journalismus in Paris zugespitzt.

Diese Vorstellungen von der Renaissance werden ergänzt durch den Begriff »Sensualismus«, den ebenfalls Burckhardt eingeführt hat. Er meint damit eine gesteigerte Sinnlichkeit, eine differenzierte Genußfähigkeit (lateinisch sensus: Gefühl), die im Gegensatz steht zum mittelalterlichen Ideal der Askese. In den Genüssen der Renaissancemenschen erlebte das sich gegen die Moral auflehnende liberale Bürgertum des 19. Jahrhunderts gleichsam die Wunschträume der eigenen Epoche, und man konnte sich mit dem elitären und »amoralischen« Genußmenschen des 14. und 15. Jahrhunderts um so eher identifizieren, als man selbst zu ähnlicher Haltung neigte. Man war um die Mitte des 19. Jahrhunderts geneigt, das Leben nach ästhetischen Maßstäben zu organisieren und die Realität als Material für ästhetische Verwendung zu sehen, um schließlich das Leben selbst als Kunstwerk aufzufassen. Eine Epoche, die diese fabelhafte Verwandlung bereits einmal geleistet zu haben schien, die sich in Seide und Purpur kleidete, mit Juwelen schmückte, die Liebe liebte und in herrlicher Verschwendung Paläste baute, schien diesen Traum vom gestalteten Leben vorweggenommen zu haben.

Die geschichtliche Wirklichkeit jedoch ist eine nüchterne, unromantische und angstvolle Epoche, die sich vom Spätmittelalter nur wenig unterscheidet. Gewiß ist es die Zeit des Franz von Assisi und der Waldenser, die als Ketzer verfolgt und vernichtet werden, die Epoche Dantes und Giottos, Michelangelos und Shakespeares, aber ihr gemeinsamer Grundzug ist nicht der Rückgriff auf die Antike – das gilt vorwiegend für Italien – oder die Dynamik des Individuums, die ohnehin schwer zu belegen ist. Ihre Grundlage, die bestimmte Erscheinungen des Spätmittelalters mit denen der Renaissance verklammert und die Formen der Architektur, der Kunst, der Dichtung erklärt, ist die gesellschaftliche Entwicklung, die auf den Nationalcharakter zielt und auf dem Ende der Naturalwirtschaft beruht. »Die Renaissance vertieft die Auswirkung dieser mittelalterlichen, dem kapitalistischen Wirtschafts- und Gesellschaftssystem zustrebenden Entwicklungstendenz eigentlich nur in der Richtung des Rationalismus, der nunmehr das gesamte geistige und materielle Leben beherrscht« (Hauser). Dieser Rationalismus führt in der Kunst zu bestimmten Formprinzipien. Hier entwickelt sich ein einheitliches Raumgefühl, ausgedrückt in der Perspektive, es gibt den einheitlichen Maßstab der Proportionen und die Beschränkung der Darstellung auf ein einziges Hauptmotiv, kurzum eine Klarheit der Form, die zu der Vielfalt der Gotik in Widerspruch steht. Und es gibt den Rückgriff auf antike Vorbilder, auf die schon vorhandene Formsprache, die nun ihrerseits von den Humanisten der Renaissance als das »Klassische« gleichsam erst geschaffen wird.

Neu ist auch, daß man beginnt, sich für das Leben sogenannter großer Männer zu interessieren, daß man an der eigenen Biographie Interesse gewinnt. Dieser Zug zur Individualisierung und der Aufschwung der Kunst mag sich zum Teil auch aus enttäuschten politischen Hoffnungen erklären: Cola di Rienzi, der römische Volkstribun, der das »Heil aus dem Volk« zum Sieg führen wollte und 1347 einen Freistaat nach altrömischem Muster ins Leben gerufen hatte, war gestürzt, verraten und am 8. Oktober 1354 ermordet worden. Auf einem Scheiterhaufen von Disteln, dem Fraß für Esel, war der verstümmelte Leichnam vor dem Mausoleum des Augustus verbrannt worden. Dies hatten die Juden tun müssen, eine verächtliche Geste gegenüber denen, die einst Volk Gottes gewesen waren und nun den König eines neuen Heilsvolkes verbrennen und seine Asche in den Tiber streuen mußten. Dieses Zeichen wurde von allen verstanden: Auf direktem Weg war das Heil aus dem Volk nicht zu verwirklichen, waren die beginnenden Widersprüche einer neuen Gesellschaft nicht zu überbrücken. Überhöhung und Verinnerlichung waren wie stets die Antwort auf unüberschaubar werdende gesellschaftliche Verhältnisse, auf die Angst vor der Herrschaft der Mächtigen und vor der Zukunft.

Die Legende vom Künstler

Künstler sind von vornherein anders als andere Menschen und auf eine geheimnisvolle Weise begnadet. Das zeigen schon die Biographien, so meint man, eines Giotto, eines Leonardo da Vinci, eines Michelangelo Buonarotti, deren Lebenslauf jeweils das Mal einer höheren Weihe trägt. »Giotto, der Sohn eines einfachen Bauern, hütete als Hirtenknabe die Herde seines Vaters. Er zeichnete die Tiere der einzelnen Herde auf Steine und in den Sand. An dem Sgrafittobild eines Schafes erkennt Cimabue (Anm. d. Verf.: italienischer Maler, ca. 1240–ca. 1302), der zufällig vorbeikommt, die hohe Begabung des Hirten, nimmt ihn mit zu sich und sorgt für die Ausbildung dessen, der berufen war, einer der größten Künstler Italiens zu werden.« Cimabue wurde schon während der Renaissance auf diese Weise zum Vorläufer stilisiert. Er hat die byzantinische Formsprache neu belebt; Fresken in der Oberkirche von San Francesco zu Assisi geben davon Zeugnis. Giotto di Bondone ist 1266 bei Florenz geboren und 1337 in Florenz gestorben. Theoretisch könnte sich die von Vasari erzählte Geschichte so zugetragen haben, denn der Lebenszeit nach wäre sie möglich. Tatsächlich aber läßt sich die Anekdote durch keine Überlieferung stützen, ja alles, was von Giotto und Cimabue sonst noch bekannt ist, spricht gegen diese Geschichte, wie auch die Werke beider Maler keinerlei Zusammenhang gehabt zu haben scheinen, schon gar nicht den zwischen Schüler und Meister. Sie berichtet denn auch nicht so sehr eine historische Wirklichkeit, nämlich die tatsächliche Begegnung zwischen Cimabue und Giotto, sondern stellt Glaubwürdigkeit her durch eine bestimmte, die Künstlerschaft des Giotto bestätigende Anekdote.

Schon in der Antike wurde der Lebenslauf von bedeutenden Persönlichkeiten auf diese Weise angereichert. Herodot, so heißt es, habe auf ähnliche Weise das Talent des Thukydides erkannt, des Klassikers unter den Geschichtsschreibern, und Xenophon ist auf solche Weise dem Sokrates begegnet. Stets entdeckt ein arrivierter Künstler oder Philosoph die Talente des einfachen Kindes aus dem Volke, stets zeichnet sich schon sehr früh die spezielle Begabung ab, und stets kommt der Zufall der Begegnung auch tatsächlich zustande. Freilich ist ein Talent kaum auf andere Weise zu entdecken, als daß ein Kenner des Metiers die besondere Begabung, die anderen verborgen bleiben muß, zu würdigen weiß und zu fördern beginnt. Als Element der Künstlerbiographie wird dieser Vorgang nun aber stilisiert, zur stehenden Formel gemacht und auf eine bestimmte Weise erzählt, die mit der Wirklichkeit kaum etwas zu tun hat. Auf diese Weise wird vom Künstler ein Mythos geschaffen, oder besser, der Mythos vom Künstler wird wie ein dichterisches Kleid der jeweiligen Person, um die es geht, übergezogen, in allen seinen Teilen in sich zusammenhängend und nicht auswechselbar: Wer Künstler ist, bei dem muß sich die Entdeckung so abgespielt haben. Dabei ist der Umstand, daß der Name eines Künstlers überhaupt genannt wird, keineswegs in allen Kulturkreisen anzutreffen, obwohl es doch bedeutende Kulturen gibt, deren Kunstwerke man kennt; Indien und Ägypten, das Reich der Inka und das der Azteken haben Kunstwerke hervorgebracht, die den Vergleich mit den großen Werken etwa der griechischen oder der chinesischen Kultur nicht zu scheuen brauchen, doch ist dort die Person dessen, der sie schuf, stets ohne Interesse geblieben. Nur im Bereich der abendländischen Kultur, ausgehend von Griechenland, gibt es ein Interesse an der Künstlerbiographie, ebenso in China. Bereits von der römischen Kunst werden keine künstlerischen Urheberschaften mehr überliefert; die römische Kunstwelt kennt, von wenigen Ausnahmen aus der republikanischen Zeit abgesehen, nur den griechischen Künstler.

Der Künstler stellt also primär keine spezifische Form des Menschseins dar, sondern einen spezifischen Mythos, der in der Antike angelegt und seit dem 14. Jahrhundert in Europa weiter entfaltet worden ist. Die Griechen hatten ursprünglich nur dem Dichter zugestanden, aus ihm spräche eine göttliche Eingebung, während sie den bildenden Künstler geringer einstuften als einen, der die Natur nur »nachahme«. Erst seit dem 4. vorchristlichen Jahrhundert wandelt sich diese Einstellung: Nun kann sich der Künstler im Umgang mit den Herrschern Arroganz erlauben, die ihm jeder verzeiht, während die Herrscher mit Staunen und Nachsicht reagieren. Alexander der Große tritt dem liebeskranken Künstler Campaspe die eigene Geliebte ab, ein beachtliches Verständnis für die Sensibilität einer künstlerischen Existenz. Auch damals ist die Einstellung dem Künstler gegenüber schon gespalten. So heißt es in den antiken Schriften etwa eines Lukian oder Seneca: »Die Götterbilder verehrt man, man betet sie an und opfert ihnen, aber die Bildhauer, die sie gemacht haben, verachtet man.« Das ist nicht gesagt, um eine Unlogik anzuprangern, sondern um einen Tatbestand festzustellen.

Genau hier liegt aber auch die Erklärung für die veränderte Einstellung gegenüber dem Künstler. Wenn die Erzgießer in Ur oder Babylon ein Götterbild schufen, wenn die Steinmetze der Azteken den schrecklichen Gott aus dem Stein schlugen, war dies eine Arbeit, die vollkommen dem einen Zweck untergeordnet blieb. Was immer der einzelne Künstler an Feinheit des Ausdrucks, an eigenem Können ein-

Die Akademie *des Baggio Bandinelli in Rom. Die Schüler zeichnen aus der Erinnerung oder aus der Phantasie, was charakteristisch ist für das naturferne Studium des Manierismus. Stich von Enea Vico, um 1550. Staatliche Museen Preußischer Kulturbesitz, Kupferstichkabinett, Berlin.*

brachte, es diente dem höheren Zweck und gehörte in einen strengen Rahmen, der keinen Spielraum ließ. Wie das Götterbild auszusehen hatte, blieb nicht seiner schöpferischen Phantasie überlassen, denn er hatte nur die kollektiven Vorstellungen seines Volkes in Wirklichkeit umzusetzen. Wo aber der Bezug auf das Göttliche nicht mehr bindend war, wo man die Welt der Götter allzu menschlich sah oder überhaupt ohne einen transzendenten Bezug auskam wie im alten China, erweiterte sich der Spielraum der persönlichen künstlerischen Leistung, und doch blieb ein Staunen darüber, daß jemandem dieser Spielraum gegeben war. Noch immer sah man im Künstler, was immer er tat, einen Menschen, der auf eine rätselhafte Weise begnadet war, das heißt, der teilhatte an der göttlichen Schöpferkraft. Seine Erzeugnisse gehörten schon nicht mehr dem kultischen Bereich an, sie lösten sich ab vom Kult, wie sich die Tragödie abgelöst hatte vom Dionysoskult, und wurden Kunst – aber der, der sie schuf, blieb auch in der Zukunft der höheren Macht verhaftet.

So bildete sich der Mythos vom Künstler, der bis weit in unser Jahrhundert wirksam ist. Der Geniekult der Sturm-und-Drang-Zeit, selbst das Bohème-Leben des 19. Jahrhunderts und die heutige Einstellung dem Künstler gegenüber haben in diesem Mythos ihren Ursprung; die Vorstellung vom »Schöpfergott« als einem überdimensionalen Künstler und Menschenbildner vertieft die Beziehung. Im Mittelalter sah man im Künstler den, der das Wesen göttlichen Schaffens verständlich machen konnte, in der Renaissance verglich man den Künstler mit Gott, stellte also das Verhältnis gleichsam auf den Kopf, um den Künstler zu heroisieren. Eben dieser Heroisierung zum Bringer einer höheren Wahrheit kraft seines Ingeniums dienen die Details der Biographie.

Die Gotteskindschaft des Künstlers kündigt sich schon in der Stunde der Geburt an, ja sie wäre vorhersehbar, wenn die Menschen nicht zu stumpf und dumpf wären, um die Zeichen richtig zu deuten. Wie beim Kulturbringer, dem Heros der alten Mythologien, ist das Künstlerleben von Anfang an mit dem Stigma des Besonderen ausgezeichnet. Ein Herakles erwürgt schon in der Wiege Schlangen, ein Michelangelo ist kein Kind wie andere Kinder. »Dieser Sohn, von dem ich rede, wurde am 6. März, einem Sonntage, gegen 8 Uhr abends geboren. Da Gott nun sah, daß gerade in Toskana Bildhauer, Maler und Baumeister sich der edlen Kunst mit großer Hingabe gewidmet hatten . . ., so wollte er, daß dieser von ihm gesandte Geist Florenz als seine zweite Heimat haben sollte. Man gab ihm den Namen Michelangelo. Ohne langes Nachsinnen, wie unter einer höheren Macht, wollte man dadurch andeuten, daß er über jedes menschliche Maß hinausrage, himmlisch und göttergleich veranlagt sei.« Bald darauf heißt es, daß man den Knaben nach Settignano brachte, wo die Frau eines Steinmetzen ihn nährte. Michelangelo soll später selbst betont haben, daß er »bei der Amme schon mit der Milch den Willen zu Hammer und Meißel einsog«.

Das ist von Vasari geschrieben, dem italienischen Baumeister (1511–1574), dessen Biographiensammlung für die Nachwelt zu einer einzigartigen Quelle über die Künstler der Renaissance geworden ist. Vasari, auch als Vater der europäischen Kunstgeschichte bezeichnet, ist in Arezzo aufgewachsen und von seinen Eltern mit Verständnis gefördert worden, da man seine Begabung früh erkannt hat. Damals konnte ein aufgeweckter Knabe kein Stipendium bekommen, weil es den staatlichen Bildungsauftrag nicht gab; man mußte von einer hochgestellten Persönlichkeit protegiert werden, um weiterzukommen. Mit 13 Jahren wurde Vasari dem Kardinal von Cortona mit günstigem Ergebnis vorgestellt. Daraufhin wurde Vasari zusammen mit zwei Mündeln des Kardinals, dem Alessandro Medici, dem späteren Herzog der Toskana, und Ippolito Medici, dem späteren Kardinal, nach Florenz gebracht und unter Obhut eines ehrenwerten Bürgers aufgezogen. Wenn historische Namen eine gewisse Patina angesetzt haben, ist es ja immer verblüffend, von Augen- und Ohrenzeugen zu erfahren, daß jene Namen auch ganz alltägliche Menschen waren, auch fasziniert der Bericht eines Mannes, der mitten in einer großen Epoche lebte und mit den Medici oder mit Michelangelo umging wie jeder mit seinem Nachbarn oder Lehrer. Vasari ist in dieser besonderen Lage gewesen, und er hat sie verstanden und genutzt.

Auch Vasari hat Vorgänger gehabt, denn mit seinen Lebensbeschreibungen erfindet er keine neue Mode, sondern drückt die Tendenz der Zeit aus. Grundsätzlich beruhten solche Gesamtdarstellungen auf der Kenntnis des universalen Werkes des Plinius, das 1473 von Christoforo Landini neu herausgegeben worden war. Über die Medicis kam Vasari in engen Kontakt zu Michelangelo, und als dieser in der neuen Sakristei zu San Lorenzo arbeitete, der Familiengruft der Medici, konnte er ihn drei Monate lang täglich bei der Arbeit beobachten. Im Atelier des Meisters ist er dabeigewesen, als die »Nacht«, der »Tag« und alle die anderen für die Ausschmückung der Kapelle bestimmten Figuren entstanden, und er hat mit Staunen und Bewunderung an diesen so unendlich mühsamen Schöpfungsaugenblicken teilgenommen. Stück für Stück schlug der von der Arbeit verkrümmte, mürrische Mann die Gestalten aus dem Marmor. Der junge Vasari hat das mit offenen Augen in sich aufgenommen. Später hat er geschrieben: »Was soll ich über die ›Nacht‹ sagen – eine Statue, die nicht nur kostbar, sondern einzigartig zu nennen ist . . . Welches Jahrhundert hat eine moderne oder antike Statue wie diese gesehen, die außer der Ruhe des Schlafes auch den leidenschaftlichen Gram über den Verlust von etwas Großem und Edlem ausdrückt?« (Kris/Kurz) Dieser Mann, der ein so wacher Augenzeuge war, hat in seiner Biographie aus voller Überzeugung jene mythologischen Elemente aufgenommen, die den Künstler unwiderruflich zum Heros werden ließen. Vasari ist ohne Zweifel bereits ein »moderner« Historiker, er sammelt Daten und Tatsachen, keine Legenden und keine Wundererzählungen, und sein Interesse richtet sich auf den vernünftigen Zusammenhang in einem Künstlerleben, und doch vermag er sich dem Banne der von weither überlieferten mythologischen Elemente nicht zu entziehen. So tritt, nicht nur für die Kunstgeschichte, die Geschichtswissenschaft das Erbe der Mythen an und webt, oft ohne es zu wissen, weiter an den alten Bildern.

Die erste Ausgabe der »Lebensbeschreibungen« ist 1550 erschienen. Als Maler, mehr noch als Baumeister hat Vasari sich einen achtbaren Platz unter den Künstlern seiner Zeit errungen. In seiner Eigenschaft als Chronist und Biograph ist er eine einmalige Erscheinung, weil er als Kunstschriftsteller eben gerade nicht behandelte, was jeder andere auch behandelte, nämlich Technik und Stil der Malerei oder Probleme der Baukunst, sondern weil er sich darauf beschränkte, etwas aufzuschreiben, was vorher eigentlich niemand für so beachtlich gehalten hatte, nämlich das Leben der Künstler. Michelangelo ist der einzige lebende Künstler gewesen, den Vasari in die erste Ausgabe seiner »Lebensbeschreibungen« aufgenommen hat, eine Huldigung an das Genie des von ihm verehrten Mannes. Es ist also nicht etwa so, daß Vasari nur, nach Art der heute häufigen Selbstbiographien, seine Freunde dargestellt hätte. Er ist mit Raffael und Tintoretto befreundet gewesen, hat Tizian und Aretino gekannt, hat mit zahllosen bekannten Persönlichkeiten seiner Zeit korrespondiert und auf seinen Reisen durch Italien viele Begegnungen gehabt, die einen Bericht gerechtfertigt hätten. Diesen Weg ist er aber nicht gegangen, sondern hat sich aus den verschiedensten Quellen das Material für seine Lebensbeschreibungen zusammengesucht. Damals gab es zwar handwerkliche Anleitungen über Malen, Zeichnen, Farbenreiben, über die Art, einen Schatten zu setzen oder Wasser zu malen, sowie theoretische Abhandlungen über Kunst, doch nicht die Beschäftigung mit den Künstlern selbst in einem weiter gespannten Rahmen.

Vasari hat 108 Einzelbiographien geschrieben; wenn man die gruppenweise besprochenen Künstler hinzunimmt, sind es 250 Maler, Bildhauer, Architekten, Kupferstecher, Goldschmiede und Glasmaler. Künstler aus mehr als dreißig Teilen Italiens werden angeführt, sein Blick reicht von der Lombardei bis nach Sizilien, er behandelt Florenz mit 84 Künstlern, Siena und Venedig mit je 15 Künstlern und Rom mit zwei Künstlern. Die Quellen, auf die Vasari sich stützte, waren unterschiedlicher Art. Einer seiner Vorläufer war der Historiker Villani, ein weitgereister Mann, der als erster die »Primitiven« von Florenz und Siena ihrer Vergessenheit entrissen und als Erneuerer der griechisch-römischen Malerei anerkannt hatte. In den Dichtungen Dantes und Petrarcas fand Vasari Hinweise auf frühere Maler, ebenso in den Novellen von Boccaccio und Sanchetti. Auch in der Fachliteratur stieß er auf brauchbares Material. Ideen über die Wiedergeburt des Humanismus und über die Kunst nach antikem Maßstab lagen damals in der Luft, und die Männer, die Kirchen und Paläste schmückten, wurden von der Öffentlichkeit gekannt und geschätzt wie heute bekannte Architekten oder Städteplaner.

Von dem wichtigsten Werk für die Ideengeschichte der Renaissance, der Schrift »Über die Malerei« (1435) aus der Feder des bekannten Architekten Leon Battista Alberti (1404–1472), scheint Vasari nicht sehr viel gehalten zu haben, denn er erwähnt diese Arbeit, die für die Malerei bewußt ein rationales, gleichsam die Naturgesetze beherzigendes Moment einführt, nur sehr sparsam. Zu Vasaris Quellenmaterial gehörten auch Briefe, die er selbst aufspürte und die ihm einen Einblick in die Probleme der früheren Künstlergenerationen gaben. Er ist selbst auch ein lebhafter Briefschreiber gewesen; sein Nachlaß, erst 1908 in einem Privatarchiv entdeckt, ist von dem deutschen Vasari-Forscher Karl Frey bearbeitet worden. Die damalige deutsche Regierung hat sich an diesem Projekt mit erheblichen Summen beteiligt. Zum Ärger der italienischen Fachwelt, die ihren verständlichen Ehrgeiz gekränkt sah, hat sein Sohn und Mitarbeiter H. W. Frey die Schriften Vasaris in drei Bänden (1923, 1930, 1940) herausgegeben und das Bild dieses Mannes abgerundet, der einen so wesentlichen Einblick in die Kunstwelt Italiens gegeben hat. Als 1550 das erste Exemplar der »Lebensbeschreibungen« erschienen war, verehrte Vasari seinem Freund Michelangelo ein Exemplar. Der 75jährige bedankte sich mit einem Sonett, das ausdrücklich »als Dank für die Zusendung« der »Lebensbeschreibungen« geschrieben war. Darin heißt es mit dem Pathos der Zeit: »Ihr habt ans Licht gehoben, was verborgen liegt, / Erloschenes, das Ihr zum Leben wieder brachtet . . . / Ihr habt die Macht der Zeit und der Natur bezwungen, / Habt längst verstorbene Erinnerung geweckt, / Und jenen und auch Euch Unsterblichkeit errungen.«

Klassenkampf in Florenz

Während die Mittagssonne ihre glänzende Lichtbahn durch die offene Kuppel des Pantheons wirft, läßt Jean Paul im »Titan« seinen Helden sagen: »Wie ist jetzt alles so verklärt an dieser heiligen Stelle! Raffaels Geist geht in der Mittagsstunde aus seinem Grabe und alles, was sein Widerschein berührt, erglänzt göttlich.« Diese Verklärung, von beflissener Kunstandacht genährt, hat das Bild dieser Epoche tatsächlich überhöht und den Blick auf Papst Leo X. und seine Günstlinge fixiert, als sei die Welt geschaffen, nach bürgerlichem Verständnis Kunstwerke hervorzubringen.

Man kennt die Namen, die der Epoche ihren Glanz geben, und die Bedeutung ihrer Arbeit für die Kunst ist in ganzen Bibliotheken analysiert worden. Da ist Raffael Sanzio (1483–1520), der junge Maler aus Urbino, dessen liebenswürdiger Charakter ihm jedermann zum Freunde gewann. Mit 50 Domestiken, die als

Maler, Farbenreiber und Lehrlinge bei ihm arbeiteten, zog er jeden Tag von seiner Wohnung zur Stanza della Segnatura, jenen Räumen des Vatikans, in denen die Gnadensachen verhandelt und signiert wurden. Von Papst Julius II. hatte er den Auftrag erhalten, diese Räume mit Fresken zu schmücken, da seine Proben so ausgezeichnet ausgefallen waren, daß die bereits unter Vertrag stehenden Künstler Perugino, Signorelli und Sodoma kurzerhand abgelöst worden waren. Mit 26 Jahren begann er seine Arbeit, die viereinhalb Jahre dauerte. Nebenher malte er seine Madonnenbilder, von denen die Sixtinische Madonna in Dresden am bekanntesten geworden ist, sowie zahllose Porträts.

Zwischen 1508 und 1513 haben in Rom so viele bedeutende Künstler zusammen gelebt wie vorher sonst kaum in einer Stadt, ausgenommen das Athen des Phidias und Perikles. Michelangelo arbeitete damals wie ein Besessener an den Figuren für das Grabmal des Papstes Julius II. und an den Fresken der Sixtinischen Kapelle, Bramante, der berühmte Baumeister, war mit dem Bau des Petersdoms beschäftigt, Fra Giovanni da Verona, der große Holzbildhauer, schnitzte Türen, Sessel und Embleme für die Stanzen, und eine Vielzahl von Künstlern wie Perugino, Signorelli, Peruzzi, Lorenzo Lotto und andere mehr arbeiteten in Rom, das allerdings von ihnen kaum Notiz nahm. Denn die Kunst, die damals entstand, war für eine winzige Elite geschaffen, die sich auf antike Quellen berief, in lateinisch-griechischen Anspielungen gefiel und einen eigenen, durchaus isolierten Geschmack entwickelte. Für diesen Kreis waren die Schöpfungen der Kunst bestimmt, nicht für die Krämer und Handwerker, auch nicht für den Klerus und für den ungebildeten, aber hochgestellten Laien. Um diese Kunst zu verstehen, benötigte man humanistische Kenntnisse, und in der Tat haben die Humanisten mit ihrer Gelehrsamkeit, ihrer Quellenkenntnis, ihrem Zitatenschatz so etwas wie eine Priesterschaft gebildet, unter deren Schutz und geistige Vormundschaft sich selbst die Künstler stellten.

Hinter der glänzenden Fassade der Paläste und Kirchen, hinter dem Glanz der Namen wird die häßliche Wirklichkeit der gesellschaftlichen Probleme sichtbar, und bei näherer Betrachtung zeigt sich, daß es durchaus kein unerforschliches Schicksal war, das Städte wie Venedig und Genua, Florenz und Rom zum Mittelpunkt zahlreicher Künste werden ließ, sondern wirtschaftlich-politische Macht. Florenz, dem Anschein nach eine Demokratie, wurde Anfang des 15. Jahrhunderts bekanntlich von den Medici beherrscht, die sich nicht einmal offizieller Titel bedienen mußten, um ihre Macht auszuüben. Das vergangene Jahrhundert war von Klassenkämpfen erfüllt gewesen, und zwar zwischen dem Bürgertum, das die Zünfte beherrschte, der Lohnarbeiterschaft, die aus den Zünften herausgedrängt wurde und sich gegen diese Proletarisierung hatte zur Wehr setzen wollen. Damals bestand die Bevölkerung von ca. 190500 Menschen zu einem Viertel aus Industriearbeitern. Allein die Textilindustrie beschäftigte etwa 30000 Frauen und Mädchen in rund 200 Fabriken. Schon um 1300 hatte dieser Industriezweig in Florenz das kapitalistische Stadium erreicht (Durant).

Man weiß, daß um diese Zeit ein wollenes Kleidungsstück 30 Arbeitsgänge durchlief, von denen jeder durch einen ausgebildeten Spezialarbeiter ausgeführt wurde. Jeder Versuch, durch irgendeine Art von Zusammenschluß oder von Arbeitsverweigerung die eigene Lage zu bessern, wurde im Keim erstickt, weil es sich um eine Rebellion gegen die von Gott eingesetzte Obrigkeit handelte. Man hat sich die Zünfte nicht als brave Handwerkergenossenschaften vorzustellen; in Florenz stellten sie die Berufsorganisation für die Großindustrie, den Fernhandel und das Bankwesen dar, und der familiäre Zusammenhalt zwischen den Patriziern, den wahren Herrschern dieser Trusts, stärkte ihre Stellung gegenüber denen, die lohnabhängig waren und aufbegehrten. Für das Volk war die Lage um so hoffnungsloser, als man sich der Tatsache des in Gang befindlichen Klassenkampfes gar nicht bewußt wird und die besitzlosen Lohnarbeiter einfach als »Arme, die es ja schließlich auch geben muß«, versteht. Das ist mittelalterlich gedacht, weil dem Armen hier seine unverrückbare ständische Funktion zugewiesen wird; Arme muß es geben, damit der Christ Barmherzigkeit üben kann.

Die wirtschaftliche Blüte des 14. Jahrhunderts erreichte 1328–1338 ihren Höhepunkt, dann erfolgte der Bankrott einiger großer Patrizierhäuser, das Kleinbürgertum setzt sich politisch durch, und bis zum sogenannten »Ciompi-Aufstand« des Proletariats im Jahre 1378 herrscht in Florenz eine Demokratie, die nicht nur die wirtschaftlichen Interessen des Patriziats kaschiert. Der Aufstand von 1378 verjagt die Prioren, die bisher die Geschicke der Stadt leiteten, und setzt drei neue für die Arbeiter, die Kleinbürger und vertretene Zünfte ein und steuert auf eine Art Diktatur des vierten Standes zu. Nach zwei Monaten wird die Rebellion niedergeschlagen, weil die Gemäßigten mit dem Patriziat gemeinsame Sache machen. Von nun an ist in Florenz kein Widerstand mehr möglich, wird jeder Streik im Keim erstickt, und wie vor Jahrzehnten herrschen einige wenige Familien über die Stadt. Auf die Alberti, die Capponi, die Uzzano und Albizzi folgen schließlich die Medici. Nun zählen nicht einmal mehr die formalen Spielregeln der Demokratie, denn es gelingt den Medici leicht, sich dieser Attrappe für ihre eigenen Zwecke zu bedienen. Man läßt Wahlbeutel fälschen, Beamte bestechen, Politiker einschüchtern, kurzum, man wendet alle Methoden an, die auch heute für die Maffia oder Cosa nostra typisch sind, wenn eine Stadt korrumpiert werden soll. Gegen ihre Rivalen setzen die Medici sich mit Hilfe der Kleinbürger durch, ohne daß deren politischer Einfluß größer geworden wäre.

Wirtschaftlich ist Florenz auf der Höhe seiner Machtentfaltung. Der Handel mit Textilien läuft über Venedig, über das von Florenz besiegte Pisa und über den 1421 erworbenen Hafen von Livorno. Gewinnsucht, Fleiß, Sparsamkeit und Ehrbarkeit sind Tugenden in einer Welt, in der es darauf ankommt, moralisch indifferent mit möglichst geringen Mitteln möglichst große Gewinne zu erzielen.

Die Industrie von Florenz ist für damalige Verhältnisse vollkommen rationalisiert, das Patriziat setzt die Maßstäbe für das Leben jedes einzelnen, die Kunst überhöht diese Vorstellungen: Der Rückgriff auf die antike Form ist hier zugleich ein Bekenntnis zum Prinzip der Ratio, und die Formsprache selbst, nicht an die breite Masse gerichtet, ein Rätsel- und Puzzlespiel für Eingeweihte. Man ergeht sich nicht in tiefen Gedanken und ist von den Leistungen eines Leonardo da Vinci oder eines Michelangelo keineswegs so allgemein betroffen, wie sich heute jeder Europäer von Michelangelo oder Donatello pflichtgemäß betroffen fühlt. In der Fülle der Handwerker und gehobenen Handwerker, der Maler, die auch bildhauern, und Goldschmiede, die auch malen, fallen die absonderlich großen Begabungen ohnehin nicht so auf, wie man sich das heute vorstellen möchte. Aber Florenz ist reich, und es trägt die Schönheit der Erzgießer und Baumeister, der Maler und

Bildschnitzer wie eine lässige Frau ihren Schmuck – jedermann sieht, daß sie es sich leisten kann.

So arbeitet Ghiberti an den Bronzetüren am Ostportal des Baptisteriums, wird Brunelleschi mit einem Projekt zur Überwölbung des Domes beauftragt, das 1436 abgeschlossen ist; in diesem gärenden Gemeinwesen mit seinen unausgetragenen Klassengegensätzen wird die Kunst, wie die Mode, zum Mittel, das eigene Selbstgefühl zu artikulieren. Zum erstenmal wird Kunst nicht mehr an den Auftrag gebunden, wie dies etwa bei den Altarbildern, den gestifteten Altären, den Fresken für die Kirchen üblich war. Der Künstler produziert jetzt zweckfreie Bilder und bietet sie an, freilich nur für eine höchst schmale Oberschicht, und es entsteht so etwas wie der erste Kunstmarkt in Europa. Das gilt selbstverständlich nicht nur für Florenz, sondern ebenso für Mantua mit Andrea Mantegna, für Venedig mit Giorgione und Tizian, für Rom mit Michelangelo und Raffael. Von ihrer Kunst nimmt das Volk kaum Notiz, denn zum ersten Male in der Entwicklung der Kunst scheidet sich eine kennerische Oberschicht vom Volk, es beginnt die Spaltung zwischen hoher Kunst und Volkskunst.

Zwischen den Auftraggebern und den Künstlern herrscht keineswegs die Atmosphäre ungetrübter Verbundenheit, auch werden die wirklich genialen Künstler durchaus nicht immer nach ihrem wahren Wert behandelt und bezahlt. Dafür haben die mittleren Naturen wie stets Erfolg, zumal sie sich, wie einst die römische Klientel, auf die Seite der Macht stellen. Diesen Künstlern erscheinen die revolutionären Tendenzen des Proletariats unheimlich, die politischen Ansprüche des Kleinbürgertums absurd. Ein Bildhauer wie Bertoldo, ein gefälliges Talent, das mit kleinen Bronzen die größten Erfolge erzielte, wird bei Lorenzo di Medici zum vollkommenen Höfling. Dieser gefällt sich darin, dem Künstler zu helfen und mit ihm die antiken Mythen und Allegorien auf möglichst vertrackte, oft auch absurde Weise auszuspinnen – es scheint, als habe der hohe Gönner sich so dem Wesen der Künste näher gefühlt. So bestimmen zwei Gruppen von Auftraggebern die Existenz des Künstlers, der gerade aus dem Handwerkerstand entwachsen war: die Höfe der Fürsten und das Patriziat. Sie vereinigten den Stil der ritterlich-romantischen Musenhöfe des Mittelalters mit dem freieren Lebensstil des selbstbewußt gewordenen Bürgertums. Die Geschmacksrichtungen der beiden Gruppen nähern sich einander, weil das Bürgertum in der Nachahmung des Adels seine Legitimation sucht und das Rittertum, als Form abgewirtschaftet, vom neuen Stil der Handelsherren nicht unbeeindruckt bleibt. Beiden geht es darum, dem Volk zu imponieren und aus dem Prunk ihrer Existenz alle Fragen zum Verstummen zu bringen; der Adel versucht dabei noch, das Bürgertum auszustechen – eine ideale Situation für Künstler, deren Aufgabe die Verherrlichung ist.

Botticelli, der Maler der schönen blonden Simonetta, die er in der »Geburt der Venus« 1480 verewigt hat, ist als 66jähriger in völliger Einsamkeit in Florenz gestorben. Seinen Künstlernamen hatte er von dem Goldschmied übernommen, bei dem sein Vater ihn in die Lehre gegeben hatte. Er ist später Schüler des Fra Filippo Lippi gewesen und hat 1465 ein eigenes Maleratelier eröffnet. Seine Aufträge verdankte er den Medici, und solange Lorenzo und Guiliano Medici auf der Höhe ihrer Macht standen, ist es ihm nicht schlecht gegangen. Sandro Filipepi, genannt Botticelli, ist in seiner Jugend offenbar ein sinnlicher, dabei problematisch veranlagter Mensch gewesen, dessen Verherrlichung weiblicher Schönheit seinem Naturell entsprach. Seine Werke verkörpern den Sieg des Humanismus über die theologische Thematik, und bis in die Mitte des 16. Jahrhunderts sollte die Kirche darum kämpfen, diese Entwicklung zurückzudrehen.

Botticellis Schicksal, der in Florenz den Bußprediger Savonarola gehört und seit 1500 kein Bild mehr gemalt hatte, weil seine Gönner gestürzt worden waren, ist bezeichnend für die Situation des Künstlers in der Renaissance. Das ist zunächst der Schritt vom Handwerkertum zur Künstlerschaft. Der hohe Bedarf an Kunstwerken aller Art hatte eine Aufwertung jener zur Folge, die diesen Bedarf deckten. Anfangs sind diese Männer Söhne kleiner Handwerker und unterstehen der Zunftordnung. Man nennt sie nach dem Beruf des Vaters (wie etwa bei Tintoretto, italienisch: Färberchen), behandelt sie und redet sie an wie alle Dienstboten, und wenn man sie ausbilden lassen will, was keine Frage des Talents, sondern eine der zweckmäßigsten Berufswahl ist, steckt man sie in eine Werkstatt. Das können Goldschmiedewerkstätten sein wie bei Donatello, Ghiberti, Verrocchio und Ghirlandajo oder auch andere Handwerkszweige wie Steinmetze und Ornamentschnitzer. Eine theoretische Unterweisung findet nicht statt, sondern der Lehrling wird in die praktischen Kniffe der Technik eingeweiht, oft dauert die Lehre acht, sogar zehn Jahre wie bei Perugino, Andrea del Sarto oder Fra Bartolomeo.

Später bilden die führenden Maler sogenannte »botteghas«, also Schulen, in denen individuell unterrichtet wird. Auch hier muß der junge Mensch Farben reiben, Pinsel waschen, Leinwände grundieren, kurz, alles das tun, was ihn mit dem Handwerk vertraut macht und seinem Meister lästig ist. Doch überträgt man ihm auch die Aufgabe, einzelne Kompositionen auf den Karton zu übertragen, Gewandpartien und Hintergründe selbständig auszuführen und schließlich aufgrund von hingeworfenen Skizzen ein ganzes Bild zu malen. So wird aus dem Lehrling, der nach Zunftbrauch das Metier lernt, der Gehilfe, dessen Arbeiten sich kaum von denen des Meisters unterscheiden, bis die eigene Persönlichkeit eine Loslösung erzwingt und Mäzene die unsichere Existenz mit Aufträgen stützen. Nicht immer geht das so gut wie bei Botticelli, der die lungenkranke Simonetta, die Geliebte seines Gönners Guiliano Medici, immer und immer wieder gemalt hat.

Die meisten künstlerischen Betriebe der Frührenaissance sind regelrechte Geschäftsunternehmen, denn zur Bewältigung der großen Vorhaben – etwa des Bronzegusses der Türen zum Baptisterium – sind zahllose Helfer notwendig. Allein zwanzig Gehilfen arbeiten unter Anleitung Ghibertis, um diesen Auftrag zu realisieren, einen der größten seiner Epoche, und auch die zahlreichen Freskenzyklen in Kirchen und Klöstern erfordern einen großen personellen Aufwand. Das Kunstleben der Städte, der Prunk der Fürsten stellen an die Künstler vielfältige Anforderungen; die ganz großen Aufträge sind selten, und oft erschöpft sich die Arbeit in Dekorationen für Umzüge und Festspiele, in Vorlagen für Gobelinweber und Sticker; es müssen auch Entwürfe für Intarsienarbeiten, für Ornamente, für Stickereien oder Tafelarchitekturen hergestellt werden. Wie heute die Werbeagentur für das Industrieunternehmen, so liefert die Künstlerwerkstatt den fürstlichen Höfen und Patrizierhäusern vielfältige Leistungen, und so werden manche dieser Unternehmen nach modernen Grundsätzen betrieben; der Unternehmer, der selbst nicht einmal Künstler ist, nimmt für die jeweiligen Aufträge die jeweils geeigneten Künstler unter Vertrag. In Mailand zum Beispiel hat eine Firma des Evangelista da Predis den Leonardo da Vinci auf diese Weise beschäftigt. Gelegentlich arbeiten auch junge Künstler in einer Werkstatt-Gemeinschaft zusammen wie Donatello und Michelozzo, Fra Bartolomeo und Albertinelli, Andrea del Sarto und Franciabigio.

In diesem Konkurrenzkampf können sich nur wenige Naturen behaupten, und nicht immer haben die genialen Begabungen eine Chance, sich durchzusetzen. Vor allem braucht der Künstler einen hochgestellten Gönner, und sein eigenes Schicksal hängt wesentlich von dem seines Gönners und von dessen Launen ab. Anfang des 15. Jahrhunderts aber steigen die Honorare, das Einkommen der geschätztesten Künstler bessert sich, und für einige wenige Maler wie Raffael, Tizian und Michelangelo beginnt ein sozialer Aufstieg, der in der Geschichte der Kunst ohne Beispiel ist. Das drückt sich auch in den Werkverträgen aus. Wenn im 14. Jahrhundert jeder Künstler noch einen Bürgen für die Einhaltung der Verträge zu stellen hatte, weil er selbst als nicht genügend seriös galt, so erübrigt sich diese Formalität bei den anerkannten Meistern des 15. Jahrhunderts. Filippino Lippi erwirbt ein Vermögen wie Raffael und Tizian, Perugino besitzt mehrere Häuser, und Michelangelo, der für seine Arbeiten am Dom St. Peter keine Bezahlung nehmen will, ist damals schon ein vermögender Mann.

Längst sind diese Künstler aus dem mittelalterlichen Handwerkerschema herausgewachsen, denn die großstädtischen Verhältnisse in Italien boten günstigere Entfaltungsmöglichkeiten als die Enge des Zunftwesens diesseits der Alpen. In Italien wurde 1590 in einem Prozeß entschieden, daß die Zunftsatzungen nur für solche Maler Gültigkeit hätten, die einen offenen Laden hielten. Die Malerzunft von Genua hatte nämlich gerichtlich feststellen lassen wollen, daß der Maler Giovanni Battista Poggi seinen Beruf nicht ausüben dürfe, weil er nicht die dort vorgeschriebene siebenjährige Lehrzeit durchgemacht habe. Die gerichtliche Entscheidung schuf klare Verhältnisse und zog praktisch den Trennungsstrich zwischen dem sogenannten Kunstmaler und dem Stubenmaler.

Nun wachsen in zwei Generationen die bildenden Künstler in die kleine Gruppe der Dichter und gelehrten Humanisten hinein, eine privilegierte Stellung, die sie ausgebaut und in allen Ländern behalten haben, die von der westlichen Kultur geprägt sind. Auch die Privilegierung des Künstlers in den sozialistischen Ländern hat hier eine ihrer Ursachen. Die Stunde war für diesen Fortschritt günstig, denn der Bedarf an »verherrlichenden« Werken muß enorm gewesen sein. So stieg Leonardo da Vinci vom mäßig bezahlten Kunstmaler zum verwöhnten Hofmaler Ludovico Moros in Mailand, zum Chefingenieur Cesare Borgias und zum Vertrauten des Königs von Frankreich auf. Tizian wird von Kaiser Karl V. zum Grafen des Lateranischen Palastes ernannt und zum Mitglied des kaiserlichen Hofes, er erhält den erblichen Adel und wird Ritter vom Goldenen Sporn. Von ihm porträtiert zu werden ist der Wunsch vieler Fürsten, und nicht jeden Auftrag dieser Art ist er bereit zu übernehmen. Berühmt ist die Szene, wie Kaiser Karl V. die Staffelei des Meisters hält und sich bückt, um ihm den entfallenen Pinsel aufzuheben. Nicht das Werk, sondern der Genius tritt in den Gesichtskreis der Gesellschaft, und indem man ihn rühmt, ehrt man sich selbst. Man geht von der Auffassung aus, daß sich eine künstlerische Persönlichkeit nur unvollkommen in ihren Werken äußern könne, daß ihre Schöpferkraft unübertragbar und angeboren sei, und man erkennt das Genie an, das seinem eigenen Gesetz folgt. Nun ist der Künstler kein Mann mehr, der wie Gevatter Schuster oder Handschuhmacher Aufträge entgegennimmt, sondern er schafft, was ihm einfällt. Der Maler Sebastiano del Piombo erhält von einem Sammler bereits 1524 einen Vertrag, in dem ihm freigestellt wird, welches Werk er für das in Aussicht gestellte Honorar liefern wolle, nur dürfe es bezeichnenderweise kein Heiligenbild sein, und bei Michelangelo bestellt derselbe Sammler ein Werk, das je nach Belieben des Meisters eine Malerei oder eine Skulptur sein darf (Hauser).

Im sozialen Aufstieg, der stets ein untrügliches Kriterium für die Reaktion der Gesellschaft ist, drückt sich die veränderte Einstellung zur Kunst aus. Aber wenn ein Raffael, ein Tizian oder Leonardo zu höchsten Ehren kommen, so übertrifft sie alle doch Michelangelo, der zwar in vergleichsweise dürftigen Lebensumständen arbeitet, dessen Existenz aber doch von jedermann in ihrer Bedeutung empfunden wird. Für seine Stellung gibt es kein Beispiel. Er kann es sich leisten, auf öffentliche Ehrungen zu verzichten, die Freundschaft der Mächtigen läßt ihn kalt, er wünscht nicht mit »Maler« oder »Bildhauer« in Briefen angesprochen zu werden, sein Name sei, so äußert er, Michelangelo Buonarotti. Das Volk nennt ihn »den Göttlichen«, und rückschauend läßt sich erkennen, daß er der erste Besessene in der Kunst ist, der erste einsame, vom eigenen Gewissen getriebene Künstler in einer langen Reihe war, die bis zu van Gogh, Renoir und Picasso reicht.

In der Tat scheinen nun die Werke der Maler auch eine selbständige Kraft, eine Art Dämonie zu entwickeln, wie sie den mittelalterlichen Tafelbildern noch nicht gegeben war. Eines der berühmtesten Bilder dieser Art ist das Porträt der Mona Lisa mit ihrem angeblich geheimnisvollen Lächeln, von der man nicht einmal sicher ist, ob es sich um Lisa Gheradini, die Gattin des Francesco del Gioncondo, um eine andere Frau oder um einen Jüngling handelt, dem Leonardo nur einen weiblichen Körper gemalt hat, um die Betrachter irrezuführen. Die Geschichte dieses Bildes ist freilich nicht eigentlich dämonisch, wenn man den Begriff verwenden will, sondern nur rätselhaft.

Ganz anders ist das mit Corregios Werk »Leda und der Schwan«. Das Bild ist 1530 für den Herzog von Mantua gemalt worden. In der griechischen Mythologie gilt Leda als Mutter der schönen Helena, um deren Besitz sich der Trojanische Krieg entzündet haben soll. Zeus umwarb die mit einem gewissen Tyndareos verheiratete reizvolle Leda vergeblich, sie erwies sich als zu tugendhaft für seine Attacken. Schließlich verwandelte er sich in einen Schwan, der sich unter dem Vorwand, Schutz vor Verfolgern zu suchen, in ihren Schoß drängte. Die laszive Sinnlichkeit dieser Berührung, die Erotik zwischen dem Schwan und dem Weib, dessen Begehrlichkeit vom Andrängen des Tieres geweckt wird, hat unzählige Maler, auch Leonardo da Vinci, gereizt. Bei diesem scheinbar so naiven Thema enthüllt sich das künstliche, fast moderne Verhältnis einer Epoche zur Erotik. Wie beim symbolreichen Einhorn, wie bei den Konstruktivismen und Phantasmagorien eines Hieronymus Bosch oder Arcimboldi wird das Thema der Leda reflektiert und in seiner Raffinesse bis an die Grenze des Erträglichen gesteigert (Hocke). Correggios Bild hat bei einem späteren Besitzer eine regelrechte Neurose ausgelöst, denn nach einigen Wechselfällen geriet es in den Besitz eines echten Psychopathen und religiösen Fanatikers, des Herzogs von Orléans. Der herausfordernde Blick der Leda verfolgte ihn, so daß er immer wieder dieses Bild ansah, das er doch wegen seiner Sinnlichkeit verabscheute. Ein Beichtvater riet ihm, dieses »schändliche Zeugnis sündhafter Liebe« zu vernichten (Sälzle). Der Herzog, bei nächster Gelegenheit vollends außer Fassung, reagierte sich ab und zerstach die Augen der Leda, die ihn verfolgten, und ihr so reizvolles Gesicht. Sein Hofmaler hat im letzten Augenblick verhindern können, daß er das Bild in den Kamin warf, und später den ersten Restaurierungsversuch unternommen, dem noch viele folgen sollten. Später ist diese »Leda mit dem Schwan« in den Besitz des frauenfeindlichen Friedrich II. gekommen und hängt heute im Kaiser-Friedrich-Museum in Berlin.

Kunstsammlungen

Kurz vor dem Einbruch der Tungusen aus der Steppe im Jahre 1125 hatte das chinesische Reich einen Höhepunkt seiner Kultur erlebt. Als letzter Herrscher der Sung-Dynastie hatte Hui-Tsung, der Künstlerkaiser, den Thron des Himmels bestiegen. Er galt nicht nur als ausgezeichneter Monarch, sondern auch als vorzüglicher Maler, der auf seine Arbeit mit dem Pinsel genau dieselbe Aufmerksamkeit und Konzentration gewandt hat wie für die Regierung des gewaltigen Reiches. Dieses bedenkliche, aus der Höflingsperspektive gespendete Lob scheint nicht übertrieben zu haben. Als Herrscher erinnert man sich seiner, weil er sein Leben in tatarischer Gefangenschaft beenden mußte, als Maler hat er in der Kunst einen beachtlichen Rang. Die erste Akademie für Maler, an der er selbst unterrichtet hat, ist sein Werk.

Zur Zeit der Han war der Schreibgriffel, mit dem noch Bronzen und Knochen beschriftet worden waren, durch den Pinsel ersetzt worden. Weil man von nun an mit dem Pinsel zugleich schrieb und malte, verschwisterte sich die Kalligraphie, die Schönschrift, mit der Malerei. Im chinesischen Kulturleben nahm die Malerei schon bald nach der Han-Zeit einen hohen Rang ein. Zunächst malte man alle möglichen Sujets, später vorwiegend literarische Themen. So wurde die Malerei eine Gelehrtenkunst, denn nur die Kinder aus der Oberschicht wurden von Kindheit an in der meisterlichen Handhabung des Pinsels erzogen; deshalb hatte der Arme, der nicht zu schreiben gelernt hatte, auch keine Möglichkeit, sein vielleicht vorhandenes Talent mit dem Pinsel auszudrücken. Chinesische Historiker haben schon früh heute längst vergessene Werke aufgezeichnet, auch die malerischen Motive werden aufgeführt.

Für den Chinesen ist die Landschaft ein literarisches Thema, weil das Leben des gelehrten Einsiedlers schon durch die Darstellung von Kiefern, Felsen und fließendem Wasser assoziiert wird. In der Sung-Zeit (960–1279), von der hier die Rede ist, wurden aber noch alle Arten von Themen gemalt. Gerade Landschaften riefen aber noch zwiespältige Empfindungen hervor. So fühlte sich der Chinese durch ödes Land an Räuber und Wegelagerer erinnert, durch Gebirge an »häßliche Felsen«, durch Moore an »verfluchte Sümpfe« (Fitzgerald).

Jedenfalls gab es in China, bevor die Tataren das Reich der Mitte überrannten, eine künstlerische Kultur, die auf ihre Art der italienischen Renaissance durchaus ähnlich ist, was ihren Stellenwert innerhalb der Gesellschaft betrifft. Europa hat diese Überfeinerung des Geschmackes erst zum Ende des 18. Jahrhunderts mit dem Rokoko erreicht. Die kaiserliche Galerie, die vom Malerkönig ausgebaut und mit Neuanschaffungen bereichert wurde, enthielt laut Katalog 6192 Bilder. Zu dieser Zeit gibt es in ganz Europa keine auch nur annähernd vergleichbare Gemäldegalerie. Eine besondere Eigentümlichkeit waren die Panoramarollen, die Landschaften unterschiedlichen Charakters darstellten und vor dem Beschauer wie eine Art Film abgerollt wurden. Ihre Details waren liebevoll behandelt, etwa ein Flußlauf mit Bergen, Stromschnellen, Treidelpfaden, Dörfern und Städten, und doch vermittelte eine solche Rolle den Eindruck großer Leichtigkeit und Mühelosigkeit, ohne je überladen zu wirken. Es ist kaum möglich, sich aus dem Katalog der Gemäldegalerie ein einigermaßen richtiges Bild vom Reichtum und von der Schönheit der Sammlung zu machen. In Europa ist diese Wendung zum Ästhetizismus jedenfalls erst Jahrhunderte später erfolgt, und auch dann haben die Sammlungen der vergleichsweise kleinen Herrscher und Könige niemals den Umfang der chinesischen kaiserlichen Sammlungen erreicht.

Wie die Entwicklung in Europa vor sich ging, belegt Arnold Hauser in seiner bedeutenden Sozialgeschichte der Kunst und Literatur mit einigen Beispielen. Es scheint, als habe sich aus der Anhäufung von Kapital, das nach Ausdruckswerten für die Selbstbestätigung suchte, fast zwangsläufig der Schritt vom Stifter zum Sammler ergeben. Der Sammler, der einen ausgeprägten eigenen Geschmack entwickelt oder das Bedürfnis hat, seinem Namen einen glänzenden Rahmen zu geben, löst sich vom Gedanken der kirchlichen Stiftung. Ein Mann wie Giovanni Rucellai zum Beispiel, Zeitgenosse von Lorenzo di Medici und Abkomme einer Patrizierfamilie, die ihr Vermögen im Wollhandel gemacht hat, stiftet selbstverständlich für die Kirche allerlei Bauwerke und Kunstwerke. Seine autobiographischen Formulierungen treffen den Nagel auf den Kopf. Er habe, schreibt er, fünfzig Jahre lang nichts anderes getan, als Geld verdient und Geld ausgegeben, und es sei ihm klargeworden, »daß das Geldausgeben noch mehr Genuß bereite als das Geldverdienen«. Ein wenig Bonhomie, ein wenig Freude am Kunstwerk, ein wenig Eitelkeit und Großzügigkeit gehören noch immer zum »Mäzen«, auf den sich so viele berufen. Von seinen kirchlichen Stiftungen hat Rucellai erklärt, sie verschafften ihm die größte Befriedigung, denn sie gereichten sowohl zur Ehre Gottes als auch der Stadt und zu seinem eigenen Gedächtnis. Über seine Gemälde hat er nichts gesagt, und so sprechen nur die Namen für sich, zu denen Castagno, Uccello, Paolo Veneziano und Verrocchio gehören.

Diese Kunstsammlungen haben natürlich auch eine Art Vorbild. Man weiß, daß die Fürsten sich mit erlesenem Interieur umgaben, daß in den königlichen und herzoglichen Schatzkammern sich die Kostbarkeiten häuften; stets wandert ja der Wert dem Geld nach. Da gab es aber kaum einen Unterschied zwischen einem

Pfauenwedel aus Indien, einem kostbar eingefaßten Bezoar, dem »versteinerten« Haarballen aus einem Ziegenmagen, dem magische Kräfte zugeschrieben wurden, einem Salzfaß, wie es in früheren Generationen gebraucht worden war, und einem dieser Gemälde.

Vom Schatzhaus zum Museum

Der Sammeltrieb gehört offensichtlich zu der psychologischen Grundausstattung des Menschen, denn bis weit in die vorgeschichtliche Zeit reichen die »Depots« von besonders schönen Kaurimuscheln, von Schmuckstücken im eigentlichen Wortsinn. Der Begriff »Museum« stammt aus dem Griechischen, meinte aber damals nicht die Sammlung von Kunstgegenständen, sondern einen Ort, der den Musen gewidmet war. Auch die Musen, diese Personifizierungen des Schöpferischen, aus Quellennymphen und Naturgeistern entstanden, sind ja griechischen Ursprungs. In Alexandria gab es das erste berühmte »Museion«, das aber eben eine Kultgemeinschaft für Gelehrte und Künstler darstellte, die hier in Muße arbeiten konnten. Die Sammlungen nannte man Schatzhäuser, sie gehörten meist zum Tempel. Planmäßig hat man Kunstwerke erst im Hellenismus gesammelt, also in jener Epoche, die der griechischen Klassik folgte. Damals wurden auch, der Vollständigkeit wegen, Kopien berühmter Werke angefertigt; auf diese Weise ist die Aphrodite des Praxiteles erhalten geblieben, ebenso viele andere Werke der Klassik, deren Originale man heute nicht mehr kennt. Seit der Renaissance bezeichnete man mit dem Wort »Museum« gelehrte Sammlungen aller Art.

Wenn sich der Sammeltrieb unter dem Schutz politischer Macht befand, waren die Folgen oft bedenklich: Der Römer Verres war 80–79 v. Chr. Legat des Konsuls Cornelius Donabella in Sizilien. Nun war das spätrömische Beamtensystem so angelegt, daß Politiker sich schadlos halten konnten, ohne sonderliche Empörung hervorzurufen. Die Methoden des Verres aber spotteten jeder Beschreibung. Cicero, der unbestechliche Konservative, hielt eine flammende Anklagerede, aus der man leider weiß, daß Verres ein leidenschaftlicher Kunstsammler gewesen sein muß; er hat offenbar alles an sich gerissen, was nicht niet- und nagelfest war. Das Belastungsmaterial muß überwältigend gewesen sein, denn er ging stillschweigend ins Exil, ohne das Ende des Prozesses abzuwarten. Eine zweite Rede, die Cicero schon aufgesetzt hatte und deren Text überliefert ist, brauchte nicht mehr gehalten zu werden.

Es gibt sehr interessante psychologische Untersuchungen über die Sammelleidenschaft. Offenbar kann man mit Sammeln bestimmte Minderwertigkeitskomplexe am besten und sozusagen undramatisch kompensieren. Ganz gewiß ist es in einer Leistungsgesellschaft wichtig, seine Erfolge demonstrieren zu können, und nach dem Vorbild der Medici gehört das Sammeln von Kunstwerken in das Bild des großen Herrn wie das Reiten und die Jagd. Ganz sicher machen alle diese Dinge Spaß, aber nur, weil eine soziologische Motivation vorliegt. Für den Sammler von Gemälden kommt allerdings in neuerer Zeit der unbestreitbare Vorteil hinzu, daß Bilder Kapitalanlagen sind. Die »Verdinglichung«, wie Marx es nennt, das heißt die Verwandlung eines ursprünglich ganz anders gemeinten Gegenstandes, selbst einer Tätigkeit oder einer Leistung, in eine Ware, die nun einen Warenwert bekommt, läßt sich am Beispiel der Kunst leicht nachweisen. Seit der Renaissance jedenfalls gibt es in Europa und später ebenso in den Vereinigten Staaten den reichen Sammler, dem viele freischaffende Künstler in einer Konkurrenzsituation gegenüberstehen. Beide Positionen bedingen einander, beide sind durch Kennerschaft, durch Urteil und Sprache gleichsam Komplicen, und natürlich fehlt der Händler nicht, halb Vermittler, halb Kaufmann, der den Warencharakter der Kunst stabilisiert, um selbst daran zu verdienen. Seine Verdienste um die Kunst der Neuzeit sind unbestreitbar, wenn man sie aus einer bestimmten Perspektive betrachtet: Genies haben gelegentlich dem Hungertod entgehen können, weil Kunsthändler sie protegierten. Man sieht, vom Geniebegriff bis zum Künstlerhonorar werden alle Positionen fortgeschrieben, die man zum erstenmal in der Renaissance kennenlernt, und erst bei schärferer Betrachtung stellt sich heraus, daß all das nicht etwa zum Wesen der Kunst gehört, sondern eher Ausdruck bestimmter gesellschaftlicher Verhältnisse ist.

Als Schattenseite des Kunsthandels entwickelt sich das Fälschertum, das dem ehrbaren Markt den Glanz des Zweifelhaften schenkt. Es handelt sich um jene Art Betrügerei, bei der es oft schwerfällt, nicht auf seiten der Betrüger zu stehen. Auf dem Gebiet der Kunst gibt es wenig, was nicht schon gefälscht worden wäre. Von den ägyptischen Mumien, die erst fünf Jahre alt sind, oder den zahllosen Rollsiegeln, Skarabäen, Kleinplastiken, die in einem Fellachenzelt erschaffen wurden, um als archäologische Funde wiedergeboren zu werden und im Museum wiederaufzuerstehen, soll hier nicht gesprochen werden. Hier sind nur die genialen Handwerker gemeint, die einen Tintoretto oder Frans Hals, einen Correggio oder Rembrandt mit einer gewissen Meisterschaft nachschaffen, wie andere Fälscher meisterliche »Blüten« drucken, oder die Plastiken von antiker Großartigkeit schaffen, nur daß es leider keine Originale sind. Da gibt es die antike Venus von Brizet, im Mai 1937 in einem Rübenfeld entdeckt, von der Fachpresse begeistert gefeiert und 1938 von ihrem Schöpfer, dem jungen Bildhauer Francesco Cremonese, als Fälschung entlarvt. Die Dame ist keineswegs antik, sondern eine Plastik nach der achtzehnjährigen Polin Anne Studnicka. Die Kunsthistoriker reagierten maliziös, eine Fälschung hielten sie für absurd, das Werk stamme ihrer Ansicht nach aus dem ersten vorchristlichen Jahrhundert. Im Dezember 1938 lieferte Cremonese den Beweis, die abgeschlagenen Glieder der Venus, und das Modell. Die Fachwelt ist blamiert, und die Sympathien gehören ungeteilt dem jungen Mann, der seine Begabung unter Beweis stellen wollte und sich mit der Fälschung einen Namen gemacht hat, leider nur nicht mit dem, was er danach geschaffen hat.

Die Geschichte der Fälschungen ist reizvoll: Jeder technische Fortschritt bringt einen Fortschritt in der Fälschungstechnik. Die Klage über den Frevel ist alt, vor allem in Zeiten, als es noch keinen Urheberschutz gibt. »Ich habe viele Feinde«, schreibt Dürer im Jahre 1506 an seinen Freund Willibald Pirkheimer, »diese machen mein Werk nach, in den Kirchen und wo immer sie mögen.« Man fälschte sein Selbstbildnis – der Kunsthandel brachte die Fälschung an den Tag, weil es plötzlich zwei Exemplare auf dem Markt gab. Man fälschte Grünewald, Cranach, Rubens, Holbein, ebenso erging es den modernen Künstlern von van Gogh bis zu Picasso. Der Fälscher ist der Begleiter des Kunstliebhabers geblieben, der Streit um Echtheit gehört zum Repertoire der Kunstwelt und beschäftigt heute ganze Komitees von Experten; längst ist die Fälschung zum Alptraum jedes Museumsdirektors geworden.

Wer eine Liste der gekrönten Häupter aufstellen wollte, mit deren Namen sich auch Kunstbesitz und Kennerschaft verbindet, gerät leicht ins Uferlose. Mit dem Porträt war ja immer das zentrale Motiv der Eitelkeit angesprochen, und so kam jeder Mensch von einiger Bedeutung mit Malerei und Malern in Berührung. Selbstverständlich kannten die Kunsthändler die großen Sammlungen, und weil sie Informationen hatten, gingen sie bei den Fürsten ein und aus. So erfuhr Katharina II. von Rußland kurz nach dem Siebenjährigen Krieg, daß der Kunsthändler Gotsowski, Hoflieferant seiner Majestät des Königs von Preußen, in finanziellen Schwierigkeiten sei. Was konnte es für die Dame Angenehmeres geben, als die Sammlung des Mannes aufzukaufen, sozusagen unter den Augen des verhaßten königlichen Gegners, der offenbar zu geizig war. Der Kauf gelang, und 225 Gemälde gingen zu einem kulanten Preis in den Besitz der Kaiserin über, darunter drei Rembrandts und ein Frans Hals, von den zahllosen anderen Niederländern des 17. Jahrhunderts ganz zu schweigen; sie waren wesentlich preisgünstiger als die damals schon teuren Italiener. Das war der Grundstock der sogenannten Eremitage. Dieser Name bezeichnet eigentlich die im Rokoko üblichen Gartenhäuschen, in denen sich die Fürstlichkeiten einen Hauch von Einsamkeit verschafften, gelegentlich auch als eine mit der Favoritin geteilte Einsamkeit. Katharina II. ließ für ihre erste Kunstsammlung die »kleine Eremitage« bauen, später die große Eremitage für die Kunstschätze des Franzosen Crozat und des Grafen Brühl. Der klas-

Kampf der Meergötter, *Kupferstich von Andrea Mantegna (1431–1506). Mantegna war seit 1460 am Hof des Lodovico Gonzago in Mantua tätig. Sein künstlerischer Stil wurde besonders durch die Auseinandersetzung mit der Antike geprägt. Staatliche Museen Preußischer Kulturbesitz, Kupferstichkabinett, Berlin.*

sizistische Architekt Klenze hat dann 1840–1852 das heutige Gebäude der »Eremitage« gebaut, die neben der europäischen Malerei auch antike Kleinkunst, skythische Goldfunde und zahlreiche Ostasiatica besaß.

Die Verwandlung der als Laune geförderten Sammlung zum Kulturbesitz des Volkes, wie es am Beispiel der Eremitage sichtbar wird, ist im Grund bezeichnend für die meisten großen Museen Europas. Ihre Ursprünge ähneln den Anfängen der Eremitage, da es sich um fürstliche Sammlungen handelt, aber oft waren es ursprünglich nicht Kunstgegenstände, die gesammelt wurden. Da gab es die »Kunst- und Wunderkammern« großer Herren, etwa auf Schloß Ambras in Tirol, wo Erzherzog Ferdinand von Tirol (1529–1595) allerlei Kuriositäten und Kostbarkeiten sammelte. Auch Kaiser Rudolf II. hat in Prag auf dem Hradschin eine solche Sammlung besessen, ebenso die sächsischen Könige mit dem »Grünen Gewölbe« und die bayerischen Herzöge in Münchens Residenz. Für ganz Europa ist der Beschluß der Kaiserin Maria Theresia richtungweisend gewesen, die Antiken aller Gonzaga-Schlösser in Mantua zu vereinigen. Nach ihrem Vorbild hat sich dann jeder Fürst der Zeit um eine Statuensammlung bemüht, vor allem übrigens Friedrich der Große. So gehen nahezu alle großen europäischen Museen auf Fürstenlaunen und -moden zurück, nur der Louvre ist ein Kind der Revolution. Bekanntlich ist das Museum 1793 gegründet worden, also schon wenige Jahre nach der Revolution und mitten während der Herrschaft der Guillotine, als in Paris die ersten Brotkarten der Welt ausgegeben wurden und Marie Antoinette auf dem Karren zur Guillotine rollte. Der königliche Kunstbesitz wurde der Grundstock dieses Museums, das im alten Schloß untergebracht ist, und später brachten die Enteignung der Klöster sowie der Kunstraub der französischen Generale und vor allem Napoleons immer neue Schätze nach Paris.

Auch in Leningrad ist nach der Revolution von 1917 das Winterpalais in die Anlage der Eremitage einbezogen und zum »Palast der Kunst« umgewandelt worden. Einzigartig ist dort die heutige Schau innerasiatischer Kultur, deren Erforschung in den letzten Jahrzehnten planmäßig gefördert worden ist. So verlagerte sich langsam der Schwerpunkt von der fürstlichen Liebhaberei als dem Ausdruck individueller Kultur zur Dokumentation der eigenen kulturellen Überlieferung. Auch in dieser Perspektive hat freilich die Kunstsammlung einen ganz eigenartigen Akzent und setzt, was die breite Masse angeht, noch immer eine gewisse Bildung und Schulung voraus; die in der Renaissance entstandene Kluft zwischen dem Kenner und dem Laien ist noch nicht geschlossen, andererseits hat der Staat als Mäzen selten soviel Interesse und Energie entwickeln können wie ein Herrscher, dessen Sinn nach Kunst stand. Diese Kunstliebe und die wohlwollende Haltung gegenüber dem Begabten sind heute auf eine breite Öffentlichkeit übertragen. Von der Gesellschaft im weitesten Sinne fordert man, was früher als Beweis für die Kennerschaft galt und im Belieben des einzelnen lag. Kunstfeindlich zu sein kann niemand zugeben, der auf öffentliches Wohlwollen Wert legt, wobei freilich zu fragen ist, wieviel Heuchelei hinter dieser Haltung steckt. Das Bürgertum jedenfalls hat seine Lektion gelernt, in seinen besten Zeiten Kunst gefördert, wie seine großen Vorbilder es lehrten; noch die Porzellanplastik auf dem Fernseher, das Ölbild an der Schlafzimmerwand verraten etwas von dem rührenden Wunsch, der Kunst gegenüber die rechte Haltung einzunehmen, die das Vorbild der großen Sammler und Liebhaber doch selten erreicht.

Gelehrte Spiele

Zum Glanz der Fürstenhöfe gehörten in der Renaissance nicht nur Maler und Bildhauer, sondern auch die Dichter. Man war theaterwillig und fasziniert von den antiken Stücken, die es wiederzuentdecken galt und die den Maßstab setzten. Der junge Nikolaus von Kues (1401–1464) hatte als junger Rechtsanwalt durch einen Zufall im Jahre 1429 in Mainz die verschollenen Texte von zwölf bisher nur namentlich bekannten Komödien des Terenz entdeckt. Man betrachtete damals aber solche Texte nicht als Bühnenliteratur, sondern als Vorlage und Beispiel, wenn es um Rhetorik ging. Ein Menschenalter später, im Jahre 1486, wurde in Rom erstmalig der »Hippolytus« von Seneca aufgeführt, und am Hof der Este in Ferrara, einem der bedeutendsten Musenhöfe der Zeit, spielte man die Komödie des Plautus »Menaechmen« – hier wird das Zwillingsthema behandelt, das Thema der austauschbaren Identität, das später Shakespeare in der »Komödie der Irrungen« wieder aufgegriffen hat. An der römischen Aufführung wirkten viele der damals bedeutendsten Humanisten mit; die Aufführung wurde auf dem Forum gespielt, später in der Engelsburg wiederholt und noch ein weiteres Mal im Palazzo Riario gespielt. Damit war geboren, was man später literatur- und bühnengeschichtlich als »Humanistentheater« bezeichnet hat, im Gegensatz zum geistlichen Spiel des Mittelalters. Die Bühnentechnik war damals sehr viel weiter fortgeschritten, als man beim Anblick des Humanistentheaters hätte vermuten können. Pomponius Laetus, der Veranstalter des Unternehmens, ein gelehrter Humanist, hatte sich von Freunden beraten lassen und die Bühne streng nach den Vorschriften des lateinischen Autors Vitruv rekonstruiert; offenbar war die Bühne der römischen »scaena frons« nachgebildet, einem einfachen Aufbau mit Vorhang. Im Jahre 1513 wurde der »Poenulus« von Terenz in Rom aufgeführt. Für diese Festaufführung wurde der gesamte Platz des Capitols zwischen dem Senatoren- und Konservatorenpalast in ein riesiges Bühnenzelt verwandelt. Es wurde auf einer freien Vorderbühne vor einer fünftürigen Szene gespielt und von einem Schüler des Pomponius Laetus eingerichtet. Als Schauspieler agierten die jungen Männer aus der Gesellschaft, die später wegen ihrer gepflegten Aussprache des Lateinischen lebhaft gelobt wurden.

Es handelte sich bei diesen Humanisten-Aufführungen gewiß nicht um Mimus und Pantomimus, sondern um Bildungstheater. Man hatte Ausgrabungen gemacht und wollte die Mumien beleben, um so dem Geist der Antike näherzukommen. Humanisten auf Studienreisen lernten in Ferrara und Rom die Wiederbelebung der antiken Komödie kennen und brachten diesen Gedanken mit in ihre Heimat. So verwertete der Pforzheimer Humanist Johannes Reuchlin solche 1482 und 1490 in Rom gewonnenen Anregungen, als er seine Stücke auf die Bühne brachte, ebenso der Freiburger Humanist Jocob Lochner.

Damals ist das Theaterspielen, man würde es heute als Laienspiel bezeichnen, regelrecht in Mode gekommen. Noch war ja Latein die Bildungssprache der gelehrten Welt, noch galten die Leit- und Lehrsätze der Griechen, mehr noch der Römer, und so wollte niemand darauf verzichten, sich ein authentisches Bild der Alten zu verschaffen oder nach besten Kräften nachzuzeichnen. Man gründete überall in Europa spezielle akademische Gesellschaften, um dieses Theater zu pflegen, und an jedem Gymnasium, an jeder Universität entstanden Theatergruppen.

Eine Terenzbühne. *In den Humanistenkreisen der Renaissance wurde das antike Theater, vor allem die Komödien des Terenz und Plautus, wiederbelebt und neu zur Aufführung gebracht. Holzschnitt aus der Lyoner Terenzausgabe von 1493. Staatsbibliothek, Bildarchiv, Berlin.*

Auch hier stellte sich sehr bald heraus, daß diese Humanistenbühnen sich dem Zwang der Gesellschaft nicht entziehen konnten und auch nicht wollten. Selbstverständlich erwartete der Herrscher oder Gönner solcher Theatergruppen, daß man ihm bei höfischen Festen gute Dienste leistete, oder der Schulmeister selbst, der seine Truppe gegründet hatte, drängte sich, dem Herrn seine Huldigung im

Stil des Ovid an Maecen zu unterbreiten oder ihn mit einer sorgsam gedrechselten Komödie an einem Festtag zu erfreuen. Man hat die Entwicklungsgeschichte des Theaters rückschauend klassifiziert, um den Überblick zu bekommen. Immerhin ist es die Epoche, deren Ende mit dem Geburtsdatum von Shakespeare (1564–1616) markiert ist, das heißt, sie enthält alle Stoffe und Formen, aus denen Shakespeare später seine Dichtungen aufbauen wird.

Der Komödie der Humanisten folgt die Tragödie. Während sich die gelehrten Herren um die ästhetischen Theorien des Aristoteles streiten – er fordert auf der Bühne für ein Stück die berühmte Einheit von Ort, Zeit und Raum –, geschieht draußen in Spanien und in der Türkei Weltgeschichte; Granada ist soeben von den Arabern befreit worden, die spanische Krone nimmt jene Reichtümer ein, mit denen sie unter anderem die Expedition des eigensinnigen Cristoforo Colombo finanzieren wird, und die Christenheit hat allen Grund zu jubeln. Das geschieht im Jahre 1492, und in diesem Jahr eilt auch der spanische Kardinal Riario zu Pomponius Laetus, dem Nestor der von ihm gegründeten Akademie, um ihm ein historisches Stück von höchster Aktualität anzubieten. Es ist von einem gewissen Carlo Verardi geschrieben und behandelt die Befreiung Granadas. Pomponius hat das Stück, das ihm ein Gönner aufdrängte, nicht ablehnen können. So wurde es durch Studenten seiner Akademie in festlichem Rahmen unter dem Patronat des Kardinals aufgeführt – und war die erste Tragödie einer langen Reihe höchst blutiger Dramen, in denen die Humanisten versuchten, die Wucht der antiken Tragödie mit den Erfordernissen der Zeit in Einklang zu bringen. Belehren wollte natürlich jeder, und so übertrafen die gelehrten Dichter ihre antiken Vorbilder Äschylos, Sophokles und Euripides an literarischer Mordlust, an Greueln und Entsetzen, ohne ihre Größe doch je erreichen zu können. Der Italiener Giraldi, Professor der Philosophie und Rhetorik in Ferrara, schrieb seine Tragödien streng nach klassischem Muster, er lieferte der Weltliteratur keine Stücke, aber Stoffe, denn nach seinem »Moro di Venezia« hat Shakespeare den »Othello« geschrieben. Die französische Humanistentragödie bevorzugte als Versmaß den Alexandriner, ein feierlich gespreizter Rhythmus, während die Engländer den sogenannten Blankvers bevorzugten; in Blankversen sind denn auch die Dramen Shakespeares geschrieben.

Wenn die Geburtsstunde der Humanistentragödie im Jahre 1492 lag, so muß man die Geburt des Schuldramas in das Jahr 1545 datieren. Damals wurde nämlich ein Schauspiel »Studenten« aufgeführt, dessen Verfasser knapp 20 Jahre alt war und sich in Wittenberg als Student der Philosophie und Theologie eingetragen hatte. Er hieß Christoph Stommel und hatte das zeitgenössische Studentenleben geschildert, offenbar in Anlehnung an ein Stück ähnlichen Inhalts von Ariost. Bei einer der Aufführungen ist der berühmte Melanchthon anwesend und spendet dem jungen Autor sein Lob, dieses Stück sei »elegantissime«. Für einen Mann, der sich nach allen Kräften um die Wiederbelebung des antiken Dramas bemüht und mit seiner privaten Akademie 1525 die »Hekuba« des Euripides aufgeführt hatte, war das eine ungewöhnliche, liebenswürdige und beeindruckte Formulierung. So begann die lange Reihe der sogenannten »Schuldramen«, die sehr schnell eine agitatorische, eine aufklärerische Tendenz bekamen. Familiäre Bindungen brachten es mit sich, daß das Schuldrama bald nach England kam. Der Erzbischof Thomas Cranmer in Canterbury heiratete die Nichte des Nürnberger Predigers

Osiander; er hatte in Deutschland das protestantische Schuldrama kennengelernt und förderte es in England nach Kräften: so den Dramatiker John Bale, der ein historisch-allegorisches Drama »King John« geschrieben hatte und seinerseits von dem wenig bekannten deutschen Dramatiker namens Thomas Naogeorg – einem Anhänger Luthers – beeinflußt war. Auch von hier lassen sich Verbindungslinien zu Shakespeare ziehen.

Übrigens hielten sich diese Bühnen und ihre Dichter aus dem immer schärfer aufflammenden Konfessionsstreit heraus, sie wichen ins Unverbindliche aus und entnahmen ihre Stoffe dem Alten Testament; auf diese Weise konnte man es sich leisten, eine Meinung zu haben und sie so zu äußern, daß Repressalien nicht zu befürchten waren. So bevölkerten »Jakob«, »Tobias« und »Susanna« die Bühne. In Ungarn brachte das Gymnasium zu Bartfeld eine »Historia von Susanna« zur »Übung der Jugend in freier Rede und moralischer Verhaltensweise« zu Gehör, und ebenso gab es in Dänemark eine »Susanna« von Peder Jensen Hegelund. Allerdings war man anfangs unsicher, und der so sittenstrenge Protestantismus tat sich zunächst mit dem Theater schwer. Man weiß, daß Calvin in Genf jedes Theaterspiel verboten hatte, andererseits mochte man nicht auf die Belehrung verzichten. So fragte der Doctor Johannes Cellarius den Doctor Martinus Luther um Rat, ob ein »nicht ungelehrter Schulmeister« in Schlesien, der sich vorgenommen hätte, »eine Komödie in Terentio« zu agieren und zu spielen, zu ermutigen sei. Luthers Antwort ist bündig: »Komödien zu halten soll man um der Knaben in der Schule willen nicht wehren, sondern gestatten und zulassen, erstlich, daß sie sich üben in der lateinischen Sprache; zum andern, daß Komödien fein künstlich erdichtet, abgemalt und vorgestellt werden solchen Personen, dadurch die Leute unterrichtet und ein jeglicher seines Amts und Standes erinnert und vermahnet werde, was einem Knecht, jungen Gesellen und Alten gebühre, wohl anstehe und was er tun soll. Ja, es wird darin vorgehalten und vor die Augen gestellt aller Dignitäten Grad, Ämter und Gebühr, wie sich ein jeglicher soll halten in seinem Stand . . . im äußerlichen Wandel, wie in einem Spiegel.« Luther führt das noch ein wenig aus, um dann abschließend zu verkünden: »Christen sollen Komödien nicht ganz und gar fliehen, darum, daß bisweilen grobe Zoten und Buhlereien darin seien.« In der Praxis sah das wohl so aus, wie es etwa die Nordhäuser Schulordnung vom Jahre 1583 vorschrieb: »Der Bürgerschaft und gemeiner Stadt zu Ehren soll der Rektor mit den Schulknaben jährlich auf die Fastnacht oder auf den nächsten Sonntag danach eine lateinische Komödie spielen und bisweilen eine deutsche dazu . . . Die geistliche, deutsche Komödie mag der Rektor in der Kirche halten, die weltliche lateinische auf dem Tanzboden und dem offenen Markt, wo es sich schickt.«

Shakespeare und kein Ende

Es ist über Shakespeare schon viel gesagt, so daß es scheinen möchte, als wäre nichts mehr zu sagen übrig, und doch ist das die Eigenschaft des Geistes, daß er den Geist ewig anregt. Mit diesem Satz eröffnet Goethe seinen Essay über diesen Dramatiker, der die Überschrift trägt »Shakespeare und kein Ende«, und in der Tat war Shakespeare, als dieser Aufsatz geschrieben wurde, in aller Munde, mindestens aber stand er im Mittelpunkt des literarischen Interesses. Zu seinen Lebzeiten war er, wie Egon Friedell schreibt, seinen Mitlebenden nur denkwürdig, weil er wegen Wilderns einmal in Untersuchung war, eines der vielen Londoner Theater mit ziemlich gutem Geschäftserfolg leitete und in seiner Vaterstadt als leidlich begüterter Bodenspekulant starb.

Über sein Leben ist bekanntlich wenig Genaues überliefert, ja es gibt eine eingehende Forschung darüber, ob er tatsächlich in Person alle die Dramen verfaßt hat, die ihm zugeschrieben werden. Rätselhafter als seine Existenz ist die Tatsache, daß er zu Lebzeiten zwar recht erfolgreich war, aber doch keineswegs als der große, gefeierte Dichter seiner Epoche angesehen wurde. Erst zwei Jahrhunderte nach seinem Tod, nach dem Ende einer Epoche, die von französischer Kultur geprägt worden ist, wurde seinen Werken eine Wirkung zuteil, die bis zum heutigen Tag anhält. Er ist eine einzigartige Erscheinung in der Weltliteratur, aber eben auch der erfolgreiche Schauspieler des elisabethanischen Theaters, das neben Umzügen und Maskenfesten, Hochzeitsfeiern und Huldigungsspielen seine Vergnügungen bot. Als der junge Shakespeare um 1586 nach London kam, gab es drei solcher Häuser, nämlich im Norden »The Theatre« und in der Nähe »The Curtain«, und im Vergnügungsviertel südlich der Themse gab es neben Bären- und Stierkampfgärten »The Rose«. Hier wurde jeder Spieltag durch eine Fahne auf dem First des Hauses angezeigt – weiß, wenn eine Komödie, und schwarz, wenn eine Tragödie gespielt wurde. Dieses Theater war kein Musentempel und keine »moralische Anstalt«, wie man zur Zeit der Klassik forderte, sondern Stätte des Amüsements.

Die Hochstimmung, in der sich das Elisabethanische Zeitalter darbietet, dieses gespannte Selbstbewußtsein einer erwachenden Weltmacht, hat eine seiner Ursachen in einer gewonnenen Seeschlacht – nicht anders als das Goldene Zeitalter der Griechen nach der Seeschlacht bei Salamis und dem Sieg bei Marathon. Ganz Europa hatte unter dem Zugriff der spanischen Weltmacht und dem Druck des Papsttums gelitten, aber 1588, als Shakespeare 22 Jahre alt war, wurde die spanische Supermacht von 130 Kriegsschiffen, die berühmte Armada unter dem Herzog von Medina-Sidonia, von den englischen Admiralen Howard und Drake besiegt, der Rest ging auf der Rückfahrt in den Stürmen an den Küsten von Schottland und Irland unter. Dieses Ereignis erfüllte die Engländer mit einem politischen Selbstbewußtsein ohnegleichen, und das Gefühl der Freiheit belebte alle Äußerungen einer im übrigen höchst widersprüchlichen und komplizierten Epoche. In dieser Situation war das Theater, um Hamlet zu zitieren, »der Spiegel und die abgekürzte Chronik des Zeitalters«.

Von der Hand Shakespeares ist nicht mehr überliefert als insgesamt sechs Unterschriften und die zwei Worte »by me« vor der letzten Unterschrift des Testamentes. Der Vater ist noch Handwerker gewesen, ein ehrbarer Handschuhmacher in Stratford-on-Avon, wo Shakespeare vermutlich am 23. 4. 1564 geboren wurde.

Durch einen Handel mit Landesprodukten ist der Vater aber der Enge der Zunft entronnen und zu einigem Wohlstand gekommen. Man vermutet, daß der Sohn die Lateinschule in Stratford besucht hat, weil sich sonst die Bildung des Dichters noch weniger erklären ließe. Ohnehin ist vielen Leuten rätselhaft geblieben, wie Shakespeare zu seinen profunden Kenntnissen von politischen Intrigen, von Staatsaffären und historischen Ereignissen gekommen ist. Er hat 1582 Ann Hathaway geheiratet und drei Kinder mit ihr gehabt. Er war damals 18 Jahre, die Frau acht Jahre älter und von ihm schwanger, es gab also keinen Ausweg für ihn. Sie ist mit ihren Kindern zurückgeblieben, als er sechs Jahre später als Schauspieler nach London ging. Ob sie später nachgeholt worden ist, wie Shakespeare in London gelebt hat, weiß man nicht; daß er seine Liebe zu einem mysteriösen jungen Mann mit Sonetten glorifizierte, ist bekannt. In London muß er bald den Neid seiner Kollegen hervorgerufen haben, weil er erfolgreich war. Er begann als Inspizient und Hausdichter, hielt täglich seine Proben, überarbeitete Dramen, schrieb selbst ein paar eigene, grübelte über Kostümrechnungen, Kassenrapporten und Grundbüchern und erreichte erst wenige Jahre vor seinem Tode das höchste Ziel, das er seinem Leben gesetzt hatte: ein sorgenloses Dorfdasein in Stratford, ohne Schminke und ohne Manuskripte (Friedell).

Wie sah die Bühne aus, auf der Shakespeare seine Rolle spielte? Er selbst hat im »Hamlet« die Schauspieler ihre Welt beschreiben lassen, vielmehr Polonius stellt sie Hamlet vor als die »besten Schauspieler der Welt«, sei es für »Tragödie, Komödie, Historie, Pastorale, Pastoral-Komödie, Historiko-Pastorale, Tragiko-Historie, Tragiko-Komiko-Historiko-Pastorale, für unteilbare Handlung oder fortgehendes Gedicht. Seneca kann für sie nicht zu traurig noch Plautus zu lustig sein. Für das Aufgeschriebene und für den Stegreif haben sie ihresgleichen nicht.«

Der Adel hielt sich, wie in Italien und Frankreich, feste Schauspieltruppen, noch in Goethes »Wilhelm Meister«, dem poetisch-gravitätischen Lebens- und Lehrroman, spielt ein solcher Trupp seine Rolle. Es gab in England eine Zensurbehörde, den Zeremonienmeister und Chef der Hoffestlichkeiten, dem alle Stücke zur Genehmigung eingereicht werden mußten. Diese Behörde, »Master of the Revels« genannt, hat vierhundert Jahre lang die englische Bühne beherrscht und noch den modernen jungen Dramatikern wie Osborne und Edward Bond Schwierigkeiten machen können. Päpstlicher als dieser Papst war der Gemeinderat von London, da er sich häufig übergangen fühlte. Aufführungen an Sonntagen, Spielverbote bei Pestgefahr und Einschränkungen des »lockeren Treibens in den Wirtshäusern« dienten als Beweis, daß man auf Sittlichkeit hielt, seit jeher ein besonderes Anliegen der Obrigkeiten.

Das Theater der Elisabethanischen Zeit nährte sich aus verschiedenen Wurzeln. Da gab es die Historienstücke mit ihrem trockenen Ablauf, wahre Spektakel in der Art von Bilderbögen, die zwar den Gang der Ereignisse und die handelnden Personen auf die Bühne brachten, aber nicht deren Psychologie. Da gab es die ländlichen Stücke, die Hirten- und Schäferstücke mit ihrem Liebesgeflüster, und schließlich die Commedia dell'arte, die improvisierte komödienhafte Einlage, deren Kunst in der blitzschnellen Charakterisierung, der zupackenden aktuellen Anspielung lag. In dieser Epoche glaubte man, wie später in der Zeit der Aufklärung, an Bildung und an die Popularisierung des Wissens. Die Freuden der Erkenntnis, so sagte man, dürften kein Vorrecht der Gelehrten bleiben, denn da man sich aus einer Finsternis ans Licht gearbeitet hatte, sollte jedermann an diesem Licht teilhaben.

Übersetzungen der griechischen und römischen Klassiker, Sammlungen von Reisebeschreibungen, »Sittenbücher« und moralische Abhandlungen, aber auch Werke über neuere Geschichte kamen in reicher Anzahl auf den Markt, und für alle diese Werke galt, was John Dolman, ein bekannter Cicero-Übersetzer, 1561 schrieb: »Neben der elenden Masse und den gelehrten Weisen gibt es eine mittlere Art von Menschen, die zwar nicht gelehrt sind, aber mit ihrer raschen Auffassungsgabe alle Dinge der Kunst begreifen können, wie die Natur sie nur geben mag.« An diese Schicht richteten sich alle literarischen Bemühungen, und auch das Theater befriedigte ihren wachsenden Bildungshunger und ihre historische Leidenschaft. So stark war dieser Zug der Zeit, daß der gestürzte Essex nach seinem mißlungenen Aufstandsversuch die Vermutung aussprechen konnte, daß er wohl bald von gewöhnlichen Schauspielern dargestellt werden würde. Begeistert war das damalige Theaterpublikum allerdings weniger von John Lyly (1554–1606), dem Verfasser monströser Allegorien, und auch nicht von Marlowes finsterem »Faust«, sondern von Robert Greene (1560–1592), der in seinem Meisterwerk »Historie of Frier Bacon and Frier Bungay« eine weibliche Gestalt nach dem Geschmack der Zeit geschaffen hatte, die Försterstochter Margaret.

Dieser Robert Greene wäre wohl längst vergessen, hätte er sich nicht von einem viel jüngeren Kollegen bedroht gefühlt. Er veröffentlichte 1592 ein »literarisches Testament«, in dem er seine Kollegen beschwor, sie sollten »allen Schauspielern mißtrauen und ihre Stücke nur vorsichtig anbieten, denn da ist jetzt so eine diebische Krähe von einem Neuling hochgekommen, einer, der sich mit unseren Federn schmückt und glaubt, er könne ebensogut schreiben wie die Besten unter uns. Er hält sich für den einzigen ›shakescene‹ im Lande, den einzigen ›Szenenbeweger‹ und Publikumserschütterer. Lasset diesen Affen das nachahmen, womit ihr selbst schon unermeßlichen Ruhm erworben habt, doch macht solche Leute wie ihn nicht mehr mit neuen Dichtungen bekannt.« Ein echter Boykott also, doch einer mit zweifelhaftem Erfolg. Was dieser Schauspieler nämlich veranstaltet hatte, ging gegen das Prinzip, denn ein Schauspieler hatte zu spielen, nicht zu schreiben. Allenfalls gestand man ihm zu, wenn er in einer Commedia dell'arte auf einen besonders possierlichen Einfall kam, diesen schriftlich festzuhalten, auch ganze schriftliche Passagen hätte man niemandem verübelt, aber daß sich einer von diesen Leuten, die alle Kniffe der Bühne kannten, ein dreiteiliges historisches Drama »Heinrich VI.« einfallen ließ und dafür auch noch drei Pfund, sechzehn Schilling und acht Cent eingenommen hatte, das war zuviel.

Durch einen Boykott war ein Mann von der Art Shakespeares freilich nicht aufzuhalten. Das riesenhafte Werk des William Shakespeare, ein von einem einzigen Menschen aus tausend Teilen zusammengefügter Kosmos, entzieht sich jeder Deutung. Es scheint, als fasse dieses Lebenswerk wie ein Hohlspiegel die zerstreuten Strahlungen seiner Zeit zusammen und vereinige sie zu einem überhellen, poetischen Licht. Die Besonderheit seines Stiles, verglichen mit den gutgemeinten und auch geistvollen Stücken seiner Zeitgenossen, lag in der alles belebenden Kraft seiner Phantasie. Ihm gelang es, die dämmernde Morgenfrühe während der Trennung Romeos von Julia glaubhaft zu machen, weil er sie in Versen beschwor und sich nicht auf Kulisse und Theatermaschine verließ. Mit einer unglaublichen Suggestionskraft zeichnete er die Heide, auf der König Lear umherirrt, und den wandernden Wald. Sogar seinen Schauspielern gibt er im Text die Hilfe seiner Imagination: »Sieh doch, wie sie die Augenbrauen zusammenzieht und sich in die Lippen beißt, wie sie mit dem Fuß aufstampft.« Er kannte sein Publikum, und er war Theatermann genug, um keine Möglichkeit auszulassen, die Bestie bei Laune zu halten. Er ließ auf der Bühne neue Witze erzählen oder den neuesten Witzen eine ironische Wendung geben, er brachte die Ursprünglichkeit des Improvisierens in seine Schauspiele ein, weil er selbst Schauspieler war, und er schuf keine überschaubaren Ordnungen, keine theoretischen Systeme, sondern ein Chaos von einander umspielenden Individualitäten, eine wunderliche Welt, in der Narren und Weise ihren Platz hatten wie Liebe und Tod – eine Lösung gab es nie, aber Ausblicke in einen Sternenraum, das menschliche Herz: »Wir alle sind aus gleichem Stoff gemacht wie Träume, und unser kleines Leben findet im Schlaf ein Ende.«

Der Sieg der Oper

Vox humana und Posaune

Wer in einer Barockkirche das reich ausgestaltete Orgelwerk mit seinen kleinen und großen Pfeifen, seinen Manualen und Pedalen bewundert, dem kommt kaum in den Sinn, daß er im Grunde eine ins Riesige gesteigerte Hirtenflöte bestaunt. Schon im 2. vorchristlichen Jahrhundert hat es Wasserorgeln gegeben, die dann in christlicher Zeit über Byzanz nach Rom gelangt sind. Der Ingenieur Ktesibios aus Alexandria (ca. 300–260 v. Chr.) hat das Problem der Windzufuhr sehr elegant durch eine Konstruktion gelöst, bei der Wasser den Winddruck regelte.

Die erste Darstellung einer Windorgel findet sich auf einem Obelisken des Kaisers Theodosius (4. Jh.). Den Wind bekamen die Pfeifen von Blasebälgen. Ursprünglich bestand die Orgel aus wenigen gleichartigen Pfeifen verschiedener Tonhöhe, die ganz wie bei der asiatischen Hirtenflöte, der Panflöte, nebeneinander geschaltet waren. Seit etwa 1200 bildeten sich dann die sogenannten Register aus, nämlich vollständige Pfeifengruppen von unterschiedlichem Klangcharakter, zum Beispiel Vox humana, Prinzipal, Dulciane und verschiedene andere Gruppen. Die Windkanäle wurden mit ausziehbaren Stöpseln, später mit Hebeln und erst seit dem 12. Jahrhundert mit Tasten bedient. Noch um das Jahr 1000 hatten die Orgeln selten mehr als 8–15 Pfeifen, und niemand hätte sich vorstellen können, ein Chorwerk auf diesem Instrument zu spielen. Ein solches Instrument verfügte über Metallpfeifen, zwei Luftkammern aus Elefantenhaut und zwölf Blasebälgen, »um die Stimme des Donners nachzuahmen«. Es gab aber schon seit dem 9. Jahrhundert die kleine, tragbare Form der Orgel, das »Portativ«, das freilich nicht mehr als zwei Oktaven Umfang hatte. In der Kirche ist die Orgel erst im 13. Jahrhundert heimisch geworden, vorher diente sie ausschließlich weltlicher Musik und hatte nicht entfernt die Bedeutung wie etwa die Harfe oder die Laute. Erst im Zeitalter des Barocks ist die Orgel dann zur Königin der Instrumente geworden, und Orgelbauer wie Arp Schnitger (1648–1720) und Gottfried Silbermann (1683–1753) schufen Meisterwerke, deren Ton noch heute besticht.

Das Urtümliche der Orgel ist schon früh empfunden worden: »Röhren erblick' ich hier von anderer Gattung, gezeuget / In dem eh'rnen Gefild der Erde, mächtigen Klanges! / Aber sie klingen nicht von unserem Atem erregt: / Aus der Höhe hervor der stierhautgefügten Bälge / Dringet hinein der Wind an der Wurzel tönender Röhren . . .« Allerdings handelt es sich hier nicht um eine Arp-Schnitger-Orgel, sondern um eine Wasserorgel, und der Vers ist etwa 360 n. Chr. geschrieben worden.

Mit der Orgel zusammen werden frühzeitig auch andere Instrumente gespielt. Man wüßte aus der Renaissance nicht allzuviel über die Art der Instrumente, hätte der Maler Stefano di Giovanni gen. Sasseta in der ersten Hälfte des 15. Jahrhunderts nicht einen Engelschor gemalt, der zu Ehren von Mariae Himmelfahrt ein Konzert veranstaltet. Man sieht auf diesem Bild die sogenannten Businen, die

Vorläuferinnen der Trompeten und aller abgeleiteten Blasinstrumente. Die Busine kommt aus dem Orient und hat die Form einer Fanfare; man darf annehmen, daß es sich hier um ein für den Reiterkampf entwickeltes Signalinstrument gehandelt hat, das im Mittelalter »buccina« genannt wurde. Auch die kleinen Pauken und Becken des Engelkonzerts sind orientalischen Ursprunges. Ferner erkennt man eine Leier, ein Portativ, die Doppelflöte, die Sackpfeife, Zinken, Trompete, Psalterium, Harfe, Fidel und Schellentrommel.

Interessant ist in diesem Zusammenhang die Bomharte, ein im 18. Jahrhundert ausgestorbenes Instrument. »Pommer« nannte man sie im Deutschen, und es handelte sich dabei um eine Schalmeienart, die bis zu drei Meter lang werden konnte und als Vorläuferin der Oboen und Fagotte gilt. Die Oboe (französisch haut bois: hohes Holz) hat 9–14 Klappen, wurde in Frankreich entwickelt und ist seit dem Barock ein beliebtes Solo- und Orchesterinstrument geworden. Auch das Fagott (italienisch fagotto: Bündel) ist aus dem Wunsch entstanden, die unhandliche, riesige Bomharte praktikabler zu machen. Man zerteilte deshalb das lange Rohr und bündelte es, versah es mit Klappen und erzielte mit dem sanften, oft auch näselnden Klang überraschende, gelegentlich auch komische Wirkungen.

Italienisch ist auch die Bezeichnung eines Blasinstrumentes, das man als Klarinette kennt und das doch aus Deutschland stammt. Um 1700 hat ein Nürnberger dieses ausdrucksvolle Blasinstrument aus der französischen Schalmei entwickelt.

Bei den Streichinstrumenten spielt in der Kapelle der Engel auch die Fidel mit. Zunächst muß allerdings zuerst das Wort Kapelle erklärt werden. Ursprünglich bedeutete das lateinische Wort »capellani« eine geistliche Bruderschaft, die den legendären Umhang des heiligen Martin von Tours, die »cappa«, bewachte. Diese Bruderschaft sang zu Ehren des Herrn und seiner Heiligen, insbesondere zu Ehren des heiligen Martin, der ja noch heute von den Kindern mit einem Martinslied gefeiert wird. Auf den Gesang der Bruderschaft bezieht sich die Bezeichnung »a-capella«-Singen (Borris), wie auch der Name Kapläne (lateinisch: capellani) auf diesen Ursprung zurückgehen dürfte. Im modernen Sprachgebrauch meint man mit dieser Bezeichnung aber gerade den reinen Chorgesang, während damals stets das Musizieren mit Instrumenten und Chor gemeint war. In der Renaissance haben zwei Orchester den Begriff Kapelle allgemein bekanntgemacht, nämlich die »capella palatina« unter Papst Sixtus IV., die als Sixtinische Kapelle, im wörtlichen Sinn verstanden, berühmt geworden ist. Das Bauwerk dieses Namens bezeichnet bekanntlich die Hauskapelle der Päpste im Vatikan, die unter Papst Sixtus IV. 1473–1481 erbaut und mit Fresken von Perugino, Pinturicchio, Botticelli, Ghirlandajo, Rosselli, Signorelli und vor allem von Michelangelo geschmückt worden ist. Das Orchester dieses Namens, Capella Musicale Pontificia geheißen, war als Chor für die päpstlichen Messen gegründet worden. Ein ähnlicher Chor bestand in der Kirche St. Peter in Rom und hieß »Capella Julia«. Das reine Chorsingen ohne jede instrumentale Begleitung ist in der Renaissance sehr selten gewesen und wird nur aus einzelnen, besonders strengen Klöstern berichtet. Wenn man heute von einer Kapelle spricht, meint man eine Gruppe von Instrumentmusikern, und genau dies entspricht auch der mittelalterlichen Auffassung. Am Ende der Renaissance hatte sich der Begriff eingebürgert. »Capella fiolina« nannte man ein Streichorchester und den Dirigenten und Leiter der Gruppe »magister capellae«, also Kapellmeister.

Was die Fidel angeht, so reicht ihr Ursprung bis in die Dämmerung der Frühgeschichte der Menschheit. Offenbar hat man auf dem gespannten Bogen, der Waffe, die Sehne gezupft, auch wohl gestrichen, so sind die Saiteninstrumente mit ihren zahllosen Varianten entstanden. Die Fidel (lateinisch: fidula, englisch: fiddle) meint zunächst alle Saiteninstrumente, die gestrichen werden, und taucht zuerst im 9. Jahrhundert auf. Die Franzosen bespöttelten die deutschen Formen dieses Instrumentes, dem man durch einen birnenförmigen Klangkörper mehr Ton gegeben hatte. »Schinken« nannten sie diese ihrer Auffassung nach unschönen Gebilde, und so ist aus dem französischen Wort für Schinken (französisch: gigue) schließlich Geige geworden, ein Wort, dessen poetischem Gehalt niemand mehr seinen prosaischen Ursprung anhört.

Die Musikkapelle der Renaissance setzte sich also aus einer Vielfalt von Instrumenten zusammen und entwuchs ihrem geistlichen Rahmen. Nach italienischem Vorbild entstanden nun überall in Europa Kapellen, deren berühmteste die Hofkapelle des Kaisers Maximilian I. (1493–1513) gewesen ist. Paul Hofheimer ist der Kapellmeister gewesen, und unter seiner Leitung reisten die Mitglieder dieser Truppe durch ganz Europa. Wo immer diese Musiker auftraten, erregten sie die Bewunderung der örtlichen Fürsten und regten sie an, sich eine ähnliche Kapelle zuzulegen. So führten die kaiserlichen Hoflager zu einer ausgesprochenen Befruchtung des Musiklebens, zumal die großen Komponisten jener Zeit, wie Dufay, Obrecht, Okeghem und Josquin, fast alle in Italien gewesen waren und den Stil der kaiserlichen Hofkapelle begeistert aufgriffen. Damals war die Musik noch eine Freiluftmusik. Auf dem Gebetbuch Kaiser Maximilians, das Dürer illustriert hat, sieht man sechs Trompeter und einen Pauker vor dem Schloß musizieren. Diese Gruppe von Musikern war damals bereits formiert und stand im Offiziersrang; erst nach drei Jahrhunderten wurden ihre Privilegien abgebaut.

Die Entwicklung der Musik an den Fürstenhöfen mit ihren Kapellen ging darauf hinaus, statt der gelegentlichen Kolorierung von einzelnen Stimmen eine breite, flächige Tönung zu schaffen, in der die Vokalmusik gelegentlich gänzlich von Instrumenten ersetzt werden konnte. Bei den frühen »drammae per musica« bildeten Cembalo, Laute und Kontrabaß das instrumentale Fundament, dazu kamen kleine Ensembles von Streich- und Blasinstrumenten. Die Wahl der Instrumente blieb dem Interpreten überlassen, die Originalpartituren geben nur die rhythmische Struktur des Werkes wieder, nicht seine Klangfarbe. Häufig spielten die Musiker übrigens noch mitten auf der Szene, erst mit der Zeit bildete sich die heute geläufige Raumverteilung. Italienisch war die Vorliebe für Streichinstrumente, denen gegenüber den martialischeren Blasinstrumenten immer mehr Platz eingeräumt wurde.

Mit dem ausgehenden 17. Jahrhundert wuchs das Repräsentationsbedürfnis der nun so mächtig gewordenen Fürsten, und auch die Musik drückte diese Tendenz aus. Es ging nicht mehr um Schloßmusiken im Freien, sondern um angenehme Untermalung bei der Tafel und um Tanzmusik. Auf den Besoldungslisten der Hofhaltungen rücken infolgedessen die Streicher, die hierfür notwendig waren, auf den zweiten Platz hinter die Trompeter, aber vor die Sänger. In dieser Zeit der immer prunkvoller werdenden Operninszenierungen wurde am Etat der Musiker gespart, doch konnte man schlecht ganz auf sie verzichten. Immerhin bildete sich an den Höfen eine Musiktradition, die allerlei Ständchen, Konzerte und schließlich

Kaiser Maximilian I. *war ein großer Musikliebhaber und spielte selbst verschiedene Instrumente. Dieser Holzschnitt (1. Hälfte 16. Jh.) zeigt ihn zusammen mit seinen Hofmusikern und gibt einen guten Überblick über die Vielfalt der damaligen Instrumente. Österreichische Nationalbibliothek, Bildarchiv, Wien.*

auch kleinere Opern umfaßte, und zur Raumausstattung eines jeden neuen Schlosses gehörte ein Saal, in dem solche Aufführungen stattfinden konnten.

Im 16. Jahrhundert bildete sich auch der Begriff Konzert, aus dem italienischen »concerto« abgeleitet und zunächst in den verschiedensten Zusammenhängen gebraucht. Der soziale Status der Musiker, die bei Hofe angestellt waren, muß damals, vor dem Dreißigjährigen Krieg, bebemerkenswert hoch gewesen sein. Man kann dies einem Stammbuch des sogenannten Stuttgarter Lusthauses entnehmen, in dem bis zum Beginn dieses Jahrhunderts musikalische Ereignisse stattfanden und das bis ins frühe 17. Jahrhundert als eine Art musikalischer Chronik zurückreicht. Aus dem 17. Jahrhundert gibt es auch die ersten Musikerbiographien, denn inzwischen ist der Musikus ein regelrechter Lehrberuf geworden.

Die Entwicklung der Instrumente ist noch nicht abgeschlossen und noch durch manche Erfindung bereichert worden, so durch das Waldhorn, das Ende des 17. Jahrhunderts aus dem Jagd- und Posthorn hervorgegangen ist, oder das Saxophon, das erst um 1840 von dem Instrumentenbauer Adolphe Sax entwickelt worden ist.

Während des Barocks wuchsen die Kapellen, nun Orchester genannt, und die reichere Instrumentierung forderte entsprechenden Personalaufwand. So spielten den »Orpheus« von Monteverdi bereits 34 Spieler, davon zehn Blasinstrumente wie Posaune, Clarino und Flöte. Händel hat etwa 25–30 Spieler gehabt, eine Besetzung, die Johann Sebastian Bach in einer Denkschrift an die Leipziger Ratsherren vergeblich gefordert hat, und Mozart verfügte für die Aufführung seiner Oper »Mithridates« in Mailand im Jahre 1770 über 57 Musiker, davon allein 28 Violinen, 6 Bratschen und 2 Kontrabässe. Die Konzerte, gleich welcher Art, sind aber noch weit ins 17. Jahrhundert hinein rein unterhaltsamer Art, und selbst das Air aus der D-Dur-Orchestersuite Bachs, heute ein Stück von getragener Feierlichkeit, war als Hintergrundmusik gedacht.

Den entscheidenden Impuls bezog die Entwicklung der Musik im 17. Jahrhundert von der Oper, und auch hier war der Rückgriff auf antike Formen ein auslösendes Moment.

Vom Birngarten zur Peking-Oper

In den Fruchtbarkeitskulten der frühen Ackerbauer waren Tanz, Gesang, Musik und Pantomime zu einem einzigen Ausdruck von Ekstase, von Außersichsein, verschmolzen, und jedes dieser Mittel diente zur Steigerung eines Erlebnisses, das den gesamten Menschen erfaßte und in Beziehung zur Gottheit setzte. Die sogenannten Eingeborenentänze heutiger Kulturfilme geben einen schwachen Eindruck von der Gewalt solch kollektiver Veranstaltungen, die nach einem bestimmten Ritual durchgeführt wurden und das Leben des Stammes oder Volkes prägten. Nur in wenigen Hochkulturen haben sich aus diesem Ritual einzelne Gattungen gelöst und sind, getrennt von ihrem religiösen Ursprung, zur Kunstform geworden. In Indien kann das indische Tanzdrama Kathali, das aus dem Hinduismus entstanden ist, zur Kunst gezählt werden. In Japan ist es das bereits geschilderte Kabuki und in China die weltberühmte Peking-Oper.

Tatsächlich haben nur Europa und China diese spezielle Form des musikalischen Dramas entwickelt, die in China bis weit in die Zeit des Schattenspiels zurückgeht. Diese Spielform mit Figuren aus Esels- oder Büffelhaut hat bisher der Wissenschaft Rätsel aufgegeben, denn mit Sicherheit läßt sich nicht sagen, ob sie aus der Türkei über Südasien nach China gewandert ist oder umgekehrt. Die Zusammenhänge sind jedenfalls unbezweifelbar, und so stellte das Schattenspiel, in China etwa um das 2. Jahrhundert v. Chr. entstanden, eine bereits kultivierte Spielform dar, verglichen mit den damaligen Schamanen- und Tiermaskentänzen und den Vorführungen der Gaukler und Akrobaten, die auf einem erhöhten Holzpodest wie das römische Straßentheater ihre Künste vorführten. Über die Einführung des Schattenspiels in China gibt es eine unglaubwürdige, aber sehr reizvolle Legende: Im Jahre 121 v. Chr. soll vor dem Kaiser Wu Tin ein Mann namens Schao Wong erschienen sein, der die Kunst der Ahnen- und Geisterbeschwörung in besonderem Maße beherrschte. Dem Kaiser ließ er nachts die Gestalt des Herdgottes sowie auch seine jüngst verstorbene junge Lieblingsfrau erscheinen. Der Kaiser erblickte beide hinter einem Vorhang in weiter Ferne, aber unverkennbar ähnlich. Begeistert und dankbar verlieh er Schao Wong den Titel »Marschall der gelehrten Vollkommenheit«, überhäufte ihn mit Geschenken und behandelte ihn mit äußerster Aufmerksamkeit. Schao Wong scheint aber nicht alle Versprechungen eingelöst zu haben, denn nach zwei Jahren wurde er selbst hingerichtet und somit in einen Geist verwandelt, in aller Heimlichkeit, während das Schattenspiel weiter vorgeführt wurde, nun nicht mehr als Geisterbeschwörung, sondern als Zeitvertreib.

Der entscheidende Schritt zur Entstehung eines chinesischen Theaters, das wiederum der Oper vorausging, fällt in die kulturelle Blütezeit der Tang-Dynastie (618–907). In dieser Zeit verdrängte das neu erfundene Porzellan die immer seltener werdenden Kupfergeräte, der Buddhismus führte zur Intensivierung des Teeanbaus, weil die Mönche den Tee liebten, um sich bei ihren Messen wachhalten zu können, und ein blühendes, auf staatliche Vorräte gegründetes Wirtschaftsleben begünstigte das kulturelle Leben. Vor allem die Poesie und die Kurzgeschichte wurden damals geschätzt, und zwar die von Mund zu Mund erzählte Kurzgeschichte. Man wertete sie damals als Äußerungen des Volkes, auf die man achten müsse, wenn man nicht am Volk vorbeiregieren wolle. Konfuzius hatte gesagt: »Auch wenn es sich um kleine Wege handelt, muß man achtgeben. Wer weithin wandert, fürchtet den Schlamm.« Damit war gemeint, daß der Herrscher auch kleine, scheinbar unbedeutende Äußerungen des Volkes aufmerksam beobachten müsse. So wundert es nicht, daß im damaligen China Beamte ausgeschickt wurden, alles aufzuzeichnen, was sie an Geschichten, Liedern und Redensarten auf den Straßen und Plätzen belauschen konnten. Es entstanden in dieser Zeit wichtige literarische Werke, auch kann man einige dieser Erzählungen als regelrechte Kriminalgeschichten bezeichnen. Zur öffentlichen Unterhaltung zählten auch die Mönche, welche auf den Straßen die Pien-wên vortrugen. Es sind dies buddhistische Heiligenlegenden, die dem Volk auf eine bestimmte Art nahegebracht wurden und eine durchaus legitime Kunstgattung geworden sind.

Der bedeutendste Kaiser jener Epoche ist Ming Huang, der unter dem Kaisernamen Hsuan-stung (712–755) als eine Art »roi de soleil«, als Sonnenkönig gleichsam, in die chinesische Geschichte eingegangen ist. Offenbar war er an allen schönen Künsten interessiert, liebte Pferde und Frauen, Ballett und Polo, Jagd und Musik. Er hat 714 eine Musikakademie gegründet und, wie der Chronist erzählt, die »zerstreuten Blumen der Poesie, der Musik und des Tanzes zum Kranze des Dramas verflochten«. China war ein Beamtenstaat auf feudalistischer Grundlage, nichts geschah, was nicht von Beamten verwaltet worden wäre. Die neueingerichtete Intendantur zur Pflege der Instrumentalmusik und Komposition wurde ergänzt durch eine Schauspielschule, den sogenannten »Birngarten«, die 300 jungen Männern eine sorgfältige Ausbildung in Tanz, Gesang und Musik sicherte. Der Kaiser persönlich überwachte ihren Studiengang und überzeugte sich täglich von ihren Fortschritten. Auf seinen Befehl wurde eine Schar von jungen Mädchen, die er persönlich ausgesucht hatte, im »Garten des immerwährenden Frühlings« im Tanz unterrichtet. Offenbar spielte seine Lieblingsfrau Kuei-fei dabei eine gewisse Rolle, denn ihr zuliebe soll er das Narrengewand getragen und mit den jungen Schauspielern kleine Szenen geprobt haben.

Schon damals ist die »Ärmelsprache« als theatralisches Ausdrucksmittel entwickelt worden, die im chinesischen Theater eine ähnliche Rolle spielt wie die Fingersprache im indischen Tempeltanz. Es war eine der sittlichen Forderungen des Konfuzius, den Körper soweit wie möglich zu verhüllen. Die Maske in ihrer fernöstlichen Form der Schminkmaske und die Kleidung wurden zum Mittel des Spiels, das durch die Geste Illusionen schaffen mußte, denn das fernöstliche Theater kannte weder Bühnenbilder noch Requisiten. »Weiße Ärmel, die die Leichtigkeit von Schmetterlingsflügeln, doch auch die Niedergeschlagenheit von Fledermäusen haben, und Hände von Alabaster. Bei Frauen und jungen Helden sind die Handflächen rosig geschminkt, geschmeidig und biegsam, als besäßen sie keine Gelenke. Sie wirken auch aus größerer Entfernung.« In der Kunst solcher Bewegungen wurden die jungen Mädchen sorgfältig geschult und dem kunstliebenden Kaiser, der ein sicheres künstlerisches Urteil hatte, vorgeführt.

Dieser Kaiser mit seiner Konkubine hat die Phantasie der Chinesen etwa so beschäftigt wie die Europäer die Liebesgeschichte von Romeo und Julia, das Paar gehört zu den klassischen Liebenden und hat dem Theater und der Oper immer wieder Themen geliefert. Eines dieser Stücke, »Die betrunkene Schönheit«, schlug in einer Bearbeitung die Brücke zur Peking-Oper und gehörte später zu ihrem ständigen Repertoire. Die chinesischen Stücke, die den Kaiser und seine Geliebte in bestimmten Situationen und Verwicklungen zeigen, zielen nicht auf die Charakterisierung, nicht auf die Dramatik der Handlung, sondern auf das Wesen der Situation, auf die inneren Bedingtheiten. Einige hundert Jahre lang wurden diese Stücke ziemlich unverändert gespielt. Etwa nach der Jahrtausendwende tauchen dann die ersten historischen Stoffe auf, ein wichtiger Schritt, der ja auch bei der griechischen Tragödie einen Fortschritt, zumindest eine Erweiterung der Thematik gebracht hat.

Daß schon damals das Theater von einer Regierung bewußt gefördert wurde, um das Volk über seine politische Situation hinwegzutäuschen, scheint während der Zeit der südlichen Sung-Dynastie (960–1126) der Fall gewesen zu sein. Man versuchte zu vergessen, daß der chinesiche Norden sich in der Hand der Barbaren befand und von der Yüan-Dynastie regiert wurde. Unter den letzten drei kaiserlichen Dynastien Chinas vollzog sich die kulturelle Spaltung zwischen dem Norden und dem Süden. Im Süden sollten die vielfältigen Zerstreuungen, auch die Theater, über die wahre Lage hinwegtäuschen, dort war das Theater etwas »französischer«, etwas frivoler und lebensvoller als im Norden. Im Norden schrieb man die Stücke in einem naturalistischeren Idiom als bisher, auch erweiterte sich der Personenkreis gegenüber dem bisherigen, aus dem höfischen Milieu erwachsenen Ensemble, das wie bei der Commedia dell'arte auf fest umschriebenen Typen beruhte. Der Chinese vergleicht das Drama des Nordens mit der Pracht der Päonie, das Drama des Südens mit der stillen Glut der Pflaumenblüte. Man meint damit, der Norden böte die Konflikte zwischen Liebe und Pflicht, Staatsmoral und kindlicher Ethik, der Süden die weiblicheren Probleme, den sinnlicheren, wenn auch stilleren Reiz. Erst die Verschmelzung beider Richtungen, vor allem die Verbindung der Tonsysteme aus dem Norden und dem Süden, schuf die Voraussetzung für die sogenannte Peking-Oper, eine Kunstform, die auch heute noch, von allen feudalistischen Spuren gereinigt, zur Agitation der Massen benutzt wird und noch heute Männer in Frauenrollen auf die Bühne bringt wie vor vielen hundert Jahren. Eine bestimmte Szene aus dem klassischen Werk »Vier Träume der Yu-Ming-Halle« wurde von dem berühmtesten Frauendarsteller der Peking-Oper, Mei Lan-fang, noch bis zu seinem Tod im Jahre 1961 so meisterhaft gespielt, daß die Illusion für den Chinesen vollkommen war. Es geht in diesem Stück um den durch Gewalt verursachten Irrsinn eines jungen Weibes, das seine eigene Schönheit zerstört, um sich dem Verlangen des Kaisers zu entziehen.

Es gab kein chinesisches Theaterstück ohne Musik, aber die Musik allein macht noch keine Oper. Auch das lyrisch-musikalische Singspiel der Ming-Zeit kann nur als Vorläuferin der Peking-Oper bezeichnet werden. Erst als Kaiser Ch'ien Lung (1736–1795), ein Zeitgenosse Friedrichs des Großen, sich persönlich um die Theater kümmerte, sie auch in der Provinz unverhofft inspizierte und neue Impulse gab, entstand die weltberühmte Peking-Oper, die in der Welt nicht ihresgleichen hat und nur mit den Ensembles der klassischen europäischen Hoftheater verglichen werden kann.

Diese Ensembles, ursprünglich vom Kaiser selbst zusammengestellt und überwacht – was für glückliche Zeiten, in denen sich der Kaiser eines Weltreiches um seine Theater kümmern konnte! –, waren auf genaues Zusammenspiel angehalten, doch ereignete sich vor diesem Hintergrund das Schauspiel der Starkunst. Jeder Schauspieler ist, schon von Jugend auf, in seinem Typ auf eines der Rollenfächer festgelegt, und er gestaltet nicht nur seine Schminkmaske entsprechend, ein Meisterwerk der Gesichtsbemalung, sondern übt auch seine Stimme ein, je nachdem, ob er einen Bösewicht oder einen Feldherrn, einen Diener oder eine junge Geliebte spielt. Ausgeprägt ist die Farbsymbolik der Maske, die mit Blau die Grobheit und Zügellosigkeit, mit Gelb Verschlossenheit und Klugheit, mit Weiß verworfene rohe Menschen und mit Grün das Gesicht von Dämonen und Teufeln anzeigt. Die Art der Darstellung erinnert an die Pantomime, auch hier ist es ja ein analphabetisches Publikum, an das man sich wendet, ähnlich wie bei der Commedia dell'arte. Alle Körperbewegungen sind reiner Ausdruck, verschlüsselt durch den gegebenen Typus, und jeder Schauspieler ist gewohnt, sich selbst zu schminken; er geht ja von klein auf mit dem Pinsel um. Während des Schminkens wird das Gesicht in die zum Typ gehörigen Falten verzogen, die dann mit großer Ausdruckskraft nachgezogen und gestaltet werden. Tatsächlich wird auf diese Weise das menschliche Gesicht, wie beim japanischen No-Spiel, zum Kunstwerk. Kopfputz und die entsprechend bedeutsame Kleidung vervollständigen das Bild. Auch die Bärte der chinesischen Rollen haben ihre Signalfunktion: Der bis auf den Leib reichende Vollbart zeigt Wohlstand an, der schüttere Bart aus drei dünnen Strähnen den Gelehrten, während ein dichter und kurzer Bart Grobheit und Genußsucht anzeigt. Selbstverständlich ist auch die Art, den Bart zu streichen und mit ihm umzugehen, ritualisiert.

Die Peking-Oper hat substantiell klassische Motive aus der Romanliteratur verwertet und sie in kurzen Szenen vorgetragen, und ihre anspruchslosen Libretti blieben ursprünglich Eigentum der rivalisierenden Schauspieltrupps. Erst gegen Ende des 18. Jahrhunderts finden sich die ersten Textsammlungen, die aber bedeutungslos bleiben: Nicht der Inhalt des Gebotenen interessiert, sondern die Art der Darstellung.

Bis zur Machtübernahme durch die Kommunisten unter Mao ist die Peking-Oper, eine Art Gesamtkunstwerk aus Tanz, Pantomime, Gesang und Rezitation, unverändert geblieben. Erst die kulturelle Revolution hat der Peking-Oper auch eine neue Form gegeben und sie westlichen Vorstellungen angeglichen. Immerhin ist sie noch fremdartig genug, und so gehen und kommen die Zuschauer während der Vorstellung, man begrüßt auf der Bühne Bekannte, unterhält sich und spuckt in aller Ruhe seine Melonenkerne auf die Bretter, die die Welt bedeuten, während der »Barbar« sein spezielles Rezitativ von sich gibt. Eine Oper im westlichen Sinn, ein musikalisches Drama mit individuellem Charakter und einem konsequent durchgeführten musikalischen Stil, ist die Peking-Oper nicht, und doch ähneln ihre Entwicklungsschritte in mancher Hinsicht der europäischen Oper.

Galileis griechische Tragödien

Die Kunstform Oper ist in Italien im Jahre 1597 zur Welt gekommen und verdankt ihre Existenz einem fundamentalen Irrtum. Dieses »dramma per musica«, wie man damals die Oper nannte, sollte nach der Absicht ihrer Schöpfer die ursprüngliche antike Tragödie wieder auf die Bühne bringen, und erst zögernd, dann immer unbedenklicher befreite sie sich von dieser Zwangsvorstellung. Sie ist die Herrscherin des barocken Zeitalters geworden. Die Antike, wie man sie damals verstand, lieferte auch hier den Anstoß zur Entstehung der Oper.

In Florenz hatte sich ein Zirkel von Intellektuellen gebildet, die »camerata« im Hause des Grafen Bardi, zu der auch, neben Musikern, Malern und Dichtern, der Vater des Galileo Galilei gehörte. Galilei der Ältere hatte nun drei altgriechische Hymnen des Mesomedes entdeckt, des berühmten griechischen Lyrikers und Kitharöden (griechisch: Sänger zur Kithara) aus dem 2. nachchristlichen Jahrhundert. Die erhaltenen Hymnen, von denen es mehrere gibt, sind in der griechischen Notenschrift festgehalten, und Galilei kam zu dem Schluß, daß es sich um instrumental begleitete Sologesänge handeln müsse, obwohl er die Notation nicht entziffern konnte. Er publizierte eine Arbeit, »Dialogo della musica antica e moderna«, in der er erklärte, die griechischen Tragödien seien auf Rezitative aufgebaut; er glaubte auf diese Weise ein neues Verständnis für die griechische Tragödie erschließen zu können. Sein ganzer Zorn richtete sich gegen die Musik seiner Zeit, den »Irrsinn des Kontrapunktes«, weil seiner Meinung nach der volle Gehalt einer dramatischen Dichtung nicht durch das Linienwerk eines vielstimmigen Gesanges ausgedrückt werden könne.

In der Tat beherrschte der Kontrapunkt die musikalische Szenerie. Man versteht darunter die Kunst, die Stimmen eines mehrstimmigen Musikstückes selbständig nach gewissen tonalen Gesetzen der Harmonielehre zu führen. In der Gotik hatte es eine echt einstimmige Musik und eine »monströs dissonante« mehrstimmige Musik gegeben, die im Laufe der Zeit von den Dissonanzen gereinigt und im Sinne der Harmonie aus Dur- und Moll-Tonarten in die Klanggerüste totaler Kadenzen eingebettet wurde. Die Kadenz, hier nicht als improvisierter Soloteil im Instrumentalkonzert, sondern als abschließende Akkordfolge verstanden, ist ein wesentlicher Bestandteil der abendländischen Musik geworden und hat die Musik der letzten dreihundert Jahre, die eine tonale, also zusammenklingende Musik ist, wesentlich bestimmt. Immer klarer wurde das Klangbild, immer polyphoner die Stimmführung, bis man in der Renaissance die Polarität der Tonarten entdeckte und eine Stimme heraushob, um sie den anderen Stimmen überzuordnen. Die auf diese Weise »genormten« Akkorde und die Tonarten in Dur und Moll bildeten so ein System von gegenseitigen Beziehungen, das ein immer zwingenderes Formengerüst hervorrief. Diese Entwicklung zur Tonalität vom 17. bis zum 19. Jahrhundert ist für die abendländische Musik charakteristisch geworden und hat ihre Weltgeltung begründet. In allen Kulturvölkern der Welt wird diese Musikform gepflegt, ihre Meister von Schütz und Bach bis zu Mozart, Beethoven und Berlioz, Schubert und Tschaikowski beherrschen noch heute die Konzertprogramme zwischen Melbourne und Toronto. In der Aufführungspraxis des Barocks hatte sich der sogenannte Generalbaß durchgesetzt, der dieser Tonalität Rechnung trug. Das heißt, daß die Sänger oder Instrumentalisten aus dem Stegreif von einem Generalbaßinstrument begleitet wurden, etwa einer Orgel, verstärkt durch eine Gambe, später auch durch Posaune, Fagott oder durch Violen. In Italien hat sich dieser Generalbaß zuerst eingebürgert, und hier entstand auch der »basso continuo«, der aus einem Harmonieinstrument und einem verstärkenden Instrument bestehende »dauernde Baß«.

Der Musikliebhaber Galilei wandte sich nicht gegen die Tonalität, sondern dagegen, daß eine Dichtung mit vielstimmigen Chören vertont wurde. Er forderte einen Sprechgesang, das Rezitativ, den er für antik hielt, und vertonte selbst in diesem Stil eine Szene aus Dantes »Inferno« und die Klagelieder des Propheten Jeremias. Galileis Gedanken zogen weite Kreise, und als Ergebnis dieser Diskussionen über die ursprüngliche Tragödie schrieb einer aus der Runde der »camerata«, der Dichter Rinuccini, ein ländliches Stück aus dem antiken Arkadien, dessen Dialoge der Komponist Jakopo Peri (1561–1633) im »stilo recitativo« vertonte. Man glaubte, auf diese Weise einen höheren Grad an Natürlichkeit erreichen zu können, und empfand die neue Formsprache als revolutionär, gerade weil sie das antike Erbe wiederzubeschwören schien wie kaum eine andere Kunst. Drei Jahre nach Vincenzo Galileis Tod wurde im Jahre 1597 vor einem ausgewählten Kreis von Kennern die erste Oper der Welt, »Daphne«, aufgeführt. Es war im Grunde eine Art Schäferspiel, für das Rinuccini den Text, Jakopo Peri die angeblich antike Musik und Gulio Caccini die Gesangseinlagen geschrieben hatte. Einige Jahre später, als das Werk wiederum aufgeführt wurde, beglückwünschte man den Gastgeber Corsi, den Komponisten und den Verfasser des Librettos zur Wiedererweckung des antiken Dramas.

Die beiden Autoren machten sich an ein neues Werk, das zum Urbild zahlloser Orpheus-Opern wurde. Es hieß »Euridice« und enthielt alle Elemente der späteren großen Opern, nämlich Monologe und Dialoge im »stilo recitativo«, einige Chöre, die in knappen Wechselgesängen die Handlung auf der Bühne begleiteten, und einen freudigen Schluß, der zum mehrstimmigen Chorgesang noch Tänze brachte. Beispielhaft war auch der Klagegesang des Orpheus, das »Lamento«, der von vielen Komponisten des Barocks nachgeahmt worden ist. Das Orchester dieses »dramma per musica« umfaßte Clavicembalo, Chitarrone und Tenorlaute sowie eine sogenannte Lira grande, ein Saiteninstrument. Auch waren für die Schäferszenen drei

Szenenbild *aus der Oper »Theophane«, nach einem Entwurf von Alessandro Mauro, 1719. Lavierte Federzeichnung. Kupferstichkabinett, Dresden.*

Flöten vorgeschrieben, um dem Griechentum möglichst nahe zu kommen. Stets führte die Dichtung gegenüber der Musik, und so gelang es, mit diesem für unsere Ohren höchst langweiligen und fragwürdigen Werk einen sensationellen Erfolg zu erringen. »Euridice« wurde im Jahre 1600 anläßlich der Hochzeit Heinrichs IV. von Frankreich mit Maria von Medici in Florenz aufgeführt, und die Zuschauer waren begeistert. Tatsächlich sah man zum ersten Male Sänger auf der Bühne, die eine bewegte Handlung nicht nur vortrugen, sondern darstellten, und die Art und Weise, wie sie näselten und rezitierten, wie sie gespreizt gestikulierten und ganz in der Würde ihrer stilisierten Rolle aufgingen, wurde mit Seufzen und Staunen als Belebung griechischer Dramatik erlebt – das war für die damalige Gesellschaft so echt und so revolutionär wie die Südseeromantik für die Gesellschaft eines Rousseau.

Der Erfolg der »Euridice« wirkte auf viele Komponisten unwiderstehlich. Erstaunlicherweise aber griffen sie nicht in den Fundus der antiken Mythologie, sondern hielten sich, man weiß nicht aus welchen Gründen, zunächst getreulich an die Themen Daphne und Orpheus. Zwar waren gerade von diesen Gestalten keine antiken Bühnentexte überliefert, im Gegensatz etwa zu den Dramen der griechischen Klassiker, aber der Erfolg hatte ihre Lebenskräftigkeit bewiesen, und so entstanden derartige Opern in großer Anzahl. Es scheint, als habe der Stoff sehr bald überhaupt nur noch als Anlaß für ein bestimmtes Ritual gedient, das nun in den Grundzügen festgelegt war.

Eine besondere Rolle spielte bei diesen Opern die Bühnendekoration, die in diesem von Mechanik besessenen Zeitalter schon vorher weit entwickelt war, nun aber ganz in den Dienst der Oper trat. »An äußerem Prunk haben die Opernvorstellungen der Barockzeit alle ihre Nachfolger übertroffen. Man sah die Zwietracht auf ihrem Drachenwagen und Pallas Athene in ihrer Eulenkutsche durch die Lüfte schweben, Jupiter und Apoll in den Wolken thronen und das Schiff des Paris durch Wind und Wetter steuern; die Unterwelt spie Geister und Ungeheuer aus ihrem roten Rachen; Pferde und Büffel, Elefanten und Kamele zogen vorüber; Truppenkörper von oft vielen hundert Menschen defilierten, lieferten Gefechte, beschossen Festungen; der Himmel mit Sonne und Mond, Sternen und farbigen Kometen spielte fast ununterbrochen mit. Bernini, der Meister aller dieser Künste, zeigte einmal die Engelsburg und davor den rauschenden Tiber mit Kähnen und Menschen: Plötzlich riß der Damm, der den Fluß vom Zuschauerraum trennte, und die Wellen stürzten dem Publikum mit solcher Wucht entgegen, daß es entsetzt die Flucht ergriff; aber Bernini hatte alles so genau berechnet, daß das Wasser vor der ersten Reihe haltmachte. Ein andermal brachte er einen glänzenden Karnevalszug auf die Bühne, an der Spitze Maskierte mit Fackeln: Ein Teil der Kulissen geriet in Brand, alles begann davonzulaufen; aber auf ein Zeichen erloschen die Flammen, und die Bühne verwandelte sich in einen blühenden Garten, in dem ein feister Esel ruhig graste.«

Wieder einmal sind alle Künste Dienerin der Illusion, und nichts wünscht der Veranstalter mehr, als die Natur auf spektakuläre Weise nachahmen zu können. Das Jahr, in dem der erste Orpheus der Opernliteratur die Bühne betrat, ist zugleich das Jahr, in dem Giordano Bruno auf dem Scheiterhaufen endete, der Mann, der die Unendlichkeit des Weltraumes vorgedacht hatte, ehe andere sie durch ihre Teleskope sahen. Ein neues kosmisches Lebensgefühl bereitet sich vor, die Naturwissenschaften beginnen in immer stärkerem Maß das Denken der Menschen zu beschäftigen, aber politisch setzt sich der Absolutismus durch, eine Form des Herrschertums, die den König zum Mittelpunkt nicht nur des Staates, sondern eines eigenen Universums werden läßt. Die Oper ist untrennbar mit den Fürstenhöfen des 17. und 18. Jahrhunderts verbunden, ihre Pflege galt als Ausweis für ein gewisses Interesse an Kultur, das heißt noch immer an antiker Form.

Der erste wirkliche Meister der neuen Formsprache war, als die erste Oper »Daphne« aufgeführt wurde, genau 30 Jahre alt. Schon 1590 hatte der aus Cremona stammende Claudio Monteverdi (1567–1643) eine Anstellung als Violaspieler und Sänger am Hofe des Herzogs von Mantua bekommen und war 1604 zum

Hofkapellmeister ernannt worden. Bei den Karnevalsfestlichkeiten im Jahre 1607 trat Monteverdi zum ersten Male als Komponist hervor, und zwar mit der Vertonung eines Textes von Alessandro Striggio mit dem Titel »Orfeo«. Hier war zum ersten Male der ursprüngliche Ausgang des Mythos dargestellt, nämlich der Verlust der Eurydike an die Unterwelt, den das Werk des Rinuccini vermieden hatte. Der Erfolg war so unglaublich, daß man an allen Fürstenhöfen Italiens von dem Werk und seinem bisher unbekannten Meister sprach. Am 24. März 1607 war das zunächst beim Karneval aufgeführte Werk vor der Hofgesellschaft wiederholt worden, und damit war der Ruhm des Monteverdi gesichert. Es sei unmöglich, schwärmten die Verehrer des Musikers, im Gleichklang von Dichtung und Musik besser die Gefühle der Seele auszudrücken, als es im »Orfeo« gelungen sei. Monteverdi, der mit dem Grafen Gonzaga von Mantua viel gereist war, hatte sich als Madrigalist längst einen Namen gemacht, ehe er mit der Oper den durchschlagenden Erfolg errang. Er hielt von den geistigen Zielen der »camerata« wenig, hat sich aber stets dazu bekannt, daß die Sprache die Herrin der Musik bleiben müsse. In seiner nächsten Oper »Arianna« schrieb er einen Klagegesang der Ariadne, der zur berühmtesten dramatischen Arie der Zeit wurde und deren Sängerin Virginia Andreini die erste Primadonna der Oper gewesen ist. Ihr Gesang begründete Monteverdis Ruhm; zwar wurden die meisten Frauenrollen noch von Kastraten gesungen, aber auf weite Sicht setzten sich Sängerinnen durch, und es begann die Zeit der Primadonnen.

Das Kastratentum italienischer Sänger war ein Überbleibsel aus vergangenen Zeiten, als es für unmöglich erachtet wurde, Frauen in der Sixtinischen Kapelle singen zu lassen und das Weib als Werkzeug des Teufels in Erscheinung treten zu lassen. Knabenstimmen reichten für den neuen »kolorierten« Gesang nicht aus, und so nahm man Kastraten, wie man sie im Orient kennengelernt hatte. Später hat einer der Päpste sogar für die Bühne die Beschäftigung weiblicher Stimmen verboten, so wurde der als Sänger ausgebildete Kastrat ein begehrter Mann. Meist waren diese Kastraten überzählige Söhne von armen Leuten, die mit ihrer Stimme Karriere machten wie heute ein Fußballprofi mit seinen Beinen. Man hofierte sie, protegierte sie, überschüttete sie mit Reichtümern und liebte den »bel canto« der Kopfstimmen, wie auch die Kastraten selbst in ihre Stimmen verliebt waren. Daß nun tatsächlich Frauen auf der Bühne singen sollten, stellte einen Bruch mit liebgewordenen Gewohnheiten dar und machte Sensation. Monteverdi ist fünf Jahre am Hof zu Mantua geblieben, dann folgte er einem Ruf nach Venedig. In dieser kapitalistischen Stadt mit ihrem unglaublichen Repräsentationsbedürfnis wurde 1637 das erste Opernhaus der Welt eröffnet, dessen Kapellmeister Monteverdi war. Als Eröffnungsvorstellung wurde »Andromeda« gegeben, eine Oper des Librettisten, Komponisten und Musikers Benedetto Ferrari, dessen zähe Bemühungen die Gründung des »Teatro di San Cassinao« zu verdanken war.

Bald stellte sich heraus, daß man an Opern Geld verdienen konnte – der Begriff »Oper« (lateinisch opera: Werke) ist zuerst von einem Schüler Monteverdis gebraucht worden –, und jedermann in Venedig wollte sich an diesem Geschäft beteiligen. Wie in der Stummfilmzeit das Kino, so befriedigte diese neue Kunstform das Schaubedürfnis der Menge, die mit niedrigen Eintrittspreisen gelockt wurde. So gab es schon nach wenigen Jahren in Venedig ein halbes Dutzend solcher Opterntheater, und jeder gutsituierte Mann mietete für seine Familie eine Loge oder betätigte sich als Mäzen. Während der Karnevalszeit spielten in Venedig alle Häuser gleichzeitig, und der Bedarf an geschulten Sängern und Sängerinnen wuchs ständig, zumal man jetzt auch in Neapel, Florenz, Rom, Bologna, Genua und Modena Opern spielte. Nach Wien kam die Oper durch die Gattin des Kaisers Ferdinand II., die aus dem Hause Gonzaga stammte, aber auch Salzburg und Prag eröffneten eigene Häuser.

Die erste deutschsprachige Opernaufführung ist dem Dichter Martin Opitz und dem Komponisten Heinrich Schütz zu verdanken, und auch hier bot eine Fürstenhochzeit den geeigneten Rahmen. Als der Landgraf Georg von Hessen-Darmstadt die sächsische Prinzessin Luise heiratete, wurde jene »Daphne« aufgeführt, die Rinuccini und Peri geschrieben hatten, nur eben war sie auf deutsch umgeschrieben worden. Bis zum romantischen »Freischütz« von Carl Maria von Weber (1821) und zum »Fliegenden Holländer« von Richard Wagner und der Gründung eines Festspielhauses in Bayreuth vor hundert Jahren war es noch ein sehr weiter Weg. Noch heute gehört der Unterhalt von Opernhäusern zum kulturellen Repertoire, und man mißt, vor allem in Europa, den kulturellen Leistungsstand der bürgerlichen Gesellschaft gern am Niveau des jeweiligen Opernhauses. Diese Entwicklung geht aber weniger auf die Bedürfnisse des venezianischen Karnevals und die Opern am Hof zu Mantua zurück als auf den Hof Ludwigs XIV., der sich in der französischen Oper auf überzeugende Weise repräsentiert sah.

Lullys Oper

Der König der französischen Oper kam aus der Küche. Jean-Baptiste Lully (1632–1687) war seiner Herkunft nach Italiener, geboren in Florenz; er kam als Küchenjunge nach Paris zu Fräulein de Montpensier, fiel aber durch seine Begabung auf, so wurde er ihr Musikpage und machte eine Karriere, wie sie nur im damaligen Europa denkbar war. Bald spielte er eine der 24 »violons du roi Louis XIV.«, befand sich also in fester Position bei Hofe, trug Livree und hatte Umgang mit Musikern; den ersten Schritt nach oben hatte der Müllerssohn getan. 1652 ernannte der König ihn zum Chef dieses Orchesters, ein Jahr später zum Hofkomponisten. Geschmeidig mußte man seinen und den königlichen Launen zu dienen verstehen, das Handwerk verstand sich von selbst. Lully war auch Chef eines eigenen Kammerorchesters von 16 Violons geworden, die er zu höchster Perfektion brachte. Sein Ziel war die Unterhaltung und nichts als die Unterhaltung, von Kunst wurde nicht geredet. Für die königlichen Hoffeste in Versailles komponierte Lully so unverdrossen seine Ballette wie J. S. Bach seine Kantaten für die sonntäglichen Gottesdienste als Thomaskantor in Leipzig. Lully war von Geburt Italiener, und die aufregend interessante, neue Form der Unterhaltung, die Oper, war italienischen Ursprungs. Es lag nahe, daß Lully einen Schritt in diese Richtung tat und es mit einer Oper seines Landsmannes Monteverdi versuchte – aber er zögerte. Die italienische Oper war in Paris bekannt, aber nicht gut aufgenommen worden. Da spielten politische Animositäten zwischen Frankreich und Italien mit, auch lag den Franzosen die gefühlvolle Dramatik der Italiener nicht, die Kastraten fanden sie lächerlich – man liebt in Paris keine Männer, die keine Männer sind –, und die Zerstückelung der Sprache irritierte ein Publikum, das in seine Sprache verliebt war und Logik mehr schätzte als Glanz. Außerdem waren die krausen Libretti überhaupt nicht nach dem Sinn der französischen Kavaliere und ihrer Damen, sie entstammten einer fremden, abstrusen Mentalität.

Natürlich war die Oper, die erfolgreichste Form der Unterhaltung, eine Herausforderung für französische Komponisten und Autoren, und in der Tat schufen der Komponist Robert Cambert (1628–1677) und der Dichter Pierre Perrin (1620–1675) aus verschiedenen Elementen, dem »ballet de cour«, dem »comédie ballet« und Details der italienischen Oper, eine neue, französische Form der Unterhaltung, die sie »la pastorale« nannten. Es gelang ihnen, den König zu überzeugen, und so räumte ihnen der König 1659 eine Art Monopol ein für die öffentlichen Aufführungen ihrer Werke. Das war Gold wert, und so gründeten sie die »Académie royale de musique« und brachten im Jahre 1671 die erste französische Oper »Pomone« mit großem Erfolg heraus.

Solche Erfolge sind in wettbewerbsorientierten Gesellschaften lebensgefährlich für den Konkurrenten – und Lully wußte, wie jeder am Hof des Königs es von sich wußte, daß seine Stellung von etwas abhing, das so leicht seine Richtung änderte wie eine Flaumfeder. Auf die Verläßlichkeit seines Herrn konnte er nicht zählen, jeder Windzug konnte die königlichen Launen in eine andere Richtung treiben, und Erfolg zieht Erfolg nach sich. Bevor sich etwa Robert Cambert zum Herrn des königlichen Orchesters aufschwang oder noch höher stieg, mußte er unschädlich gemacht werden. Lully tat dies mit solchem Geschick, daß seine Konkurrenten die Gunst des Königs verloren. Immerhin hatte der roi de soleil, der König von Frankreich, bis zum Jahre 1671 in mehreren »comédie ballets« persönlich mitgetanzt, die Lully in Zusammenarbeit mit dem Schriftsteller Molière geschrieben hatte, immerhin waren in rund 20 Jahren etwa 30 »ballets héroiques« aus seiner Feder am Hofe aufgeführt worden, er hatte Verdienste und spielte sie aus. Sein Sieg war vollkommen, denn er selbst erhielt nun jene Privilegien zugeteilt, die der König seinen Vorgängern überlassen hatte; wie hätte der König auch einem so ehrgeizigen, rastlosen und leicht aufbrausenden Mann widerstehen können: Dieser Mann wußte, was er wollte, das imponierte ihm. Noch im gleichen Jahr inszenierte Lully ein aus älteren, eigenen Werken zusammengestelltes »pasticcio«, und von 1673 an erschien auf den Brettern jährlich eine neue Oper, die üblichen Ballette nicht gerechnet.

In Paris ging ohne Ballett nichts, vor allem nicht, seit der König mit seiner Familie höchstselbst an den Aufführungen mitgewirkt hatte. Allerdings darf man sich ein solches »comédie ballet« nicht wie eine moderne Tanztruppe vorstellen; diese damalige Form war eher eine Art Pantomime mit tänzerischen Einlagen. Im Jahre 1653 wurde das »ballet de nuit« gegeben, in dem König Ludwig XIV. als »roi de soleil« auftrat. Er trug bei dieser Gelegenheit einen riesigen Kopfputz aus goldenen Strahlen, der ihn zwang, sich höchst majestätisch zu bewegen. Wohl durch dieses Ballett wurde der Name, der erst nur im engsten Kreis der Höflinge eine Rolle gespielt und von dem Schmuck eines Gartenportals abgeleitet war, in die Öffentlichkeit getragen. Tatsächlich ist der König bis zum Jahre 1670, also noch mit 32 Jahren, als Tänzer aufgetreten, allerdings nicht als akrobatischer Ballettänzer, sondern in den höfisch-zeremoniellen Gesellschaftstänzen, die damals Mode waren. Erst als man auf diese Vorliebe des Königs anspielte, begriff Ludwig XIV., daß er sich etwas vergab, und tanzte nicht mehr.

Immerhin hatte seine Mitwirkung dem Ballett Bedeutsamkeit verliehen, und Lully wußte dies zu nutzen. Er führte deshalb die Balletteinlage in die Oper ein. Zunächst waren es nur männliche Schauspieler, die auf der Bühne die gravitätischen Zirkel schritten, doch als überaus gewagte Neuerung gab es auf Anweisung Lullys im Jahre 1681 im Tanzgedicht »Triumph der Liebe« erstmals weibliche Kräfte zu sehen, die Vorläuferinnen der großen Ballerinen und der kleinen Ballettratten, die in so vielen amourösen Beziehungen eine Rolle spielten. Das war für Paris eine Sensation ersten Ranges, obwohl die Damen sich streng an die höfische Etikette hielten. Sie trugen keineswegs Trikots oder Schleier, sondern hohe Schuhe mit Hacken, die schon fast Stelzen waren, schwere Reifröcke und mächtige Frisuren, und damit überhaupt nichts passieren konnte, waren sie sogar mit Masken versehen. Um die Zuschauer überhaupt erkennen zu lassen, was gemeint war, wurden die bedauernswerten Damen mit mythologischen Emblemen versehen. So trug die Bacchantin ein Pantherfell, die Flora ein Füllhorn, der Zephir einen Blasebalg.

Neben dem Ballett führte Lully eine weitere Neuerung ein, seine ureigenste Schöpfung, nämlich die Ouvertüre, die dem Zuschauer zunächst einmal einen Überblick über Thematik und Melodik des Werkes verschaffte. Erst mit diesen beiden Neuerungen war die Kunstform Oper für den französischen Geschmack genießbar, zumal Lully es verstand, seiner Epoche und seiner Gesellschaft zu schmeicheln und den Ton zu treffen, der gefragt war. Lully hatte mit Molière, Racine und Corneille zusammengearbeitet, den Klassikern der französischen Tragödie, aber er war nicht recht zufrieden; so ließ er sich später die Libretti nur noch von Quinault schreiben, einem unbedeutenden Textautor, der Lullys Wünschen gehorchte und doch die große Geste der Tragödie auf die Bühne zu bringen verstand.

In den Ouvertüren Lullys war das Bild von »Gravität und Lieblichkeit«, das dem Geschmack der Zeit entsprach, vollkommen verwirklicht und bietet ein ausgezeichnetes Beispiel dafür, wie sich gesellschaftliche Zustände in der Musik spiegeln können. Man glaubt in den großen, feierlichen Schreitrhythmen den Zug der Höflinge zu sehen, die Cour und das Defilee. Die punktierten Notenwerte erhielten durch zierliche Figuren der Oberstimme Grazie und durch dissonante Vorhalte eindrucksvolle Gewichtigkeit (Borris), jeder Zug einer solchen Ouvertüre verweist auf die Repräsentation am Hof des Sonnenkönigs, auf das Zeremoniell der Epoche.

Lullys Strenge und Klarheit hat die französische Musik nachhaltig beeinflußt. Es gibt aus seiner Hand auch einige Kirchenmusiken, von denen ein eindrucksvolles »Te Deum« die Zeit überdauert hat. Sein Ende ist eines Mannes würdig, der sich im Dienst der Musik aufgezehrt hat. Lully benutzte damals zum Taktschlagen nicht den kleinen Taktstock, wie er heute üblich ist, sondern einen langen Stab, den er auf den Boden aufstieß. Es heißt, er habe sich eines Tages den Fuß verletzt, als er mit seinem Stock habe den Takt geben wollen, und sich eine Blutvergiftung geholt, die ihm keine Hoffnung ließ. Ein Geistlicher sei gekommen und habe Lully ermahnt, für sein Seelenheil ein Opfer zu bringen. »Nun gut«, soll Lully erklärt haben, »ich werde mein letztes Werk verbrennen.« So geschah es, die Noten wurden im Kamin verbrannt, und Lully erhielt die Sterbesakramente. Draußen vor der Tür soll der Priester dann einen Freund des Todkranken getroffen und ihm sein Erlebnis erzählt haben. Dieser eilte ins Sterbezimmer und beschwor den Meister, wie er so etwas habe tun können. Darauf antwortete Lully mit letzter Kraft: »Ruhig, mein Freund – ich habe eine Abschrift ...« Diese Anekdote, so boshaft sie ist, kennzeichnet doch, wie man ihn gesehen hat: einen von seiner Arbeit besessenen Mann, der vor nichts Respekt hatte.

Ein feste Burg

Für die Baukunst hatte Luther keinen Sinn, die Dome des Mittelalters ließen ihn kalt, denn sie waren ihm nicht schlicht genug, auch die Malerei sagte ihm wenig. Ihm ging es nicht um allegorischen Prunk, um eine glänzende Kirche, sondern um die einfache Botschaft, um Klarheit und Ordnung. Die Musik vermittelt dem Menschen, der in den Wirren seiner Zeit befangen ist, jenes Gefühl von Ordnung, von Harmonie, das er auf der Erde nicht finden kann, sie scheint himmlisch und göttlich zu sein, verbunden mit den Geheimnissen der Schöpfung. Luther fand in der Musik »Trost bei Trübsinn und Anfechtungen«, und das wurde die Aufgabe der Musik auf Jahrhunderte hinaus (Friedenthal). Es hat Luther einige Mühe gekostet, an der Musik im Gottesdienst festzuhalten. Die Radikalen unter seinen Anhängern, nicht nur die Calvinisten, nahmen ihm denn auch seine Laschheit übel, und noch im Jahre 1524 mußte er sich in der Vorrede zum Choralstimmenbuch seines Freundes Walther verteidigen: »Ich bin nicht der Meinung, daß durchs Evangelium alle Künste sollten zu Boden geschlagen werden und vergehen, sondern ich wollt alle Künste, sonderlich die Musica, gerne im Dienste des, der sie geben und geschaffen hat.«

Damals stand Luther vor der Aufgabe, auch in den Einzelheiten den Gottesdienst nach dem Evangelium neu zu gestalten. So fragt er einmal im Kreis der Freunde, wer denn für die deutsche Messe Kirchengesänge beisteuern könne. Das Ergebnis ist recht mager, und so nimmt er selber den Gänsekiel zur Hand und beginnt Lieder zu schreiben. »Aus tiefer Not schrei ich zu dir« entsteht auf diese Weise nach dem Psalm »Aus der Tiefe rufe ich zu dir«; insgesamt 26 Lieder erscheinen in einem kleinen Heftchen, das ein Erfurter Buchhändler ohne Luthers Mitwirkung schnell auf den Markt wirft. Man weiß heute nicht mehr genau, welche Verszeilen, welche Lieder von Luther selbst und welche von seinen Freunden stammen. Aus Torgau wird der spätere Chormeister Johann Walther herangeholt, ferner der Musiker Rupf. Das erste »protestantische Liederbuch« erscheint 1524 als Frucht dieser kleinen Kantorei, die Lettern stammen aus der Werkstatt Lukas Cranachs, den Verleger macht der Leipziger Kantor Georg Rhaw, der als Flüchtling nach Wittenberg gekommen war und dort eine Notendruckerei eingerichtet hatte. Die Lieder sind ganz so entstanden, wie heute Hits geschrieben werden. Luther ging in der Stube auf und ab, summte die Melodie und textete – oft waren es uralte Melodien, die er aufnahm, wie im Falle des protestantischen Trutzliedes, des Chorals »Ein feste Burg ist unser Gott«, der zu Luthers Zeit noch wie ein Hymnus gesungen wurde und erst bei Bach den stürmischen Marschtritt bekommen hat, als sei es ein Sturm- und Schlachtlied.

Luther lebte in einer Welt, in der es vielfältige Arten von Musik gab: Ihm klangen die Pfeifen und Trommeln der Stadtpfeifer, die Weisen der fahrenden Spieler in den Ohren, er kannte die Festmusiken an der Tafel der großen Herren und alle die feierlichen Gesänge der römischen Liturgie – er lehnte das alles ab, weil es ihm einzig darum ging, das geistliche Leben zu stärken. »Wie kommt es nur«, meinte er einmal, »daß man im Weltlichen so manch feines Poem und so manch schönes Carmen hat, und im Geistlichen haben wir so faul, kalt Ding.«

Weil »der Teufel nicht alle schönen Weisen für sich zu haben brauche«, nahm Luther sie ihm fort. Der Anstoß, den er gab, wirkte mächtig weiter. Das war nicht nur eine Folge der protestantischen Lehre, sondern eine Wirkung der Umstände. Noch stets hat sich der Widerstandswille einer Masse in Geschrei oder auch in Gesang artikuliert, wenigstens in Europa. Die Marseillaise und die Internationale sind solche Gesänge, die wie Stürme vor dem Ausbruch des Gewitters auftauchen, längst bevor es Fahnen oder andere Symbole gibt. Auch das protestantische Kirchenlied war eine solche Sturmglocke, und ob im Trotz gesummt oder beim Sturm auf Kirchen und Klöster lauthals gesungen, es bewies seinen mitreißenden Schwung. Wie alle Neuerer baute Luther auf die Jugend, die alten »lasse man fahren«. Die Jugend aber sollte angepackt und aufgerüttelt werden, da waren die Kirchenlieder gerade recht, und so meint er, um des jungen Volkes willen müsse man »lesen, singen, predigen, schreiben, dichten, und wo es hilfreich und förderlich dazu wäre, wollte ich lassen mit allen Glocken läuten und mit allen Orgeln pfeifen und alles klingen lassen, was klingen könnte«.

Der musikalische Impuls, den Luther gab, der doch weder ein Dichter noch ein Musiker war, hat das literarische und musikalische Leben Europas tief beeinflußt. Die gesamte Kirchenmusik, die Oratorien eines Händel, Schütz, Bach und das gesamte Musikleben nach Bach sind ohne die musikalische Grundlage der Reformation sowenig denkbar wie die deutsche Sprache ohne die Lutherbibel. Das Kunstlied der Romantik, die Gesangskultur eines ganzen Volkes hat hier ihren Ursprung, ganz zu schweigen von dem reichen Liederschatz der Kirche, der freilich bald seine lutherische Kraft verlor und sich in frömmelnd gefühlvollen Texten gefiel.

Als Luther mit seiner Arbeit begann, hatte es vielfältige Musik, aber doch keine große Musik gegeben. Die Renaissance war eine Epoche der großartigen optischen Demonstration, bedingt durch die Bedürfnisse verschiedener Gesellschaftsklassen. Die Musik blieb Rankenwerk und Zeitvertreib, auch machte sich die Kluft zwischen geistlicher und weltlicher Musik störend bemerkbar. Seit dem 14. Jahrhundert hatte es ja eine immer größer werdende Vielfalt von Instrumenten gegeben, und die »ars nova«, die Kunst der Mehrstimmigkeit, begann sich auch in der geistlichen Komposition durchzusetzen. Ihren Namen hatte sie von einer Abhandlung von Philipp de Vitry (1291–1361) aus dem Jahre 1325, mit der die neuen musikalischen Errungenschaften der »ars antiqua« entgegengestellt wurden. Im Jahre 1322 erließ Papst Johann XXII. eine Bulle »Docta Sanctorum«, mit der er jeden bedrohte, der den Gregorianischen Choral mit weltlichen Gegenstimmen verband oder ihn gar ersetzte, wer musikalische Verzierungen benutzte, die nicht der Tradition entsprachen, und wer andere als die Kirchentonarten benutzte.

Die Kirchentonarten stammen aus Griechenland, wohin auch ihre Namen verweisen, z. B. Dorisch (d, e, f, g, a, h, c', d') oder Lydisch (f, g, a, h, c', d', e'). Auch zu Luthers Zeiten gab es diese alten Tonarten noch, denn die Dur- und Moll-Tonarten sind erst im 16. Jahrhundert entstanden, als die Hörweise der Gotik sich überlebte und Gioseffo Zarlino 1558 den Nachweis eines »Dualismus in der Natur der Zusammenklänge« erbrachte. Wenn die Musiker Luthers Kirchenlieder aufschrieben, so waren das keine Noten unserer Kenntnis, sondern höchst vage Notationen. Aus dem Gregorianischen Kirchengesang wählte Luther nur einige Stellen, die stark rhythmisch waren und an Volksweisen erinnerten. Als zweite Quelle benutzte er die gotischen Marienweisen, die sehr volkstümlich waren und die er auf Christus umschrieb. Und schließlich nahm er die Volkslieder selbst, die sich leicht singen ließen. Nach dem bekannten »Innsbruck, ich muß dich lassen« ist der Choral »O Welt, ich muß dich lassen« entstanden.

Der Kirchenchor war für den Protestantismus kein Selbstzweck, sondern er sollte dem Gemeindegesang eine feste Stütze geben. Das württembergische Gesangbuch formulierte das so: »Die Singschüler sollen sich in der Mensur und Takt nach der Gemeinde richten, keine Note schneller oder langsamer singen, damit der Chor und figurata musica fein beieinander bleibe.« Zu Luthers Zeiten waren die Niederländer mit ihren polyphonen Sätzen führend, und Luther hat sich über diese mehrstimmige Musik entzückt geäußert und geschildert, wie »drei, vier oder auch fünf andere Stimmen« einander umspielen und die Weise »gleich wie einen himmlischen Tanzreigen führen, freundlich einander begegnen und sich gleich herzen und lieblich umfangen«. Weiter schreibt er: »Wer aber dazu keine Lust noch Liebe hat, und durch solch lieblich Wunderwerk nicht bewegt wird, das muß wahrlich ein grober Klotz sein, der nicht wert ist, daß er solche liebliche Musica höre, sondern das wüste Eselsgeschrei des Chorals oder der Hunde oder Säue Gesang und Musik.« Das waren harte Worte, aber sie richteten sich nicht gegen den Gregorianischen Choral, sondern gegen die ungebildeten und unmusikalischen Mönche, die nicht in der Lage waren, wirklich gut zu singen.

Was nun die Vielstimmigkeit des Gregorianischen Chores angeht, so hat Luther sie nicht weiterführen können. Der Anteil Luthers an den Kompositionen ist schwer zu ermitteln, denn nach der Sitte der Zeit unterschied man den Erfinder der Melodie, »phonasces« geheißen, von dem, der sie kunstreich umrankte, dem »symphonetes«. Offenbar tendierte aber Luthers Musikalität zur fest durchgehaltenen Melodie, die sich aus dem Gespinst der Paraphrasen klar hervorhob. In einem Falle ist dies bezeugt. Der Gelehrte Sleidanus sagt, »Luther habe die zum Inhalt des Liedes ›Ein feste Burg‹ ungemein passende und zur Erhebung des Gemüts geschickte Singweise dazu gemacht«. Offenbar ist der Einfluß der protestantischen Kirchenlieder in diese Richtung gegangen, denn während das Gesangbuch von 1524 nur zwei Lieder mit Melodie in der Oberstimme aufwies, waren es in der Ausgabe von 1555 schon 15 solcher Lieder.

Der Kirchenchor hatte dadurch seine Aufgaben, aber auch seine Schwierigkeiten, denn wie hätte er sich auf die Dauer einer schleppend und ungeschickt singenden Gemeinde anpassen und unterordnen sollen. Also übernahm die Führung die Orgel, der sich auch der Kirchenchor gleichsam unterwarf, und mit der Zeit wurde dieses Instrument immer selbständiger, mit immer reicheren Melodien umspielte es die liturgische Handlung, bis der auf diese Weise ausgestaltete Choral eine eigene Würde gewann und durch Johann Sebastian Bach zum Gerüst seiner kirchenmusikalischen Werke wurde. Damit zeichnet sich ein Vorgang ab, der für die Zeit typisch und nicht auf die Orgel beschränkt ist, nämlich die Befreiung der Instrumente von der Vorherrschaft des Gesanges.

Tänze und Tafelmusiken als Musikformen einer höfischen Zeit sind jedem Schallplattenbesitzer vertraut, der auch ein paar klassische Werke in seinem Repertoire hat. So bildet sich die Vorstellung, als seien es vorwiegend die herrschenden Kreise, Adel und Kirche, gewesen, die zur Zeit des Barocks und des Rokokos den Musiker in Lohn und Brot setzten. Das ist nur zum Teil richtig. Schon im 17. Jahrhundert haben sich in den europäischen Ländern die ersten Musikvereine gebildet, die regelrechte Konzerte veranstaltet haben, und weil die Zahl der Zuhörer bei den Konzerten wuchs, konnte man es sich leisten, Eintritt zu nehmen; das geschah bereits um die Mitte des 17. Jahrhunderts.

Der Wunsch nach bürgerlicher Geselligkeit, nach vergnüglicher Aussprache im Kreis gleichgesinnter und selbstbewußter Bürger, der für die Epoche charakteristisch war, hat auch das Musikleben geprägt. Das Konzertwesen ist, jedenfalls in Deutschland, unmittelbar aus diesen Bedürfnissen und aus einem breiten Interesse an der Musik erwachsen, das wiederum eine Folge der Reformation gewesen ist. Als Begründer dieser Einrichtungen, jedenfalls der, der durch seine Initiative der ganzen Tendenz eine feste Form gab, ist der Magdeburger Georg Philipp Telemann (1681–1767) zu nennen, der schon als Student der Rechte an der Universität Leipzig, wo er seit 1701 studierte, ein »collegium musicum« gründete. Man traf sich zweimal wöchentlich in einem Kaffeehaus, musizierte, rauchte – was damals noch eine recht extravagante und provokatorische Betätigung war – und redete sich die Köpfe heiß. Telemann selbst hat diese Zusammenkünfte beschrieben: »Dieses Kollegium, ob es zwar aus lauter Studiosis besteht, deren öfters biß 40 beysammen sind, ist nicht destominder mit vielem Vergnügen anzuhören, und wird nicht leicht, deren mehrentheils darinnen befindlichen guten Sänger zu geschweigen, ein Instrument zu finden seyn, welches man nicht darbey antrifft.« Erst war man ganz unter sich, später ließ man Hörer zu. Den »Telemann'schen Verein« in Leipzig hat von 1729–1740 Johann Sebastian Bach geleitet und mit diesem Orchester, das nur durch die Liebhaberei verbunden war, zahlreiche Festmusiken aufgeführt (Borris).

Anlässe zum Musizieren gab es in diesen Universitätsstädten mehr als genug, vom Geburtstagsständchen für die Magnifizenz und der Begrüßungsmusik für einen neuen akademischen Lehrer bis zur Nachtmusik vor dem Haus eines Fräuleins, das die jungen Herren verehrten. Man befand sich mit solchen Veranstaltungen in einem gewissen Gegensatz zu der Musik der Kantoreien. Daß Johann Sebastian Bach den Telemann'schen Verein geleitet hat, scheint dem zu widersprechen, doch war er mit Telemann befreundet und nicht orthodox, was die Musik anging. Diese Liebhaber, die sich allwöchentlich trafen, um miteinander zu musizieren, waren von den Arien aus den großen italienischen Opern ebenso beeindruckt wie von den zeitgenössischen Kantaten und Oratorien. In der Geistlichkeit war seit 1680 eine gewisse opernfeindliche Stimmung entstanden, weil die Texte immer absurdere Wege einschlugen und der alte Mimus durch die Hintertür auf die Bühne geschlüpft war. Längst waren es nicht mehr Orpheus und Eurydike allein, die man auf den Brettern sah, sondern immer monströsere Mythologeme, und die biblischen Stoffe wurden eingearbeitet, so daß schließlich Christus auf dem griechischen Olymp gezeigt wurde. Handfester Sex und ein Hanswurst, der Zoten vorführte, ließen die Oper, im Gegensatz zum Oratorium, in die Schußlinie der öffentlichen Meinung geraten, aber trotz ihrer Mängel blieb sie nun einmal für einen Musiker eine unersetzbare Form, dramatische Stoffe und große Leidenschaften auf die Bühne zu bringen.

Auch Telemann hat in der Zeit, in der er eigentlich die Pandekten wälzen und sein juristisches Wissen vertiefen sollte, im Laufe von drei Jahren sage und schreibe 21 Opern komponiert. Als er 1704 Organist an der neuen Kirche in Leipzig wurde, verbot man ihm den Umgang mit Oper und Theater, so daß er kündigte und nach Sorau ging, in ein kleines schlesisches Städtchen. Auch hier hat er, wie überall, ein Collegium musicum gegründet und unermüdlich komponiert. Sein Ruhm ist zu seinen Lebzeiten weitaus größer gewesen als der eines Bach oder Händel. Er war gleichsam der verkörperte musikalische Zeitgeist und gab viel, wenn auch kaum etwas Großes. Allein seine Kirchenmusiken reichen aus, um zwölf Kirchenjahre zu bestreiten: Er hat 40 Opern, 600 Orchestersuiten und eine reiche Anzahl von Oratorien, Krönungs-, Trauer- und Hochzeitsmusiken, sogenannte Hamburger Kapitänsmusiken und Klavier- und Kammermusiken ohne Zahl hinterlassen; kein Wunder, daß dieser Mann Musikbegeisterte um sich sammelte, kaum daß er in einem neuen Ort angekommen war. Als er in Eisenach Kapellmeister war, freundete er sich mit Johann Sebastian Bach an, der im nahen Weimar seit 1708 Hoforganist war. Später ging er nach Frankfurt/Main, 1721 wurde er städtischer Musikdirektor in Hamburg, wo er auch gestorben ist.

In den bürgerlichen Kreisen, in denen nach Telemanns Vorbild musiziert wurde, spielten Standesschranken kaum mehr eine Rolle, und so übernahmen diese Liebhaberorchester eine gemeinschaftsbildende Funktion, wie sie früher in den besten Zeiten die protestantischen Kantoreien übernommen hatten. Diese freie Musikausübung steht im Gegensatz zu dem Musikbetrieb, der bis dahin üblich gewesen war. Musiker gehörten damals einer Zunft an und waren in ihren Bewegungsmöglichkeiten erheblich eingeengt. Bei Hofe waren die Musiker zwar nicht gerade den Domestiken gleichgestellt, aber sie hatten doch einen festen Platz innerhalb der hierarchisch gegliederten Dienstboten- und Angestelltenschaft, und fast jeder bei einem Fürsten angestellte Musikus hatte nebenher als Gärtner, Forstmeister, Kammerdiener oder Bibliothekar noch Aufgaben, die seine Arbeitskraft voll ausschöpften. Seine Existenz wie seine künstlerische Entwicklung hing von den Launen, von den Intrigen, von den Konstellationen bei Hofe ab, und die Luft des Hofschranzentums mag manche Begabung korrumpiert haben.

Man hat sich die Konzerte an den Fürstenhöfen nicht so vorzustellen, wie es das Gemälde des »Flötenkonzerts in Sanssouci« von Menzel zeigt. Daß der König selbst ein Instrument spielte und andächtige Stille erzwang, war nicht die Regel. Es gab damals schon durchreisende Virtuosen, etwa auf der Trompete oder Violine, die ihren Lebensunterhalt damit bestritten, daß sie in den großen Städten an den sogenannten »Akademien« teilnahmen; man bezeichnete mit diesem Modewort der Zeit jede Art gelehrter oder auch nur von Interessen bestimmter Zusammenkunft. Solche Leute, wenn sie schon einmal spielten, sollten auch viel spielen, so hatten diese Konzerte eine oft unglaubliche Länge. Aber auch in den Schlössern des Adels dauerten die musikalischen Soireen oft lange. Man weiß von solchen Veranstaltungen, die von 5 Uhr am Nachmittag bis um 11 Uhr in der Nacht dauerten. Allein während einer solchen »Akademie« wurden acht Symphonien gespielt, darunter mehrere Werke von Christian Bach (1735–1782) und vier Symphonien von Sammartini. Man hörte bei solchen Konzerten nicht immer zu, sondern amüsierte sich mit Kartenspiel und Gesprächen, die Allüren der Herren blieben ungezwungen, und ihr Interesse erlahmte schnell. Vor diesem Hintergrund wird die Haydnsche Abschiedssymphonie verständlich, bei der ein Musiker nach dem anderen seinen letzten Part bringt, das Licht löscht, seine Noten zusammenlegt und verschwindet, bis das geplagte Orchester endlich ganz verschwunden ist.

Aber diese Veranstaltungen waren nicht nur zeitlich lang, sondern höchst unterschiedlich in ihrer Zusammensetzung, und italienische Arien, Geigensoli und Symphonien wechselten einander ab, je nach Geschmack des Herrschers, der auch wohl selbst ein Stück komponiert hatte; das war damals durchaus Mode, wie es überhaupt von einem Manne von Geist gefordert wurde, in allen Bereichen von Kunst, Wissenschaft und Musik ein wenig zu Hause zu sein. In diesem Rahmen musizierten und komponierten andererseits Begabungen wie Philipp Emanuel Bach, Graun und Benda, die am Hofe Friedrichs II. von Preußen Dienst taten, und der hochgeschätzte Flötist Quantz, der nach Solopassagen des Monarchen den begierig erwarteten Lobspruch zu liefern hatte. Auch Haydn hat bekanntlich in einem solchen Rahmen gelebt und gearbeitet, und es drängt sich leicht das Bild des devoten Lakaien auf, der das Verfügungsrecht über seine Person durch einen Vertrag aufgab. In Wirklichkeit war gerade Haydn ein Komponist mit einem starken Standesbewußtsein, und als er 1792 nach London fuhr, hatte er sich, gefördert durch einen verständigen und musikalischen Brotherrn, einen Namen in ganz Europa zu machen verstanden. Es hing also gelegentlich auch vom Charakter der handelnden Personen ab, ob die gesellschaftlichen Abhängigkeiten eine Fessel blieben oder eine Chance boten. Immerhin kann man sagen, daß die bürgerlichen Musikvereine jenes Publikum schufen, dem ein Haydn, ein Mozart, ein Beethoven ihren Ruhm verdankten, und gewiß lag die Zukunft bei diesen Orchestern, aus denen sich später die Berufsorchester entwickelten, nicht bei der höfischen Kapelle, sosehr sie die Musikentwicklung beeinflußt hat, wie etwa die »Mannheimer Schule« unter dem Pfalzgrafen Kurfürst Karl Theodor.

Neben den bürgerlichen Musikvereinen, die reine Männersache waren, gab es noch die Musikliebhaberei von Madame. Undenkbar, daß sie in einem öffentlichen Lokal musiziert hätte, doch blieben ihr die häuslichen vier Wände und die Möglichkeit, auf einem Instrument zu musizieren, das keine Begleitung benötigte und doch ermöglichte, die jüngsten musikalischen Sensationen nachzuvollziehen. Solche Instrumente waren das Clavichord, das Spinett, das Cembalo, also die verschiedenen Tasteninstrumente. Auch die Musiker haben selbstverständlich diese Instrumente benutzt und gewürdigt; Bachs Lieblingsinstrument war zum Beispiel das Clavichord. Aber mit der Erfindung des Hammerklaviers von Bartholomeo Christofori im Jahre 1709 – die bisherigen Klaviere wie Spinett und Virginial waren Kielklaviere, das heißt, die Saiten wurden mit Federkielen angerissen – eröff-

Turm der Weisheit: *Die Personifikationen der Sieben Freien Künste stellt Botticelli (1444/5–1510), auf einer felsenartigen Insel sitzend, dar: Grammatik, Rhetorik, Dialektik; ferner Arithmetik, Geometrie, Musik und Astronomie. Seit dem Hellenismus und vor allem im Mittelalter gehören diese Fächer zur sogenannten »Allgemeinbildung«; sie haben sich bis heute im Lehrplan der höheren Schulen erhalten. Musée Condé, Chantilly.*

Das Gewitter *(um 1506), Gemälde von Giorgione, einem der wichtigsten Maler der venezianischen Hochrenaissance. Ein neues Verhältnis zur Natur wird in diesem Bild vermittelt. Die Menschen sind nur Staffagefiguren inmitten des übergeordneten Naturereignisses. Galleria dell'Accademia, Venedig.*

Die Madonna in der Felsengrotte *(um 1486/94) wurde von Leonardo da Vinci geschaffen. Leonardo vertritt in exemplarischer Weise den Universalmenschen der Renaissance. Seine Interessen umfassen nicht nur die Kunst, sondern dehnen sich auch auf naturwissenschaftliches Forschungsgebiet aus, wie seine zahlreichen Zeichnungen zu technischen Erfindungen beweisen. Louvre, Paris.*

Ein Organist, ein Violaspieler und ein Sänger *musizieren zusammen. Miniatur aus einer italienischen Handschrift des 15. Jh. Biblioteca Casanatense, Rom.*

Orlando, Di Lasso *der berühmte niederländische Komponist des 16. Jh. musiziert mit der Münchner Hofkapelle, deren Leiter er ab 1564 gewesen ist. Zeitgenössische Miniatur von Hans Mielich. Bayerische Staatsbibliothek, Handschriftenabteilung, München.*

Thronsaal *mit dem Aufzug eines Mohrenfürsten. Bühnenbild aus einem noch nicht identifizierten Stück, entworfen von einem Mitglied der italienischen Bühnenbildnerfamilie Galli-Bibiena, um 1720/30. Theatermuseum, München.*

Die Musikstunde, *Gemälde von Jean Honoré Fragonard (1732–1806) (Ausschnitt). Louvre, Paris.*

Satyrisches Bild.

Tages-Litteratur.

Rück-und Fortschritt der Presse.

Da sehe ich ja gar keinen Fortschritt! B.) Na das Zeitungs-Bureau geht doch vorw.

Wien, im Bureau der Theaterzeitung. Rauhen

neten sich neue musikalische Möglichkeiten, und das Klavier gelangte aus dem Musikzimmer der Dame auf das Podium des Konzertsaales. Auch diese Entwicklung hat im 18. Jahrhundert begonnen. Als erste Konzerte in Europa wurden 1725 die »Concerts spirituels« in Paris ins Leben gerufen, bürgerliche Unternehmungen, die adligen Musikzirkeln nachgebildet, aber öffentlich veranstaltet wurden. Händelsche Oratorien sind schon 1731 in London veranstaltet worden, und in Leipzig gab es die seit 1743 mit Unterbrechungen durchgeführten »Großen Konzerte«. So speiste sich der Strom der Musikbegeisterung, der schließlich die großen Namen trug, aus den verschiedensten Quellen, und das Bürgertum spielte in diesem Panorama eine durchaus fortschrittliche Rolle.

Der Krieg der Primadonnen

Einige Jahrhunderte lang hat es die jeweilige Primadonna assoluta, die Königin der Oper, der Gesellschaft ermöglicht, ihre Träume vom Aufstieg aus dem Nichts, vom Triumph des Künstlertums und der Leidenschaft auf eine Frau zu projizieren. Der Starkult, dieses Produkt der Film- und Hit-Ära, abhängig von der Industrie und ihrem Apparat, erinnert nicht zufällig an frühere Massenhysterien, als eine breite, musikalisch gebildete bürgerliche Schicht eine Mara, Catalani oder Sonntag feierte.

Kaum eine große Sängerin gab es, die nicht von Skandalen umwittert war, weil eine prüde Gesellschaft ein Klima der Skandale erzeugte. Einen Skandal eigener Art, der die üblichen Liebesgeschichten und Theaterintrigen bei weitem übertraf, gab es 1727 in London, als eine heute längst vergessene Oper namens »Astianatte« von dem Italiener Bonencini aufgeführt wurde. Man hatte es riskiert, die beiden Rivalinnen auf die Bühne zu bringen, die sich den ersten Rang als Primadonna streitig machten. Da war die kleine, untersetzte Cuzzoni, eine Sängerin aus einfachen Verhältnissen, die ein Jahr zuvor in Händels »Alessandro« mit ihrem schmelzenden Adagio Triumphe gefeiert hatte. Ihre Nebenbuhlerin, eine schöne, elegante Frau aus bester Familie, die unvergleichliche Koloraturen singt, zahllose aufregende Liebschaften hat und im selben Jahr geboren wurde wie sie, ist die Bordoni. Faustina Bordoni, der strahlende Mittelpunkt der Wiener Oper, ist von Händel nach London engagiert worden, sehr zum Verdruß der Majestäten in Wien, und sie bekommt eine etwas höhere Jahresgage als die Francesca Cuzzoni, deren Launen und Leidenschaften in der Londoner Gesellschaft kommentiert werden wie Staatsaktionen und deren Temperament nur der energische George Frideric Handel als Prinzipal der Royal Academy gewachsen ist. Das Zusammentreffen der beiden Damen verläuft zunächst harmonisch, in Händels »Alessandro« kommt jede zu ihrem Recht, sie messen ihre Kräfte. Die Bordoni singt, neben einem berühmten Kastraten, der den Alexander gibt, die Roxana und besticht durch ihre perlende Koloratur.

Rück- und Fortschritt *der Presse. Satirisches Blatt aus der Wiener Theaterzeitung. Kolorierter Stich nach einer Zeichnung von J. Cajetan, 19. Jh. Österreichische Nationalbibliothek, Bildarchiv, Wien.*

Der Skandal ereignet sich ein Jahr später anläßlich der Aufführung der Oper »Astianatte«. Inzwischen haben sich nämlich Parteien gebildet, die den Konflikt schüren und die Sängerinnen in eine Art Psychose treiben: Es scheint unausweichlich, daß eine von beiden die andere besiegt und die Herrschaft für sich allein beansprucht. Bei der Premiere des neuen Stückes zischen und johlen die Anhänger der einen, wenn die andere gerade singt, und schon während der folgenden Aufführung kommt es zu jenem denkwürdigen Spektakel, der vermutlich John Gay zu seiner »Beggars Opera« angeregt hat. Auf offener Bühne nämlich verlieren die beiden vulkanischen Temperamente ihre Beherrschung, weil die Spannung zwischen den Parteien des Publikums unerträglich geworden ist und jede Arie in Pfeifen und Johlen untergeht. Aufschluchzend stürzen die Sängerinnen aufeinander los, reißen sich an den Haaren, schlagen, kratzen und zerren einander, um schließlich in zerfetzten Kostümen, vor Wut heulend und aus vielen Rissen blutend, unter dem Toben der Zuschauer die Bühne zu verlassen – ein echtes Happening, bei dem das Publikum sogar aktiven Anteil nahm.

Das Ansehen der von Händel geleiteten Oper litt empfindlich, es gab anonyme Schmähschriften und beißende Pamphlete, und die italienische Oper, die Händel so pompös realisierte, verlor ihre Freunde. Beide Sängerinnen, notdürftig ausgesöhnt, verließen schon bald London. Die Cuzzoni, eine Neurotikerin mit unglücklicher seelischer Konstitution, ging über Wien nach Italien, wo man sie noch einmal feierte. Stets in Geldverlegenheit, weil ihre Launen sie jedes Maß vergessen ließen, kam sie schließlich in Holland ins Gefängnis und wurde von dort jeden Abend auf die Bühne gebracht, um zu singen. Als sie ihre herrliche Stimme verlor, blieb sie, was sie stets gewesen war, eine ungeschickte und unbeherrschte Frau, deren Ansprüche stets größer waren als ihre Möglichkeiten. Sie soll mit 70 Jahren im Elend gestorben sein, eine Knopfmacherin in Bologna, die von ihrer Vergangenheit träumte.

Ganz anders verlief das Leben der Faustina Bordoni: Diese Venezianerin, die eine gründliche Ausbildung genossen hatte, feierte in Florenz, Rom, München und Wien Triumphe und heiratete im Jahre 1730 einen Mann aus Bergedorf bei Hamburg, den liebenswürdigen und erfolgreichen jungen Opernkomponisten Johann Adolf Hasse, den man in Italien bald nur noch den »caro Sassone« nannte. Im Jahre 1736 gingen beide an den Hof Augusts des Starken nach Dresden, und Hasse versorgte die Oper, nach Librettos von Metastasio, mit dem, was verlangt wurde – jedes dieser gefälligen Werke war eine Apotheose absoluten Herrschertums und seiner höfischen Welt. Unten im Zuschauerraum saß das Publikum, streng nach Klassen geordnet, und oben auf der Bühne spiegelte sich diese Ordnung wider. Die Rampe gehörte den Primadonnen und Kastraten, wobei man sich noch stritt, wem der Vorrang der rechten Seite gebühre, dahinter bewegten sich, nicht etwa in historischer, sondern in zeitgenössischer Kleidung, also im Reifrock und mit Perücke, die übrigen Schauspieler zweiter Garnitur, und im Hintergrund stand der Chor. In dieser Welt spielte die Faustina Hasse eine dominante Rolle, sie sang, mit einer mittleren Stimme begabt, im Mezzosopran unglaubliche Koloraturen, die ihr Gatte ihr komponierte, beherrschte mit dieser heute noch bestaunten Kunst die europäische Opernbühne und entzückte alle Monarchen, ob nun in Paris, London oder Berlin, wo sie 1742 vor Friedrich dem Großen sang. Das Ehepaar Hasse führte eine glückliche Ehe, die Faustina ist nicht einmal die Geliebte Augusts des Starken gewesen, mit Johann Sebastian Bach war man befreundet, 1751 trat sie zum letzten Male, stürmisch umjubelt, in Hasses »Cico« in Dresden auf, um dann als Sängerin abzudanken. Später ist das Ehepaar nach Venedig gezogen, wo Faustina Hasse-Bordoni hochbetagt mit 81 Jahren starb.

Der Typ der Primadonna ist erhalten geblieben, verwässert im modernen Starkult, dieser Inflation der Kehlen, und in einem kühlen Abglanz verkörpert durch die Primadonna assoluta Maria Menenghini-Callas. Seit Jahrhunderten gehört technische Meisterschaft zum Bild des Startums wie Launenhaftigkeit, ein ans Absurde grenzender Stolz, hochgradige Sensibilität und kühler Geschäftssinn, wo es um die Zukunft geht. Diese Züge haben schon die ersten italienischen Sängerinnen, die sich in der höfischen Welt hochzuarbeiten verstehen, eine Adriana Basile, die am Musenhof zu Mantua Erfolge hatte, als dort Monteverdi das Orchester leitete und der Dichter Tasso lebte, oder eine Catalani, die einen Adligen heiratete

Ballett *des Prinzen von Salerno, aufgeführt in Fontainebleau im November 1746. Stich von M. Marvie. Victoria and Albert Museum, London.*

und sich aus gekränktem Stolz die tollsten Geschichten leistete. So ließ sie, weil sie geschworen hatte, nie wieder den Boden von München zu betreten, als sie dennoch dazu gezwungen war, den Boden von ihrer Reisekalesche bis zum Hotel »Zum schwarzen Adler« mit Teppichen auslegen und warf schließlich mit Schwung auch ihren eigenen Schal auf die Erde, als die Teppiche nicht reichten.

Man kennt die Geschichte vom »Alten Fritz«, der sich, ganz gegen seine Überzeugungen, von der Deutschen, der Sängerin Gertrud Elisabeth Mara, geb. Schmeling, verzaubern ließ und dem sie mit ihrem widerwärtigen Gatten nach Böhmen durchbrannte, man kennt die Geschichte der Henriette Sonntag, der Königin des Biedermeier, der eine Woge von Hysterie entgegenschlug und der die von der »jöttlichen Jette« begeisterten Offiziere und Bürger auf dem Alexanderplatz in Berlin die Pferde ausspannten, um den Wagen selbst zu ziehen – und alle diese Geschichten zeigen, teils rührend, teils erheiternd, die menschlichen Begleitumstände jener Veranstaltungen, die mit der Wiederbelebung der griechischen Tragödie aus dem Geist der Musik begannen und zur Entstehung der ersten »Unterhaltungsindustrie« in Europa führten.

Im Glanz der Macht

Ballett für Könige

Im Zeitalter des Barocks hat es keine Lustbarkeit ohne Ballett gegeben, auch die Oper wurde zeitweise ganz von diesem Beiwerk beherrscht, doch hat man sich unter dem damaligen Ballett keine beineschwingenden Damen vorzustellen, vor deren Front eine mit ihrem Röckchen wippende Primaballerina ihre Pas, ihre zierlichen Schritte, zirkelt. Das Ballett ist eine besondere Form des geordneten Tanzes (italienisch ballo: Tanz), dessen Ursprünge zum Teil bis auf den römischen Triumphzug zurückgehen. Tanzeinlagen bei Festen und Umzügen, bei kultischen Handlungen und als magischer Vollzug sind uralt, die »Moriska«, ein offenbar von den Kreuzfahrern importierter Schwertertanz, teilweise in Mohrenverkleidung durchgeführt, war damals besonders geschätzt, denn der Tanz symbolisiert den Kampf gegen die Heiden. Auch die Solotänzer mit ihren genau abgezirkelten akrobatischen Kunstsprüngen, die Gesellschaftstänze der Zeit gehören zum »Material« des Balletts.

Als Theaterform ist das Ballett ein Ergebnis der Renaissance, seit in Paris die »Académie de Musique et de Poésie« ins Leben gerufen worden war und sich bemühte, die verschiedenen Elemente der Bühne, Musik, Dichtkunst und Bewegung, zu einem Gesamtkunstwerk zu vereinigen. Ohne auf die außerordentlich reizvollen Details der Entwicklung einzugehen: Da gibt es das sogenannte »Linearballett« der Schauzüge, deren späten Abglanz man noch aus dem Karnevalszug kennt. Gemeint ist die kostümierte Reihe von Tänzern, die irgend etwas darstellen, was mit aktuellen Ereignissen im Zusammenhang steht. Das geht auf den römischen »Trionfo«, den Triumphzug, zurück, der in der Renaissance wiederbelebt wird. Auch der Trauerzug, der feierliche Pomp des offiziellen Begräbnisses, ist mehr als ein »Marsch«, denn auch hier spielen pantomimische und tänzerische Einlagen eine wichtige Rolle. Als ältestes Beispiel eines solchen »Trionfo« gilt der Festzug des Königs von Neapel, Alfonso, nach der Niederringung eines Aufstandes. Es gab eine Reihe von Triumphwagen, welche die verschiedensten Allegorien verkörperten: Da sah man die zwölf Propheten, aber auch Fortuna und Justitia, diese Epoche nahm es niemals genau. Alfonso selbst rollte, ganz Triumphator, an der Spitze des Zuges, während von einem anderen Wagen aus ein anderer Mann, als Caesar verkleidet, eine leuchtende Ansprache an ihn hielt. Ein großartiges Beispiel hat Dürer für Kaiser Maximilian I. entworfen.

Auf späteren Darstellungen, etwa anläßlich der Hochzeit Francesco Medicis, sieht man auf der Plattform eines Wagens einen heute nicht mehr deutbaren Schautanz. Stets laufen und springen verschiedene Gruppen, fast schon einer Choreographie folgend, in einem solchen Zug mit, der rhythmisch gegliedert und begleitet von Menschenschwärmen mit Musik durch die engen Straßen zieht. Schließlich erreicht er einen großen Platz, und nun geschieht etwas Seltsames: Die Schlange rollt sich zusammen, das lineare Ballett, in dem Bedürfnis, von allen gesehen zu werden, ordnet sich zum Kreis, es entsteht das sogenannte »zyklische« Ballett, gleichsam ein Vorbeimarsch im Kreis. Häufig kommt das tänzerische Element auch von den verschiedenen Volksgruppen, die sich in ihrer Nationaltracht und in ihrem nationalen Rhythmus bewegen.

Im Jahre 1615 wird für den Herzog Cosimo II. in Florenz eine »Schlacht der Liebe« veranstaltet, bei welcher der überwiegend militärische Festzug schließlich in einem riesigen Oval Scheinturniere durchführt. Dabei reiten die kostümierten Herren nach einer komplizierten Choreographie Quadrille, »schließlich stürmten die Reiter, sich in zwei Bogen vereinigend, in Form einer riesigen Tulpe aus dem Raumtheater wieder hinaus« (Gregor). In den heutigen Zirkusveranstaltungen erkennt man noch einen schwachen Abglanz jenes aufwendigen Schaureitens. Die Scheinkämpfe führen auch zu den sogenannten Frontalballetten, bei denen von zwei entgegengesetzten Seiten die kämpfenden Paare zu rituellen Begegnungen aufeinanderstoßen; da wird beileibe nicht blutig gekämpft, sondern man begegnet sich nur, und die Linie der Schlacht, des Zweikampfes während des Aufeinanderpralls verschiedener Heere, wird zum tänzerischen Element. Man kann sich die Disziplin bei solchen Schautänzen nicht straff genug vorstellen, und es überrascht nicht, daß die Heerführer des Barocks, etwa ein della Valle, ihre Truppen haben aufmarschieren lassen wie Ballette, deren komplizierte Figuren, Kreuzformen, Ringe, Ellipsen usw. sie als Exerzierübung übernahmen, um die Beweglichkeit der Truppe im Gefecht zu stärken.

Zunächst waren die Ballettveranstaltungen bei Hofe reine Lustbarkeiten, die keinen Anspruch auf Kunst erhoben, sondern nichts als »show« waren, doch ging es natürlich immer wieder darum, verwöhnten Höflingen und dem König vor allem etwas Neues zu bieten. Nun geschah in Frankreich aber etwas Neues, das allerdings in seinen Grundzügen an die Bestrebungen der italienischen »camerata« erinnert. Auch diesmal ging es um das antike Ideal, dem schon Peri mit seiner Oper nachgeeifert hatte, doch nun glaubte Jean Antoine de Baif, mit dem Ballett diese Idealvorstellung zu erreichen. Es gelang ihm, den Hof zu überzeugen; Ronsard schrieb die Verse, und im Salle de Bourbon der Tuilerien wurde 1572 das Ballett aufgeführt, von dessen Mischung aus Dialog, Gesang und Tanz man eine Wiederbelebung der antiken Tragödie erwartete. Himmel und Hölle waren aufgebaut, fahrende Ritter haschten nach griechischen Nymphen, sie wurden vom König vertrieben und von Höllenteufeln in Empfang genommen, kurzum, man spielte ein mittelalterliches Melodrama mit klassischen Einlagen, das man durchaus für antik hielt.

Auch das spätere berühmte Ballett »Circé«, das 1581 aufgeführt wurde und als der eigentliche Beginn des französischen Balletts gilt, bezieht sich auf die antike Tragödie und bietet dem heutigen Menschen nicht weniger Anlaß zu einem freilich recht zweifelhaften Kopfschütteln. Es war das Werk eines seit einiger Zeit in Frankreich lebenden italienischen Tanzmeisters, Baldassarino de Belgioso, der französisiert Beaujoyeulx hieß. Er erweiterte die Mischform aus Musik und Gesang, Rezitation und spektakulären Umzügen zu jener Apotheose königlicher Macht, die dem Hofballett eine solche einzigartige Stellung am Hofe gab. König Ludwig XIII., selbst ein begeisterter Tänzer, hat sich wie sein Nachfolger Ludwig XIV. selbst an diesen Veranstaltungen als Darsteller beteiligt und das Volk als Zuschauer zugelassen. In welche Richtung das Werk des Beaujoyeulx, die »Circé«, tatsächlich zielte, zeigt ein Blick auf die Inhaltsangabe: Die Zauberin Circé, die weder den Verführungskünsten Apolls noch denen anderer Götter unterliegt, schmilzt dahin vor der männlichen Anmut des derzeitigen Königs von Frankreich. Man staunt, welche Portionen von Schmeichelei ein menschliches Wesen vertragen kann, wenn es sich, im Besitz der Macht, an Schmeichelei gewöhnt hat. Das Ballett jedenfalls war damit etabliert, und das Wohlwollen der Könige beschien diese neue Kunstform, die auf so reizende Weise Wahrheiten verkündete. Unter König Ludwig XIV. erreichte das Ballett als Hoflustbarkeit einen absoluten Höhepunkt.

Nach den blutigen Religionskriegen in Frankreich hatte man das Bedürfnis, die schönen Künste neu zu beleben, und dem Stil der Epoche folgend, die sich energisch antiker Gesten bediente, gründete man auch auf dem Gebiet des Balletts eine Akademie, die Académie Royale de Danse, bestehend aus dreizehn Tanzmeistern; ihre Aufgabe war es, die Regeln für den Tanz festzulegen.

Dies war die Situation, als die alte Theaterdekoration für die Hölle, die man noch auf dem Möbellager aufbewahrte, ihre Rolle zu spielen begann. Der königlichen Intendantur für die Lustbarkeiten, offenbar von Geldsorgen geplagt, doch vor die Notwendigkeit gestellt, dem erlauchten Herrn immer neue Kurzweil zu bereiten, kam die rettende Idee: Sie beauftragte diesen Herrn Molière, von dem man ja allgemein sagte, daß er ein sehr begabter Dichter sei, mit der Abfassung eines Balletts nach der griechischen Erzählung »Psyche« aus dem Roman des Apuleius. Molière wiederum, der mit dem vorher von dem Dichter Bensérade gefällig, aber altmodisch bearbeiteten Stoff nicht fertig wurde, rief den jungen Corneille zu Hilfe, und beide zusammen schrieben das Ballett. Inzwischen aber revoltierte der italienische Bühnenbildner, der keinen geeigneten Raum in den Tuilerien fand und tatsächlich den Bau eines Saales durchsetzte. Dieser Saal, von zwei Reihen korinthischer Säulen flankiert, mit schweren Lüstern ausgestattet, hat bis 1716 der Aufführung von Balletten gedient.

Die erfolgreich aufgeführte »Psyche« ist nicht das einzige von Molière geschriebene Ballett. Sie behaupten nun schon einen eigenen künstlerischen Rang, ihre Fabeln sind weniger abstrus als die damalige Mischung aus Ritterkünstelei und antiker Geste, es geht mehr aufs Bürgerliche, wenn auch in griechischem Gewand, und gipfelt in dem 1670 entstandenen »Der Bürger als Edelmann«, zu dem der große Lully nicht nur die Musik komponierte, sondern in dem er auch den Mufti spielte, selbstverständlich, wie alle Darsteller, in der Galatracht des Barocks, nicht etwa im historischen Kostüm. 1670 ist aber auch das Jahr, in dem König Ludwig XIV. aufhört, selbst im Ballett mitzutanzen. Sofort verfinstert sich die Gnadensonne, die Intendantur kann das Ballett in ihrem Zuständigkeitsbereich der höfischen Lustbarkeiten nicht mehr unterbringen, es gibt Machtkämpfe und Intrigen, und das Ballett gerät, sehr zum Glück dieser Kunstform, an das Theater. Das kann nach Lage der Dinge nur bedeuten, daß es zum Teil der Oper wird. Der Operndiktator Lully holt sich den bewährten Choreographen Beauchamps an die Musikalische Akademie, die spätere Opéra, und die ersten Damen treten in diesen vergnüglichen, ablenkenden Einlagen auf, die Vorläuferinnen der Primadonnen des Tanzes.

Wenn der König im Ballett tanzte – jene gemessenen, streng vorgeschriebenen Schritte, die der getragenen Musik angemessen waren –, durften keine Frauen tanzen, und umgekehrt war den Männern die Teilnahme verwehrt, wenn die Königin und ihre Prinzessinnen tanzten. Die Tanzeinlagen selbst waren streng exklusiv, wie überhaupt die Kunstform Ballett zunächst auf eine kleine adlige Minderheit ansprach, denn nur Höflinge hatten überhaupt die Möglichkeit, diese Veranstaltungen mitzuerleben. Die Geschmacksrichtungen und Stile wechselten, oft von einem Tag zum anderen, je nach Laune der Herren. Seit der König ein Ballett besaß, mußten es auch die Herren de Rohan, François et Béarnois, Duc de Vendôme und viele andere haben. Bei diesen Veranstaltungen ergab sich sehr bald, daß nicht alles von Adligen getanzt werden konnte. Am Hofe Ludwigs XIII. gehen Aristokraten wie die Herzoge von Vendôme und Metz, der Marschall von Bassompierre und vor allem der graziöse Herr de Luynes in ihrem Beruf als Tänzer auf, und König Ludwig XIII. selbst gab Charakterrollen wie Landleute, Musiker, einen Holländer oder auch mit besonderer Begeisterung Frauenrollen. Je mehr sich das Ballett ausbreitete, desto mehr Tänzer waren nötig, und auch das Problem der Frauenrollen mußte gelöst werden. Wenn ein Cupido oder eine Fee dargestellt wurde, erwartete man Nacktheit, die aber für einen schlanken jungen Mann in dieser Rolle unmöglich war. So erfand man das Trikot, das bis zum Beginn des 20. Jahrhunderts Ballettkostüm geblieben ist.

Als das Ballett auf die Bühne geriet und wie in den Werken von Jean-Philippe Rameau zum Bestandteil der »Opéra« wurde, ergab sich eine gesteigerte Nachfrage nach ausgebildeten Tänzern. Im Jahre 1713 wurde eine Ballettschule an der Pariser Oper eröffnet, deren Ziel es war, professionelle Tänzer auszubilden. Noch immer beherrschte ja der Mann die Bühne, und mit dem Darsteller Louis Dupré ist diese Epoche des Balletts charakterisiert, wie eine Generation später schon durch die großen Primaballerinen Marie Sallé (geb. 1711) und Maria Camargo (1710–1770). Von der Sallé schrieb ein Kritiker: »Sie hat gewagt, in ihrem Auftritt als Pygmalion ohne Reifrock zu erscheinen, ohne Taille, ungeschnürt, ohne Mieder, ja sogar ohne Zierat auf dem Kopf, sie war ohne Korsett und Robe, in einem einfachen Musselingewand, wie eine griechische Statue.« Für dieses von Händel vertonte Ballett bedeutet die Kostümreform nur den Ausdruck eines allgemeinen Prinzips, das auf höchste künstlerische Wirkung zielt. Die Sallé will eine Handlung ausdrücken nur durch den Tanz, sie befreit das Ballett von seinem Charakter als »Einlage« und schafft damit das erste sogenannte Ballet d'action. Ihre Konkurrentin, die Camargo, deren Onkel der 35. spanische Großinquisitor gewesen sein soll, verkürzt den Rock, damit man die Beinarbeit sieht und mit der der Männer vergleichen kann. Sie ist eine großartige Virtuosin und zeigt, was man mit dem Tanz, auch im Rahmen eines Balletts, ausdrücken kann. Auf sie geht das seitlich abstehende Röckchen der Tänzerin zurück, das »tutu«.

Als einzige Tänzerin jener Zeit, die sich mit der Sallé und der Camargo messen kann, ist die Barbarina zu nennen, deren Lebensroman die Phantasie der Menschen seit jeher so mächtig angeregt hat, daß ihr Ruhm den aller anderen Primaballerinen überstrahlt hat. Ihre größten Erfolge hat sie in den grotesken Tänzen gefeiert, ihre Skandale blieben unvergleichlich. Aus einer italienischen Straßenkomödie könnte diese Szene stammen, wie ein Herr von Carignan, der ihr eine Wohnung gemietet hatte, mit Hilfe vorsorglich angefertigter Nachschlüssel eindrang und sie prompt in den Armen seines Nebenbuhlers Lord Arundell fand. Friedrich der Große engagierte sie nach Berlin, von wo sie entfloh, weil sie gerade in einen anderen Engländer, de Mackenzie, verliebt war. Der roi de prusse ließ sich diesen Vertragsbruch bekanntlich nicht bieten und holte die Dame, die nach Venedig geflohen war, mit Hilfe des Senats von Venedig unter Bewachung zurück. Trotz ihrer Flucht ist sie von dem sonst so mürrischen König auf vielfältige Weise ausgezeichnet worden; selten fehlte er auf ihren Soupers, und als sie nach ihrer Scheidung von C. L. Cocceji allein blieb, verlieh ihr Friedrich der Große den Titel einer Gräfin von Warschau und ein Wappen, dessen Devise offenbar auf ihr Alter besser paßte als auf ihre Jugend, nämlich »asylum virtuti«, ein Obdach der Tugend. Sie gründete denn auch, streng und humorlos, wie sie geworden war, ein Damenstift in Schlesien, dessen Äbtissin sie bis zu ihrem Tod blieb. Die jungen Mädchen dieses Stiftes durften nur aschgraue Kleider tragen und waren einer Zucht unterworfen, die jener der preußischen Kasernen kaum nachstand.

Unter dem Absolutismus wird das höfische Ballett gepflegt, es gehört zur Staffage wie das königliche Porzellan. In der Revolution bricht eine wahre Tanzwut aus, deren psychologische und soziologische Ursachen noch unerforscht sind. Es scheint, als habe sich der vierte Stand mit einer gewissen Erbitterung auf jene Form gestürzt, die vordem so ausgesprochen höfisch war, und als habe der Adel im Tanz Vergessen gesucht. Man tanzt mit nackten Armen, freiem Busen, Ringellöckchen, mit Sandalen bekleidet, aber man tanzt auch auf den Bällen, zu denen man nur zugelassen wird, wenn man nachweisen kann, daß man jemanden durch die Guillotine verloren hat. Gegen Ende der Revolution gab es 800 Tanzlokale allein in Paris, man führte ein Ballett »Wilhelm Tell« auf, das der Wohlfahrtsausschuß bewilligte, doch verschwanden zweimal die bereitgestellten Gelder aus der Kasse, also inszenierte man die Marseillaise, eine Art agitatorischer Oper, die mit einer Art großem Tedeum endete: Eine Mademoiselle Maillard stellte die Freiheit dar, vor ihr sanken alle, als die letzte Strophe gesungen wurde, in die Knie. So stark erwies sich das Ballett, daß es auch die Revolution überstand, obwohl seine angesehensten Meister aus Paris geflohen waren und an verschiedenen Stellen Europas neue Traditionen begründeten.

Die Geschichte der Primaballerinen ist reizvoll, doch monoton, sie gipfelt in Fanny Elßler, die ihre Zeitgenossen zu einem wahren Taumel hinriß. Der französische Autor Gautier schrieb: »Wenn Fanny tanzt . . . irrt die Phantasie durch marmorweiße Paläste, über die die Sonne hinflutet; wie der Parthenonfries heben sie sich vom dunklen Himmel ab, man glaubt, sie stünde da gelehnt an das Terrassengeländer, einen Becher voll Weines von Syracusa in der Hand.« Das ist schön gesagt und so erhaben, wie die Epoche sich erlebte. Die eigentliche Leistung der Elßler besteht in der Entdeckung der Folkloretänze für die große Bühne; sie hat zuerst russische und polnische Tänze getanzt und allen nachfolgenden Mazurken und Krakowiaks den Weg geebnet. Die Triumphe der Elßler kann man nur andeuten: In Washington unterbach der Kongreß seine Sitzung, und sie nahm den Platz des Speakers ein; in New York gab es unglaubliche Ovationen, man ließ ihr Tauben zuflattern, die Briefchen trugen, auch warf man ihr Schoßhündchen zu, die an den durchbrochenen Ohren Verse an sie trugen; man überhäufte sie mit erlesenen Stoffen, mit erlesenen Speisen und Früchten, mit Nationalgewändern, in New Orleans fielen vor ihre Füße ein Stirndiadem, ein Armband, ein Halsband, alle mit Diamanten besetzt, die Gabe eines unbekannten Gentlemans. Mit 41 Jahren zog sie sich von der Bühne zurück und lebte in Wien ihren Erinnerungen.

Wichtiger als dieses, wenn auch phantastische Einzelschicksal ist die Rolle, welche das Ballett in der Gesellschaft spielt. Die Mädchen, halb vergöttert, halb Freiwild, nutzen in der Gesellschaft ihre Chance, und die Männer stehen ihnen nicht nach. Das Foyer der Oper, nicht nur in Paris, war der Platz der eleganten und exklusiven Kuppelei. Dort erschienen etwa zwei Stunden vor der Vorstellung die Lebemänner, welche die Bekanntschaft der Damen zu machen wünschten. Das ungeschriebene Protokoll, das niemand in Frage zu stellen wagte, wird von einem Zeitgenossen beschrieben: »Als erste erscheinen die sieben oder acht reizenden Mitglieder der vordersten Reihe, die am meisten beklatscht und umworben werden. Sie geben fünf oder sechs einflußreichen Personen die Hand, mit denen sie auf vertrautem Fuße stehen und die geruhen, ihnen ihre allmächtige Protektion zu gewähren. Dann bilden sich kleine Zweiergruppen, indem die Tänzerinnen sich mit dem anerkannten Liebhaber oder dem Begünstigten der Stunde in ein diskretes Eckchen zurückziehen. Die kleinen Choristinnen und Anfängerinnen kommen ein bißchen später, dicht gefolgt von den jüngeren Abonnenten und geneckt von den älteren. Sie nehmen die Diwane in den vier Ecken des Raumes in Besitz, lachen und scherzen und knabbern die Süßigkeiten oder bewundern den Schmuck, den ihnen großzügige Klubmitglieder geschenkt haben.« Gekrönte Häupter wie etwa der belgische König Leopold II., der die Tänzerin Cléo de Mérode eroberte, benutzen einen dunklen Gang, der vom Foyer in die Kulissen führt.

Die Entwicklung des Balletts über das romantische Ballett bis in die Moderne ist ein Stück Bühnengeschichte. Das Ballett hat alle Stürme der Zeit überdauert und in den Paradetruppen des Show-business eine Ergänzung gefunden. Die gesellschaftliche Rolle der Primaballerina ist von den Ereignissen überholt und wird heute allenfalls von der Filmschauspielerin ausgefüllt. Geblieben aber ist der romantisch empfundene Zauber einer versunkenen Epoche und das Bedürfnis, abgesehen von allem Avantgardismus, dem Tanz immer wieder einen Platz auf der Bühne einzuräumen. Noch sind die archaischen Anfänge, die magischen Tänze und die Ausdruckskraft des menschlichen Körpers nicht ganz vergessen, und in den Musicals wie »Hair« sucht eine neue Generation nach ihrem eigenen Stil.

Glucks musikalische Wendung

Musikalische Begabungen scheinen stärker ausgeprägt, mehr in der ganzen Natur eines Menschen verwurzelt zu sein als jede andere künstlerische Betätigung, weil sie ein physisches Element enthalten, eine Feinfühligkeit, wie sie in diesem Umfang weder die Malerei noch die Literatur zu erfordern scheinen. Mit dem späteren Opernkomponisten, dem Erneuerer dieser Kunstform, Christoph Willibald Gluck, hat sein Vater, ein Förster des Magnaten Fürst Lobkowitz, einen schweren Stand gehabt. Als dem Jungen verweigert wurde, Musiker zu werden, lief er davon. Er wurde aufgegriffen und zunächst auf die Schule ins nahe Komotau in Böhmen geschickt. Als Studiosus der Mathematik und der Logik ging er an die Karlsuniversität nach Prag, doch war es ihm unmöglich, nicht zu musizieren. Fürst Lobkowitz, der davon hörte, daß Gluck sich als Sänger und Cellist durchschlage, nahm ihn als Musikus in seine Kapelle auf.

Die vielfältigen Wege dieses Mannes kreuz und quer durch Europa sollen hier nicht nachgezeichnet werden. Mit 27 Jahren gab er seine erste Oper »Artaserse« heraus, die im Jahre 1741 aufgeführt wurde, das gleiche Jahr, in dem der große Händel seine letzte Oper schrieb. Fürst Lobkowitz hatte den jungen Mann zunächst nach Wien geschickt, die Metropole der Donaumonarchie, und ihn später in Mailand bei G. B. Sammartini ausbilden lassen. Diese Investitionen in die Begabung des jungen Försterssohnes zahlten sich jetzt aus, und doch stand Gluck mit seinem gefälligen Erstling erst am Anfang seines Weges. Wohin ihn dieser Weg führte, hat er später selbst ausgesprochen: »Es war mein Vorsatz, alle jene Mißbräuche von Grund auf zu beseitigen, die teils durch übelberatene Eitelkeit der Sänger, teils durch die allzu große Gefälligkeit der Tonsetzer in die italienische Oper eingeführt worden waren und die . . . aus dem feierlichsten und schönsten aller Schauspiele das lächerlichste und langweiligste machten. Ich war bedacht, die Musik auf ihre wahre Aufgabe zu beschränken, das ist: der Dichtung zu dienen, indem sie den Ausdruck der Empfindungen und den Reiz der Situation verstärkt, ohne die Handlung zu unterbrechen oder durch unnütze und überflüssige Zierate abzuschwächen . . .«

Nicht Typisierung wie in der chinesischen Oper, sondern Personifizierung ist das Ziel, wie es dem heraufziehenden bürgerlich-individuellen Zeitalter entspricht, das aus den neugewonnenen naturwissenschaftlichen Erkenntnissen sein Selbstbewußtsein zieht und bald in wirtschaftliche Energie umsetzen wird. Rückschauend lassen sich solche Verbindungslinien freilich leicht ziehen. Gluck selbst hat nur an die Oper gedacht. »Ehe ich arbeite, suche ich vor allem zu vergessen, daß ich Musiker bin. Ich vergesse mich selber, um nur meine Personen zu sehen.« Diese Personen stammten von Ranieri Calzabigi (1714–1795), einem italienischen Schriftsteller, der mit seinem Bruder und Casanova 1757 in Paris die erste Lotterie einführte – man beherrschte nunmehr die Wahrscheinlichkeitsrechnung – und 1761 in Wien Finanzbeamter wurde. Er hat dort für Gluck die Libretti der auf italienisch aufgeführten Reformopern verfaßt, nämlich für »Orpheus und Eurydike« (1762), »Alceste« (1767) und »Paris und Helena« (1769). Er schrieb keine geschwollenen Deklamationen, sondern wirkliche Dramen, und Gluck sagte von ihm, daß er allein es gewesen sei, »der ihn in den Stand gesetzt habe, die Quellen seiner Kunst entwickeln zu können«. Calzabigi, ein Mann von Selbstbewußtsein, hat das weniger zurückhaltend formuliert: »Wenn Gluck der Schöpfer des Musik-Dramas war, so hat er es doch nicht aus dem Nichts geschaffen. Ich liefere ihm den Stoff, wenn Sie wollen: das Chaos – und die Ehre der Schöpfung fällt uns gemeinsam zu.« Das ist sicher richtig, nur liebt der menschliche Geist nun einmal die eindeutige Personifizierung – also gilt Gluck als Erneuerer des Musikdramas: keine Kastraten mehr, keine »Gurgelei«, »kein wälsches Gedicht, ohne Schwulst und Flitterwitz«, so wird es in Wien empfunden, und es ist ein wenig rührend und ein wenig lächerlich, wie sich beschränkter nationaler Egoismus an einer Form artikuliert, die der europäischen Musik insgesamt neue Wege öffnet. Das Drama, das die Oper selbst auf der europäischen Bühne erzeugte, trug sozusagen die Über-

Kostümentwurf *von J. Sarrazin für die Oper »Orpheus und Eurydike« von Christoph Willibald Gluck. Stich um 1775. Staatsbibliothek Berlin, Bildarchiv.*

schrift »Gluck in Paris oder der Kampf um die Vorherrschaft der französischen Musik«.

Mit seinen bisherigen Opern hatte Gluck nicht eben viel Glück gehabt; selbst ein Mann wie Leopold Mozart, der Vater des Wunderkindes, spöttelte über die nach seiner Ansicht unsingbaren Opern, man liebte solche Singspiele nicht, die dem artistischen Kehlkopf zu geringe Entfaltung zu bieten schienen, und so war es Gluck gerade recht, daß ihm der französische Attaché in Wien Du Rollet nach Racines »Iphigenie in Aulis« ein Libretto schrieb. Gluck griff zu und vertonte es, zumal Du Rollet ihm den Weg nach Paris ebnen konnte, ins Mekka der Opernkunst. Du Rollet wandte sich an seine ehemalige Schülerin Marie Antoinette, und diese lud den Deutschen nach Paris ein. Auch hier spaltete sich, wie in Deutschland, die musikalische Welt, man ergriff literarisch Partei. Um die Zeit der Uraufführung berichtet ein Zeitgenosse: »Seit vierzehn Tagen denkt und träumt Paris nichts anderes als Musik, Musik ist die Seele aller Soupers. Es wäre lächerlich, für etwas anderes Interesse zu zeigen. Auf eine politische Frage antwortet man mit einer Melodie, auf eine moralische Betrachtung mit dem Ritornell einer Arie. Versuchen Sie, für Voltaire Sympathie zu erwecken, erinnert man Sie an die Wirkung des Orchesters. Muß ich noch sagen, daß es Glucks ›Iphigenie‹ ist, die solch ungeheure Gärung erregt? Eine Gärung, die um so gewaltiger wirkt, je mehr die Ansichten geteilt, je fanatischer Freunde und Gegner sind.« Zwischen Lully, dem Schöpfer konventioneller und höfischer Werke, und dem Deutschen Willibald Gluck haben sie zu wählen, und für eine Weile lieferte dieser Opernstreit Gesprächsstoff, wenn auch nicht für alle Zeiten.

Gluck hatte sich verpflichtet, für die Oper sechs Werke zu schreiben, aber er kam nur langsam voran und hatte Schwierigkeiten mit den Künstlern. Seine Rollen enthielten nicht die gewohnten Glanzstücke des Belcanto, man machte sich über die »gesprochene Musik« lustig, das Orchester zwang er zu »aufbrüllenden Fortissimi«, zu gehauchtem Pianissimo, das wurde als maßlos, als irregulär empfunden, hier blieb nichts mehr von der Wohltemperiertheit einer höfisch orientierten Musik. Der Italiener Piccini (1728–1800) selbst hatte sich, nach dem Besuch der »Iphigenie auf Aulis«, zu Gluck bekannt, aber der Durchbruch kam erst mit dem Triumph der »Iphigenie auf Tauris«. Es war ein europäischer Triumph, wenn auch noch nicht der einer deutschen Nationaloper. Wagner hat später in seiner Schrift »Oper und Drama« (1851) den Standpunkt vertreten, daß die so berühmt gewordene Revolution Glucks in Wahrheit nur darin bestanden habe, daß der musikalische Komponist sich gegen die Willkür der Sänger empört habe. Von den über 100 Werken Glucks werden heute noch drei bis vier Opern aufgeführt – kein schlechtes Ergebnis, wenn man bedenkt, wie schnell sich Maßstäbe wandeln.

Die Hochzeit des Figaro

Von Rousseau, dem französischen Philosophen, ist bekannt, daß er das Motto »Zurück zur Natur« formuliert haben soll, das doch in dieser Form niemals gesagt wurde, doch kaum jemand ahnt, daß der sonderbare Fanatiker, dessen Geist eine ganze Epoche so nachhaltig beeinflußt hat, auch als Dichterkomponist Erfolg gehabt hat und bis 1830 zur Julirevolution auf dem Repertoire der französischen Oper stand. Das Werkchen ist vergessen, gehört aber in die Reihe jener Opern, in denen sich das heraufziehende Gewitter der Französischen Revolution ankündigte, lange bevor es dann 1789 zur Entladung kam.

Es spricht für die Lebendigkeit der Oper, daß die Zeitkritik, die heute am ehesten im anspruchsvollen Film stattfindet, damals über die Opernbühne ging. Das mag verschiedene Gründe gehabt haben; einer ist gewiß, daß das jeweilige Herrscherpaar mit seinem Hofstaat mit Sicherheit in der Loge saß, wenn es etwas Neues zu sehen gab. Wer also den herrschenden Kreisen bittere Wahrheiten sagen wollte, konnte dies am ehesten in dieser repräsentativen Form. Die Schaulust des Menschen ist offenbar unstillbar, und so wurden Unsummen aufgewendet, um immer wieder den ganzen Kulissenzauber einer solchen Inszenierung mit feuerspeienden Bergen, Seeschlachten, pompösen Balletten und phantastischen Umzügen verwirklichen zu können. Während die Menschen auf dem Lande zu Tausenden vom Hunger hingerafft wurden und die französische Wirtschaft in allen Fugen zitterte, gab es in Paris das Spektakel der Opern, das plötzlich zum Prüfstein für die politische Gesinnung wurde.

Im Jahre 1752, als in Paris eine italienische Wandertruppe erschien, beherrschte die pompöse Staatsaktion die Szene, und das Ensemble spiegelte getreulich die Hierarchie der höfischen Gesellschaft. Die Italiener brachten eine neue, realistischere Welt auf die Bühne, und ihre Darbietungen wirkten so revolutionär, daß sich das Publikum von Paris auf der Stelle in zwei Parteien spaltete, die »einander heftiger bekämpften, als es je in den Angelegenheiten des Staates oder der Kirche geschehen war«. Rousseau hat die Vorgänge nicht nur beschrieben, sondern selbst in die Auseinandersetzung eingegriffen. Über die Parteien sagt er: »Die eine, mächtigere, bestand aus der Aristokratie, den zahlreichen Geldleuten und den Frauenzimmern. Sie hielt es mit der französischen Musik. Die andere, jener an Begeisterung und Lebhaftigkeit überlegen, umfaßte den kenntnisreichen und kunstbegabten Teil des Publikums.« Damit sind in klassischer Kürze jene Gruppierungen innerhalb des Bürgertums umrissen, die sich auch heute noch aus gegebenem Anlaß bilden. Rousseau beschreibt, wie sich die damaligen Intellektuellen unter der Loge der Königin Marie Antoinette versammelten, während ihre Gegner, über das ganze Theater verteilt, ihr Hauptquartier aber unter der Loge des Königs gehabt hätten.

Man befehdete einander mit Zeitungsartikeln und Flugschriften, eine Geschmacksfrage drohte zum Streit um Prinzipien zu werden, in den auch eine Art spezifisch französischen Ehrgeizes floß. Im Jahre 1753 veröffentlichte der konservative Baron Grimm, der »Korrespondent mehrerer deutscher Höfe«, ein spöttisches Pamphlet gegen den italienischen Opernstil, ganz auf der Seite des guten Geschmacks, der Tradition und des notwendigsten Anstandes. Im selben Jahr stellte sich Rousseau mit seinen »Briefen über französische Musik« mit Leidenschaft auf die Seite der italienischen Neuerer.

Die Sache, um die es ging, hat in der Musikgeschichte den Namen »Opera buffa«; das Thema des Konfliktes hatte sich schon angekündigt, als John Gay, angeregt von Jonathan Swift, die »Beggar's Opera« schrieb, die mit erheblichen Risiken 1728 in London aufgeführt wurde. In der Spottlust, im satirischen Zugriff wetterleuchteten die ungelösten gesellschaftlichen Konflikte der Zeit, und wenn man die Herrschenden nicht beseitigen konnte, so wollte man wenigstens über sie lachen. Wer sich lächerlich gemacht sieht, fühlt sich bedroht, so konnte der verbissene Streit für den französischen, feierlichen Opernstil zu einem Kampf um die eigene Position werden. Das war auch wörtlich zu verstehen. Rousseau beschreibt, wie er selbst beleidigt und bedroht worden ist. Das Opernorchester habe sich sogar verschworen, ihn am Ausgang des Theaters zu ermorden, und nur der Freundschaft des wachhabenden Offiziers, der ohne sein Wissen den Autor habe nach Hause geleiten lassen, ist der Fehlschlag des finsteren Anschlages zu verdanken. In der Opera buffa konnte und sollte man lachen, und weil es in der neuen Form keine musikalischen Stücke aus Frankreich gab, schrieb Rousseau sein Singspiel.

Es war ungemein fortschrittlich und wurde offenbar auch so eingeschätzt, bis 1830 bei seiner letzten Aufführung eine alte Perücke auf die Bühne flog – da begriff auch das Publikum, daß die Zeit nicht stehengeblieben war, und das Stück wurde abgesetzt.

Auf der Bühne verwirklichten Bauern und Bürger jene sozialen Fortschritte, die sie in der Gesellschaft nicht erzwingen konnten, und die Komponisten der Oper formulierten, ohne es recht zu wissen, was die Enzyklopädisten um Diderot ebenfalls auszudrücken versuchten. Es waren die Gedanken der Freiheit, Gleichheit und Brüderlichkeit, die in allen kritischen Köpfen rumorten und die künstlerische Sensibilität ansprachen; gelegentlich steigerte sich ihr Ausdruck zu unüberhörbaren Signalen. So hatte der französische Komponist Philidor (1726–1795) mit der Oper »Bûcheron«, der italienische Komponist Padre Martini (1706–1784) mit dem Werk »Das Recht des Herrn« die gesellschaftlichen Zustände in Frankreich gespiegelt, doch erst Baron de Beaumarchais' (1732–1799) Oper »Die Hochzeit des Figaro« bot im Jahre 1786 die glanzvolle Ouvertüre zu jener Revolution, die Jahre jahre später das festliche Publikum jenes Abends demütigen sollte. Beaumarchais war Höfling und in der Gesellschaft durchaus eingeführt. Natürlich wußte er genau, daß seine Oper strenggenommen unverschämt war, jedenfalls keinen Respekt zeigte, und der Hof wußte es genauso. Beaumarchais aber lief überall herum und spielte den Unschuldigen: Wie konnte eine so einfache Geschichte staatsgefährdend sein, eine Liebesgeschichte, in der nicht der Graf, sondern der einfache Mann sich durchsetzte? Allerdings, er verlästerte alle die geistlichen Herren, Doktoren, Grafen, Fürsten, er parodierte die feierliche Pracht der Alexandriner, des bisher üblichen Versmaßes, und er sagte die Wahrheit über die gesellschaftlichen Zustände, aber er sagte sie amüsiert, als ein Mann, der dazugehörte.

Sechs Jahre dauerte es, bis sich die Zensur dazu durchringen konnte, das Stück freizugeben, inzwischen hatte jedermann von der Affäre gehört, das Stück war in privaten Zirkeln gelesen worden, und die Neugier war ins Maßlose gestiegen. Der Tag der Uraufführung ging als der »tolle Tag« in die Geschichte ein, zehn Stunden vor Beginn waren die Straßen verstopft, der gesamte königliche Hof erschien, alle Prinzen von Geblüt und der Hofadel; das Gedränge war so groß, daß drei Personen im Gewühl erstickten. Der Applaus des Publikums war der Applaus einer Schicht, deren Abdankung bereits entschieden war, ohne daß sie es wußte. Von Napoleon stammt die klassische Formulierung, der »Figaro«, das sei die Revolution auf dem Marsch gewesen. Die Presse der europäischen Hauptstädte berichtete ausführlich über diese sensationelle Uraufführung, so erfuhr man auch in Wien darüber. Schikaneder, der tüchtige Theatermann, der bereits andere linke Stücke wie die »Räuber« vom jungen Schiller riskiert hatte, reichte eine Übersetzung ein, um das Stück zu spielen. Die Erlaubnis der Zensur war schon gegeben, als der Kaiser die Aufführung im letzten Augenblick verbot.

Mozart, der von dem Stück begeistert war, ließ schließlich den Stoff von dem italienischen Textdichter Da Ponte umdichten, erhielt Audienz beim Kaiser, spielte ihm den ersten Akt vor und hörte das knappe Wort: »Jawohl, das spielen wir!« Er selbst leitete alle Proben, bekleidet mit einem roten Pelz und einem Tressenhut, und hatte Erfolg, vor allem in Prag. Dieses heitere Werk mit allen seinen makellosen Schönheiten zwang allen Achtung ab; so bereitete ihm das Orchester während der Generalprobe, auf welcher auch der Kaiser anwesend war, eine Ovation.

Klassik in Wien

Nicht weit vom Neusiedler See, in einer Landschaft, die bereits den Steppencharakter der Pußta trägt, liegt das Dorf, in dem Joseph Haydn geboren wurde, nicht als Herrenkind, sondern als Sohn einfacher Leute; auf dem Lande wuchs er auf, und seiner ländlichen Herkunft verdankte er seine Kraft. Als er 1732 zur Welt kam, hatte J. S. Bach noch viele seiner größten Werke zu schreiben, als er 1809 starb, hatte Beethoven schon begonnen, »an jener Musik zu schreiben, die das Ende der von Haydn und Mozart erarbeiteten klassischen Sonate bezeichnete« (Mellers). In dem niedrigen, weißgetünchten Bauernhaus, das sich in nichts von den anderen Gehöften der Dienstleute des Grafen Esterházy unterschied, haben die Eltern des Joseph gelegentlich zur Harfe gesungen, mit Volksmusik ist er aufgewachsen, er hätte auch ein braver Musiker für Kirchweihfeste werden können oder allenfalls ein geistlicher Herr; wie viele Begabungen, nicht geringer als die eines Haydn, sind auf dem Lande verkommen, weil niemand sie entwickelt hat; heute kann man Musikgenies züchten, Violinisten, Virtuosen, damals blieb das ganz zufällig, hing ab von den Herrenlaunen.

Haydns Bruder Michael Haydn (1737–1806) ist Kirchenmusiker gewesen; auch er wurde vom Grafen gefördert, kam nach Wien zum St.-Stephan-Chor, lernte hier singend den Kontrapunkt kennen – Unterordnung war für die Haydns keine Frage, gesellschaftlich hatten sie mehr erreicht, als sich ein Bauernjunge träumen lassen durfte, auch der Joseph, der als Hausmusikmeister der Familie Esterházy sein Leben als Bediensteter verbrachte und Livree trug. Immerhin hatte er, als der Stimmbruch kam, sein Geld als 18jähriger auf den Straßen Wiens mit Serenadenmusik verdienen müssen, einer Freiluftmusik, die ohne Cembalo von ein paar Streichern und Bläsern gespielt wurde, eine herzhafte, galante Musik. Wer wie Joseph Haydn in Lohn und Brot kam, so viele Möglichkeiten hatte wie ein Hausmusikmeister beim Fürsten, konnte von Glück sagen. Haydn wußte das: »Mein Fürst war mit allen meinen Arbeiten zufrieden, ich erhielt Beifall, ich konnte als Chef des Orchesters Versuche machen . . . ich war von der Welt abgesondert, niemand in meiner Nähe konnte mich an mir selbst irremachen oder mich quälen, und so mußte ich original werden.«

Original, das trifft, aus dem Abstand der Jahrhunderte betrachtet, die Sache nicht genau genug. Haydn hat in der Musik revolutionär gewirkt und ist, auch weil sein Leben eine so große Epoche der Musik umspannte, zum Klassiker geworden. Natürlich hat Haydn seinen Posten als Hofmusiker quittiert, als er international berühmt geworden war, und er meint mit »original« gleichsam eine Begabung aus erster Hand, eine Art Gottesgnadentum. Gesellschaftlich war er auf seine Weise klassenbewußt: Er sagte, daß er zwar »mit Kaisern, Königen und hohen Prinzen Umgang gehabt und von ihnen viel Schmeichelhaftes erfahren habe, sich mit solchen Personen jedoch nicht auf einen vertraulichen Fuß stellen mochte, weil er Menschen seiner eigenen Klasse vorzog«. Auch in der Musik sprach sich dieser Standpunkt aus. Die Serenadenmusik verkörperte ja, auf Straßen und Plätzen gespielt, ein demokratisches Element, sie mußte noch einfachere Töne bringen als etwa die Opera buffa, die ihren Stoff, im Gegensatz zur Opera seria, aus dem Alltag nahm. Wien wimmelte damals von konventionellen italienischen Musikanten, aber Haydn blieb in seiner Musik kühn, offenherzig, durchaus unangepaßt. Auch am Hofe änderte er sich nicht, und man kann sich eine weniger konventionelle, weniger schmeichlerische Musik als die des reifen Haydn schwer vorstellen (Robertson).

Bekanntlich wird Haydn als »Vater der Symphonie« bezeichnet, was den Sachverhalt nur ungenau trifft. Diese Musikform ist auf komplizierte Weise entstanden, geht auf das ältere Concerto grosso und die Suite zurück und hat ursprünglich Elemente der Opera buffa, als die knappe melodische Figur, in sich aufgenommen, ehe sie von Haydn vervollkommnet wurde. Ohne den Mannheimer Orchesterstil, der von Deutsch-Österreichern und Tschechen getragen wurde und eine belebtere, kraftvollere Intonierung ermöglichte, wären die Symphonien Haydns nicht denkbar gewesen.

Die bedeutende Leistung der klassischen Musik, die Sonate, ist in den Anfängen von der Symphonie nur schwer zu unterscheiden. Man könnte sagen, daß die Sonate vor dem Hintergrund der höfischen, zeremoniellen Musizierformen ein revolutionäres Kompositionsprinzip darstellt, nicht eine fest umrissene Form. So gibt es nicht »die« Sonate, aber Sonaten der verschiedensten Komponisten, Beethovens Sonatenwerk zum Beispiel, allenfalls vergleichbar mit dem begrenzteren Fugenwerk von J. S. Bach, ist noch von keinem heutigen Klaviervirtuosen ganz gespielt worden, so unausschöpfbar, so weit angelegt ist der geistige Raum dieses Werkes.

Haydn hat mit Vorliebe Symphonien, kaum Sonaten geschrieben; in die phantastische Traumkulisse des Schlosses Esterházy hätten sie nicht gepaßt, denn dieses Schloß verkörperte den eigensinnigen Versuch, den aufkommenden sozialen Spannungen der Zeit ein strahlendes Exempel entgegenzusetzen, worauf sonst als auf Leibeigenschaft gegründet. Kaiser Joseph II. hatte sie durch Reform abschaffen wollen und war dem Druck der Feudalherren erlegen; dieses ungarische Versailles war die Antwort der Esterházys. Haydn hat sich gegenüber »seinem Fürsten« die innere Unabhängigkeit bewahrt, ländlich robust in seinem Wesen, wenn auch nicht plump, eher feinfühlig.

Mozart ist von Geburt an, im Rokoko Salzburgs aufgewachsen, ein städtischer Mensch, trotziger und ungezügelter in seinen Reaktionen, labil bis zur Schwermut. Als Wolfgang Amadeus Mozart (1756–1791) geboren wurde, hatte Haydn, ein junger Mann von 24 Jahren, noch keines seiner Werke geschrieben; als er starb, hatte Haydn noch weitere zwanzig Schaffensjahre vor sich, in denen er von Mozart lernte und im tieferen Sinne zu sich selber kam (Mellers). Die biographischen Details aus dem Leben des »Donnerblitzbubs«, des Wunderkindes, des ruhelosen Ehemannes sind nur allzu bekannt, seine Opern gehören zum klassischen Repertoire, die Sprache seiner Musik erreicht jeden Menschen, scheint überirdischen Ursprunges, und doch ist auch sein Werk mit den gesellschaftlichen Spannungen seiner Zeit verknüpft.

Beethovens Stellung in der Welt ist ganz anderer Art, sein Ziel ist die Revolution, seine Tonsprache drückt seine geistige Entwicklung mit überwältigender Kraft aus. Auch er stammte aus der Mittelklasse, ist in der Provinz aufgewachsen, aber er war von Anfang an, schon als Schüler, ein introvertierter Grübler, ungeschlacht in seinem Auftreten und unangepaßt, was seine Umgebung anging. Er war der erste Komponist, der die Gesellschaft nicht überzeugen, sondern verändern wollte; durch sein gesamtes Schaffen zieht sich der republikanische Gedanke, was nicht bedeutet, daß nicht auch Beethoven ein Bürger war, der in Wien lebte, ein Hauswirt, Onkel, Arbeitgeber und Dirigent, dazu ein zunehmend kranker Mann. Die Musik anderer hörte er sich nur ungern an, aus Furcht, seine Originalität zu verlieren, ein autoritäres Ich, das einer engstirnigen Umwelt sein Genie aufzwang. Als Beethoven von Bonn nach Wien übersiedelte, nahm er Kompositionsstunden bei Haydn, ein absurder Versuch, der schnell abgebrochen wurde. Die ethische Unbedingtheit, man möchte sagen, die moralische Unerbittlichkeit, mit der Beethoven die Gesellschaft reinigen und verändern wollte, war die Ursache seiner bekannten gesellschaftlichen Grobheiten wie seiner revolutionären Formsprache. Daß diese Unerbittlichkeit wie seine unglaubliche Unverträglichkeit selbst Symptom tiefer sitzender psychischer »Störungen« war, wird man nicht verkennen.

Die Musikgeschichte bezeichnet die 5. Symphonie als die Wende in der Entwicklung der symphonischen Form, wobei die technische Revolution dieses Werkes von den musikalischen Mitteln seiner Aussage nicht zu trennen ist. Von dem Sonatenwerk ist bereits die Rede gewesen, Beethovens späte Streichquartette sind jenseits der Schattenlinie geschrieben, als sich seine psychische Taubheit bereits zum physischen Leiden verfestigt hatte.

In seiner Jugend bevorzugte Beethoven das dynamische Klavier, in den mittleren Jahren das Symphonieorchester, nun wurden seine Mittel sparsam, und in seinen Quartetten versöhnt er die Gegensätze seines Lebens in einer fast religiösen musikalischen Formsprache. Weder als titanischer Rebell noch als mürrischer Bürger ist Beethoven zu erfassen, denn jede Interpretation außerhalb seiner Musik umfaßt nur Teile einer Außenwelt, deren Innenwelt vom Kosmos seiner Musik gebildet wird. Mit ihr hat er die Welt verändern und zum Besseren wandeln wollen. Am 17. September 1824 schrieb er seinem Verlag Schotts Söhne zu Mainz: »Auch das Quartett [Es-Dur, Op. 127] erhalten sie sicher bis Hälfte Oktober. Gar zu überhäuft und von schwacher Gesundheit, muß man schon etwas Geduld mit mir haben. Hier [in Baden bei Wien] bin ich meiner Gesundheit wegen; doch hat es sich schon gebessert, Apollo und die Musen werden mich noch nicht dem Knochenmann überliefern lassen, denn noch so vieles bin ich ihnen schuldig und muß ich vor meinem Abgang in die Elysäischen Felder hinterlassen, was mir der Geist eingibt und heißt vollenden. Ist es mir doch, als hätte ich kaum einige Noten geschrieben! Ich wünsche ihnen allen guten Erfolg in ihren Bemühungen für die Kunst; sind es diese und die Wissenschaft doch, die uns ein höheres Leben andeuten und hoffen lassen . . .« (Gal). Die Umstände seines Todes am 26. März 1827, kurz nach einem Frühjahrsgewitter, fassen, wie eine Anekdote, sein Leben zusammen, lassen sich symbolisch interpretieren: Der mit dem Tod ringende Kranke schüttelte die Faust zum Himmel, prometheische Gebärde oder nur Verzweiflung des ohnmächtigen Kranken; die Totenmaske seines entspannten Antlitzes wurde zum Klischee, zum käuflichen Objekt, ein zugleich erbitterndes und beschämendes Mißverständnis zwischen dem Bürger und der von ihm durch Welten getrennten Welt der Kunst.

»Viktoria können wir schießen«, schreibt Carl Maria von Weber aus Berlin an seinen »vielgeliebten Freund und Mitvater« am 21. Juni 1821, »der Freischütz hat ins Schwarze getroffen ... Die gestrige zweite Vorstellung ging ebenso trefflich wie die erste, und der Enthusiasmus war abermals groß; zu morgen, der dritten, ist schon kein Billet mehr zu haben. Kein Mensch erinnert sich, eine Oper so aufgenommen gesehen zu haben, und nach der ›Olympia‹ (Anm. d. Verf. von Spontini), da Alles getan wurde, ist es wirklich der vollständigste Triumph, den man erleben konnte.« Der Mann, dem er diesen ersten Bericht mit fliegender Feder schreibt, ist Friedrich Kind, der Textdichter, deshalb also »Mitvater« des »Freischütz«, und die Geburtsanzeige dieses Briefes betrifft die erste eigentliche nationale Oper Deutschlands. Das Libretto, das Textbuch, ist tatsächlich Kinds Leistung, und er hat nicht einsehen können, daß alle Welt den Komponisten umjubelte, während doch er die Handlung geschaffen, die Fabel ersonnen, die Figuren gestaltet hat, denen Carl Maria von Weber dann nur noch die Sprache der Musik geschenkt hat. Im Juli 1821 schreibt Weber an den verstimmten Poeten: »Dichter und Komponist sind ja so miteinander verschmolzen, daß es eine Lächerlichkeit ist, zu glauben, der Letztere kann etwas Ordentliches ohne den Ersten leisten. Wer gibt ihm denn den Anstoß? Wer entflammt seine Phantasie? Wer macht ihm die Mannigfaltigkeit der Gefühle möglich? Wer bietet ihm Charakterzeichnung usw.? Der Dichter, und immer der Dichter!« Er schreibt aber auch, an die Dichter gewandt: »Glaubt Ihr denn, daß ein ordentlicher Komponist sich ein Buch in die Hand stecken läßt wie ein Schuljunge den Apfel? Daß er alles so unbesehen hinnimmt und blindlings Töne darüber gießt, froh, nur irgendwo die lang verhaltenen loslassen zu können?«

Darin hatten sich die Zeiten tatsächlich geändert. Als die venezianische Oper mit ihren Kastraten und ihrer pomphaften Inszenierungstechnik die Bühne beherrschte, machten nur die Texte die Runde, und die einheimischen Komponisten übergossen tatsächlich diese Texte mit Musik. Komponisten wurden damals mit einem Taschengeld abgefunden, während Kastraten, Primadonnen und selbst ein Maschinenmeister, der die Bühnentechnik beherrschte, Spitzengagen erhielten. Der Maschinenmeister übrigens, der eigentliche Herr der Götter, Nymphen, Feuersbrünste und Fontänen, erschien auf dem Programm riesengroß, während der Komponist, wenn überhaupt, winzig klein und unter ihm aufgeführt wurde. Noch Händel und Gluck haben auf diese Weise Texte musikalisch überbacken, die ganze Spezies nannte man »pasticci«, auf gut deutsch Pasteten.

Zu Zeiten Carl Maria von Webers hatten sich diese Verhältnisse überlebt, und weder Komponist noch Textautor waren bereit, ihren Besitzanspruch auf das geistige Eigentum und den daraus fließenden Ruhm ohne weiteres aufzugeben, eine echt bürgerliche Konkurrenzsituation, die unausgesprochen auf dem Begriff des geistigen Eigentums beruhte. Kind, Mitglied der Dresdener Schriftstellervereinigung »Liederkreis«, war ein durchaus renommierter Schriftsteller und etablierter Rechtsanwalt in Dresden, Weber ein bekannter Kapellmeister in gesicherter Position.

Im Februar 1817 wurde die Idee anläßlich eines abendlichen »Dichter-Tees« in Helbigs Gasthaus an der Augustusbrücke geboren. Weber schreibt über die Begegnung mit Friedrich Kind: »Morgen gehe ich zu ihm, um den Plan ins Reine zu bringen. Das Sujet ist trefflich, schauerlich und interessant, der ›Freyschütz‹; ich weiß nicht, ob Du die alte Volkssage kennst . . .« Wenig später äußert sich Friedrich Kind: »Ich brannte einige Wochen lang, die Freikugel hatte auch mich schon getroffen, mein Herz schlägt unruhig, ich rannte in der Stube auf und ab, ich berauschte mich an Waldeslust und Volkston.« Das klingt nach Idylle, aber der Schein trügt. Carl Maria von Webers Stellung war eine Konzession an die Verhältnisse, er hatte »unterm Klappern der Teller und Gläser« bei Hofe aufzuspielen, er hatte Gelegenheitsmusiken zu schreiben, etwa eine Festkantate zur Vermählung einer sächsischen Prinzessin, sein Platz auf der Hofrangliste war einer unter 126 Positionen, und es wurde in diesem durch und durch morschen System intrigiert wie heute nur in einer Sendeanstalt oder in einem Parlament. Für einen Mann von künstlerischem Selbstbewußtsein und produktiver Kraft war die Anstellung an der neugegründeten Oper in Dresden oft nicht leicht zu ertragen, zumal sich seinen Zielen Widerstand entgegenstemmte. Nur durch konsequente Pressepolitik in einer unbedeutenden, aber einflußreichen »Abendzeitung«, durch seinen Aufruf »An die kunstliebenden Bewohner Dresdens« und durch die folgenden »Dramaturgischen Notizen des deutschen Spielplans« hat er den Boden für den Erfolg des »Freischütz« bereiten können.

Weber ist durch die Oper mit einem Schlage berühmt geworden, die Größen seiner Zeit, Cherubini und Rossini, begegnen dem Deutschen in Paris mit Respekt und Bewunderung, und er selbst reist rastlos durch Europa, fast nach den Regeln modernen Managements, um den Erfolg auszuschöpfen, Konzerte zu geben, seine Vorstellungen zu interpretieren. Seine musikalisch tiefgründigen Opern »Euryanthe« und »Oberon« haben die Volkstümlichkeit des »Freischütz« nie erreicht, er selbst hat die Uraufführung des »Oberon« in London noch erlebt, ehe er am 5. Juni 1826 erschöpft und ausgehöhlt an der Schwindsucht starb.

Mit Webers »Freischütz« war die nationale Oper geschaffen, als habe das deutsche Gemüt sich selbst seine musikalische Form geträumt. Schikaneders Bedürfnis, eine »Zauberposse mit Musik« aus der Feder Mozarts zu bekommen, um sein Theater zu sanieren, hatte die »Zauberflöte« erbracht, ein Meisterwerk, aber doch eher eine Opera buffa als eine nationale Oper, und Mozart war schließlich auch kein deutscher Bürger gewesen, sondern eben der Mozart, ein Kosmopolit mit der Salzburger Heimat. Und Beethoven: Er hatte sich bis zuletzt mit Goethes »Faust« beschäftigt, und Grillparzer entwarf für ihn auf seinen Wunsch eine romantische Melusine, doch wurde aus diesen Plänen nichts. Es schien tatsächlich so, als sei Weber nur auf die Welt gekommen, um den Freischütz zu schreiben, wie der deutsche Komponist Hans Pfitzner es einmal gesagt hat. Auch Beethoven war beeindruckt gewesen: »Das sonst weiche Mannel, ich hätt's ihm nimmermehr zugetraut.« Und als der Weber in Wien seine »Euryanthe« hatte einstudieren wollen, hatte ihn Beethoven begrüßt: »Da bist du ja, du Kerl! Du bist ein Teufelskerl. Grüß dich Gott!« Dieses Grüßgott hatte dem Mann gegolten, der einen so ganz neuen, unnachahmlichen Ton gefunden hatte, und tatsächlich war Weber, wie E. T. A. Hoffmann, ein »Musiker neuen Typs«, ein gebildeter, bürgerlicher Mensch, der zu allen Fragen der Zeit Stellung nahm, sich die Ziele seines Volkes zu eigen machte, also national dachte, und künstlerisch das Musikdrama anstrebte, »ein in sich geschlossenes Kunstwerk, wo alle Teile und Beiträge der verwandten und benutzten Künste ineinanderschmelzend verschwinden und auf eine gewisse Weise untergehend eine neue Welt bilden«.

In solchen Formulierungen wetterleuchtete schon, was wenig später ein ebenso ehrgeiziger wie hysterischer Komponist aufgreifen und mit unvergleichlicher Willenskraft zu realisieren versuchen würde – es ist der Traum vom »Gesamtkunstwerk«, seit den Tagen der ersten italienischen Oper in Erinnerung an die Antike geträumt, hundertfältig gewandelt und auch in Bayreuth nie vollendet. Immerhin fühlte sich Wagner als Revolutionär, und so wünschte er niederzureißen, um aufzubauen, er begann das deutsche Lied vom Tod zu spielen, schrieb die Opern vom großartigen Untergang.

Götterdämmerung

Der neunjährige Richard trug bis zu seiner Konfirmation den Namen seines natürlichen Vaters Geyer, eines liebenswerten, aber leichtsinnigen Schauspielers und Sängers. Als Carl Maria von Weber diesen Kollegen, der einige Singspiele geschrieben und auch in Webers Opern gesungen hatte, in Dresden besuchte, fragte er den Sohn Richard lächelnd, ob er auch einmal Musiker werden wolle. Seine Mutter hatte dem berühmten Komponisten erwidert, der Junge sei zwar ganz verrückt nach dem »Freischütz«, aber musikalische Begabung habe sie an ihm noch nicht entdecken können.

In der Tat zeigte sich seine musikalische Begabung erst, als er in Dresden als Schüler der berühmten Kreuzschule eingetragen wurde, übrigens immer noch als Richard Geyer und nicht mit dem Namen seines offiziellen Vaters Wagner. Damals begegnete er im Haus der Mutter häufig dem berühmten Weber, denn viele seiner Geschwister wie auch seine Mutter unterhielten Beziehungen zur Bühne oder standen, wie die Schwester Rosalie, als Sängerin auf der Bühne. Weber war 1816 vom König von Sachsen nach Dresden berufen worden, um eine neue deutsche Oper einzurichten, und die Premiere des Freischütz am 18. Juni 1821, dem sechsten Jahrestag der Schlacht bei Waterloo, hatte einem glühenden deutschen Nationalismus zum Ausbruch verholfen. Der Junge betrachtete den großen Komponisten voll Ehrfurcht und lebte selbst ganz in der Welt des Freischütz, dessen romantischer Zauber ihn umgab und dessen Lieder jedermann sang oder pfiff. In Berlin war die Premiere zu einer Kundgebung des deutschen Nationalismus geworden, der damals ja noch einen durchaus demokratischen Zug hatte, und so wundert es nicht, wenn der Dresdner Hof, der die Oper 1822 kennengelernt hatte, äußerst reserviert reagierte, eben weil das Volk für den Freischütz schwärmte.

Für Richard Wagner ist die frühe Begegnung mit Weber – er war damals neun Jahre – zu einem Schicksalsmotiv geworden. Über ein Jahrzehnt später war er es, der die sterblichen Reste des von ihm verehrten Meisters C. M. v. Weber 1844 aus London nach Deutschland überführte und in Dresden beisetzen ließ. Aber über diese sentimentale Bindung hinaus fühlte er sich Weber verpflichtet als Vollender dessen, was jener mit dem »Freischütz« und der Oper »Euryanthe« begonnen hatte. In seinen im Schweizer Exil entstandenen Schriften »Die Kunst und die Revolution«, »Das Kunstwerk der Zukunft« (1849) und »Oper und Drama« (1851)

hat sich Wagner ausführlich geäußert und seine diesbezüglichen Ziele mit einem mächtigen Aufwand an schiefer Historie vorgetragen.

Ausgangspunkt ist wie eh und je das athenische Drama; Wagner selbst sieht sich als den, der aus dem Geist der Antike die Vereinigung der seitdem vereinzelten Künste zu leisten hätte. Er will dies erreichen, indem er das Orchester die Stelle des antiken Chores einnehmen läßt und den alten Streit über die Vorherrschaft der Dichtung über die Musik oder der Musik über das Wort beiseite schiebt. Ein Geflecht von Motiven bindet in der Wagneroper die dramatische Handlung; die Motive artikulieren sich in Versen, die mit dem musikalischen Element untrennbar verschmolzen sind. Im Schlußchor der »Neunten« von Beethoven sieht Wagner etwas von dieser Auffassung vorweggenommen, die er nun, auf die germanischen Mythen zurückgreifend, in einem Nationaltheater verwirklichen will. So kommt er schließlich auch zur Doktrin vom Stabreim, der seinen musikalischen Einfällen entgegenkommt. Alle diese Verkündigungen, die von seinen Jüngern begeistert aufgenommen werden, haben nicht länger Bestand, als Wagner sie benötigt, und er wird sie alle fallenlassen, wenn er zu anderen Möglichkeiten übergehen wird.

Wagner hat 1831 in Leipzig Philologie zu studieren begonnen, ehe Shakespeare sein szenisches Talent weckte und die musikalische Begegnung mit Beethoven, vor allem mit der Musik zu »Egmont«, sein reizbares Naturell herausforderte; er wollte sein eben fertiggestelltes Trauerspiel »Leubald und Adelaide« mit Musik versehen. »Ich traute mir ohne alles Bedenken zu, diese so nötige Musik selbst schreiben zu können, . . . und ich beschloß, Musiker zu werden.«

Welche bombastische Verzerrung bürgerlicher Lebens- und Liebesvorstellungen er in einigen seiner Opern geliefert hat, tritt erst jetzt zutage. Seine Pläne waren phantastisch, aber nicht phantastischer als die Annexionspläne der führenden Bourgeoisie im Ersten Weltkrieg oder die Rassentheorie des Hitler, der in Wagners Opern schwelgte. Man weiß, daß Wagner 1843 Hofkapellmeister in Dresden wurde, die Ziele seines geistigen Vorgängers Weber auf ungleich brünstigere Weise verfolgend. Damals entstand der »Lohengrin«. Lohengrin, der Schwanenritter, symbolisiert die Gestalt des reinen Künstlers, der vom reinen Volk, der edlen Elsa, ohne Wissen und Willen verstanden wird. Bekanntlich hat sich Wagner, der damals mit einem anarchischen Kommunismus kokettierte, 1848 an der Revolution beteiligt; so tief hatte er sich in Schulden verstrickt, daß nur ein totaler Umsturz ihn retten konnte. Sein musikalisches Drama »Siegfrieds Tod« schrieb er für ein »Theater der Revolution«, und als die Revolution ausbrach, trieb es ihn mit fliegenden Rockschößen durch Dresden, er veranlaßte den Bau von einigen Barrikaden und verfaßte sogar ein Flugblatt. Vor der Verhaftung nach dem Einmarsch preußischer Truppen rettete ihn nur die Flucht in die Schweiz, die er mit Hilfe von Franz Liszt und unter Zurücklassung seiner Familie bewerkstelligte.

Die Erfüllung seines Traumes schien sich 1864 zu bieten, als Wagner, nach wechselvollen und produktiven Jahren, mit dem jugendlichen König Ludwig II. von Bayern zusammentraf. Dieser ließ ihm durch seinen Secretarius eine Photographie und einen Ring überreichen und seinen königlichen Wunsch überbringen, Wagner möge unter königlichem Schutz in München leben und seine künstlerische Mission vollenden. Außer dem »Lohengrin«, als dessen Verkörperung nun Ludwig II. erschien, waren bisher der »Rienzi« (1842) und der »Fliegende Hollän-

Der Drache Fafner *wird von Siegfried erstochen. Szenenbild aus der Oper »Siegfried« von Richard Wagner (1813–1883) in einer Aufführung der Pariser Oper von 1902. Lithographie von Georges Redon. Staatsbibliothek Berlin, Bildarchiv.*

der« (1843) in Dresden uraufgeführt. Die Aufführung des überarbeiteten »Tannhäuser« hatte 1861 in Paris zu einem Theaterskandal geführt, der im Grunde nicht gegen ihn, sondern gegen die österreichische Clique um den Kaiser gerichtet war. Vordergründig ging es darum, daß Wagner in Paris dem Diktat der Tradition nicht hatte huldigen und in seinem Weihedrama kein Ballett hatte dulden wollen, dieses unentbehrliche Requisit der französischen Oper, und als die Mitglieder des Jokkey-Clubs zu stören begannen, war der »Tannhäuser« in einem Tumult von Pfeifen, Zischen und Prügeleien untergegangen. Nun, nach wirren Jahren der Flucht, schien München ihm alle Möglichkeiten zu bieten, und die Beziehung zu dem jungen, neurotischen König trug alle Züge einer erotischen, wenn auch sublimierten Bindung, eine Art Liaison, wie Wagner selbst schrieb, »eine große, nicht enden wollende Liebesszene«.

In München sollte nun endlich ein »Tempel des Gesamtkunstwerkes« (Gutman) errichtet werden. Der Hofarchitekt Semper erhielt den Auftrag, ein provisorisches Wagner-Theater an den Münchner Glaspalast anzufügen, und der König genehmigte 1865 dessen Pläne. Wagner selbst, der weise Berater des jungen Gralskönigs Parsifal, plante ein nach seinen Vorstellungen einzurichtendes Konservatorium für Sänger, Instrumentalisten und Dirigenten, ferner eine Wochenzeitschrift, und holte einen Entwurf hervor, den er schon in Dresden für »die Organisation eines deutschen Nationaltheaters« skizziert hatte.

Die lächerliche Rolle, die der egozentrische und anmaßende Wagner in München spielte, seine Geldgier und Taktlosigkeit, sein Dreiecksverhältnis mit der Gattin seines Dirigenten Hans von Bülow, Cosima Wagner, geb. Liszt, machten ihn zu einer skandalösen Figur, und bald setzte das Volk ihn der Mätresse Lola Montez gleich, die seinerzeit durch ihr Benehmen die Abdankung Ludwigs I. ausgelöst hatte. Er selbst vertraute im September 1865 seinem Tagebuch an: »Ich bin der deutscheste Mensch, ich bin der deutsche Geist. Fragt den unvergleichlichen Zauber meiner Werke.« Der Druck auf König Ludwig II., der zwar ein psychisch kranker Mann, aber gewiß kein Dummkopf war, verstärkte sich schließlich so sehr, daß er sich gezwungen sah, den Freund der Krone zu opfern. Er schrieb ihm, Wagner müsse unter dem 6. Dezember für einige Zeit das Königreich Bayern verlassen, beschwor ihn aber zugleich wie einen Geliebten, ihre Liebe »bliebe ewig wie die zwischen Siegfried und Brünnhilde«, er zitierte aus der »Götterdämmerung«: »Getrennt – wer darf uns scheiden?« Wagner, der hochfahrende Komponist mit dem Erlöserkomplex, war mehr Bourgeois, als er ahnen konnte, und so verschoben sich die Akzente seiner Existenz ins Preußische, das im Begriff war, seinen materiellen Besitz durch eine Reihe von Kriegen und Siegen zu konsolidieren. Mit einer entschlossenen Wendung, die auch den geringsten politischen Anstand vermissen läßt, warf er sich nach der Kaiserkrönung zu Versailles dem neuen Herrscher an die Brust, indem er erst einige huldigende Texte übersandte und sodann den »Kaisermarsch« komponierte, ein Musikstück, das ihn sogleich zum berühmtesten Komponisten des neuen Reiches machte.

Noch immer arbeitete er am »Ring des Nibelungen«, seinem Opus magnum, und so konnte er 1871 schreiben: »Wenn der Ring des Nibelungen zusammenfällt mit den deutschen Siegen, so ist das kein Zufall, ob wir es erleben oder nicht.« Sein Ziel, in München das Gesamtkunstwerk zur Aufführung zu bringen, konnte er nun, nach der Trennung von Ludwig II., nicht mehr realisieren.

Bayreuth war in Wagners Gesichtskreis eigentlich nur getreten, weil er eine Zeitlang gehofft hatte, wenn nicht in München, dann in Nürnberg, der Stadt der Meistersinger, sein Festspielhaus errichten zu können. In dem nahen Bayreuth hätte er dann wohnen wollen. Später machte er sich die Tatsache zunutze, daß diese Residenz eines Markgrafen keine weiteren Attraktionen besaß, sein Festspielhaus also wohl konkurrenzlos würde existieren können, Baden-Baden und Bad Reichenhall, Kurorte mit einem verwöhnten Publikum, lehnte Wagner ab, auch hielt er es für zweckmäßig, einen Ort zu wählen, der zu Preußen gehört hatte, nur so konnte er auf Förderung durch die Hohenzollern hoffen. Durch hohe Dotationen und einen regelrechten Vertrag war König Ludwig II. übrigens der rechtmäßige Besitzer des »Ring des Nibelungen«, und das Manuskript der Orchesterpartitur befand sich in seinem Besitz. Praktisch hätte so der König von Bayern jede Aufführung blockieren können, aber er war zu nobel, um sich solcher Mittel zu bedienen, und überließ dem Autor die Partitur.

Die Betriebsamkeit der Stadtväter von Bayreuth, die mancherlei Geschäfte ahnten, die Energie Wagners und die überall gegründeten Wagnervereine brachten schließlich zustande, daß unterhalb des Hügels Bürgerreuth das »National-Theater« errichtet wurde. Ende Oktober 1872 stand zwar der Rohbau errichtet, aber die Mittel kamen so spärlich ein, daß man 1874 vor dem Ruin zu stehen schien. Noch einmal griff Ludwig II. ein und förderte mit erheblichen Mitteln das Unternehmen. Wagner selbst baute sich Haus Wahnfried und inszenierte dort sein Leben im Kaiser-Wilhelm-Stil, bombastisch-historisch mit jenem Schuß feudaler Arroganz, die den reich gewordenen Bourgeois vom wohlhabenden Landedelmann unterschied. Erstmals 1875 ging dann endlich, nach qualvollen Monaten der Einübung, der »Ring des Nibelungen« über die Bretter des neu erbauten Festspielhauses, das seine Fertigstellung allein der Großzügigkeit des bayerischen Königs verdankte. Dem festlichen Publikum war diese Tatsache weitgehend unbekannt, nicht zuletzt Kaiser Wilhelm I., der den Aufführungen von »Rheingold« und »Walküre« beiwohnte. Die Kritik freilich setzte sich mit den Mängeln des »Rings« schonungslos auseinander, und da die Eintrittspreise beachtlich waren, blieben viele Plätze nach dem Eröffnungszyklus leer, die gewünschte Weihe des Hauses durch die Anwesenheit des Volkes blieb aus, das Gesamtkunstwerk fand nicht statt. Es stellte sich nämlich heraus, daß die Verschmelzung von musikalischen, dichterischen und optischen Elementen nicht gelungen war. Die Malerei jedenfalls, einem eher tragikomischen Historismus verfallen, störte empfindlich, und auch die als Recken verkleideten Sänger, die germanisch vorzeitlich gekleideten Damen konnten nicht recht überzeugen. Die Musik freilich berauschte, und mit klopfendem Herzen hörte man den Schluß der »Götterdämmerung« mit den prophetischen Worten: »Denn der Götter Ende / Dämmert nun herauf: So – werf ich den Brand / In Walhalls prangende Burg.«

Des Deutschen Sinn für heldische Veranstaltung war mächtig geweckt, und niemand ahnte, daß in diesem Feuerzauber der spätere Reichsuntergang, das Ende von Hitlers Walhall, effektvoll vorweggenommen war. Das hohe Ziel einer vollkommenen Umgestaltung des deutschen Bühnenwesens hat Bayreuth zum Glück nicht erreicht, der musikalische Bourgeois mit der monströsen Musikalität hat den Pantomimus nicht besiegen können. Der Traum vom Nationaltheater als einer Weihestätte war aber damit nicht ausgeträumt.

Richard Wagner ist, zuletzt mit dem Entwurf des Parsifal beschäftigt, der ihn schon drei Jahrzehnte zuvor bewegt hatte, am 13. 2. 1883 in Venedig gestorben, eine widersprüchliche, aber in ihrer Art großartige Gestalt, deren oft abstoßende Züge trotz allem durch sein Werk aufgewogen werden. Seine expressive Musik hat auf die Zwölftonmusik hingeführt, das Gesamtkunstwerk freilich blieb eine Illusion, denn was er schuf, war das Musikdrama seiner Epoche. Aufgedonnert mit dem völkischen Mythos vom ewigen Frontsoldaten hat Wagnersches Pathos noch bei den Massenaufmärschen der brauen Kolonnen Hitlers Regie geführt, wurden Lichtkuppeln mit Fahnen und Chören effektvoll arrangiert, auch war es kein Zufall, daß das militärische Stichwort »Walküre« am 20. Juli 1944 die Götterdämmerung des Großdeutschen Reiches einleitete: Der wahnwitzige bourgeoise Traum vom großgermanischen Reich deutscher Nation war ausgeträumt, er endete mit dem Pathos einer Wagneroper.

Vom Olymp zum Exil

Kraft- und Originalgenies

Wer in Deutschland Genie sagt, denkt an Beethovens Totenmaske, möglichst über dem Klavier befestigt, und wenn er eine höhere Schulbildung hat, an Hölderlin, gewiß aber auch an Goethe. Rembrandt und Shakespeare werden ebenfalls gern mit diesem Begriff geschmückt, den man im alltäglichen Gebrauch auch verwendet, wenn man sagen will, daß einer ungewöhnlich, auf natürliche Weise fast nicht erklärlich, für irgendeine Tätigkeit begabt sei – das kann Malen oder Rechnen, das Konstruieren von Maschinen oder das Musizieren sein. Es muß aber eine gewisse Produktivität vorliegen, ein Gehirn also, das über die gewohnten Dinge und Eindrücke hinaus etwas ganz und gar Neues schafft. Mit dem Geniebegriff versucht man gelegentlich heute noch, bestimmte Höchstleistungen zu erklären, andererseits ist das Wort in der Alltagssprache verkommen. Der einfache Mann sagt von jemandem, der eine gewisse Begabung zeigt, er habe »Genie« für die Sache.

Man hat sich angewöhnt, bestimmte Epochen zu verstehen als die, welche die »großen Genies der Menschheit« hervorgebracht hätten, auch betrachtet man die Lebensläufe, den Lebensstil jener »Geistesgrößen« mit einer gewissen Ehrfurcht, da sie ja Genies gewesen seien; denen könne man vieles durchgehen lassen, was dem normalen Sterblichen nicht erlaubt sei. Es gab tatsächlich eine literarische Epoche, die in Deutschland vom Geniekult lebte und in deren Mittelpunkt das »Originalgenie« stand. Der Begriff selbst ist aber älter und reicht bis in die Renaissance zurück, als man das Göttliche des Künstlers durch legendenhafte Züge seiner Biographie zu belegen versuchte. Schon damals war der Künstler ja kein gewöhnlicher Sterblicher, sondern hatte teil an der Schöpfermacht, wurde zum »Weltenschöpfer«, wenn auch im Reich der Kunst. Schöpfermacht und Originalität sind im Altertum, das solche Legenden prägte und weiterreichte, aber nicht identisch gewesen. Erst im 15. Jahrhundert wurde das Nachahmungsideal der Antike abgelöst und ergänzt von der Vorstellung von der Originalität. »Ingenium« nannten die Fürsten der Renaissance die Begabung eines Mannes, der über Intellekt, Gedächtnis und Fleiß verfügte, und sie fanden diese Eigenschaft meist bei den talentierten Maler-Ingenieuren, diesen vielseitig verwendbaren Männern, die Maschinen konstruierten, Festzüge entwarfen, Paläste bauten, Tafeln malten und den Goldschmied mit Entwürfen versorgten. Schon damals aber tritt ein Element auf, das später besonders ausgeprägt und stilisiert wird. Vasari spricht in seiner Raffaelbiographie von einer »gewissen Wildheit« bildender Künstler, er nennt es »ein gewisses Etwas von Wahnsinn und Wildheit«, »zerstreut und phantastisch«, das Raffael nun gerade nicht gehabt habe.

Ohne die geistesgeschichtliche Entstehung des Begriffes im einzelnen verfolgen zu wollen: Der Franzose Joseph J. Scaliger (1540–1609), der das archaische Latein entdeckt, die erste lateinische Inschriftensammlung organisiert und eine erste wissenschaftliche Chronologie der Antike geschaffen hat, äußerte sich auch zu dem Geniebegriff; er hebt die Dunkelheit des genialen Gedankens, sein irrationales Moment hervor. Bei ihm geht Gott, der den überragenden Menschen mit seinen angeborenen, nicht erlernbaren Eigenschaften inspiriert, in den Geniusbegriff über (Lange-Eichbaum). Der moderne Geniebegriff ist damit ans Licht gebracht. Er wurzelt im »Enthusiasmus« der Griechen und in der Vorstellung von der angeborenen Begabung. Um 1550 geht der Begriff »genius« als eine Bezeichnung individueller Eigenart in den Sprachgebrauch über, eben der besonderen Schöpferkraft, und um 1700 wird der begabte Mensch selbst in Italien »genius« oder »genio« genannt. In Frankreich war das Wort noch im 17. Jahrhundert vieldeutig, erst im 18. Jahrhundert wurde »génie« dem heutigen Begriff gleich. Das Genie verkörpert das Persönlichkeitsideal literarisch bürgerlicher Schichten, der Begriff ist in seinem neuen Verständnis in der Welt der Literaten und bildenden Künstler entstanden, und Gewicht hatte er nur in den Kreisen der besseren Gesellschaft.

In jener Epoche bildeten sich auch verschiedene Genie-Theorien. Eine dieser Theorien sieht im Genie ein Mysterium, eine Offenbarung des Metaphysischen, Göttlichen. Aus der Antike über die Renaissance führt die Auffassung zu Anthony Ashley Cooper, Earl of Shaftesbury (1671–1713), dem Politiker mit dem schwärmerischen Gefühlsleben, der das Genie eine »Offenbarung des Allgeistes«, eine zweite Gottheit nannte. Später hat sich das über Carlyle und Emerson in eine Art neuer Religion gesteigert, bei Nietzsche wird das Genie zum neuen Menschentyp, zum »Übermenschen«. Es gibt auch eine andere Genietheorie, die den Begriff mit rationalen Gründen überhaupt zu demonstrieren sucht.

Einen Höhepunkt erlebt die Verehrung des Genies aber ganz ohne Zweifel Ende des 18. Jahrhunderts. Soziologisch gesehen, lösen sich in dieser Epoche Künstler und Dichter aus der Umklammerung des Mäzenatentums, das ihnen Sicherheit, aber auch Enge geboten hat, und versuchen, sich schutzlos auf einem offenen Markt zu behaupten (Hauser) – die Überbetonung der Individualität scheint die Antwort auf eine scharfe Konkurrenzsituation gewesen zu sein. Ein Dichter galt in jenen Zeiten als ein Wesen höherer Art, gleichsam als Genie schlechthin, und Schubart hat die Meinung vieler ausgesprochen, als er sagte: »Von seiten der Natur muß er Genie besitzen, Verstand mit einer glühenden Imagination vereinbart; von seiten der Kunst soll er Sprachkenntnis, Weisheit, die feinste Kenntnis der Natur und des Menschen haben und in keinem Fache der menschlichen Erkenntnis ein Fremder sein. Dann setze er sich auf den heiligen Dreifuß, Rauch und Dampf erfülle das Haus, der pythische Gott spreche, und seine Worte sollen mir Orakel sein, im Enthusiasmus der Götter gesprochen . . . ich weiß niemand, der diese scharfe Poetenprobe aushält als Homer, Milton, Shakespeare und Klopstock.«

Es ist die Zeit etwa von 1750–1800, die in Deutschland den Namen »Sturm und Drang« oder auch »Geniezeit« bekommen hat und in der niemand auf Geltung in der Literatur hoffen durfte, dem nicht anzumerken war, daß er ein »Originalgenie« war. In Deutschland hatte das einen eigentümlich trotzigen Klang, und in der Tat richtete sich ein Originalgenie nicht nach den Perücken, dem französischen Bildungsideal verknöcherter Literaten und einer in Formeln erstarrten höfischen Welt. Ein Originalgenie redete, schrieb und fluchte deutsch – wie der Ritter Götz von Berlichingen, genauer gesagt, wie Dr. Wolfgang Goethe. Der hat das Schauspiel vom Ritter mit der eisernen Hand in Wetzlar aufs Papier geworfen; nach dem Zeugnis seiner Mutter sei es ihm nicht im Traum eingefallen, »seinen Götz vor die Bühne zu schreiben« – es ging um den Rückgriff auf die eigene, verpönte Vergangenheit. Goethe hatte in seiner Shakespeare-Rede vom Oktober 1771 gesagt, was er meinte: »Und ich rufe Natur! Natur! Nichts so Natur als Shakespeares Menschen.« Natur sollte auch der Götz von Berlichingen veranschaulichen, und es war in der Tat eine kernige, deutsche Mannsnatur, die dem kaiserlichen Hauptmann zurief, er könne ihm doch am Arsch lecken, und das Fenster krachend ins Schloß warf. Dies stammte nun freilich vom Ritter selbst, der als Greis seine Erinnerungen aufgeschrieben hat, ehe er 1562 starb. Aber mit Goethe wurde es zum geflügelten Wort und zum bekanntesten Goethezitat, was dann den jungen Verfasser selbst übermütig gemacht hat. Gleich schreibt er an seinen Freund Merck ein neues Verslein, den »Philistern«, den »Kritikastern« ins Stammbuch geschrieben; da ist denn auch von jenem Körperteil die Rede, er wird zum Fenster hinausgehalten, jenen mißliebigen Fratzen entgegen.

Keine geistige Strömung ohne modischen Ausdruck – dieses Gesetz hat auch in der Sturm-und-Drang-Zeit durchaus seine Kraft nicht verloren. Wie also trägt sich das Originalgenie, wie benimmt es sich, wie zeigt es seine Besonderheiten? Gewiß nicht durch Artigkeit. Die Unart äußert sich zunächst in Worten. Man gefällt sich in Kraftworten, man pfeift auf den guten Ton, man gibt sich grob, das wirkt knorrig und fest, und das will man auch sein. Wieland (1733–1813), der vom Rokoko bis zu Heinrich von Kleist ein großes Stück der Literaturgeschichte miterlebt und mitgeformt hat, schrieb in seiner Zeitschrift »Merkur« über den Götz und seinen verwegenen Autor: »Junge, mutige Genien sind wie junge, mutige Füllen; das strotzt von Leben und Kraft, tummelt sich wie unsinnig herum, schnaubt und wiehert, wälzt sich und bäumt sich, schnappt und beißt, springt an den Leuten hinauf, schlägt vorn und hinten aus, und will sich weder fangen noch reiten lassen.«

Das klingt verständig, ein wenig säuerlich, und bleibt nicht unbeantwortet. Goethe hat eines Sonntagnachmittags bei einer Flasche Rotwein eine kleine Satire heruntergeschrieben, die mit Wieland abrechnet. »Götter, Helden und Wieland« heißt das Werkchen, und es stellt den blutarmen Wieland, der in einer Nachtmütze dargestellt wird, unter anderem dem Herkules gegenüber. Der bricht in ein wildes Lob der Geniezeit aus, verhöhnt die Bürger, die sich vor den Faustrechtszeiten des Götz bekreuzigen, lobt die Kräftigen, die im Überfluß an Säften die anderen ausprügelten oder den Weibern soviel Kinder machten, als sie begehrten, auch ungebeten. Er spielt auch darauf an, wie er, der Herkules selbst, »in einer Nacht funfzig Buben ausgearbeitet« hätte. Das stand in einem Antikenlexikon, das Goethe benutzt hat, eine obskure Geschichte: Ein gewisser Thespis, der Herkules in seinem Hause beherbergte, hatte von diesem Nachwuchs erbeten für eine seiner fünfzig Töchter, die dem Gastfreund zur Verfügung standen. Herkules erfüllte in dieser Nacht alle Erwartungen und vollbrachte die größte seiner Taten: Er verhalf allen diesen Frauen zu Söhnen, ein wahrhafter Sexualgigant.

Goethes Behandlung dieses Motivs ist, wie überhaupt dieses Werk, ein »Schand- und Frevelstück« geworden, es gefällt gerade deshalb überall, und dies ist die ironische Kehrseite einer Epoche, in der man von Gefühlen überquillt. Man protzt mit seiner Potenz, man sinkt einander in die Arme, aber man fällt auch mit blitzblankem Intellekt übereinander her, wenn der Wind sich dreht. Lavater hat seine erste Begegnung mit Goethe so beschrieben: »Zu Goethe. Allein in seinem Zimmer . . . Zur Nacht. ›Bist's – Bin ich's‹ – unaussprechlich süßer, unbeschreiblicher Antritt des Schauens.« Jeder ist mit jedem verbunden, man drängt zueinander und teilt sich mit, man schreibt uferlose Briefe und gehört zu derselben Generation, die etwa um 1750 geboren ist.

Nicht alle diese jungen Leute waren so radikal wie der »Genieapostel« Christoph Kaufmann aus Winterthur (1753–1795), der als 23jähriger seine berühmte Geniereise durch Deutschland machte. Man huldigte damals der Ansicht, Genie sei eine allgemeine Gabe, die mit besonderen Leistungen nichts zu tun habe und durch sie auch nicht erwiesen zu werden brauche – ein Mensch könne eben Genie haben, er werde groß und schöpferisch nur durch sein Wesen sein, ein »Kraftgenie«. Der mystisch dunkle Autor Johann Georg Hamann (1730–1788) verbreitete in feierlichem Stil die Ansicht, je naturhafter, das heißt unvernünftiger und ungewöhnlicher sich ein Genie äußere, um so größer sei es. Wenn das stimmte, mußte Christoph Kaufmann allerdings der Bedeutendste sein. Er trug eine frei flatternde Mähne, in der Perücken- und Zopfzeit ein Greuel, eine offene Hemdbrust, ein einfaches Bauerngewand aus Leinen und einen langen Bart. Den Knotenstock in der Faust, zog er kreuz und quer durch Deutschland, gleichsam das Genie an sich, und ließ sich hofieren. So fasziniert waren die Menschen vom Geniebegriff, daß der Markgraf von Baden ihn in Karlsruhe bei Hofe empfing, um sich von ihm in der Kunst des Regierens unterrichten zu lassen. Man fühlt sich an die Rolle Rasputins am Zarenhofe erinnert, auch hier greift ein rat- und kraftloses Regime nach dem Übersinnlichen, dem Unbegreiflichen. Kaufmann ist auch von Goethe empfangen worden, der ihn dem Weimarer Hofe vorstellte. Goethe selbst hatte sich längst aus der Wirrnis seiner Sturm-und-Drang-Zeit gerettet, sein »Werther«, den ein Mann wie Napoleon mehrere Male gelesen hatte und der in Europa eine wahre Psychose hervorrief, war das gerade Gegenstück zum »Götz«. Nicht Goethe, sondern Schubart, Lenz, Maler Müller, Bürger und Heinse haben der Welt gezeigt, was es heißt, seine Gefühle, seine Sinnlichkeiten, seine Leidenschaften als Kraftgenie auszulegen. Ihr Leben selbst beweist, stärker als ihre meist schnell verblichenen Werke, welche Kraft zur Unbedingtheit in ihnen steckte. Die weiterreichende Produktivität entwickelten freilich Männer, die nicht beim »Originalgenie« stehenblieben.

Besuch in Weimar

Daß der Sohn des Johann Caspar Goethe in Frankfurt nach allerlei Studien und Jugendtorheiten nicht die juristische Laufbahn einschlug, sondern in dieses obskure Weimar ging, rief Kopfschütteln hervor und galt dem Vernünftigen als Dummheit. Abgesehen davon, daß es einem wohlhabenden Bürgerssohn übel vermerkt wurde, wenn er sich in den Dienst eines Hofes begab, schien auch die Wahl nicht klug. Gewiß war bei Hofe, bei den geistig regsameren, gebildeteren Aristokraten das Leben anregender als in der nüchternen Gemächlichkeit einer »Kapitalisten- und Händlerstadt«, aber in einem solchen thüringischen Städtchen zu leben konnte für einen ehrgeizigen und vernünftigen Mann kein reizvolles Ziel sein. Das war ein kleiner, umfriedeter Marktort mit vier Toren, an denen der Pförtner den

Zoll einnahm, mit ein paar Kirchen, ein paar hochgiebligen Gebäuden, den Gasthöfen »Zum Erbprinzen« und »Zum Elephant«, einem Rathaus und Stadthaus im Stil der Renaissance. Ein Drittel des von Stadtmauern umgebenen Ortes wurde vom Schloß eingenommen, und unweit des Städtchens lagen weitere kleine Schlösser, von denen einige in der Lyrik heute einen klangvollen Namen haben, so Tiefurt, Belvedere oder das weiter entfernt gelegene Jagdschloß Dornburg.

Der Hauptbau, die Wilhelmsburg, war ein Jahr vor Goethes Ankunft in Weimar gänzlich niedergebrannt und bot einen erschreckenden Anblick; erst 1803 ist der Neubau fertiggestellt worden, ständig von Geldmangel bedroht. Weimar war Marktflecken für das umliegende Land und Regierungssitz für die Herzogtümer Weimar und Eisenach. Es gab Ende des 18. Jahrhunderts rund 6000 Einwohner, davon 102 registrierte Arme. Ein Nachtwächter rief alle halbe Stunde die Zeit aus, die 500 Straßenlampen wurden aus Kostengründen nur selten illuminiert, so blieb der Diener mit der Pechfackel in der Hand für den Herrn von Stand die geeignetste Straßenbeleuchtung. Über die Kriminalität ist nichts bekannt, von Revolution war nicht die Rede, die Verhältnisse blieben überschaubar, wie sie Thomas Mann in seinem Roman »Lotte in Weimar« geschildert hat.

An diesen unbedeutenden Ort mit einer allerdings sehr aufgeschlossenen jungen Herzogin-Witwe flieht Goethe im November 1775 aus allerlei privaten Verstrickungen, er selbst sieht Zufall in der Bekanntschaft mit dem jungen Erbprinzen von Weimar, und er sah sich nicht als Jurist, sondern als erster Schriftsteller Deutschlands; in seinen Mappen lagen die ersten Entwürfe zum »Faust«, zum »Egmont« ferner Epen, Gedichte, Satiren, Aufsätze, Romanbruchstücke. »Er war auf der Höhe seiner Gestaltungskraft.« Der Dienst am Hof zu Weimar, so schien es, bot ihm Spielraum zur Entfaltung seiner Talente, und der 18jährige Erbprinz schien als Umgang erträglicher als alle diese gravitätischen Kaufleute und Finanziers in Frankfurt.

Daß ein Mann wie Goethe sich an einen Hof band, um ungestörter schreiben zu können, ist nicht ungewöhnlich. Dem Erbprinzen selbst lag der Gedanke an ein Mäzenatentum wohl fern. »Er wollte sein Leben mit vollen Zügen genießen, schmeichelte sich damit, den jungen Dr. Goethe, der als Autor den Ruhm des kleinen Weimar mehren konnte, gewonnen zu haben, und benahm sich ihm gegenüber ungezwungen, wie dies nicht selbstverständlich war« (Friedenthal).

Vom Schreiben, vom Dichten konnte man damals sowenig leben wie im 20. Jahrhundert, selbst als berühmter Autor nicht, denn Nachdrucke waren rechtlich nicht geschützt, die Honorare waren lächerlich, Tantiemen wurden nicht gezahlt, und das Schreiben galt als eine Art idealer Liebhaberei. Lessing hat sich als freier Schriftsteller durchzubringen versucht, mußte aber mit vierzig Jahren seine Unabhängigkeit aufgeben und als Bibliothekar des Herzogs von Braunschweig in Wolfenbüttel qualvolle Jahre abdienen. In England und Frankreich wurde der Typ des engagierten, bürgerlichen Literaten von den Verhältnissen begünstigt, in Deutschland durch die Kleinstaaterei, das heißt eine vom Adel beherrschte Höflingswirtschaft erstickt. Dieser Adel war französisch orientiert, und wenn irgendwo nennenswerte Literatur entstand, wurde sie gleichsam nebenher geschrieben. Selbst im Mutterland der damaligen europäischen Bildung, in Frankreich, lagen die Dinge nicht viel besser, und erst um 1700 zahlte die 1689 neu eröffnete Comédie Française den Autoren einige Tantiemen, und zwar ein Neuntel der

Gesamteinnahme eines Theaterabends. Das bot Anlaß zu Streitigkeiten, und als man 1775 den »Barbier von Sevilla« absetzen wollte, verlangte Beaumarchais Einsicht in die Kassenbücher.

Er hat auch die erste Schriftstellervereinigung Europas gegründet, die »Société des auteurs dramatiques«, aber sie ist in der Revolution untergegangen. Im deutschsprachigen Raum gab es keine derartigen Ansätze, und nur wo sich das Bürgertum stärker akzentuierte, etwa in den großen Handelsstädten Hamburg und Zürich, aber auch in dem aufstrebenden Berlin, bot sich der jungen, progressiven Literatur eine Chance. So kommt es, daß Lessing als der erste freie Schriftsteller sich in Hamburg niederläßt und später nach Berlin geht. In den kleinen Residenzen ist die Luft stickig, das Leben beengt, der Adel gibt dort den Ton an, und nur ein Mann wie Goethe konnte Höfling und zugleich Goethe sein – dazu gehörten nicht nur Vitalität und Diplomatie, sondern auch eine fast schon zweifelhafte Anpassungsfähigkeit.

Sieben Jahre, nachdem Dr. Goethe nach Weimar gegangen ist, schreibt der von ihm dorthin berufene Generalsuperintendent Herder: »Er ist also jetzt Wirklicher Geheimer Rat, Kammerpräsident, Präsident des Kriegscollegii, Aufseher des Bauwesens bis zum Wegebau hinunter, dabei auch directeur de plaisirs, Hofpoet, Verfasser von schönen Festivitäten, Hofopern, Ballets, Redoutenaufzügen, Inskriptionen, Kunstwerken etc., Director der Zeichenschule, in der er den Winter über Vorlesungen über die Osteologie gehalten, selbst überall der erste Acteur, Tänzer, kurzum das factotum des Weimarischen und, so Gott will, bald der majordomus sämtlicher Ernestinischer Häuser, bei denen er zur Anbetung umherzieht. Er ist baronisiert und an seinem Geburtstag wird die Standeserhöhung erklärt werden. Er ist aus seinem Garten in die Stadt gezogen und macht ein adlig Haus, hält Lesegesellschaften, die sich bald in Assembleen verwandeln werden etc. etc. Bei alledem gehts in den Geschäften (d. h. der Regierung) wie es gehen will . . .« Richard Friedenthal hat in seiner fesselnden Biographie Goethes diesen recht unfreundlichen Abschnitt herangezogen, um ein Bild von Goethes Stellung zu geben. Tatsächlich erwartet man, bei allem Respekt vor der Persönlichkeit Goethes, daß er seine Feder bei jeder Gelegenheit zur Verfügung stellt, und mit unzähmbarem Spieltrieb erfüllt er immer wieder diese Aufgaben, die einen Hölderlin, einen Lenz zum Wahnsinn getrieben hätten. Noch im tiefsinnig verschlüsselten zweiten Teil des »Faust« ist die barocke Lust an Aufzügen und Maskeraden, etwas höfisch Opernhaftes zu erkennen.

Kaum eines Dichters Weg ist je so sorgsam analysiert, so gründlich ausgeleuchtet worden wie der Goethes. So weiß man, daß die Abfälle aus jenen oft längst vergessenen Balletten und Lustspielen oft zu den Perlen deutscher Lyrik gehören, und ahnt die Breite und Fülle einer geistigen Existenz, die sich selbst unter so beengten Verhältnissen zu vertiefen und zu verbreitern wußte. Goethe hat insgesamt 57 Jahre in Weimar und seiner Umgebung gelebt, der einzige Auslandsaufenthalt des 36jährigen in Italien dauerte knapp zwei Jahre, wenn man von den beiden Schweizer Reisen absieht.

Durch Goethes Wirken ist Weimar der Ort der deutschen Klassik geworden, seine Freundschaft mit Schiller hat die bekannten literarischen Ergebnisse gebracht und mit dem Briefwechsel diese Klassik dokumentiert. Der Begriff Klassiker, heute nahezu gleichbedeutend mit verstaubter, hohl tönender Überlieferung,

Ein Abend in der Gartenlaube *des Goetheschen Hauses in Weimar mit Wieland, Schiller, Herzog Karl August, Herder und Goethe selbst. Xylographie nach einer Zeichnung von Heinrich Merté. Österreichische Nationalbibliothek, Bildarchiv, Wien.*

Theatergruppe *im Hotel de Bourgogne, Stich, 1630. Österreichische Nationalbibliothek, Bildarchiv, Wien.*

Anichino *spielt mit einer Dame Schach. Miniatur aus dem Decamerone Boccaccios, Cod. 2561, fol. 261 r. 1. Hälfte 15. Jh. Österreichische Nationalbibliothek, Handschriftensammlung, Wien.*

Kniender Maya-Ballspieler, *Markierstein für das bei den Indianern der mexikanischen Hochkulturen sehr beliebte Ballspiel. Kalksteinplatte mit eingeschnittenem Relief aus der Ruinenstadt Chincultic im Staat Chiapas, Mexiko. 590 n. Chr. Museo Nacional de Antropologia, Mexiko.*

Ein Stierkopf *als Verzierung an einer babylonischen Leier. Der Stiermythos nimmt als Symbol von Fruchtbarkeit und Kraft in den alten Hochkulturen einen zentralen Platz ein. Um 2685–2645 v. Chr. Irak-Museum, Bagdad.*

Das Polospiel *stammt ursprünglich aus Persien und Indien und entwickelte sich in England zu einem beliebten Sport der Aristokratie. Es ist ein hockeyähnliches Reiterspiel, bei dem zwei Parteien von je vier Reitern den Ball aus Bambusholz mit langen Poloschlägern in das gegnerische Tor zu treiben suchen. Iranische Buchmalerei, Ms. Pers. 3540, fol. 106, um 1580 (Ausschnitt). India Office Library, London.*

Stierkampfszene *in einer spanischen Arena. Der Stierkampf war bereits im alten Ägypten bekannt und wird heute noch besonders in Spanien und den süd- und mittelamerikanischen Ländern als volkstümliches Ereignis veranstaltet. Gemälde von Francisco de Goya (1740–1828) (Ausschnitt). Metropolitan Museum of Art, New York.*

Die Fußballspieler, *Gemälde von Henri Rousseau, 1908. Guggenheim Museum, New York.*

die niemandem mehr etwas sagt, hat seinerzeit einen Höhepunkt kultureller Entwicklung gemeint. Schon in der Antike wurde diese Bezeichnung, die ursprünglich die vermögendste Steuerklasse Roms meinte, auf bestimmte Autoren angewandt. Die Renaissance hat den Begriff aufgenommen und die gesamte griechisch-römische Antike als klassisch zum Ideal erhoben. Das deutsche Bürgertum entdeckte die Antike neu, wieder wurde das Klassische zum Urbild einer harmonischen, vollkommenen Menschlichkeit, und jene Dichter, die das Ideal einer gesitteten und verinnerlichten Geselligkeit als Leitbild für eine gesamte Menschheit setzten, bedienten sich der griechischen und römischen Formsprache, die ihnen als eine Art reineren Daseins erschien. Der Hofmann Goethe und der bürgerliche Professor Schiller haben, nachdem sie ihre Sturm-und-Drang-Zeit überwunden hatten, ihre Vorstellungen in immer neuen Varianten formuliert – Goethe nicht nur im Drama, sondern vor allem in seinem bürgerlichen Bildungsroman »Wilhelm Meister«, Schiller in seinen Tragödien.

Bevor aber das Erhabene auf der Bühne Einzug halten und die bürgerlichen Wertvorstellungen im antiken Gewand einer abgelebten adligen Gesellschaft entgegensetzen konnte, mußte die Bühne gereinigt werden von allem, was den hohen Ton störte und dem edlen Ziel entgegenstand. Die Anfänge dieser Reinigung allerdings lagen, als Goethe 1775 nach Weimar ging, schon gut ein Menschenalter zurück, und sie war vollkommen gelungen.

Harlekins Verbannung

Die Sache war ernst, denn es ging um den Harlekin, den Hanswurst, einen Herrn Jedermann des Mittelalters, den Nachfahren der gescheckten Narren, die im Harlekin des 14. Jahrhunderts mit Schellen und buntgemustertem Rock als Verkörperung des dummen Pöbels ihre plumpen Späße vollführten und sich noch im 18. Jahrhundert auf der Bühne herumtrieben. Man war ja damals, in der ersten Hälfte des 18. Jahrhunderts, im Theater nicht zimperlich, wenn es darum ging, dem zahlenden Publikum sein Vergnügen zu verschaffen. So hat man, als des jungen Dramaturgen Lessings Stück »Minna von Barnhelm« bei der Uraufführung im Jahre 1767 partout nicht einschlug, bei den folgenden Aufführungen die Zuschauer durch Akrobatennummern aufgeheitert. Daß also eine lustige Person, der Hanswurst, auf der Bühne aus dem Stegreif Publikum und Personen des Stückes mit aktuellem Witz versorgte, war theaterwirksam, doch entsprach es in Tragödien nicht dem hehren Sinn des Bürgertums, das seine Ideale auf der Bühne verklärte, indem es Vernunft und Mäßigung als Caesar oder Cato auf die Bühne brachte. Daß die Bühne als »moralische Anstalt« verstanden werden würde, wie Schiller es später meinte, lag in der Luft. Man griff auf die Natur zurück, sie erschien vernünftig, und nirgends war die Vernunft reiner ausgedrückt als in den Werken der wiederentdeckten Antike, in den Tragödien der Griechen.

Professor Gottsched, ein höchst belesener junger Privatdozent, später als Professor eine etwas unglückliche Figur, schrieb in seinem »Versuch einer Critischen Dichtkunst«: »Der Poet wählet sich einen moralischen Lehrsatz, den er seinen Zuschauern auf eine sinnliche Art einprägen will. Dazu ersinnt er sich eine allgemeine Fabel, daraus die Wahrheit des Satzes erhellet.« Das war trefflich gemeint und nicht schlecht formuliert, aber kein Mensch hielt sich daran, und wenn ein Poet tatsächlich so verfuhr, machten die Theatertrupps mit ihren Einlagen manches zunichte. Es scheint, daß ohne solche Einlagen ein Theaterabend auch kaum zu überstehen war, denn auf der Bühne wurde nicht gespielt, sondern auf lächerlichste Weise agiert. Der bekannte Schauspieler Iffland, Zeitgenosse Goethes und Vertreter einer neuen Schauspielkunst, gibt davon einen Eindruck, wenn er schreibt: »Die erste Frage an den Neuling war: Kann der Herr eine Zepteraktion machen? Hierauf wurde ihm ein Kommandostab eingehändigt, mit dem er erst probieren mußte, ihn entweder feierlich an der Hüfte ruhen zu lassen oder damit fernhin in das unbekannte Land gebieterisch zu deuten. Bewährte sich dabei ein Geist, der Formalität wittern ließ, so ward ihm eine donnernde Rede abbegehrt. Konnte diese das Kopfnicken der alten Gesellen erlangen, so trat das Oberhaupt vor, an den Neuling heran und sprach folgende Worte: Ist der Herr eines Paares schwarzsamtener Beinkleider mächtig? Konnte diese Frage bejaht werden, so war mindestens die Fähigkeit entschieden, angenommen werden zu können.«

Diese Schauspieler, nahezu zunftmäßig organisiert und von ihren Prinzipalen zu »Gehorsam, Arbeit und Demut« aufgefordert, wußten durch ihre Ehrenbezeigungen auf der Bühne die Stände sorgsam zu charakterisieren, sie bewegten sich auf der Bühne fast wie im Menuett, und bis ins kleinste war festgelegt, wie eine Person in einen Halbkreis zu treten oder sich aus einer solchen Personengruppe zu entfernen hatte. Dieser Iffland übrigens, ein gebildeter, warmherziger Mann, öffnet den noch subalternen Schauspielern den Zugang zur Gesellschaft, er wird bei Hofe eingeladen, und ein Zeitgenosse schreibt: »Bis jetzt ist es an unserem Hofe noch ohne Beispiel, daß ein Schauspieler bei Prinzen gegessen hat. Iffland ist aber von der Prinzessin Ferdinand und auch von unserem Kronprinzen zu Tisch gebeten worden.«

Gottsched, der Reformator des deutschen Theaters, ein durchaus bürgerlicher Mensch, nahm sich die Mühe, sich die Schauspieltrupps mit kritischer Sorgfalt anzusehen, die als fahrende Wandertruppen von Hof zu Hof zogen. Ihre Aktionen erscheinen ihm lächerlich, ihre sogenannten Theatercoups albern und unwahrhaftig, und was sie an Unglaublichkeiten boten, wurde Gottsched zum Ärgernis. Es verdichtete sich ihm in der Gestalt des Harlekin, gegen den er literarisch vom Leder zog: »Hieraus ist nun leicht zu schließen, was von allen deutschen Narren zu halten ist, sie mögen nun von alter Erfindung sein wie Hanns Wurst oder Pickelhering, oder auch von neuer Art, wie der sogenannte Peter oder Crispin oder wie sie sonst heißen mögen. Eben die Gründe, wider jene zu streiten, sind auch allen diesen Geschöpfen einer unordentlichen Einbildungskraft zuwider, die kein Muster in der Natur haben.«

Nun hat die Figur des Harlekins, Skaramutz usw. manche Hintergründigkeiten, die nur aus der Zeit verstanden werden können. Dieser Hanswurst mit dem italienischen Namen (italienisch arlecchino: komische Person der Stegreifkomödie) war nämlich nicht immer schlecht, sondern oft auch ausgezeichnet, und es gab gefeierte Schauspieler und Wandertruppen gerade mit dieser Rolle. Außerdem verkörperte er, man würde heute sagen, das Element der Folklore, hier etwas absolut Deutsches. Noch vor kurzem war die Literatur, die Bildung ja absolut französisch gewesen, nur der Hanswurst nicht. Der Adel, als das vorherrschende Publikum jener theatralischen Veranstaltungen, fühlte sich von ihm, der das dumme Volk so herrlich verkörperte, amüsiert; unheimlich war nur, daß er alle Stände, alle Klassen übersprang und ganz außerhalb des Kastensystems stand, das auch die Bühne beherrschte. Es dürfte auch eine Rolle gespielt haben, daß er im Bereich der Erotik die Dinge beim Namen nannte, und zwar mit ihrem deutschen Namen – das war befreiend inmitten der allgemeinen Heuchelei. Eine der Wurzeln des Hanswurst liegt übrigens beim sogenannten Pritschenmeister der alten Schützenbruderschaften. Der stand mit einem Zeigestock, der Pritsche, neben der Schießscheibe und zeigte die Treffer an, wobei er drollige Kommentare zum besten gab und sich so zu einer Art dörflichem Alleinunterhalter entwickelte. Die Pritsche, die heute noch der Kasperle trägt, ist sein Erbstück, wie überhaupt der Kasper die Miniaturform des einstigen Hanswurst ist, für die Kinder zubereitet und von allen Obszönitäten befreit.

Man mußte nun den Harlekin nicht unbedingt von der Bühne verbannen, um die Verhältnisse im Sinne Gottscheds zu bessern, man konnte ihn auch veredeln, und so verfuhr denn auch der Dresdener Hofpoet und ehemalige »Prizschmeister« Johann Ulrich König (1688–1744), der nach französischem Vorbild den Harlekin domestizierte (Promies). In Wirklichkeit ging es bei dem Kampf gegen den Harlekin gegen das Stegreifspiel aus der Position des Kunstdramas, gegen das freie Spiel zugunsten vernünftelnden Moralisierens, gegen aristokratische Lässigkeit aus der Perspektive des strebsamen Bürgers, gegen das Irrationale auf der Bühne, die so blitzblank und überschaubar werden sollte wie ein bürgerlicher Mittagstisch. Nur in einer solchen Perspektive war Gottscheds Kampf überhaupt zu verstehen, und tatsächlich ist die Vertreibung des Harlekins nicht sein einziges, wichtigstes Anliegen gewesen.

Eine theatralische Vertreibung oder gar öffentliche Verbrennung, die eine literarische Legende ist, dürfte er nie betrieben haben. Ihm ging es um eine wirksame Erneuerung der deutschen Schaubühne, mit dem französischen Vorbild vor Augen, und so wünschte er, daß man auf der Bühne Verse sprach und sich gemessen bewegte, vor allem aber deutsche Tragödien spielte, deren erste er selbst zu schreiben unternahm. Seine Reformideen konnte er nicht recht an den Mann bringen, bis ihm 1727 die Neuberin zum zweiten Male begegnete, diesmal als Prinzipalin einer eigenen Schauspieltruppe, eine der ersten Unternehmerinnen des bürgerlichen Zeitalters. Er hatte sie schon zwei Jahre zuvor auf der Bühne gesehen, wo sie in einer vierfachen Hosenrolle aufgetreten war, nämlich als Schäfer, als Freund orientalischer Sprachen, als Zänker und als Frauenheld. Gottsched war von ihrer sprachlichen Virtuosität, ihren Verwandlungskünsten so angetan gewesen, daß er eine begeisterte Abhandlung über sie geschrieben hatte. Sie war im selben Jahr in Gottscheds Wochenschrift »Die vernünftigen Tadlerinnen« erschienen und enthielt die enthusiastische Feststellung, daß Gottsched sein Lebtag nichts Schöneres gesehen habe.

Diesmal wurde es ernst. Wie er selbst wollte die Karoline Neuber die Tragödie ohne Harlekin und zeigte sich deshalb aufgeschlossen. Gottsched überließ ihr das in Versen geschriebene Werk »Der sterbende Cato«, das wohl fast ausschließlich aus geschickt kombinierten Partien anderer französischer Autoren bestand. Ausstaffiert nach der herkömmlichen Art, das heißt in der Mode des 18. Jahrhunderts, Friedrich Kohlhardt höchst gravitätisch als Cato mit Perücke und Zwickelstrümpfen, sprachen die Schauspieler die steifen Verse des Professors und ernteten rauschenden Beifall. So wurde die Aufführung ein großer Erfolg, dessen sich nur der Autor nicht recht freuen konnte. Ihm hatte ein Drama in historischen Kostümen vorgeschwebt, aber die Neuberin hatte in diesem Punkt nicht mit sich reden lassen. Im Jahre 1737 setzte sie übrigens den Kampf gegen den Harlekin, den Gottsched literarisch geführt hatte, mit theatralischen Mitteln fort und gab auf dem Roßmarkt zu Leipzig ein Vorspiel, durch das der Harlekin »verbannt« wurde.

Damit war die Bühne als eine »Kanzel der Tugendlehre« von allem gereinigt, was unvernünftig und bunt war. Allerdings gab es Leute, die diese Reinigung allenfalls für vernünftig, aber nicht für richtig hielten. Der junge Dramaturg des Hamburger Nationaltheaters schrieb in seinen »Briefen, die neueste Literatur betreffend« (1759): »Seitdem die Neuberin, sub auspiciis Sr. Magnifizenz, des Herrn Prof. Gottsched, den Harlekin öffentlich von ihrem Theater verbannte, haben alle deutschen Bühnen, denen daran gelegen war, regelmäßig zu heißen, dieser Verbannung beizutreten geschienen. Ich sage geschienen, denn im Grund hatten sie alle nur das bunte Jäckchen und den Namen abgeschafft, aber den Narren behalten. Die Neuberin selbst spielte eine Menge Stücke, in welchen Harlekin die Hauptperson war. Aber Harlekin hieß bei ihr Hänschen und war ganz weiß anstatt scheckig gekleidet. Wahrlich, ein großer Triumph für den guten Geschmack! Die Neuberin ist tot, Gottsched ist auch tot: ich dächte, wir zögen ihm das Jäckchen wieder an.«

Nationaltheater gab es mittlerweile in Hamburg, Wien, Mannheim und Berlin, sie alle verschrieben sich dem Ziel, »Instrument des humanen Idealismus« zu sein (Berthold). Langsam wurden auch die Sitten auf dem Theater bürgerlich. Es war früher üblich gewesen, daß die jungen Herren vom Adel mit ihren Hunden auf der Bühne saßen und sich Späße erzählten, während gespielt wurde. Diese Vorzugsplätze waren teurer als das Parkett gewesen und brachten dem Prinzipal bares Geld ein. In den neuerbauten Theatern der bürgerlichen Epoche war dafür kein Platz, und nur die Logen und Ränge, wie sie als Bezeichnungen heute noch gebräuchlich sind, entsprachen der ständischen Gliederung. Allerdings, es war auf der deutschen Bühne feierlich, aber langweilig geworden. Goethe selbst, der dem Theater neue Impulse zu geben versuchte, hat das in einem aus dem Nachlaß überlieferten Entwurf für das 13. Buch von »Dichtung und Wahrheit« bedauernd festgestellt. Für die »fortlaufende und vielleicht nie zu zerstörende Mittelmäßigkeit des deutschen Theaters« machte Goethe »die ununterbrochene Folge von drei Schauspielern« verantwortlich, welche »als Menschen schätzbar, das Gefühl ihrer Würde auch auf dem Theater nicht aufgeben konnten und deshalb mehr oder weniger die dramatische Kunst nach dem Sittlichen, Anständigen, Gebilligten und wenigstens scheinbar Guten hinzogen. Ekhofen, Schrödern und Ifflanden kam hierin sogar die allgemeine Tendenz der Zeit zur Hilfe, die eine allgemeine An- und Ausgleichung aller Stände und Beschäftigungen zu einem allgemeinen Menschenwerk durchaus im Herzen und im Auge hatten. Die Sentimentalität, die Würde des Alters und des Menschenverstandes, das Vermitteln durch vortreffliche Väter und weise Männer nahm auf dem Theater überhand.« So bemerkte man, als erst der bürgerliche Sinn für Anstand und Ideale über den Narren gesiegt hatte, daß der Bühne etwas Entscheidendes verlorengegangen war.

National-Theater

Es waren Fürsten, die in der zweiten Hälfte des 18. Jahrhunderts in ihren Hauptstädten glanzvolle Theaterbauten errichten ließen, und es waren Besitzbürger der gehobenen Schichten, die neben Hof und Adel die Ränge füllten. Als getreues Spiegelbild der Gesellschaft von unten nach oben türmten sich die Ballustraden vor der Guckkastenbühne auf, die mit einem schweren Vorhang verschlossen war, die livrierten Theaterdiener repräsentierten den höfischen Pomp wie die große Garderobe. Was man auf der Bühne zu sehen wünschte, waren freilich nicht mehr die Haupt- und Staatsaktionen des Rokoko, nicht mehr die antik verbrämten Herrscherdramen, sondern die eigene, bürgerliche Welt. Man sah, zu vernünftigem Denken und Handeln entschlossen, in der Bühne eine moralische Anstalt und erwartete sich vom Theater erzieherische Wirkung. »Über die Wirkung der Dichtkunst auf die Sitten der Völker in alter und neuer Zeit« hatte sich der literarische Generalsuperintendent Herder aus Weimar vernehmen lassen, er beklagte wie jedermann das Fehlen einer nationalen Dichtkunst und wußte sich mit Lessing einig, der nach dreijähriger Tätigkeit in Hamburg resignierte. Sarkastisch spottete er »über den gutherzigen Einfall, den Deutschen ein Nationaltheater zu verschaffen, da wir Deutschen noch keine Nation sind! Ich rede nicht von der politischen Verfassung, sondern bloß von dem sittlichen Charakter.«

Die Idee lag indessen in der Luft, und obwohl die Schauspieler ebenso geziert wie unverständig agierten, die Stücke für ein solches Theater noch nicht geschrieben waren und man das Ganze nach dem Muster fahrender Truppen betrieb, wollte jedermann das Theater und nicht nur irgendeines, sondern das Nationaltheater. Das wird die Geister noch bis zu Carl Maria von Weber, bis zu Wagner beschäftigen, und sehr bald trat neben den Wunsch nach der nationalen Schaubühne auch der nach einer Nationaloper. Frankreich hatte kulturelle Tradition für sich, sonnte sich im Glanz des Corneille und Racine, besaß in Molière den Dichter des bürgerlichen Dramas, Spanien spielte Calderon, der die Commedia dell'arte gleichsam zum Klassiker machte, und Lope de Vega, das heißt barockes Welttheater, aber der Norden und Osten Europas artikulierten sich entsprechend ihrer politischen Entwicklung erst jetzt auch im Nationaltheater.

Warschau, die elegante Metropole des polnischen Adels, besaß noch die Traditionen des Jesuitentheaters. Im Jahre 1779 wurde von einem Italiener ein bürgerliches Theater errichtet, das den offiziellen Namen »Nationaltheater« erhielt (polnisch: Teatr Narodowy). Der erste bedeutende Dramatiker dieser Bühne, ein Jesuit namens Frantisek Zablocki, ein im heutigen Sinn linker Intellektueller, brachte Diderots »Familienvater« und das revolutionäre Drama »Figaro« des Beaumarchais auf die Bühne.

Auch in den nordischen Ländern regte sich das Interesse am Theater, der Tendenz der Zeit entsprechend und dem großen Vorbild der französischen Académie Française folgend. Ein französischer Schauspieler setzte sich bei König Friedrich IV. von Dänemark in dem Augenblick durch, als der Alpdruck des Nordischen Krieges (1700–1721) gebannt war: »Die Errichtung eines Theaters folgte bei fast allen Völkern auf das blühendste Zeitalter des Reiches, und der Friede, den Eure Majestät kürzlich Dero Volk geschenkt nach den Siegen eines langen Krieges, scheint mir den geeignetsten Zeitpunkt zu bezeichnen.« Für welchen Herrscher wären solche Argumente nicht unwiderstehlich gewesen, und so wurde am 23. September 1722 das neue Theater mit Molières »Geizigem« eröffnet. Auch ein dänischer Molière fand sich in Gestalt von Friedrich Holberg, ein Professor für Rhetorik und Metaphysik, der sich von der Commedia dell'arte inspirieren ließ und kräftig mit Schwarzbrot genährte deftige Dänen auf die Bühne brachte. Holberg ist auch im übrigen Europa, vor allem auf der Hamburger Bühne, häufig gespielt worden und hat Lessing manchen Anlaß zur Auseinandersetzung geliefert.

Bei alledem lieferte noch immer Athen das Muster, und in allem Ernst verstanden sich diese braven, gravitätischen Herren mit Perücke und Zopf, mit Frack und geblümtem Morgenrock als Nachfahren der Griechen, nur weil der Misere der Weltläufte kein anderes leuchtendes Ideal entgegenzustellen war. So äußerte sich der Schweizer Johann Georg Sulzer, der ein Förderer der Hamburger Theaterunternehmung war, in seinem Beitrag für die Königlich-Preußische Akademie der Wissenschaften zu Berlin im Jahre 1760, er hoffe, daß »einige günstige Umstände dem Theater die Würde wiedergeben, welche es zu den schönsten Zeiten der Republik in Athen besaß«. Würde, das Wort bezeichnet allerdings eher eine Tugend besitzstolzen und geldschweren Bürgertums, das seine Existenz durch keine Unbedachtheit in Frage gestellt sehen will, als die spottlustigen, erotisierten und schnell entflammten Griechen des Perikleischen Zeitalters.

Preußen erhielt sein Nationaltheater mit der Kabinettsorder des Königs Friedrich Wilhelm II. aus dem Jahre 1796: »Es dürfen weder besonders die Opern, noch auch besonders die Schauspieler Eurer Aufmerksamkeit ausschließlicher Gegenstand werden. Ihr habt vielmehr durch gleiche Rücksicht auf beyde verwandte Künste die Erhaltung des Ganzen zu bewürken suchen, in beyden eben sowohl in Schauspiel als Oper auf Abwechslung der Rollenverteilung zu sehen, und dadurch entschiedene Talente zu schonen, angehende zu bilden und den Künstler eben so vor unvermeidlicher Vernachlässigung, als das Publikum vor endlicher Sättigung zu retten.« Das von dem Baumeister Langhans d. Ä., dem Schöpfer des Brandenburger Tores, erbaute Haus am Gendarmenmarkt faßte 2000 Menschen und wurde am 1. Januar 1801 von Iffland mit Kotzebues »Kreuzfahrern« eröffnet. Iffland, von Hause aus Schauspieler, hat in Zusammenarbeit mit Goethe und Schiller nicht nur das Theater gebildet und den Schauspieler erzogen, sondern die Regie zur Kunst erhoben. Als 1817 der Bau abbrannte, vermutlich durch die Kerzenbeleuchtung in Brand gesetzt, baute Schinkel auf den Grundmauern des alten Theaters ein neues Schauspielhaus. Eine zeitgenössische Beschreibung rühmt: »Die Logen ruhen auf feinen eisernen, vergoldeten Säulen, und die des 1. und 2. Ranges haben einen Balkon vor sich ... Die Personenzahl, welche das Theater zu fassen vermag, wird auf 1400–1500 angegeben.« Am 28. Mai 1821 wurde das Haus festlich eröffnet; man gab einen Prolog Goethes und seine »Iphigenie«, die Musik stammte von Glucks »Iphigenie auf Aulis«, auch ein Ballett fehlte nicht; es gehörte dem Herzog Karl von Mecklenburg, dem Bruder der Königin Luise.

Goethe selbst ist nicht anwesend gewesen, er hatte schon vor vier Jahren die Leitung des Weimarer Theaters niedergelegt, der ewigen Intrigen müde, und dachte wohl auch schon weiter. Die führenden Geister der Epoche sprachen schon einige Zeit vom Welttheater statt vom Nationaltheater, und Goethe selbst prägte den Begriff »Weltliteratur«. So äußerte er im Jahre 1827 zu seinem Eckermann: »Ich sehe immer mehr ein, daß die Poesie ein Gemeingut der Menschheit ist. Nationalliteratur will jetzt nicht mehr viel besagen, die Epoche der Weltliteratur ist an der Zeit, und jeder muß jetzt dazu wirken, diese Epoche zu beschleunigen.«

Die Romantiker

Sie ließen sich das Haar schulterlang wachsen, um sich »Ähnlichkeit mit dem Haupte Christi« zu geben, lebten in einem verlassenen Kloster in brüderlicher Gemeinschaft, um »in süßer Einsamkeit mit der geliebten Braut, der Kunst, zu buhlen«, und liebten einander zärtlich, Sexualität war nicht gefragt. Tränen und Küsse saßen um so lockerer, man schrieb sich Liebesbriefe und behandelte sich mit fast weiblicher Rücksicht; nur der Hippiekult hat eine ähnliche Gefühlsbestimmtheit erreicht.

Diese Künstlergruppe hieß zunächst »Lukasbrüderschaft«, »Nazarener« nannte man sie, weil sie Christus zu folgen versuchten, ihr Ideal war Raffael. So schreibt der 21jährige Franz Pforr von der Reise der Gruppe nach Rom aus Raffaels Geburtsstadt Urbino, die sie zu Pferd erreichen: »Mit der Andacht eines frommen Pilgers, der die heilige Erde endlich nach manchem Schritt betritt, ritt ich an Overbecks Seite durch das alte Tor und ich war so ergriffen, daß ich der Wache auf ihre Frage nichts antworten konnte und sie uns auch auf die Versicherung unseres Führers ungehindert passieren ließ.« Einen Fremden hier zu sehen ist etwas Unerhörtes, deswegen wunderte sich der Wirt zum Stern mächtig über die vier Reiter, die vor seinem Haus absaßen. »Unsere erste Frage war: wo steht das Haus, wo der Heilige geboren wurde, und was ist noch hier, was sich auf ihn bezieht. Der Wirt versprach jemand zu schicken, der uns alles zeigen konnte. Ein Kellner mit einem höchst verdrießlichen Gesichte kam; doch kaum hatte er vernommen, was er eigentlich sollte, so kam eine unsägliche Freundlichkeit und Gefälligkeit in ihn . . . Das erste, wo er uns hinführte, war das Geburtshaus von Raphael.« Den Klassizismus der Wiener Akademie lehnte man ab und hatte sich 1808 zu jener Bruderschaft zusammengeschlossen: »Wir gaben uns die Hände, und ein Bund war geschlossen, der hoffentlich fest bestehen soll. Dabei wurden wir einig, jedes Gemälde, das wir verfertigten, so gut es anginge den versammelten Mitgliedern vorzustellen; fänden sie es nach einer unparteiischen Untersuchung für würdig, so sollte es mit einem Zeichen versehen werden. Dieses ist ein Blättchen, worauf ein heiliger Lukas ist, welches auf der Rückseite des Bildes befestigt wird.«

Rom wird, seiner klassischen Altertümer wegen, zum Wallfahrtsort der bildenden Künstler, doch gehört die eigentliche Liebe dieser Romantiker nicht den Künstlern der Renaissance, sondern den altdeutschen Meistern. Aus dieser Gesinnung ist ja der Name der Richtung gekommen, denn man will sich bewußt von der trockenen Schulmeisterei der späten Aufklärung distanzieren. Wie 1789 die Französische Revolution das Gefüge der europäischen Staaten zu erschüttern begann und die Erklärung der Menschenrechte die ständische Ordnung zersetzte, so gab es nun eine stürmische geistige Bewegung, die auf den Gebieten der Kunst, der Literatur, überhaupt des Denkens diese Entwicklung beschleunigen wollte. Es waren die Söhne, die gegen ihre allzu pedantischen, trockenen und vernünftelnden Väter revoltierten; es stand eine Generation der Zwanzigjährigen gegen die Alten.

Aber dies war nicht der einzige Aspekt der Romantik, die man sich auch als eine gesteigerte Sensibilität für bestimmte Reize und Werte vorzustellen hat.

Die Romantik als geistesgeschichtliches Ereignis hat die verschiedensten Darstellungen erfahren, diese Literatur füllt ganze Bibliotheken, und wie Schiller den Dreißigjährigen Krieg, so hat Ricarda Huch die Romantik geschildert. Der Name »Romantik« greift bewußt auf den verklungenen Ritterroman, auf die Welt des Romanhaften zurück, schon darin lag ein Protest gegen die Klassiker, gegen die Aufklärer im Morgenrock und mit Filzpantoffeln, gegen die ganze geordnete Welt des Bürgertums.

Die Nazarener waren nicht die einzigen, die sich in einer Art Geheimbund zusammenschlossen, auch die englischen und die deutschen Romantiker taten dies – obwohl in England »Romantik« ein völlig anderes Gesicht hat als in Deutschland –, und man liebt Friedhöfe, Mondschein, Burgen und gefühlvolle Bruderschaften. In Österreich wird 1790 die »Wildensteiner Ritterschaft zur blauen Erde« gegründet, man trifft sich auf der wieder instand gesetzten Burg Seebenstein, die der Gründer der Ritterschaft, Anton David Steiget, 1788 gepachtet und mit alten Möbeln, Waffen usw. rittermäßig ausgestaltet hat. Die Humboldts, Herzog Carl August von Sachsen-Weimar, Joseph von Eichendorff sind Mitglieder dieses Bundes gewesen, der die höfische Standesordnung reproduzierte, wie man das heute noch in der »Schlaraffia« findet. Hier ist zum bürgerlichen Mummenschanz abgesunken, was damals leuchtende Begeisterung fürs großartig alte Deutsche war.

Zum ersten Male wurde in dieser Form die Gegenwart als fragwürdig, die Vergangenheit als ideal erlebt. Der Rückgriff der Klassiker auf die Antike war eine Rückbesinnung auf Vorbilder der Menschheit gewesen, nun entdeckte man die eigene, nationale Vergangenheit, erlebt als eine Art Wanderschaft ins Dämmer der Geschichte, und oft war es nicht nur eine geistige Wanderschaft. Wanderschaft ist für die Romantiker ein Motiv gewesen: Der fahrende Ritter wie der »Taugenichts« Eichendorffs ist nicht seßhaft, die blaue Ferne lockt, wie an einem Sommermorgen erscheint die Welt taufrisch und durchaus unentdeckt, und so bricht mancher auf, um die Welt mit eigenen Augen zu sehen. Die ersten wirklichen Wanderungen, die geistig Epoche machten, sind die Entdeckungsfahrten der beiden Freunde Wackenroder und Tieck gewesen, die im Jahre 1793 von Berlin aus als zwanzigjährige Studenten an die damals preußische Universität Erlangen geraten waren und von hier aus Nürnberg und Bamberg mehrere Male, allein und gemeinsam, besuchten und dort die südliche katholische Welt entdeckten. Das hatte weitreichende Folgen, denn die Katholizität als eine gefühlvollere, geheimnisreichere Form des Christentums machte bei den Romantikern Schule. Auch Kassel und Dresden wurden erwandert, man sah sich mit der Sixtinischen Madonna von Raffael konfrontiert, einige der Romantiker wie Clemens Brentano und Friedrich Schlegel sind später konvertiert, und die »Betrachtungen eines kunstliebenden Klosterbruders«, die Wackenroder 1796 veröffentlichte, sind schwärmerisches Zeugnis jener »altdeutschen Wendung«.

Wer in die Ferne wandern will

Die beiden Freunde sind nicht die einzigen, die aufbrechen, auch die Nazarener gehören in diesen Rahmen oder auch ein Mann wie Johann Gottlieb Seume (1763–1810), der preußischen Werbern in die Hände fiel, mit hessischen Truppen nach Amerika geriet und als 20jähriger aus Kanada zurückkehrte. Um 1800 machte er eine Fußreise nach Sizilien, über die er 1803 einen Bestseller veröffentlichte mit dem Titel »Spaziergang nach Syrakus«, 1805 erwanderte er sich Rußland, Finnland und Schweden. Gewiß war er kein Romantiker im literarischen Sinne, aber doch einer, der sich wandernd eine unbekannte Welt erschloß. Der Minister Goethe, der sich ein Menschenalter zuvor in Weimar vom Dienst freistellen ließ und für zwei Jahre auf höchst fragwürdige Weise in Rom lebte, hat noch nicht dieses Ungezwungene, vor allem Ruhelose, das diese Romantiker charakterisiert. Diese jungen Leute reisen nicht standesgemäß, sondern auf eigene Faust, so sind ihre Erlebnisse auch Offenbarungen für ihren Freundeskreis. Der gelehrte Friedrich Schlegel schrieb 1804 in seiner »Reise in die Niederlande« über Köln: »Das merkwürdigste aller Denkmale ist der Dom. Wäre er vollendet, so würde auch die gotische Baukunst ein Riesenwerk aufzuzeigen haben, was den stolzesten des neuen oder alten Roms verglichen werden könnte. Nur der dritte Teil etwa der Kirche, ohne die Kuppel und ohne die Seitenstücke, welche die Kreuzform bilden sollten, und noch nicht die Hälfte nur eines Turms sind aufgeführt. Doch ist auch dieses wenige mehr, als man irgendwo sonst sieht, durch die Größe der Anlage und noch mehr durch die Schönheit des Stils.«

Das Interesse an gotischen Bauwerken, die man vorher als geschmacklos und barbarisch empfunden hatte – »gotisch« sollte ein Schimpfwort sein –, war bezeichnenderweise von zwei wohlhabenden jungen Leuten aus Köln geweckt worden, den Brüdern Boisserée, die im Jahre 1803 nach Paris gekommen waren und dem dort lebenden Friedrich Schlegel diesen Stil nahegebracht hatten. Man hatte gemeinsam Notre-Dame besucht, Schlegel zeigte sich beeindruckt und unternahm die spätere Reise in die Niederlande, um die gotische Kunst am Niederrhein kennenzulernen. Als er sich in Köln niedergelassen hatte, erlebte er die kulturellen Wirkungen der Säkularisation mit. Man versteht darunter die Überführung des geistlichen Landbesitzes in weltliche Herrschaft.

In Nord- und Mitteldeutschland waren die meisten geistlichen Territorien schon während der Reformation überführt, nur die west- und süddeutsche Reichskirche existierte noch, bis der berühmte »Reichsdeputationshauptschluß« aus dem Jahre 1803 die Kurfürstentümer von Köln, Mainz und Trier, das Fürsterzbistum Salzburg, 18 Reichsfürstbistümer, etwa 80 Abteien und über 200 andere Klöster, von denen allen insgesamt 3 Millionen Menschen abhingen, in den Besitz der jeweiligen Staaten überführte. Unermeßliche Kunstschätze kamen aus den Klöstern und Schatzkammern der bischöflichen Residenzen ans Licht. Sulpiz Boisserée berichtet, ihn habe das an einen ungeheuren Schiffbruch erinnert, bei dem es darum gegangen sei, die Schätze zu retten. »In der Stimmung, welche dieser Zustand erregte, mußte der Wunsch zu retten, was noch zu retten war, gleich auftauchen und zur Tat werden lassen, sobald nur die Gelegenheit sich darbot.« Auch Schlegel schaltete sich ein und rief in seiner Zeitschrift »Europa« auf, die bisher so mißachtete Kunst des Mittelalters zu sammeln. Die Sammlung Boisserée mit ihren prachtvollen Stücken, insgesamt etwa 250 Bilder, ist eine Frucht dieser romantischen Wendung zur eigenen nationalen Vergangenheit, ebenso die Liedersammlung »Des Knaben Wunderhorn« oder der Wiederaufbau des Kölner Doms, der 1842 begonnen und 1880 vollendet wurde.

Nicht nur die gotische Kunst, sondern auch die alte Musik wurde neu entdeckt, so Palestrina und Johann Sebastian Bach. Im Jahre 1802 erschien die erste Biographie über Bach, aber erst 1829 wagte der damals 20jährige Felix Mendelssohn-Bartholdy, die Matthäus-Passion aufzuführen und errang einen triumphalen Erfolg.

Der Lebensstil der Dichter und Künstler in der sogenannten Romantik war der des Biedermeier. Im Kreis der Literaten wurden äußerst freie Ansichten über Liebe und Sexus geäußert, und viele der bekannten Autoren heirateten Frauen, die älter waren als sie selbst: Friedrich Schlegel heiratete die um neun Jahre ältere geschiedene Dorothea Veit, der Philosoph Schelling die um zwölf Jahre ältere Karoline Schlegel, die mit August Wilhelm Schlegel, dem Shakespeare-Übersetzer, verheiratet gewesen war, Clemens Brentano hatte eine acht Jahre ältere Gattin; und wenn sich auch mancherlei Probleme in diesen Ehen ergaben, so doch keine Tragödien. Zum ersten Male wurden Frauen eher als Menschen genommen, nicht mehr nur als Hausfrauen und Mütter, und die Liebesheirat wurde zum erklärten Ziel. Friedrich Schlegel hatte gesagt, fast alle Ehen seien ja nur Konkubinate, Ehen an der linken Hand oder vielmehr provisorische Versuche und entfernte Annäherungen zu einer wirklichen Ehe. Er sah die unbedingte Bindung, der einzelne Ehepartner solle sich als »integranter Teil einer gemeinschaftlichen Personalität« sehen. Der Entwurf der Romantiker umfaßt nicht nur in der Liebe ein Äußerstes, eine Unendlichkeit, man meint mit Dichtkunst eine Universalpoesie, sucht in allem Endlichen das Unendliche, sieht Farben und Töne zu Harmonien sich ordnen, greift auf Shakespeare und Klopstock, auf Bach und Erwin von Steinbach zurück, sammelt Märchen, weil man glaubt, das Volk dichte für sich, und Lieder, als seien sie die eigentliche Poesie.

Zwischen 1810 und 1820 kommt der Begriff »Romantiker« abfällig in den Sprachgebrauch, andererseits bezeichnen die jungen Literaten die bürgerliche Gegenwelt mit Abscheu wie Clemens Brentano in seiner Schrift »Die Philister vor, in und nach der Geschichte« aus dem Jahre 1811: »Sie nennen die Natur, was in ihren Gesichtskreis oder vielmehr in ihr Gesichtsviereck fällt, denn sie begreifen nur viereckige Sachen, alles andere ist widernatürlich und Schwärmerei. Sie begreifen das Abendmahl nicht und halten viel auf Brotstudien. Eine schöne Gegend, sagen sie, lauter Chaussee! Voltaire ist ihnen lieber als Shakespeare, Wieland als Goethe, Ramler als Klopstock, Voß der Allerliebste; und wir verdanken ihren Bitten an diesen Dichter, daß er in der Verbesserung seiner Luise statt Buchöl Provinzöl an den Salat tut, und im Wald, wo der Kaffee gekocht wird, eine Quelle zugedichtet, statt wie sonst das Wasser mitzuschleppen . . . Sie freuen sich, daß heutzutage doch ein honetter Mann Schauspieler werden könne, weil kein Hanswurst mehr auf der Bühne sei, ein Hofrat sei doch honett zu spielen. Und sie wünschen den Schauspielern Glück, daß sie in gute Gesellschaft kommen können, das heißt, daß sie zu ihnen kommen können, um ebenso große Philister zu sein.« Eben als Philister verstehen sich die Romantiker nicht, wenn auch ihr Leben in den Universitätsstädten Jena und Heidelberg in durchaus geordneten Bahnen verläuft.

Dachstubenidylle

Man kennt Spitzwegs Bild vom »Dachstubenpoeten«. Da liegt, mit einer Zipfelmütze bekleidet, ein spitznasiger, Verse skandierender ältlicher Mensch in einer Hängematte und dichtet, wobei die Erhabenheit seines Geistesfluges in lächerlichem Kontrast zu seiner mehr als ärmlichen Umgebung steht. Seit Männer wie Klopstock und Lessing versucht haben, nur von der Feder zu leben, hat es gerade für den Dichter den Konflikt zwischen dem Brotberuf und der inneren Berufung gegeben, bis es schließlich geradezu als Ausweis höherer Fähigkeiten galt, wenn jemand mit seinem Leben nicht zurechtkam. Daß sich sensible und scharfsinnige Naturen, denen das Elend ihrer Lage zum Bewußtsein kam, nicht ohne weiteres mit den Verhältnissen abzufinden vermochten, ist verständlich. Nicht jeder, der unter Ausdruckszwang leidet, vermag sich anzupassen und einzuordnen, wie es Eltern und Geschwister, wie Frau und Verwandtschaft erwarten. Der Dachstubenpoet stellt sozusagen den Endpunkt einer Entwicklung dar, das verkommene Genie aus eigenen Gnaden, dessen Verse, feinsinnig, aber längst veraltet, keinen Menschen mehr interessieren und der doch an seine Berufung und an seinen späten Ruhm glaubt wie der stellungslose Schmierenkomödiant an seine höchste Glanzrolle. Es ist der Spießer im Schlafrock, freilich immerhin Dichter, der die Idylle der Katastrophe vorzieht, weil ihm die Unbedingtheit fehlt – er hat sich eingerichtet und mit sich leben gelernt, eine begrenzte Natur, die doch ihren großartigen Anspruch nicht fahrenlassen will.

Gerade diese Unbedingtheit, die Unfähigkeit, sich anzupassen, charakterisiert die Situation des »Dichters« im Anfang des 19. Jahrhunderts. Bei einigen Schriftstellern geht es gut, sie arrangieren sich, obwohl auch sie im Grunde keinen Platz in der Gesellschaft finden können, es sei denn als Hauslehrer, Bibliothekar, Redakteur; andere müssen scheitern, und dieselbe Gesellschaft, die sie später feiern wird, läßt sie achselzuckend fallen: Es gibt in jeder Gesellschaft Lohn und Brot nur für den, der nützlich ist. Hölderlin, der bekanntlich Hauslehrer bei den Gontards war – übrigens mit großartigem pädagogischem Schwung, bis er entdeckt, daß sein Zögling onanierte –, hat die Schwierigkeiten, einen Platz in der Gesellschaft zu finden, im Vers ausgedrückt: »Wohin denn ich? Es leben die Sterblichen / Von Lohn und Arbeit; wechselnd Müh und Ruh' / Ist alles freudig; warum schläft denn / Nimmer nur mir in der Brust der Stachel?«

Heute klingt das Wort Hauslehrer so unschuldig, als handle es sich um Nachhilfestunden in schwachen Fächern und eine im übrigen durchaus ehrenwerte Tätigkeit. Der Hauslehrer oder auch Hofmeister, wie man ihn damals nannte, war aber gesellschaftlich eine Art gehobener Domestik, er spielte in den Adels- und Bürgerhäusern mit ihrem behäbigen Wohlstand eine untergeordnete Rolle, und so wäre ein Mann wie Gontard, ein tätiger Frankfurter Unternehmer, niemals auf den Gedanken gekommen, ein solcher Magister könne etwa seiner Ehe gefährlich werden, als er seine Frau mit den Kindern wegen der drohenden Besetzung durch die Franzosen 1796 nach Bad Driburg evakuierte.

Fast alle Genies und Dichter sind irgendwann in ihrem Leben »Hofmeister« gewesen, und nicht selten haben sich aus ihrer unbedeutenden Stellung, ihrem gedemütigten Dasein am Tisch der Herren und ihren Beziehungen zu den Frauen ihrer Umgebung Konflikte ergeben – als Männer mochten sie interessant sein, gesellschaftlich waren sie unmöglich. Auch Jakob Michael Reinhold Lenz (1751–1792) war Hofmeister, als er in Straßburg den jungen Goethe kennenlernte und mit ihm für Shakespeare schwärmte, und er hat denn auch später das bitterböse Stück »Hofmeister« geschrieben, ebenso wie seine »Soldaten« ein Sittenbild der Zeit. Dramatisch, wie es im Leben selten zugeht, endet hier die Verführung der adligen Tochter durch den Hofmeister Läuffer, denn dieser weiß sich keinen Rat mehr, als sich zu entmannen.

Unglücklicher als in diesem etwas pathetischen Stück Literatur ergeht es dem Verfasser des »Zerbrochenen Krugs«, der »Hochzeit von San Domingo«, des »Michael Kohlhaas«. Auch er findet keine Aufgabe, ist mit Menschen und Verhältnissen schwierig, kann die Realitäten nicht richtig einschätzen, ein verwirrter, heruntergekommener Mensch, der mit seiner Zeitschrift, seinen Dramen gescheitert ist. Eben hat er die Regierung noch als Redakteur der »Berliner Abendblätter« beschimpft, weil sie in nationalen Fragen zu lasch sei, und den Unmut Napoleons heraufbeschworen, so daß das Blatt verboten werden mußte, wenig später bettelte er dieselbe Regierung um eine Pension an, und als der trockne, mürrische König sich auf das Drängen der Familie hin bereit erklärte, diesen ziemlich fragwürdigen Menschen wieder beim Militär einzustellen, konnte der sich nicht einmal die Ausrüstung beschaffen – so erschoß er sich, zusammen mit einer krebskranken Frau aus kleinen Verhältnissen, vielmehr, er brachte sie um, bevor er sich selbst tötete – heute erinnert ein Denkmal am Wannsee an den 21. November 1811.

Diese Kluft zwischen der sozialen Wirklichkeit und der Stellung des einzelnen, zwischen Bürgertum und Künstlerschaft, ein Erbe der Romantik, zieht sich noch durch jede produktive Existenz, nicht immer bis zur letzten tragischen Konsequenz gelebt, aber doch oft schmerzhaft empfunden. Kleist erschoß sich wie Werther, nur sind es bei Kleist nicht moralische Ansprüche des Individuums, die es an der Gesellschaft scheitern lassen, sondern »soziale« Ansprüche. Der Dichter verläßt die Welt, in der er nichts gilt und die ihn nicht braucht. Alle diese Dichter suchen die Unabhängigkeit, sie finden die Isolation, wenn sie sich mit der Gesellschaft nicht arrangieren. Nur wenige sind so glücklich wie Lord Byron, der ein Vermögen erbt und sich als dämonischer Held der Epoche zu stilisieren vermag, eine feurige, artistische, ganz außerhalb der Gesellschaft stehende Natur, oder wie Nikolaus Niembsch, Edler von Strehlenau (1802–1850), der österreichische Lyriker Lenau, der nach zwölfjährigem vertanem Studium quer durch alle Fächer seine Mutter und seine Großmutter beerbte. Erst dieses Vermögen gab ihm eine Freiheit, um die andere vergeblich ringen mußten.

Der Rahmen, innerhalb dessen damals die literarischen Fragen diskutiert wurden, in dem man gemacht oder fallengelassen wurde, war der Salon. Diese Salons vereinten regelmäßig die Dichter, die Künstler und ihre Kritiker mit den Angehörigen des Adels und der Großbourgeoisie – aber nach den Spielregeln der Bourgeoisie, nicht nach denen der Künstler. Zwar war es ein beliebtes Spiel seit der Romantik, den Bürger zu provozieren, wozu Chateaubriand eine knallrote Weste benötigte, andere das wirre Haupthaar oder den Bart, aber das alles vollzog sich nicht jenseits, sondern diesseits der Regeln der guten Gesellschaft. Außer den Salons gab es die lose Gruppierung von gleichgesinnten Freunden, die literarische Gruppe, etwa den berühmten Kreis um den Shakespeare-Übersetzer Charles Nodier (1780–1844) im »Arsenal« – hier verkehren Balzac und Sainte-Beuve,

Dechamps und Musset, hier liest Victor Hugo, das unbestrittene Haupt der damaligen französischen Literatur, seine Dramen »Marion Delorme« und »Hernani«.

Mit Victor Hugo (1802–1885), der neunzehn Jahre seines Lebens auf der Insel Guernsey im Exil verbrachte, wird die Gestalt des Schriftstellers, der aus Gesinnungsgründen seine Heimat verläßt, zum ersten Male sichtbar. Gesellschaftlich bedeutet das, daß der Schriftsteller sich in Gegensatz zu den gesellschaftlichen Mächten setzt, die ihn selbst hervorgebracht haben. So, außerhalb des Landes, verkörpert er deren Gewissen; noch Thomas und Heinrich Mann, um nur zwei Namen aus dem unübersehbaren Zug der Exilierten zu nennen, verhielten sich nach diesem Muster, denn es bleibt in einem solchen Konflikt keine Wahl, wenn man glaubwürdig bleiben will. Es mag nachdenklich stimmen, daß Deutschland mit Goethe und Schiller gleichsam »angepaßte« Dichter am höchsten stellt, Englands Lord Byron das dämonische Genie verkörpert und Frankreichs Victor Hugo das politische Gewissen.

Aufbruch ins Exil

Die Exilliteratur beginnt für Deutschland mit Heinrich Heine, dem meistgelesenen deutschen Lyriker des 19. Jahrhunderts nach Goethe, dessen Artikel für die »Augsburger Allgemeine Zeitung« den deutschen Journalismus bis ins 20. Jahrhundert beeinflußt haben. Heine aber ist nach Paris nicht als Verfolgter gegangen, sondern als Journalist. Er wollte, nach der Julirevolution von 1830, den Ereignissen nahe sein und fühlte sich von der Muffigkeit der deutschen Szenerie, die er 1844 mit »Deutschland, ein Wintermärchen« geißelte, von Grund auf angewidert und abgestoßen. Heine, der erste Intellektuelle der deutschen Literatur, also auch der erste, der aktuelle Zeitkritik schrieb, befand sich schon im Exil, bevor er nach Paris ging, wo sich seine Isolation vertiefte. Als er 1848 an Rückenmarksschwindsucht erkrankte und zunehmend an seine »Matratzengruft« gefesselt war, bot er die tragische Variante der Dachstubenidylle. Es war die Zeit, als Murger seine Szenen aus dem Künstlerleben schrieb, die Bohème in Mode kam, ein Menschenalter später von Puccini (1896) und Leoncavallo (1897) in Töne gesetzt.

Redakteure waren sie alle irgendwann, die im Leben der Nation als Schriftsteller etwas zu sagen hatten, auch das war neu. Die Bemühungen der Klassiker in Weimar mit den »Horen«, der bedeutendsten Zeitschrift der Goethezeit, die 1795–1797 bei Cotta herausgegeben wurde, sind bekannt; Schiller ist der erste der Redakteure mit großem Namen, die Brüder Schlegel gaben in Berlin 1798–1800 die Zeitschrift »Athenäum« heraus, aber das waren selbstverständlich keine Redakteurposten im heutigen Sinn, sondern nebenher wahrgenommene Aufgaben, die keinen materiellen Ertrag brachten, sondern geistigen Zuwachs.

Baruch, der junge Jude aus Frankfurt, nimmt sogar den christlichen Glauben an, als er von der Freundin Henriette Wohl gedrängt wird, eine Zeitschrift herauszugeben. Er nimmt den Namen Ludwig Börne (1786–1837) an und veröffentlicht einen Monat nach seinem Übertritt das erste Heft der »Wage«, die bis 1821 mit zwölf weiteren Heften erscheint und ihn mit einem Schlage bekanntmacht. Damals führen Zeitschriften kein von Film, Funk und Fernsehen überschattetes Aschenbrödeldasein, sondern erreichen das gebildete Bürgertum als alleiniges

Sprachrohr der kritischen Intelligenz. Im Jahre 1819 wird Börne Redakteur der »Zeitung der freien Stadt Frankfurt«, nach einem halben Jahr hat die Zensur ihn zur Strecke gebracht, er muß schließlich, nach den Karlsbader Beschlüssen, Repressalien befürchten und weicht aus nach Paris. Börnes Leben ist in dieser Hinsicht exemplarisch, auch darin, daß er zurückkehren kann, ohne daß ihm etwas passiert, und auch, weil man ihn zu kaufen versucht. Nach kurzer Haft lebt er in München, dort erreicht ihn das Angebot, in Wien in gesicherter Position für den Fürsten Metternich zu schreiben, und wenn nicht für, dann bei aller sonstigen Freiheit jedenfalls nicht gegen ihn. Löb Baruch, besser Carl Ludwig Börne, hat sich nicht kaufen lassen. Zensur und Haft, Drohung und Bestechung, das sind von nun an bis in unsere Tage die biographischen Akzente im Leben vieler Schriftsteller. Sie haben sich wie die Propheten Gottes zu Mahnern einer Gesellschaft aufgeschwungen, die sie nicht hören will, und so wird man sie immer wieder steinigen, einsperren, totschweigen oder kaufen. Auch darin ist Börne seiner Zeit und allen folgenden Zeiten voraus: »Ich schreibe mit dem Blute meines Herzens und dem Safte meiner Nerven, und ich habe nicht immer den Mut, mir selbst Qual anzutun, und nicht die Kraft, es lange zu ertragen.« Das hätten auch ein Werfel, ein Döblin, ein Stefan Zweig schreiben können.

Das gleiche Muster wie bei Börne zeichnet sich auch, nur gleichsam kälter, schärfer, bewußter, im Leben Georg Büchners (1813–1837) ab, des hessischen Sozialrevolutionärs, der von Börne und dem »Jungen Deutschland« nicht viel hielt. Schärfer als andere empfindet er die Unerträglichkeit der damaligen politischen Zustände, findet lange vor der bürgerlichen Revolution von 1848 die radikale Formulierung, mit der die Dinge beim Namen genannt werden: »Der Fürst ist der Kopf des Blutigels, der über euch hinkriecht, die Minister sind seine Zähne und die Beamten sein Schwanz. Die hungrigen Mägen aller vornehmen Herren, denen er die hohen Stellen verteilt, sind Schröpfköpfe, die er dem Lande setzt.« Büchners Radikalität, die Unbedingtheit seiner Formulierungen lassen ihn heute »modern« wirken, damals schienen sie Hirngespinste eines unbegreiflichen Querkopfes. Allein die Gründung einer »Gesellschaft der Menschenrechte«, die Veröffentlichung des »Hessischen Landboten« genügten, ihm das Leben in Deutschland unmöglich zu machen, auch er muß fliehen und geht 1835 nach Straßburg, dem Wohnort seiner Verlobten Wilhelmine Jaeglé. Seine Promotion in Zürich, seine Probevorlesung »Über Schädelnerven« – ein Thema, das erst die neuere Psychiatrie hat aufschlüsseln können – und sein Typhustod am 21. Februar 1837 sind von privater Zufälligkeit und beklemmender Logik. Undenkbar, daß sich ein so radikaler und sensibler Geist alternd anpaßt, daß er in Deutschland politisch hätte wirken können.

Mit Büchner ist, um einen sehr deutschen Ausdruck zu benutzen, das dichterische Werk in revolutionärer Gesinnung ausgeglüht und gehärtet, nichts wird verinnerlicht oder mit Pathos überhöht, so liefert er einen Daseinsentwurf, dessen Unbedingtheit ihn erst im 20. Jahrhundert zu einem Bezugspunkt hat werden lassen für eine ohnmächtige Gruppe sozialistischer Intellektueller. Es ist die Epoche, in der Karl Marx in London arbeitet, Dostojewski nach seiner Verurteilung zum Tode und seiner Begnadigung 1849–1853 in Sibirien lebt, Tolstoi um die Lösung des sozialen Problems aus dem Geist der Bergpredigt ringt – kaum ein Schriftsteller von Rang, der nicht im Gegensatz zur Gesellschaft gestanden hätte, der nicht hätte emigrieren müssen. Allerdings gab es auch andere, mildere Formen der Emigration, die aus nationaler, nicht aus revolutionärer Überzeugung zwingend wurden, etwa die des bürgerlichen Rechtsanwaltes Theodor Storm. Nachdem dänische Truppen Schleswig-Holstein 1850 annektiert hatten, verlor Storm, der auf der Seite des deutschen Widerstandes gegen Dänemark gestanden hatte, seine Zulassung. Erst mit dem Sieg der Preußen über Dänemark im Kriege von 1864 kehrte er in seine Heimat Husum zurück und wurde dort Landvogt.

Je bürgerlicher, je individueller der Schriftsteller des 19. Jahrhunderts reagiert, desto schwächer trifft ihn der gesellschaftliche Konflikt, in dem er steht – manchmal nur in Form eines ungreifbaren Unbehagens, dessen tiefere Ursachen ihm verschlossen bleiben. Nur gelegentlich versteigt sich der Staat zur Anerkennung eines noch lebenden Autors. So erhielt der impressionistisch dichtende Detlev Freiherr von Liliencron (1844–1909), ehemaliger Offizier und Verwaltungsbeamter in Kellinghusen, im Jahre 1903 von den Hohenzollern eine Gnadenpension, und sein 60. Geburtstag wurde in ganz Preußen wie ein »Bildungsvolksfest« gefeiert (Wiese/Reuter) – auch das war im Grunde wohl ein Mißverständnis. Der erste deutsche Autor aber, der den Nobelpreis für Literatur erhielt (1910) und eine Generation lang vor dem Aufkommen des Naturalismus die deutsche Literatur mit seiner Münchner Dichterschule entscheidend beeinflußt hat, ist heute vergessen, sein umfangreiches Werk ohne Belang; niemand liest mehr Paul Heyse, der mit seiner Zeit so sehr im Einklang lebte, daß selbst Könige ihn ehrten.

Vom Spiel zum Sport

Vom Wesen des Spieles

Als Thor Heyerdahl auf den Osterinseln eines der mächtigen Steinidole aufstellte, um zu zeigen, wie die Technik der Steinzeit dieses Problem bewältigt haben könnte, hockten Eingeborene daneben und streckten dem Steinklotz Fadenfiguren entgegen, damit deren magische Kraft hilfreich sei. Die gleichen Fadenfiguren kennen die Kinder noch heute, wenn sie »abheben« spielen: Ein etwa 20 cm langer Faden wird auf bestimmte Weise um die ausgestreckten Finger beider Hände gespannt, und wer das Spiel kennt, greift hinein, um bestimmte Figuren herauszuholen. Diese Fadenspiele reichen bis in die schriftlosen Frühstufen der menschlichen Kultur zurück. Die Eskimos kennen den »Geist des Fadenspiels«, und die Arunta, ein ausgestorbener Stamm im Inneren Australiens, »zeigen« mit Hilfe des Fadenspiels Emus, Känguruhs und andere Tiere. Das Beispiel zeigt, wie Spiel und Magie auf eine oft kaum mehr nachweisbare Weise miteinander verknüpft sind. Es zeigt sich, daß bei vielen Sportarten, selbst wo man es nicht vermuten würde, ursprünglich kultische Bezüge wirksam geworden sind, ehe das Spiel sich gleichsam selbständig gemacht hat – ein Vorgang, der in der bildenden Kunst, in der Musik und in der Dichtkunst ganz ähnlich verläuft.

Der holländische Kulturgeschichtler Johan Huizinga (1872–1945) hat in seinem grundlegenden Werk »Homo ludens« den Versuch gemacht, das Spielelement der Kultur zu bestimmen, und den Begriff des Spiels tiefer gefaßt als bisher üblich. Lange vor den Erkenntnissen der Tierverhaltensforschung stellt Huizinga fest, daß schon das Tier spiele, daß schon beim Tier das Spiel mehr sei als eine rein physiologische Erscheinung oder eine rein physiologisch bestimmte psychische Reaktion. In einer mechanischen, nur von Zwecken bestimmten Welt sei das Spiel nicht denkbar. »Erst durch das Einströmen des Geistes, der die absolute Determiniertheit aufhebt, wird das Vorhandensein des Spiels möglich, denkbar und begreifbar. Das Dasein des Spiels bestätigt immer wieder, und zwar im höchsten Sinne, den überlogischen Charakter unserer Situation im Kosmos.« Von dieser Position ausgehend, die im einzelnen noch vertieft wird, erschließt Huizinga den Spielcharakter der Kultur; ihm ist die Sprache, von der bloßen Bezeichnung zum Wortspiel, zum spielerischen Sprechen, eine Art Spiel wie auch der Mythos, der sich dem ursprünglichen Spiel aufgepfropft habe. Das Spiel, sagt er, sei etwas Überflüssiges, es befinde sich im Gegensatz zum Ernst, es habe zwar eine Ordnung und »spiele sich ab«, aber doch eben ohne äußeren Zwang. »Das Spiel nimmt sogleich feste Gestalt als Kulturform an. Wenn es einmal gespielt worden ist, bleibt es als geistige Schöpfung oder als geistiger Schatz in der Erinnerung haften.« Damit ist nicht nur der einzelne gemeint, sondern auch ein Stamm, ein Volk, ja selbst das, was wir heute als Menschheit bezeichnen würden.

Das kindliche Fadenspiel zeigt als eines von vielen Beispielen, wie tief solche nicht mehr verstandenen Spiele in die Urzeit zurückreichen. Daß ein Spiel einen Spielplatz haben müsse – Huizinga sieht selbst den Kultplatz, den Richtplatz als »Spielraum« –, ist Voraussetzung, ebenso müssen Regeln gelten, die nicht anzweifelbar sind, »sobald die Regeln übertreten werden, stürzt die Spielwelt zusammen«. Auch die Spielgemeinschaft gehört zum Wesen des Spiels, mag es sich um einen Männerbund, eine Geheimgesellschaft, einen Sportverein oder einen Bridgeclub handeln. Manchmal hält die Gemeinsamkeit, die das Spiel stiftet, nur während des Spieles selbst, oft überdauert sie aber auch Generationen, stets abgehoben von der alltäglichen Welt und erlebt als eine Besonderheit, wenn nicht ein Geheimnis. »Die Funktion des Spiels in den höheren Formen, um die es sich hier handelt, läßt sich zum allergrößten Teil direkt von zwei wesentlichen Aspekten herleiten, unter denen sie sich präsentiert. Das Spiel ist ein Kampf um etwas oder eine Darstellung von etwas.«

Die Griechen haben den »Kampf um etwas«, das »agonale Prinzip« (griechisch agon: Wettstreit), entfaltet, eine Grundlage ihrer Kultur überhaupt, was nicht bedeutet, daß es nicht auch in anderen Kulturen Wettstreit gegeben hätte. Wenn man die Spiele der Griechen, etwa die Olympiaden, betrachtet, so drängt sich die Vorstellung auf, hier seien beide Aspekte des Spielbegriffes zu einer selbstverständlichen Einheit verschmolzen; ebendies war das, was spätere Generationen, meist vom darstellenden Spiel ausgehend, immer wieder als »Gesamtkunstwerk« zu erreichen versucht haben, bis hin zum »Ring des Nibelungen«. Alle diese Versuche mußten scheitern, weil der darstellenden Seite die Ergänzung fehlte, der Wettstreit, der den griechischen Spielen eine so zentrale Bedeutung gab.

Bei diesen Spielen ging es um einen bestimmten Begriff, der mit dem deutschen Wort Tugend (griechisch: arete) nur ungenau übersetzt ist, zumal ihm heute etwas Muffig-Säuerliches anhaftet, eine spießige Tugendhaftigkeit, die dem Bürgersinn des 19. Jahrhunderts entspricht, aber nicht den Griechen, die den Dionysos feierten. Nicht die mittelmäßige Bravheit ist gemeint, sondern eine innere Vollkommenheit und Harmonie, die sich in Leistung ausdrückt; wer den Sieg über andere errungen hat, der verdankt sein höheres Maß an »Tauglichkeit« nicht sich selbst oder seinem Trainer, sondern vor allem den Göttern, und ihnen gilt sein Dank. Nicht der Rekord, die Leistung an sich, sondern die Leistung als Darstellung einer seelisch-körperlichen Harmonie ist gemeint, und diese Auffassung erhebt den griechischen Wettkampf, das griechische Spiel über Veranstaltungen ähnlicher Art.

Ganz offenbar gehört zum Spiel, daß das spielende Wesen keine Angst hat. So drückt das Spiel des Tieres aus, daß alle Flucht- und Abwehrinstinkte ruhen, und auch das Spiel der Menschen ist zum Ausdruck der Angstlosigkeit, des Friedens geworden. Dieser Gesichtspunkt, bei Huizinga nicht enthalten, läßt sich vom Kultdrama bis zum Festspiel nachweisen! Stets ist der Friede zwischen Familien, Stämmen, ja ganzen Völkern notwendig, daß Spiele abgehalten werden, auch die Olympiade hat ja friedenstiftende Kraft gehabt, und manches mittelalterliche Spiel gilt dem Gedenken einer überstandenen Pest oder einer überstandenen Gefahr. Zwischen der Votivgabe als einer gegenständlichen Form der Darstellung und dem »Dankspiel« gibt es in dieser Hinsicht nur einen Unterschied in der Methode, nicht im Spielcharakter.

Kartenspielende Gesellschaft. *Wismutmalerei, 1473. Österreichische Nationalbibliothek, Bildarchiv, Wien.*

Ganz allgemein reagiert das Spiel Spannungen ab, seien sie körperlicher oder seelischer Natur, wobei sich gelegentlich das Spiel durch neue Spannungen steigert und durch Gefahr eine neue Qualität bekommt. Bestimmte Wettkämpfe vom Turnier bis zum Zweikampf der Gladiatoren, aber auch manche Mysterienspiele fordern Blut – hier tritt die dunkle Seite des menschlichen Wesens, der von niemand enträtselte Todestrieb auf das Spielfeld und fordert auch hier sein Recht. Dieser psychologische Aspekt wird ergänzt durch einen formalen Bezug. Es gibt kein Spiel ohne Beziehung zur Zahl. Beim Kartenspiel ist das offensichtlich, aber auch beim Schachspiel und bei vielen Sportarten, bei denen Gewinn und Verlust mit Zahlen erfaßt werden. Im Kartenspiel haben Herz und Bube, König und Dame, As und Joker ganz bestimmte Zahlenwerte, und wo immer Skat oder Tarock gespielt wird, sieht man auf den Gewinn und nicht auf die Bedeutung. Dabei ist die Symbolik der Kartenwelt viel älter als ihr Gebrauch zum Spiel für Geld und Gewinn.

Orakelspruch und Glücksspiel

Den Übergang zwischen den von Priestern geworfenen Runen- oder Orakelstäben und dem Kartenspiel bildet das aus Steinen mit Symbolen oder Zahlen versehene Dominospiel. Diese Steine werden mit der Zeit immer flacher, und schließlich stellt man sie aus Elfenbein her wie in Persien. Die ältesten Karten sind auch in China (12. Jh.) bezeugt, im 16. Jahrhundert tauchen sie in Asien auf, und im 17. Jahrhundert sind sie in ganz Asien verbreitet. In Europa werden sie zum erstenmal 1299 in Venedig erwähnt, etwa ein Jahrhundert später finden sich erste Verbote für Kleriker, und im 14. Jahrhundert gab es in vielen Städten Europas schon Kartenmacher-Innungen. Mit der Erfindung des Papiers und der Druckerkunst fanden die Spielkarten ihre heutige Form, ihr Formenschatz wandelte sich nur langsam und enthält noch heute Symbole, die kaum zu enträtseln sind, vor allem beim Tarockspiel.

Wie alt die Symbole der Tarockkarten sind, vermag man nicht mehr zu sagen. Man hat die Theorie aufgestellt, die Kartenbilder, die zum Teil altägyptische Tempelzeichnungen wiederholen, entstammen dem ägyptischen Orakelkult. Die Priester hätten im Tempel Stäbchen geworfen, die dann auf die Bilder an der Wand zeigten und so die Zukunft wiesen. Im Mikadospiel, dem Spiel mit geworfenen Stäbchen, ist ein Rest dieser Praxis erhalten. Als nun die ägyptischen Tempel zerstört worden seien, hätten die Priester die Stäbchen mit Bildern versehen und mitgenommen. Später seien dann aus den Stäben Täfelchen geworden, nichts anderes sei das Tarockspiel mit seinen 22 Karten. Die alte Form des Tarocks, Wiener oder ungarisches Tarock genannt, ist als »Trappolierspiel« im 13. Jahrhundert in der Lombardei und im Norden Spaniens aufgetaucht (Kugawa).

Ohne auf die verschiedenen, oft phantastischen Theorien einzugehen, von denen eine bereits erwähnt wurde, kann gesagt werden, daß die Bilderwelt jener Karten rational nicht faßbar ist und mit Sicherheit in die archetypische Vorstellungswelt der Menschen zurückreicht. Es scheint, als manifestiere sich in diesen Spielkarten ein kulturelles Formengedächtnis, das seine Bezüge aus den verschiedensten Kulturen nahm, beginnend bei den Ägyptern, und, verschlüsselt wie in den Schriften der Alchimie, Symbolgehalte und Kultgeheimnisse, oft kaum noch verständlich, weitergab. Lange Jahrhunderte sind Karten, wo immer sie auf den Tisch gelegt wurden, als Orakel befragt worden; das Kartenspiel als geselliger Zeitvertreib ist modernen Ursprungs. Noch heute, nachdem die alten Symbolkarten durch die Französische Revolution beseitigt wurden, können die Ordnungsprinzipien der Kartenspiele ihren Symbolgehalt nicht verleugnen. So symbolisieren die vier Farben die vier Stände. Das alte Kartenspiel zeigt »Stäbe«, später bei der sogenannten deutschen Karte »Schellen« und bei der französischen Karte »Karo«. Die Stäbe symbolisieren die Bauernschaft. Der geistliche Stand wird durch den »Pokal«, das Gralssymbol, bezeichnet, später durch »Herz«. Den Ritterstand erkennt man im Grün bzw. im »Pik«, während die Münze, auf deutscher Karte die Eichel, den Händlerstand meint. Auf die Zählkarten von 1–10 folgen die vier Bilderkarten, auch hier noch einmal die Vier als Faktor. Da ist der »Ober« der deutschen Karte, dann folgen Dame und König, nach ihnen der »Unter«. Der »Ober« wird als Reiter dargestellt. Tiefgründiger ist die Symbolik der Tarockkarten. Da gibt es den Lauf der Welt, die Gerechtigkeit, die Frömmigkeit, die Sonne, damals auch im Französischen noch weiblicher Natur wie im Deutschen; Gaukler und Narr, Tod und Lebensbaum vervollständigen das Spiel.

Vom Kartenlegen, der Orakelkunst, ist man schnell zum Glücksspiel mit Karten gekommen. 1423 wurden die ersten Spielkarten mit Holzblöcken gedruckt, mit der Verbreitung der Karten wuchs die Spielwut; diese Art Spiel diente weder der Entspannung noch der Darstellung, sondern erzeugte Spannung, ein Fieber, das, wie man weiß, zur Sucht werden kann. Mit Verboten versuchten die Könige von Frankreich, dem Laster zu Leibe zu rücken, Heinrich IV. (1579–1610) und Ludwig XIII. (1610–1643) mühten sich vergeblich. Allein in Paris gab es damals 43 Spielhäuser, die Beamten wurden bestochen wie seit eh und je, die Spielwut kannte keine Grenzen. In heutiger Zeit, in der überall Spielsalons existieren und jedes Stadtviertel sein Las Vegas hat, in der die Automaten das große Geschäft bieten, muten diese frühen Ausbrüche menschlicher Gewinnsucht – Spieltrieb ist ja eigentlich ein unscharfer und unzutreffender Ausdruck – geradezu rührend an. Es gab Zeiten, in denen sich ganz Frankreich sozusagen in eine Spielhölle verwandelt hatte und vom Hof bis zur letzten Dorfschenke jeder Ort ein Ort des Glücksspiels mit Karten und Würfeln war. Man wird vermuten dürfen, daß sich zwischen solchen Epochen der Gewinnsucht und bestimmten sozialen Spannungen ganz bestimmte Relationen herstellen lassen, doch ist diese Frage wissenschaftlich noch nicht vertieft worden.

Um diese Zeit wurde die Wahrscheinlichkeitsrechnung gefunden, und Pascal (1623–1662) veröffentlichte 1649 unter dem Titel »Die Geschichte der Roulette oder Cycloide« eine Untersuchung über die Gesetzlichkeit der Beziehung zwischen einem Gravitationszentrum auf einer sich drehenden Scheibe und über die Kurve, die ein bestimmter Punkt auf einem rollenden Rad beschreibt. Später hat er noch weitere Untersuchungen über das Roulett veröffentlicht, auch über die Dimensionen aller Kurven des Rouletts. Damit war die Mathematik im Glücksspiel etabliert, die Technisierung und Industrialisierung des Glücksspiels entsprach der allgemeinen Tendenz. Das Roulett (französisch: Rädchen) ist von Missionaren aus China mitgebracht worden und bedeutete nichts anderes, als daß eine rollende Kugel über ein Feld von Orakelbildern rollte. Pascal ist durch einen Zufall darauf gekommen, sich mit Gesetzlichkeiten beim Würfelspiel zu beschäftigen, und hat dabei das chinesische Spielzeug hervorgeholt, das ihm zu erstaunlichen Erkenntnissen verhalf und seither das Lieblingsobjekt der Systemsucher geworden ist. Bald nach Pascals Tod wurde das Roulett ein Glücksspiel, und im Palais Royal, das vom Kardinal Richelieu dem Volk von Paris gestiftet worden war, richtete man Spielsäle für das Roulett ein.

Alle Spiele, die ursprünglich Orakelspiele waren, also Würfel, Karten und Roulett, sind zu Glücksspielen geworden, nur das Kampfspiel des Fernen Ostens, nach seinem persichen Namen »Schach« genannt, ist im Prinzip geblieben, was es war. Die älteste überlieferte Form dieses Spieles, dessen – offenbar indische – Ursprünge nicht mehr zu klären sind, scheint der Kampf von vier Heeren gewesen zu sein; je zwei Heere kämpften verbündet, die Kombination wurde, wie beim Mayong, mit Würfeln bestimmt, der ja stets die Rolle des unpersönlichen Schicksals einnimmt. Mitten durch das Kampffeld wurde ein »Fluß« angesetzt, der die Bewegungen der Truppen qualitativ veränderte, wenn er erst durchschritten war. Die 64 Felder – die Zahl kehrt im heiligen Buch I Ging wieder, dem Orakelbuch der in Strichsymbolen erfaßbaren Wandlungen – sind nicht etwa symmetrisch angeordnet, weil dann schwarzes Feld dem schwarzen Feld gegenüberstände, sondern in der gegensätzlichen Entsprechung. Die chinesischen Texte datieren, für den Historiker ungenau, die Anfänge des Schach auf etwa 1120 v. Chr. (Kujawa). Das Spiel, wie wir es kennen, wird erstmalig von dem persischen Dichter Firduzi (939–1020) erwähnt. Auch dieses altindische Schach war ein Vierparteienschach. Auf 64 Feldern marschierten die Heere ins weiße Zentrum. Eine Aufteilung in schwarze und weiße Felder gab es noch nicht, auch nicht die Dame, die bezeichnenderweise französischen Ursprungs ist. Im altindischen Spiel stand neben dem König der Wesir, sein Premierminister.

Dem Schach nahe verwandt ist das indische Chaupur oder auch Pachisi, das in Indien eine wahr Spielleidenschaft auslöste und ähnliche Erscheinungen hervorrief wie das Kartenspiel in Europa. Im Abendland ist dieses indische Spiel als »Mensch ärgere dich nicht« bekannt. Nahezu identisch mit dem indischen Pachisi ist das altmexikanische Patolli, ohne daß man für diesen kulturellen Zusammenhang bisher eine Erklärung hätte finden können; »Weltraummenschen« haben es mit Sicherheit nicht mitgebracht, denn seine Bedingungen sind irdisch-kosmisch. Das mexikanische Spiel beruht nämlich auf der Vierteilung der Weltgegenden und hatte 52 Felder, nämlich die Anzahl der Jahre, die als Zahl der Jahresringe in den Wahrsage- und Sonnenkalendern der Azteken enthalten waren. Auch bei den Azteken ist das ursprünglich als Orakel gemeinte Spiel zum Glücksspiel geworden, übrigens ohne daß die Regierung, die etwa Trunksucht hart bestrafte, dagegen eingeschritten wäre. Man mußte bei diesem Spiel die Figuren, kleine bunte Steine, fortbewegen, bis man den Ausgangspunkt erreicht hatte; als Würfel dienten Bohnen.

Die Würfel Indiens und Chinas, Ägyptens und Griechenlands sind komplizierterer Art, die Spiele ebenfalls kultisch. Das ägyptische Würfelspiel, schon unter Ramses II. (1290–1223 v. Chr.) bekannt und später auch in Griechenland heimisch, wurde mit Würfeln aus den Fußknöcheln von Schafen oder Ziegen gespielt; der Würfel hatte vier unterschiedlich markierte Seiten. Im alten China hatte der Würfel 18 Flächen, nämlich die Zahlen von 1–16 und zwei Zeichen; dieses System besteht demnach aus den vier Himmelsgegenden, die zum Quadrat erhoben werden, und dem polaren Prinzip des Yin und Yang. Bei den Inkas nahm man für die kultischen Würfelspiele Lamaknochen, und die sieben markierten Seiten hatten 5 Seiten- und 2 Stirnflächen. Die kultische Bedeutung des Würfelspiels ist im Mahabharata verankert, dem altindischen Epos, in dessen Mittelpunkt ein Würfelspiel zwischen dem König und seinem Gegner steht.

Auch die germanische Mythologie kennt das Würfelspiel. Als die Welt geordnet war, versammelten sich die Götter zum Würfelspiel, und wenn sie nach dem Weltuntergang neu geboren werden, werden die verjüngten Asen die goldenen Spielbretter wiederfinden, die sie einst benutzt haben. Tacitus berichtet kopfschüttelnd, wie die Germanen dem Würfelspiel verfallen gewesen seien, den kultischen Hintergrund dieser Spielwut hat er nicht ahnen können. Auch im altindischen Rigveda wird gewarnt: »Spiel nicht mit Würfeln, sondern bestelle dein Feld, begnüge dich mit deinem Besitz und halte ihn hoch! Sieh dein Weib an, deine Kühe, o Spieler!«

Die Gegenwart läßt dem Spiel kaum noch Raum, es sei denn in einer kommerzialisierten, entstellten Form. Nur im Sport hat sich, wie in den Gesellschaftsspielen, das Spiel erhalten, doch sind auch diese Formen in zunehmendem Maße von einem Leistungszwang geprägt, der die Gesellschaft, bestimmten Sachzwängen folgend, barbarisiert. Gerade der Sport aber scheint, auch im Zusammenleben der Nationen, jene Entspannungsfunktion zu haben, die das Spiel auszeichnet. Man hat auf die »agonale Struktur« etwa der griechischen Kultur hingewiesen. Auch die Weltsituation, gesehen als Wettstreit zweier rivalisierender Systeme, lebt heute aus diesem agonalen Prinzip, nicht anders als vor 2000 Jahren ein griechischer Stamm. Gerade in einer Situation, in der ein Ernstfall katastrophale Folgen hätte, ist der Spielcharakter des Sportes ein bedeutendes Gut.

Ballspiele

Zu den ältesten Spielen des Menschen scheint das Ballspiel zu gehören, wobei die Frage, ob es immer und überall eine kultische, auf die Sonne bezogene Bedeutung hatte, offenbleiben muß. Deutlich erkennbar wurde ein solcher Bezug, als man tiefer in die präkolumbianischen Kulturen eindrang und die Bedeutung der riesigen Spielplätze zu verstehen lernte, auf denen das heilige Ballspiel betrieben wurde. In den Ruinenstädten der Zapoteken, Azteken und Mayas sind im Laufe der letzten Jahrzehnte zahllose Spielfelder freigelegt worden, die alle demselben Zweck dienten. Allein in Guatemala hat man auf einem Gebiet von 5 Quadratkilometern 200 Pyramiden und 13 Ballspielplätze entdeckt. Alle sind nach dem gleichen Schema angelegt. Da gibt es das große viereckige Spielfeld, das die Erde bedeutet. Rechts und links an den Seitenmauern, entsprechend den Himmelsrichtungen, sind Steinringe angebracht, die Sonnenauf- und Sonnenuntergang symbolisieren. Wie die unglaublichen Wesen im Himmel mit den Gestirnen spielten und sie über das Firmament warfen, so spielten auch die Menschen. Die Sonne wurde durch einen schweren Kautschukball dargestellt, der 3–4 kg wog. Zwei Mannschaften spielten gegeneinander, und es kam darauf an, den Ball ins gegnerische Spielfeld zu treiben und durch einen der beiden Ringe zu bringen. Nur mit den Knöcheln, den Oberschenkeln und Armen durfte der Ball berührt werden; die Spieler vollführten deshalb die seltsamsten Verrenkungen, um den schweren Ball auf eine Weise zu erwischen, die den Regeln entsprach. Alle Spieler waren mit Knie- und Lendenschutz, mit Handschuhen, Kinnschutz und Halbmasken geschützt, die ebenfalls aus Gummi hergestellt waren. So leidenschaftlich wurde der Kampf geführt, dessen scharfer, polarer Gegensatz an den Kampf der zoroastrischen Religion zwischen Gut und Böse, Licht und Finsternis erinnert, daß die Zuschauer Wetten abschlossen. Man setzte kostbare Federn, Gold oder auch Sklaven, die bei Verlust den Besitzer wechselten. Einer der schönsten Spielplätze ist der von Chichén-Itzá auf der Halbinsel Yukatan, der auf das Jahr 1372 n. Chr. datiert worden ist.

Das älteste chinesische Ballspiel, das man kennt, scheint tatsächlich eine Art Fußball gewesen zu sein, wobei die kultische Bedeutung unklar bleibt; verglichen mit den Ballspielen der Azteken ist es aber durchaus denkbar, daß ein derartiges Mannschaftsspiel – es wird in die mythische Vorzeit verlegt und ist offenbar schon um 1500 v. Chr. gespielt worden – nicht einfach nur den sportlichen Aspekt verkörperte, sondern auf irgendeine Weise ein mythologisches »Rollenspiel« war. Man benutzte Vollbälle, aber auch Tierblasen beim Spiel, es gibt Lehrgedichte, die sich mit den Regeln befassen, und man schoß sogar Tore mit diesem »tsukü« genannten Spiel. Auch in der ägyptischen Hochkultur kannte man Bälle, doch ist über die Einzelheiten der Spiele nichts bekannt; die Bälle selbst bestanden aus Leder, das mit Spreu gefüllt oder mit Haaren gestopft war.

Lebendige Schilderungen gibt es noch für die indianischen Ballspiele, besonders für ein »anetsa« genanntes Ballspiel. Es ist dies ein Mannschaftsspiel, das an der Atlantikküste, bei den Dakota im Mittelwesten und bei den Pomo und Maidu in Kalifornien verbreitet gewesen ist. Das Spiel wurde mit Schlägern gespielt, deren Stiele etwa 1,20 m lang waren und deren Schlagflächen, ähnlich dem üblichen Rakett, verbreitert und mit Netzwerk versehen sind. Am Abend vor dem Spiel wurde ein Tanzfest abgehalten, zu dem alle Männer mit ihren Schlägern erschienen. Alle Teilnehmer tragen einen Pferdeschwanz auf dem Kopf und einen Federschmuck, die Mädchen sind am Gesäß mit Blumen geschmückt. Daß alle Teilnehmer des Spieles sich mit Dornen wilder Rosen geritzt haben, verstärkt den Eindruck geheimnisvoller Magie. Am Rande des Tanzplatzes singen und beten die Frauen, die unparteiischen Schiedsrichter bringen dem Großen Geist ein Rauchopfer dar, während viele Teilnehmer, vermummt und maskiert, Tiergeister oder andere übermächtige Wesen darstellen. Das Spiel selbst dauert vom frühen Morgen bis zum späten Abend, wobei oft viele Hunderte von Menschen auf dem Spielfeld um den Ball kämpfen. Der Ball selbst besteht aus Holz, aus Rehbockhaut mit einer Haarfüllung ganz wie in Ägypten, aus Tauwerk, Knochen oder selbst aus Stein. Man kennt bei den Indianern auch die luftgefüllte Schweinsblase. Das Spielfeld selbst ist bis zu 1,6 Kilometer lang und nicht genormt. Es kommt darauf an, den Ball ins gegnerische »Tor« zu bringen, das aus Matten, häufiger aus Torlatten bestand, die bei bedeutenden Spielen künstlerisch verziert werden. Der Schiedsrichter wirft den Ball ein, und die Spieler müssen ihn mit dem »Rakett« ins andere Tor schlagen. Nackt bis auf den perlenbesetzten Pferdeschwanz, versuchen sie im Getümmel, den Ball zu fangen und weiterzuschlagen. Es gibt einhändige, aber auch beidhändige Spiele.

Wenn nicht schon andere Indizien für den kultischen Ursprung sprächen, würden es die Tabus tun; ihr uralter »Sinn« ist verlorengegangen, doch verweisen sie, wie unverstandene Steindenkmäler, auf frühere Bedeutung. Bei manchen Stämmen werden gewisse Übertretungen mit dem Tode bestraft, so schwer wiegen die Spiele, auf die man sich etwa drei Monate vorher durch Training vorbereitet. So durfte kein Spieler sieben Tage vor dem Spiel eine Frau anrühren, das alte Keuschheitstabu, auch war es den Frauen untersagt, den Schläger auch nur anzufassen. Die Kraft muß also groß gewesen sein, die in diesem Spiel und den Schlägern steckte. Tabu war für die Spieler auch Kaninchenfleisch, weil es furchtsam mache, und Frösche, weil diese Speise zerbrechliche Knochen verursache. Fast überall bestand das Tabu, den Ball mit Händen oder Füßen zu berühren, wie es sich etwa im Fußball noch erhalten hat. Hier mag es nur den Sinn einer eingebauten Spielschikane haben, damit das Spiel spannender wird, bei den Naturvölkern hat auch dieser Zug eine magische Bedeutung.

Wie ernst es den Indianern mit dem Ballspiel war, zeigt das Gebet karibischer Brasilianer, die alljährlich ein Erntefest feierten. Hierbei offenbarte sich der Urvater, als dessen Frucht der Kautschuk angesehen wurde. Die Uitoto erzählen, der Urvater habe ihnen den Ball gegeben. »Und er erzählte und sagte das gute Wort, das man nicht schelten darf, das Wort von unserem Kautschukball. Die Worte vergessen wir nicht, . . . mit Hilfe dieser Worte spielen wir Ball. Wenn wir Ball spielen, treiben wir nicht Mutwillen, denn das gute Wort ist eine heilige Sache, und wer mit ihr Spiel treibt, den züchtigt der Herr des Ballspiels, denn er beobachtet die Spieler und weiß, wenn einer es schädigt.«

Schnelläufer

Als der Baron Münchhausen kaum einige Meilen von Konstantinopel entfernt war, sah er »einen kleinen, schmächtigen Menschen mit großer Schnelligkeit querfeldein laufen«, an dessen Beinen bleierne Gewichte befestigt waren, jedes »an die fünfzig Pfund schwer«. Der Mann behauptete, vor einer halben Stunde in Wien aufgebrochen zu sein, wo er bei einer vornehmen Herrschaft in Dienst gewesen sei.

Diese Lügengeschichte, wenn auch übertrieben, ist nicht einmal so absurd, wie sie im Gartenpavillon des Gutshauses zu Bodenwerder an der Weser geklungen haben mag, als der Baron sie behaglich paffend seinen Freunden erzählte.

Nun war es bei den Persern des 17. Jahrhunderts tatsächlich üblich, daß die Fürsten sich solche speziell ausgebildeten Läufer hielten, übrigens auch Ringer. Diese Schnelläufer wurden als Botengänger und Begleiter gebraucht, türkisch »Peik« genannt. Der Beruf vererbte sich vom Vater auf den Sohn. Vom sechsten Jahr an wurde das Kind trainiert, wenn auch nicht in Luftsprüngen wie der Heiduck des Lügenbarons, sondern auf immer größer werdende Distanzen. Die Meisterprüfung bestand in einem Lauf von 120 km, der von Sonnenaufgang bis Sonnenuntergang zurückgelegt werden mußte. Diese Prüfung wurde auf dem freien Platz vor dem Palast des Sultans mit einem regelrechten Fest gefeiert. Wer in die königliche Läufergarde aufgenommen werden wollte, mußte eine öffentliche Aufnahmeprüfung bestehen, die der Asienreisende Jean Chardin (1643–1713) beschrieben hat. Jeder Bewerber mußte, mit Schambinde bekleidet, mit einer Federmütze geschmückt und mit Amuletten behängt, zwölfmal vom Palast aus zu einer außerhalb der Stadt aufgestellten Säule laufen und von dort jeweils einen dort niedergelegten Bogen mitbringen. Die Säule war etwa 6,5 Kilometer entfernt, insgesamt mußten also in zwölf Stunden 78 Kilometer bewältigt werden. Die Leistung dieser Läufer am Hofe des Sultans war also nicht ganz so groß wie die der persischen Läufer.

Eine rätselhafte Sitte hat es am Hofe des Inkas gegeben. Die zur Nachfolge vorgesehenen Söhne des Herrschers mußten einen Wettlauf von neun Kilometern bestehen. Wie vor einem kultischen Tanz oder bei der Priesterweihe, wie immer sie ausgesehen haben mag, mußten die Teilnehmer an diesem Wettlauf einen Monat lang fasten.

Unglaubliche körperliche Leistungen auf asketischer Basis, freilich eher ein Gehen als ein Laufen, muß es im frühen Tibet gegeben haben. Es herrschte bis zum Jahre 1951 dort bekanntlich eine Theokratie unter dem Dalai-Lama, deren Gerüst die zahllosen buddhistischen Klöster bildeten. Die Mönche wurden in den verschiedensten Sportarten unterwiesen, führten alljährlich sportliche Wettkämpfe durch, die alle klassischen sportlichen Disziplinen umfassen, leisteten aber doch wohl Unglaubliches im Gehen. Tibetanisch heißt das »lung-gom« (Diem) und bezeichnet einen Mann, der ohne Nahrung und ohne Ruhepause gewaltige Strekken zurücklegt. Die englische Schriftstellerin Alexandra David-Neel, eine scharfsinnige und kritische Augenzeugin, hat einen solchen Mönch laufen sehen. Die Leistung, über die es freilich keine mit Zahlen belegbaren Beweise gibt, soll aufgrund eines besonderen Konzentrationstrainings erreicht worden sein, das wohl der Yoga-Lehre entstammt. Die Engländerin hat den Lauf eines Lama über drei Kilometer verfolgt und ihn dann, nachdem er querfeldein ins Gebirge abgebogen war, wiedergesehen. Der Strecke nach mußte er die ganze Nacht ohne Unterbrechung gelaufen sein. Der Mönch, so schreibt sie, sei wie in Trance geeilt, »elastisch wie eine Kugel«, mit weit aufgerissenen Augen und unbeweglichem Gesicht. In der Hand habe er einen Stock getragen, den er pendelnd immer vor dem Körper eingesetzt habe.

Die Ausbildung solcher Botengänger in den uralten Bergklöstern dauerte »drei Jahre, drei Monate, drei Tage« und bestand unter anderem in Atemübungen und Sprungübungen aus dem Buddha-Sitz. Der Buddhismus hat sich ja in der Yoga-Lehre ein System der absoluten Körperbeherrschung geschaffen, das zwar auch auf die Auslöschung der Begierden zielt, aber doch nicht, wie im Christentum, auf eine »Abtötung des Fleisches«. Es gibt deshalb auch in keiner anderen Kultur eine solche Vertiefung des Wissens über psychosomatische Zusammenhänge.

Solche speziell trainierten Botenläufer hat es auch in der Neuen Welt gegeben. Es heißt, im Reich des Inkas habe die Staffettenpost, die quer durch das Land, durch Gebirge zur Küste ging, für 2000 Kilometer nur acht Tage gebraucht. Während man in der Alten Welt für die Stafettenpost Pferde benutzte, etwa im mongolischen Großreich oder bei den Türken, war man hier auf Menschen angewiesen, denn Pferde gab es bekanntlich erst nach der Eroberung durch die Europäer. Diese Läufer wurden wie in Asien von Kind an auf den Lauf trainiert, der hier in großen Höhen um 2000 m über dem Meeresspiegel geleistet werden mußte. Die übermittelten Botschaften wurden in Knotenschnüren ausgedrückt. Über die Distanzen und Leistungen weiß man wenig. Der Inka in der Hauptstadt Cusco erhielt frische Fische aus dem Titicacasee zwei Tage nach dem Fang, das entspricht einer Tagesleistung von 225 Kilometern, die freilich nicht ein einzelner Mann lief. Jeder Läufer war ausgerüstet mit Keule und Schleuder, außerdem mit einem Horn, mit dem er seine Ankunft ankündigte, damit der Staffettenwechsel schnell erfolgen konnte.

Diese gleichsam »säkularisierten« Laufleistungen im Dienste des Inkas gehen offenbar auf einen kultischen Lauf zurück, der von den Chimu betrieben wurde. Sie haben vor der Unterwerfung durch die Inkas im nördlichen Peru gelebt und offenbar einen Wettlauf durchgeführt, um die Sonne im Lauf zu erhalten. Auf verschiedenen Gefäßen dieser Epoche sind die Läufer dargestellt; sie tragen keinerlei Kleidung, außer einem Lendentuch mit einem breiten Gürtel, einen Kopfputz, der an die Sonnensymbolik erinnert, und in der Hand tragen sie Gegenstände in Scheiben-, Tropfen- oder Stabform oder kleine Beutel mit Bohnenfrüchten. Man darf sicher sein, daß es sich um sakrale Läufe handelt, deren Durchführung mit Saat und Ernte zu tun hatte, zumal zwischen den Läufern Bohnenstauden abgebildet sind.

Selbst bei einer so elementaren Betätigung wie dem Laufen gibt es also in den verschiedenen Kulturen die unterschiedlichsten Ausprägungen, vom Sonnenlauf der Indios in Peru bis zum Mönch, der in Trance die Gebirge des tibetanischen Hochlandes durcheilt. Gemessen an solchen Leistungen sind die des heutigen Marathonläufers keine absoluten Höhepunkte, sondern nur anerkennenswerte Bemühungen in einer Zivilisation, die im Begriff ist, das Laufen zu verlernen.

Kraftmenschen

Herakles (lateinisch: Herkules) war stärker als jeder andere Mann, wenn auch kein Riese, und vollbrachte zwölf Taten, deren Einzelheiten in den griechischen Sagenkreis führen. Seine Kraft ist nicht natürlich, sondern aus seiner Herkunft zu erklären. Sein Vater war der stets auf Liebe versessene Zeus, der sich in die schöne Alkmene verliebt hatte. Als ihr Gatte Amphitryon sich unterwegs auf einem Feldzug befand, nahm Zeus dessen Gestalt an, um in einer langen, drei Tage währenden Liebesnacht den Herakles zu zeugen. Dessen Geburt wird, weil Zeus offen mit der künftigen Stärke dieses Kindes prahlt, von der stets eifersüchtigen Hera, der Gattin des Zeus, verzögert, und als dies nichts nützt, schickt sie Schlangen, die das Kind erwürgen sollen, aber der acht Monate alte Herakles erwürgt sie mit seinen Händen in der Wiege. Die Griechen liebten dieses Urbild männlicher Körperkraft und weihten ihm zahllose Tempel; da er so viele Taten verrichtet hatte, galt er ihnen als Nothelfer in ihren eigenen Schwierigkeiten. Die Darstellungen des Herakles sind unüberschaubar zahlreich; auf der Wilhelmshöhe bei Kassel steht sein riesiges Denkmal, einer antiken Plastik nachgebildet, die ihn mit Keule und Löwenfell zeigt.

Wenn Herakles in der Mythologie die Körperkraft und den männlichen Mut verkörpert, dann ist es der Athlet Milon, der als Sportler die Phantasie der Griechen beschäftigt hat. Er war kein Herakles, kein von Zeus gezeugter Halbgott, sondern ein junger Mann aus dem griechischen Kroton, der Kolonie in Unteritalien. Auch über ihn gibt es zahllose Legenden, aber seine Existenz in der zweiten Hälfte des 6. vorchristlichen Jahrhunderts ist geschichtlich bewiesen, er siegte in zahllosen Wettkämpfen und war einer der erfolgreichsten Ringer. Sechsmal hat er in der Olympiade gesiegt, sechsmal in Delphi, zehnmal am Isthmos und neunmal in Nemea, einem kleinen Ort bei Korinth, wo ebenfalls gesamtgriechische Festspiele durchgeführt wurden. Milon muß ein Mann von unglaublicher Körperkraft gewesen sein. Zwar kann man von den zahllosen Geschichten, die über ihn berichtet werden, nur einen Bruchteil glauben, weil alle solche Berichte der Stilisierung dienten, doch geben sie, wie die Anekdote, den Kern der Sache. So heißt es, er habe zum Training täglich ein Kalb gestemmt, bis es zum Stier herangewachsen war. In Olympia soll er sich ein Vergnügen daraus gemacht haben, einen vierjährigen Ochsen einmal durch die Arena zu tragen, also rund 1,5 km weit, um ihn dann mit einem einzigen Faustschlag auf die Stirn zu töten und an einem einzigen Tage aufzuessen. Überhaupt muß die Frage, woher ein so starker Mann seine Kraft nähme, die Griechen ungemein beschäftigt haben, denn über seine Mahlzeiten erzählen sie Wunderdinge. Milon habe, so heißt es, täglich 17 Pfund Fleisch, 17 Pfund Brot und 10 Liter Wein zu sich genommen; ein Sportarzt wird bei solchen Zahlen den Kopf schütteln – die modernen Athleten brauchen auf Olympiaden täglich knapp 8000 Kalorien, bei Milon müssen es 50000 Kalorien gewesen sein –, aber an der erstaunlichen Körperkraft dieses Mannes ist wohl nicht zu zweifeln. Auffallend ist, daß dieser Muskelmensch nur an den Ringkämpfen teilnahm und nicht auch an den als brutal empfundenen Faustkämpfen. Das hatte sozusagen weltanschauliche Gründe, denn Milon gehörte zur Sekte der Pythagoreer und war ein begeisterter Schüler des Pythagoras.

Pythagoras ist angeblich um 530 v. Chr. wegen politischer Gegensätze mit dem bekannten Polykrates, der von Samos aus zahlreiche Städte unterworfen hatte, nach Unteritalien ausgewandert und hat dort in Kroton eine Sekte gegründet. Bekanntlich war er der Überzeugung, daß sich die Gesetze des Kosmos in Zahlen erfassen ließen. Das pythagoreische Ideal der Harmonie erfaßte den ganzen Menschen und forderte ein maßvolles Leben. Als Pythagoras nach Kroton kam, stand diese blühende Stadt unter dem Eindruck einer Niederlage gegen die Lokrer. Der römische Historiker Justinius (etwa 3. Jh. n. Chr.) schrieb, nicht ohne Absicht seinen römischen Lesern gegenüber, als warnendes Beispiel die Geschichte Krotons auf: »Nach diesem Ereignis hatten die Krotionaten keine Übung in der Mannhaftigkeit mehr, sorgten sich auch nicht weiter um die Waffen. Sie haßten diese, die sie so unglücklich ergriffen hatten. Und sie hätten ihr bisheriges Leben gegen ein verschwenderisches eingetauscht, wäre nicht Pythagoras gewesen. Er kam nach Kroton und rief das Volk, das schon in Genußsucht abgeglitten war, kraft seines Einflusses zu schlichtem Lebenswandel zurück. Er rühmte täglich die Mannestugenden und zählte die Laster der Verschwendung auf und den Untergang von Städten, die durch diese Pest zugrunde gerichtet wurden.«

Milon ist damals ein junger Mensch gewesen, auf den offenbar das Wirken des Pythagoras tiefen Eindruck gemacht hat. Er schloß sich nicht nur der Sekte an, sondern heiratete angeblich sogar eine Tochter des Pythagoras. Über das Verhältnis zwischen Milon, dem Stärksten aller Athleten, und Pythagoras gibt es Geschichten, die diese ganze Überlieferung fragwürdig erscheinen lassen. Schon die Behauptung, er habe mit einem Stierkalb trainiert, taucht im türkischen Kulturkreis wieder auf. Da gibt es nämlich den Sultan Murad IV. (1623–1640), dessen unglaubliche Körperkräfte gerühmt wurden wie die Augusts des Starken. Nur einmal habe er seinen Bezwinger gefunden, ein Weib aus seinem Harem. Als er mit einem schweren Stein Stoßübungen machte, habe sie sich erboten, einen Büffel eine Treppe hinaufzutragen. Auf seine Frage, woher sie denn so unglaubliche Körperkräfte habe, erwiderte sie: Von klein auf habe sie ein Büffelkalb auf den Schultern getragen, bis das Tier ausgewachsen gewesen sei. Dasselbe Motiv also, das den Gedanken des Trainings und der unmerklich wachsenden Körperkräfte so überaus plastisch darstellt, und offensichtlich eine Geschichte legendären Charakters, wie sie schon bei den Künstlerbiographien erwähnt wurde.

Milon wurde nicht nur als Jünger des Pythagoras, als eine Art geistiger Sohn gesehen, sondern auch als lebender Beweis für die Richtigkeit der pythagoreischen Lehre, und hier scheint das Motiv der Legende zu liegen, die wie so viele Legenden dem Wunschdenken ihre Entstehung verdankt haben mag. Irgendwo mußte ein Mensch existieren, der die physische Vollkommenheit mit einem Höchstmaß an sittlicher Reife verband, und ebendies schien auf Milon zuzutreffen, dessen körperliche Kraft so außer Zweifel stand und der noch dazu im Kreis des Pythagoras verkehrte. Stobaios (ca. 5. Jh. n. Chr.), ein aus Makedonien stammender Schriftsteller, hat eine Anthologie für seinen Sohn verfaßt, in der er alles Wissen seiner Zeit seit Homer erfaßt hat. Noch dieser literarische Autor hat ein Buch »Physika« erwähnt, ein Werk, das gemeinsam von Pythagoras selbst und von seinem Schüler Milon verfaßt gewesen sein soll – und damit gerät der berühmte Olympiasieger und Bürger von Kroton gänzlich ins Zwielicht der Phantasie.

Milon, wie Herakles ein Urbild männlicher Körperkraft, nur menschlicher und realer, ist Ringer, nicht Boxer gewesen – ein Mann, der mit einem Fausthieb einen Ochsen töten konnte, wie man das später auch von Jack Dempsey behauptet hat, wäre auch wohl für jeden Wettkampf ein Alpdruck gewesen. Ringkämpfe nach bestimmten Regeln gab es nicht nur im klassischen Griechenland, sondern fast überall auf der Welt, und in einigen Ländern, etwa bei den Isländern, bei den Mongolen, in Japan und in der Türkei, aber auch in Persien und bei den Eskimos, sind sie besonders kultiviert worden. Schon auf alten sumerischen, babylonischen und assyrischen Darstellungen finden sich übrigens Ringer, und so ist die griechische Form nicht als besonders frühes Vorkommen dieses Sportes anzusehen, sondern nur interessant als olympische Disziplin. Es scheint, als gehörten Wettkämpfe dieser Art, Urformen des Sportes, zu jeder menschlichen Gesellschaft und als sei es eben das gesellschaftliche Moment, das einen Wettkampf vom Spiel unterscheidet: Wo zwei Menschen nicht miteinander, sondern gegeneinander spielen, beginnt der Sport.

Stierkämpfe

Weshalb es gerade in Spanien Stierkämpfe gibt und nicht mehr in Griechenland oder in Ägypten, ist eine bisher ungelöste Frage. Denn der Stierkult ist uralt, man kennt die schwarzen Stiere der Ägypter, die über die Felder getrieben wurden, damit die Saat reicher aufging, man kennt die riesigen Totenfelder mit solchen heiligen Stieren, die Symbolik, die das Brüllen des Stieres dem Donner, den erlösenden Regen gleichsam seinem Samen gleichsetzt, befruchtend und erlösend auch diese herabströmende Feuchtigkeit.

Rätselhaft sind die Stierdarstellungen der versunkenen Kultur auf Kreta, um deren ausgedehnte Palastanlagen 1971 ein wissenschaftlicher Streit ausbrach. Man hatte bisher angenommen, es handle sich um plötzlich geräumte oder ausgestorbene Bauwerke eines rätselhaften Volkes, man glaubte sogar Spuren von Bränden zu erkennen, denn die Alabasterwände waren schwarzgrau verfärbt. Es stellte sich heraus, daß diese Verfärbungen nicht durch Feuer entstanden sein können, da sie bei etwa 1200 Grad Hitze verschwinden. Also konnten die Paläste nicht gebrannt haben. Auch stellte man fest, daß das Material der Wände und Stufen in den Jahrzehnten seit der Ausgrabung mehr gelitten habe als in den Jahrhunderten, als diese Städte angeblich bewohnt waren. So gab es Wissenschaftler, die behaupteten, es handle sich um täuschend ähnlich und großräumig angelegte Totenstädte. Die Fresken zeigen, neben Gärten und Tänzerinnen, auch Spiele mit dem Stier. Man erkennt, daß sich auch Frauen an solchen Spielen beteiligt haben müssen. Dem Bild nach ließ man den Stier anrennen oder rannte selbst auf ihn zu, packte ihn bei den Hörnern und setzte mit einem großen Überschlag über ihn hinweg – ein Sport von wunderbarer Eleganz und Kraft, der nur den Nachteil hat, daß er unglaubwürdig ist. Erfahrene spanische Matadore halten einen solchen Sprung für ausgeschlossen, weil Stiere viel zu wild seien, als daß man einen solchen Sprung wagen und auch technisch durchstehen könne. Spezialisten dieser Art sind schon oft widerlegt worden, aber das ist ein schwaches Argument, solange dies nicht mit guten Gründen geschehen ist.

Vermutlich aus der minoischen Kultur ist der Stier als Fruchtbarkeitssymbol von den Griechen übernommen worden. Im Norden Griechenlands, bei den Thessaliern, gibt es nun ebenfalls Stierspiele, die zu Pferd abgehalten wurden. Man galoppierte, wenn die antiken Autoren richtig informiert waren, zu Pferd neben dem Stier her, packte ihn bei den Hörnern, trat ihn gegen die Vorderbeine, so daß er einbrach. Dann drehte man ihm den Hals um. Das ist eine sehr extravagante Art, Stiere umzubringen, und es beruhigt, daß im römischen Circus maximus die dort auftretenden Thessalier die Stiere mit der Lanze bekämpften. Die Annahme liegt nahe, daß solche Stierkämpfe überall im römischen Imperium Mode wurden – aber eben dafür gibt es nicht den geringsten Beweis, denn das Auftreten der Thessalier in Rom ist, wenn man den Autoren glauben darf, eine Episode geblieben.

Daß der spanische Stierkampf nicht zufällig entstanden ist, sondern auf irgendeine Weise mit den alten Stierkulten, zum Beispiel dem Mithraskult, in Zusammenhang steht, darf angenommen werden, aber das ist eine Vermutung, die bisher nicht durch Beweise gestützt ist. Die Spanier selbst sind überzeugt, daß der Stierkampf aus Spanien zu den Römern und Arabern gekommen ist. Jedenfalls war er schon im 10. Jahrhundert unter den spanischen Mauren verbreitet, und im 13. Jahrhundert feierte der Sultan von Granada aus Anlaß der Beschneidung seines Sohnes ein Fest mit Stierkämpfen. Vom spanischen Königshof sind solche Schaukämpfe anläßlich von Hochzeiten sogar schon früher bezeugt. Es heißt, daß Kaiser Karl V. in der Arena von Valladolid Stiere mit der Lanze angestochen haben soll; Papst Pius V. soll ihn deshalb exkommuniziert und Papst Gregor dieses Urteil gemildert haben (Diem), Clemens VIII. hat es dann aufgehoben. Tatsächlich sind Stierkämpfe aus dem 14. Jahrhundert durch Rechnungsbücher des königlichen Hauses nachgewiesen, doch scheint es sich damals nicht um festliche Veranstaltungen aus besonderem Anlaß gehandelt zu haben. Stierkämpfe, wenn auch nicht im strengen spanischen Zeremoniell, gibt es auch in Mexiko, Brasilien und sogar auf den Philippinen, offensichtlich eine Einfuhr der Kolonialmacht.

Der Stierkampf zu Pferd ist bekanntlich noch in Portugal üblich (portugiesisch: rejonear). Hier tritt der einzelne Reiter mit der Lanze allein dem Stier entgegen, offenbar ganz wie die alten Thessalier. Der spanische Stierkampf enthält ja noch die reiterliche Einlage; im ersten Gang, der »capa«, wird der Stier durch rote Tücher gereizt und in die Arena gejagt, wobei nicht die Farbe Rot, sondern die Bewegung seine Instinkte wachruft. Der zweite Gang ist die »suerte de varas«, der Kampf mit der Lanze. Der berittene Picador hat den Stier durch den Lanzenstich zwischen die Schulterblätter abzuwehren. Mit dem zweiten Stich ist die »suerte de banderillas« eröffnet. Drei Banderillos stoßen jetzt je zwei Pfeile, die »banderillas«, in den Nacken des Stieres, doch muß das von vorne geschehen. Nun tritt der Torero auf, spanisch Escapada genannt, bewaffnet mit einem 90 cm langen Stoßdegen, und zwingt mit der »muleta«, einem an einem Stock befestigten roten Tuch, den vor Wut und Schmerz halb wahnsinnigen Stier zu einer Reihe von bestimmten Passagen. Der letzte Gang ist der tausendfach gefilmte und photographierte Stoß mit dem Degen zwischen die Schulterblätter und die Wirbelsäule ins Herz. Man kann, als tierliebender Europäer, mit dem Stier ebenso Mitleid haben wie mit denen, die sich in einem solchen Schaukampf exponieren wie die Gladiatoren Roms oder wie die Rennfahrer der Grand-Prix-Rennen. Dennoch wird man nicht vergessen dürfen, daß in diesen zur Schau entarteten Kämpfen ganz ohne Zweifel auch ein uraltes Erbe erhalten ist, das der blutigen Zeremonie einen gewissen Sinn verlieh.

Spiele der Naturvölker

Alle körperlichen Betätigungen entspringen nicht einem Zwang zur Leistung, sondern dem in der Natur des Lebendigen verankerten Bewegungstrieb. Der Wettkampf ordnet die Ergebnisse des Antriebs in eine gesellschaftliche oder kosmische Ordnung ein, aber das ist nicht sein einziger Grund; die Freude an der eigenen Kraft oder Geschicklichkeit, wenn überschüssige Kräfte vorhanden sind, ist als Motiv die psychologische Voraussetzung des Wettkampfes, dessen Nebenwirkungen gesellschaftlicher Art sind und oft als das eigentliche Ziel angegeben werden.

Es gibt nahezu kein Gebiet, auf dem Menschen nicht Wettkämpfe durchgeführt hätten, und weil die körperlichen Voraussetzungen überall auf der Welt im Prinzip dieselben sind, kommt es fast überall auf der Welt, wo die Lebensumstände dies irgend zulassen, zum Wettlauf, zum Wettspringen, zum Wurf und Stoß, zu einem vielfältigen Messen der Kräfte. Bayerischer Nationalsport zum Beispiel ist das Fingerhakeln, bei dem sich zwei Männer an einem schweren Bauerntisch gegenübersitzen und die Ringfinger ineinanderhaken. Dann versucht einer, den anderen über den Tisch zu sich herüberzuziehen – eine Art »Zimmertauziehen«, mit dem hart arbeitende Holzknechte und Fuhrleute, Bauern und Flößer ihre Kräfte maßen. Eine andere Form solchen Kräftevergleiches besteht darin, daß jeder der Kämpfer, am Tisch sitzend, einen Unterarm mit dem Ellbogen auf die Tischplatte setzt, und zwar so, daß Hand gegen Hand drückt. Jeder versucht nun, die Hand des Kampfpartners zur Seite zu drücken.

Genau dieses »Wegdrücken« oder »Wegziehen« der Fäuste wird bei den Eskimos auch betrieben, ebenso wie Wettläufe, Ringkämpfe, Tauziehen, eine Art Fußball, Stabhochsprung während der Langstreckenläufe über die Tundra, Schlittenrennen und sogar Reckturnen, entweder an einer Holzstange oder Balancierübungen am Lederseil, das zwischen zwei Iglus oder Steinsäulen gespannt ist. Die Eskimos werden einige dieser Sportarten bei ihren Nachbarn kennengelernt haben, wie umgekehrt die angrenzenden Völker einiges von den Eskimos übernommen haben. So hat der europäische Wassersport bekanntlich den Kajak zum Sportboot gemacht. Ein guter Jäger beherrschte bei den Eskimos zehn verschiedene Arten, sich mit dem Boot, mit oder ohne Paddel, wiederaufzurichten, wenn es gekentert war – im eisigen Wasser der Arktis eine Lebensfrage, beim Wildwasserfahren im europäischen Kajak eine sportliche Herausforderung.

Tauziehen gehört, wie das Gewichtheben und das Gewichtwerfen, zu den alten chinesichen Sportarten (chinesisch: pa ho). Offenbar ist diese Sportart, die auch bei den Eskimos verbreitet war, mongolisch beeinflußt. Das chinesische Tauziehen wird mit einem Stammseil durchgeführt, dessen Tochterseil von dem jeweiligen

Teilnehmer aus dem Stand gezogen wird; es handelt sich also nicht um ein Hin und Her, wie man es aus den hiesigen Turnstunden kennt.

Es gibt uralte Sportarten, die ausgestorben sind, obwohl sich ihre Belebung, mindestens im Schulunterricht, lohnen würde, zum Beispiel der griechische »Drängelkampf«, ein Ringen zweier Männer auf einem gefüllten Ledersack, oder das Stelzenlaufen. Stelzen sind ja ein höchst geheimnisvolles Requisit, dessen Ursprünge ziemlich ungeklärt sind; sie kommen in Europa, Australien, in verschiedenen Ländern Asiens, bei den afrikanischen Steppenvölkern und auch in Amerika vor, und zwar werden sie ganz unterschiedlich benutzt. Die Ägypter haben Stelzen gekannt, bei den Tschokwe im südlichen Zentralafrika gab es ein nächtliches Geistertanzfest, bei dem nackte Männer, vollkommen weiß bemalt, auf Stelzen zwischen den Bäumen »erscheinen« und als Geister der Toten zwischen den Zweigen umherhuschen – natürlich sind die Stelzen dunkel und von ferne nicht so deutlich sichtbar; panischer Schrecken ist die Folge. Als Hilfsmittel zur Durchquerung von sumpfigem Gelände sind sie aber ebenso in Gebrauch gewesen wie als Ausguck für Hirten in der weiten Steppe. Weil das Stelzenlaufen Geschicklichkeit erfordert, ist es häufig zum Sport geworden. Kinder haben es schon in römischer Zeit als Spiel entdeckt. Baskische Hirten benutzen sie heute noch. Bei den Tschokwe sind die Stelzen das Symbol eines Schutzgeistes, der das Dorf bewacht. Es genügt, die Stelzen an den Dorfeingang zu stellen, um es zu schützen; so wird aus dem Wächteramt, das einst wohl mit Stelzen versehen wurde, ein magisches Ritual.

Uralten Ursprunges scheint auch ein Spielgerät zu sein, das sich auf den öffentlichen Plätzen findet, der Rundlauf. Die Maoris auf Neuseeland, die bis 1840 den Weißen gleichgestellt wurden, kannten den Rundlauf an hohen Kiefern. Der rund 20 m hohe Stamm wird tief in die Erde versenkt, jedoch dicht an der Küste unmittelbar am Ufer, so daß die im Kreis frei schwingenden jungen Männer, wenn sie das Seil loslassen, in hohem Bogen ins Meer geschleudert werden. Entweder wikkeln sich die Seile von der Spitze an um den Mast, oder sie sind an einer drehbaren Scheibe befestigt. Auch bei den Totonaken und den Omi, indianischen Stämmen in Mexiko, gab es diesen offensichtlich kultischen Sport. Hier kletterten Männer mit Vogelmasken an einer speziellen Strickleiter den Mast hoch, banden sich das Ende einer Leine um den Leib und sprangen dann weit hinaus, wobei sich erstaunlicherweise die Leine langsam vom Mast abwickelt. Entfernt erinnert dieser Versuch, das Herabschweben aus der Höhe gleichsam vorzuführen, an den Sonnentanz der Sioux. Hier waren es junge Krieger, die sich an Seilen um einen Stamm schwingen ließen, nur war das Seil durch eine Hautschlaufe gesteckt, die in die lebende Haut eingeschnitten war wie eine breite Gürtelschlaufe an einer Hose. Wenn die Haut riß und der junge Indianer stürzte, durfte er keinen Laut des Schmerzes von sich geben, keine Miene verziehen. Wegen dieser »Selbstkasteiungen« ist der Sonnentanz vom Amt für indianische Angelegenheiten im Jahre 1910 verboten worden. Daß alle Jagdwaffen vom Bogen bis zur Keule in Kriegswaffen und Sportgerät umfunktioniert worden sind, ist bekannt. Auch die Beherrschung des Pferdes gehört ja in diesen Zusammenhang. Die Zivilisation hinterließ ihre Spuren.

Ein außerordentlich interessantes Kapitel der Leibesübungen ist die Frage, wie sich die Spieler fit gehalten haben. Tatsächlich gibt es hier bestimmte, von der jeweiligen Religion vertiefte Körperschulen, genau durchdachte und durch Generationen erprobte Systeme, wie sie das Abendland erst im letzten Jahrhundert wieder erarbeitet oder eingeführt hat.

Yoga ist keine Lehre nur zur Beherrschung des Körpers, aber wer sich in Yoga übt, wird seinen Körper beherrschen lernen. Buddha selbst, der reiterliche Prinz, hatte bei seinen brahmanischen Lehrern Unterricht im Yoga genommen, bis ihm nach sechs Jahren die Erleuchtung zuteil wurde. Das Wort Yoga gehört zu demselben indogermanischen Wortstamm wie im Deutschen das »Joch«, das im Lateinischen »jugum« heißt und »verbinden, anschirren« bedeutet. Aus einer strengen, das ganze Leben beeinflussenden ethischen Lehre ergeben sich bestimmte Verhaltensweisen, die den ganzen Menschen in seiner leib-seelischen Einheit formen. Deshalb gibt es innerhalb der Yoga-Lehre spezielle Lehren, die auf die restlose Beherrschung des Körpers zielen. Ernährung, Reinigung, der Atem und die Bewegung des Körpers werden durch jahrtausendealte Übungen beeinflußt, man nennt sie »yoga-asanas« (indisch asana: Sitz).

Die indische Gymnastik umfaßt verschiedene Gruppen von Übungen, zum Beispiel Gruppenübungen mit der eisernen Rassel, mit schweren Keulen (5–50 kg), das Scheingefecht mit Stock und Schwert sowie Entwaffnungsübungen, Gymnastik mit Fackeln und schließlich die Mallakhamb-Übungen. Wichtig sind die auch in Europa als eine Art Gymnastik verbreiteten Yoga-asanas und die Turnübungen am stehenden oder hängenden Mallakhamb. Das ist ein 3,60 m langer Pfahl aus Teakholz, der mit Rizinusöl eingerieben worden ist. Die Turnlänge beträgt etwa 2,80 m, wenn der Pfahl in die Erde eingegraben ist. An der verjüngten Spitze trägt er einen handlichen Knauf. Er wird aber nicht nur eingegraben, sondern aufgehangen. Auch am hängenden Mallakhamb wird geturnt, ebenso an Lianen, die anstelle unserer Kletterseile aufgehängt sind. Die Übungen an der Liane, der Kniehang und bestimmte Schwingübungen, erinnern an die Artisten am Trapez.

Die eigentliche Yoga-Gymnastik setzt sich aus verschiedenen Übungsgruppen zusammen. Da gibt es die einfachen Yoga-asanas, die Atemübungen (indisch: pranayamas), die Übungen der Sonnenanbetung (indisch: surya namaskaras), bestimmte Rumpfübungen (indisch: dundahls) sowie einige Schenkel- und Beckenübungen (indisch: bhaskis, baithaks). Man unterscheidet bei den Sitzhaltungen »Kobra-Stellung«, »Kaninchenstellung« oder »Kamelhaltung«, lernt alle Muskeln und Bänder so zu lockern und geschmeidig zu erhalten wie bei einem kleinen Kind und dient der Versenkung in zahlreiche Gleichgewichtshaltungen; bekannt ist die Lotushaltung (indisch: padmasana), die aus dem Yoga-Sitz entwickelt worden ist. Dabei liegen die Unterschenkel parallel, der linke Fuß vorn, der rechte Fuß hinten. Aus dem Becken heraus ist der Leib aufgerichtet, die Wirbelsäule läßt sich strecken oder krümmen. Die Handflächen der entspannten Arme sind an den Knien eingedreht, doch gibt es auch andere Haltungen aus dem Yoga-Sitz heraus, nicht nur den Lotussitz, und dabei werden bestimmte Bewegungen mit dem Rumpf, den Armen und der Wirbelsäule erreicht, die schließlich zu für den Europäer akrobatischen Verrenkungen führen.

Ein paar Worte sollen noch zum Pranayama gesagt werden, der indischen Atemtechnik (indisch prana: Atem; ayama: Beherrschung). Für den Inder ist der Atem nicht einfach gleich Luft, die man in die Lungen saugt, und schon gar nicht Stickstoff, Sauerstoff und Edelgas, sondern eine Art Lebenskraft, eine Ursubstanz, die auch Seele ist. Wie nahe Atem und Seele als verwandt auch bei anderen Völkern angesehen werden, wurde schon an anderer Stelle bei der Darstellung der Religion geschildert. Auf die Atemtechnik bezogen, bedeutet das: Mit jedem Atemzug nimmt der Mensch am Kosmos teil, der ihn umgibt, trennt dabei das »prana«, das in der Luft enthalten ist, und führt sich selbst jene Energien zu, die mehr sind als die Bausteine der Stoffwechselvorgänge. Wer seinen Atem beherrscht, hat »seine Seele zu Hause«, erreicht die absolute Konzentration und die »kristallne Ruhe in sich selbst«. Es gibt Yoga-Vorschriften, in denen verlangt wird, der Übende möge unhörbar seine Atemzüge zählen – bis 21607 (Diem).

Auch China hat, wie Indien, eine ausgebildete Gymnastik, doch ist sie weniger auf Meditation gerichtet als das Yoga. Beiden Kulturen ist, im Vergleich zum Abendland, der Mangel an Sprüngen und starker Bewegung eigentümlich. Gegen kalten Schweiß und Verdauungsstörungen, gegen Herzbeschwerden und Schwächeanfälle wurden bestimmte Übungen vorgeschrieben, deren System genau durchdacht und von den taoistischen Mönchen in Jahrhunderten erprobt war. Der Ursprung aller in China entwickelten gymnastischen Systeme heißt Kong-Fu und geht auf den Taoismus zurück, ohne daß man heute diese religiösen Bezüge noch rekonstruieren könnte. Mit der den Chinesen eigenen Gründlichkeit werden alle möglichen Bewegungen des Körpers bis ins Detail vorgeschrieben, da gibt es genau ausgeführte Atemübungen, ja sogar Gymnastik mit der Zunge im Mund, mit den Augen und mit dem Kopf – Hunderte von Vorschriften, deren Mannigfaltigkeit in Erstaunen versetzt und die alle dem Zweck dienen, die körperlichen Funktionen zu vervollkommnen und das Wohlbefinden zu fördern.

Das gleiche Ziel strebte die Gymnastik (griechisch gymnas: beim Ringen nackt) der Griechen an, und man könnte meinen, daß es für den Erfolg nur eine einzige, nämlich die zweckmäßigste Methode gäbe. Damals, als nicht physiologische Messungen und Kontrollen Aufschluß über die Vorgänge im Muskel, überhaupt im Körper gaben, hing es aber von der gesamten Lebenseinstellung und Weltauffassung ab, welche Formen körperlicher Übung man wählte. Die Griechen waren auf eine Weise körperbewußt und sportlich, wie sie nur im Ideal des englischen Gentlemans noch einmal entfernt erreicht worden ist. Für den Gentleman freilich, den unabhängigen Herrn, war Sport eine wenn auch mit Lässigkeit, aber Hingabe betriebene Zerstreuung, um sich fit zu halten. Für den Griechen ist Sport – das moderne Wort will auf die antike Körperschulung nicht recht passen – ein so wichtiger Teil seiner Kultur wie das Dionysosspiel, wie der Athenekult, wie die politische Lebensform. Die Welt der Antike war diesseitig noch in ihren religiös-poetischen Vorstellungen, so konnte das Ziel der Körperkultur nur sein, einen Menschen zu bilden, der in diesem Sinne vollkommen war. Atembeherrschung zum Zweck der Meditation wäre dem Griechen absurd erschienen; wenn er seinen Körper trainierte, dann nur, um im Wettstreit zu siegen, und dieser Sieg wiederum galt als Zeichen eines höheren Maßes von Tugend (griechisch: arete). Ausgewogenheit aller Elemente der Persönlichkeit war das Ziel des griechischen Systems. Platon, der die Gymnastik für Schwangere und Turnen schon für Kleinkinder empfohlen hat, schrieb: »Von dem aber, der am vollkommensten die Kunst der Gymnastik mit der der Musen verbindet und sie im besten Maße der Seele zuführt, von dem werden wir mit vollem Recht sagen, er sei vollkommen, im höchsten Grade musisch und wohlgestimmt.«

Siege der Gentlemen

Er habe oft besondere Launen des Glücks erlebt, schreibt Captain Gronow über den König der Dandys George B. Brummel (1778–1840), den berühmtesten Snob der englischen Geschichte und das Vorbild ganzer Generationen von modebewußten, extravaganten Männern, aber die merkwürdigste sei das plötzliche Auftauchen eines jungen Mannes gewesen, dessen Vergangenheit und Herkunft keinen besonderen Glanz versprochen hätten und der doch mit einem Schlage die erste Rolle in der besten Londoner Gesellschaft gespielt habe. Es sei dies der berühmte Beau Brummel gewesen, der Sohn eines Gutspächters. Der Vater »sandte seinen Sohn nach Eton auf die Schule, wo er sich als bester Schüler, bester Ruderer und bester Cricketspieler auszeichnete und, was für ihn mehr wert war, obendrein für einen guten Kerl galt«. Mag sein, daß die allgemeine Beliebtheit wichtiger für ihn war als seine Erfolge im Sport, aber sie hätte ihm ohne diese Erfolge wenig genützt.

Man hat sich gewöhnt, die englische Einstellung zum Sport für typisch englisch zu halten – aber woher kommt sie? Weshalb gerade auf dieser Insel soviel Leidenschaft für Cricket und Polo, Football und Fuchsjagd, und woher dieser eigentümliche Sinn für Fairplay, der aus dem Bereich des Sportes auf die Mentalität einer ganzen Nation gewirkt und den Sport überhaupt geprägt hat, soweit er kein Schaugeschäft geworden ist? Fair, das heißt großmütig zu sein, kann sich nur einer leisten, der über der Sache steht, dem das Spiel ein Spiel bleibt, dem weder der Ehrgeiz den Blick verdunkelt noch den irgendeine Abhängigkeit zwingt, scharf auf den eigenen Vorteil zu sehen. Diese innere Unabhängigkeit, zur Lässigkeit stilisiert, gelegentlich in einer Geste der Großmut, der Großherzigkeit geäußert, ist eine Tugend der Herrenkaste, ein aristokratischer Zug, der auf den Public Schools gefördert wurde. Man sollte die Fairneß nicht deshalb verächtlich machen, nur weil sie von englischen Landedelleuten, einer Klasse von Ausbeutern, wenn man so will, kultiviert wurde; es gibt eine Menge Kulturleistungen, von denen man wünschen würde, sie würden auch gesellschaftliche Umwälzungen überstehen und breiter wirken als nur auf eine schmale Schicht von unabhängigen Herren.

Verständlich, daß Cricket und Rudern für den Dandy Brummel so wichtig waren – wer im Sport bewiesen hat, daß er die Spielregeln der Kaste kennt, gehört dazu; hier ist der Sport ein Mittel, um eine bestimmte Art von Angepaßtheit zu erzielen, weil sie unaufdringlicher und wirksamer anders kaum erreicht werden kann. Beispiele für eine faire Haltung kennt jeder, aber auch das Gefühl, wenn jemand unfair spielt, das heißt seinen Vorteil rücksichtslos wahrnimmt. Freilich gehört Selbstüberwindung dazu, einen Vorteil aus der Hand zu geben, und sie fällt um so leichter, je selbstverständlicher sie eingelernt ist.

Man kann die Epoche, in der sich die üblichen Wettkämpfe und Leibesübungen, wie sie überall auf der Welt mehr oder weniger intensiv gepflegt wurden, zum »Sport« entwickelt haben, kaum genau bestimmen; zu viele gesellschaftliche Faktoren wirken zusammen, um ein Ergebnis zu erzielen, das erst dann sichtbar wird, wenn es fertig ausgebildet ist. Demokratie bedeutete Freiheit, und Freiheit bedeutete, daß der einzelne tüchtig sein solle. Leibeigene haben körperliche Ertüchtigung nicht notwendig, für Jahrhunderte ist der sportliche Wettkampf in Europa Herrensport, erst mit dem Aufkommen des Bürgertums wird die Basis breiter.

Das demokratische England war, was den Sport anging, dem Kontinent weit voraus. Mit Staunen registrierte ein Reisender in seinem Bericht, daß »Land und Leute der britischen Inseln« wie das gesamte englische Leben mit »sport« durchsetzt sei. Es gäbe, so schrieb der Autor Johann Georg Kohl (1808–1878), mehrere »Sporting Journals« und »Sporting Chronicles«, selbst die »Times« habe eine Spalte »Sporting intelligence« mit entsprechender Thematik. Der deutsche Autor erkennt, daß der Ausdruck »sport« unübersetzbar sei, weshalb man ihn wohl ins Deutsche werde übernehmen müssen. Er stößt auf die kultivierten Formen des »pedestrianism«, des »Fußsportes«, wozu nicht nur Langstreckenlauf, Kurzstrekkenlauf und alle möglichen Formen des Wettgehens, sondern auch das Wetthinken gehören – Spleen und Sport charakterisieren in gewisser Weise englische Polaritäten.

Man war damals noch nicht spezialisiert, auch hatte der englische Sport einen Zug von Vergnügtheit und Gutgelauntheit, der mittlerweile ganz verlorengegangen zu sein scheint. Man versteht nicht nur Laufen und Schwimmen, Tauchen, Rudern und Segeln, Boxen, Ringen und Hammerwerfen oder Baumstammwerfen als Sport, sondern auch Pferderennen, Hunderennen, Bären-, Ochsen- und Eselshetzen sowie Hahnenkämpfe.

Wie alt die Tradition von »Spielen« in England bzw. Schottland war, dafür gibt es einige Daten. Robert Bruce, der 1306 zum König von Schottland gekrönt wurde und am 24. Juni 1314 bei Bannockburn König Eduard II. von England schlug, stiftete zum Gedenken Spiele, die erstmalig 1332 in der Hauptstadt Inverness (Braemar) stattfanden. Das Sportgerät kam aus der Arbeitswelt: Ein schwerer Felsbrokken aus dem nächsten Bergbach diente als Wurfgerät, und an dem schweren Schlegel mit dem Eisenkopf, mit dem die Pfähle für die Weidezäune in den Boden getrieben wurden, maß man seine Kräfte wie der Bauernbursch auf der Kirmes beim Haut-den-Lukas. Das Stammwerfen wurde mit einem Baumstamm durchgeführt, der bis zu sieben Meter lang war und eineinhalb Zentner wog. Solche Hochlandfeste finden noch heute statt, und wenn auch Hammer und Stein sich inzwischen verwandelt haben, so ist doch die Tradition erhalten geblieben.

Auch die Ruderwettkämpfe der Colleges Cambridge, Oxford und Eton haben ihre Vorläufer. Es gab Wettkämpfe der Ruderknechte auf der Themse, schon 1715 wurde ein Wettrudern gestiftet um »Doggetts coat and badge«, und im Juni 1775 gab es auf der Themse eine Ruderregatta, von der weitere Einzelheiten nicht bekannt sind.

Vom Gentlemansport zum Massensport

Der Sport auf den Colleges war Gentlemansport, und so gehörten Jagen, Schießen, Fischen und Rudern nach dem Zeugnis eines Oxforder Graduierten aus dem Jahre 1801 zu den Hauptunterhaltungen der Studenten. Das Achterrudern soll zuerst in Eton aufgekommen sein, offenbar als Ausflugsrudern, bei dem sich gelegentlich Wettfahrten entwickelt haben mögen. Man weiß dann von einer Herausforderung der Schüler von Westminster durch die Schüler von Eton. In Oxford liegen die Anfänge wohl im Jahre 1815, man begann das Wettrudern in einer Schleuse. Die Boote lagen an der Schleusenausfahrt, der Schlagmann hielt das Boot mit dem

Enterhaken an der Schleusenkante. Sobald das Schleusentor geöffnet wurde, rannte er an das Bootsende, nahm seinen Platz ein und legte sich in die Riemen, das Wettrudern begann. 1826 hatte auch Cambridge zu rudern angefangen, 1827 bereits wurden alle, die keine Studenten waren, also alle Ruderknechte, Bootsbauer und Fährleute, von der Teilnahme ausgeschlossen, und 1827 wurde das erste Duell zwischen Oxford und Cambridge ausgetragen. Seit 1856 findet das Rennen, das auf einer Strecke von 7,240 km ausgetragen wird, im Londoner Westen zwischen Putney und Mortlake statt, und die ganze Bevölkerung nahm Anteil; mittlerweile hört auch jeder davon, der das Fernsehgerät einstellt.

Der englische Rudersport, aus dieser Tradition hervorgegangen, ist ohne dieses breite Interesse undenkbar; einer der größten Ruderer der Sportgeschichte, Jack Beresford, hat von 1919 bis 1939 an allen großen Ruderrennen teilgenommen und bei den Olympischen Spielen von 1920 bis 1936, also fünfmal hintereinander, die Goldmedaille errungen, und zwar im Einer, Vierer und Achter.

Eine Gesellschaft repräsentiert sich in ihren Idealen und feiert sich in ihren Ereignissen oder besser in dem, was sie zum Ereignis werden läßt. Eine Theaterpremiere in Paris, eine Opernpremiere in Wien demonstrierten, was eine breite Schicht des hochgebildeten, kultivierten Bürgertums unter »Kultur« verstand, und dies zu einem Zeitpunkt, als englische Lords an Wettläufen teilnahmen und Lord Byron als Mitglied der Cricket-Mannschaft von Harrow gegen Eton spielte. In England gehörte der Sport zur nationalen Kultur, und ein Engländer ohne Interesse am Sport wäre um 1850 ebenso undenkbar gewesen wie ein Wiener ohne Interesse an Musik oder ein Preuße ohne Interesse am Militär.

Die ersten leichtathletischen Wettkämpfe nach festen Regeln wurden im Jahre 1845 in Eton veranstaltet; auch in Dublin hat es solche Wettkämpfe gegeben, und es folgten, wie beim Rudersport, Wettkämpfe zwischen den verschiedenen Colleges. Oxford und Cambridge haben sich seither an die hundertmal aneinander gemessen. England hat in vielen Sportarten Anstöße gegeben oder Maßstäbe gesetzt. Der Begründer des alpinen Skilaufes und des sogenannten Kandahar-Rennens ist ein Engländer, Arnolf Lunn. Major Clopton Wingfield meldete im Jahre 1874 ein Spiel zum Patent an, das er »sphairistik« nannte, also »Luftspiel«, und das heute als Tennis in aller Welt gespielt wird. Auch das Golfspiel, dessen chinesische Vorläufer auf das Reich der Mitte beschränkt blieben, ist von England aus um die Welt gegangen; 1744 gab es dort die erste Golfmeisterschaft. Das schottische Parlament hat sich 1457 mit der Sache befassen müssen, denn die Lehensmänner widmeten sich mehr dem Golf und dem Fußball als dem Bogenschießen, so daß die Wehrkraft gemindert wurde und Verbote nötig wurden. Jacob II. von England aus dem Hause Stuart, ein vorzüglicher Spieler, hatte die Devise »weit und sicher« und spielte, nicht selten um Geld, gegen seine Höflinge; es wird ihnen nicht leicht geworden sein, regelrecht zu gewinnen.

Noch stärker tritt der »englische« Zug bei den Mannschaftsspielen in den Vordergrund, die eine noch höhere erzieherische Wirkung haben. Cricket, das schon 1730 seinen ersten öffentlichen Wettkampf erlebte, hat sich auf dem Kontinent nicht durchsetzen können, doch König Fußball um so mehr, der durch die Massenmedien zur Massenunterhaltung geworden ist, wie das noch um die Jahrhundertwende kaum vorauszuahnen war.

Aus der gemeinsamen Wurzel, einem Kampfspiel zwischen zwei Mannschaften in einem Klosterhof der Charterhouse School oder der Westminster School, entwickelten sich das rauhere Rugby und das Dribbeln, das vor allem in Eton gepflegt wurde. Die Schulen vereinbarten die Regeln, und in Rugby wurde 1823 das Laufen mit dem Ball eingeführt, das eben dem Rugby seine aggressive Note gab. Den ersten Fußball-Club hat es 1857 nördlich von London gegeben, und 1863 wurde »The Football-Association« gegründet. Diese Entwicklung leitete die endgültige Demokratisierung des Sportes ein, der heute bekanntlich allein in England von über 35 000 Vereinen getragen wird.

Auf dem Kontinent nahm man den Fußballsport eher ironisch, und so erschien noch im März 1890 in Paris nach einem Spiel zwischen den Schulmannschaften der Internationalen Schule Senftleben-Cotta und dem Lycée Janson eine Anzeige in einem der Boulevardblätter, derzufolge im Bois de Boulogne, in dem das Spiel vor einer zahlreichen Menschenmenge stattgefunden hatte, drei ausgelaufene Augen, fünf zerknickte Nasen, drei Pfund Kleiderlappen, 1 234 Zähne usw. gefunden worden seien, abzuholen beim Parkwächter des Bois.

In Amerika hat der Sport übrigens erst spät Wurzel gefaßt. Baseball und Fußball sind um 1850 unbekannt gewesen, und das Turnen hat sich, unter deutschem Einfluß, erst um die Jahrhundertmitte ausgebreitet. Englischer Sport und die deutsche Leibeserziehung standen beim amerikanischen Sport Pate; so wurde nach englischem Vorbild 1859 die erste College Union Regatta ausgeschrieben, es gab erste Baseballturniere und zehn Jahre später den ersten Intramural Football, also internen Football, der heute im Leben der Universitäten eine so große Rolle spielt, weil sich alle Ehemaligen an diesem Tage treffen und auch Spenden an die Institution fällig sind. Auch hier war also der Sport, wie in England, Betätigung einer bestimmten gesellschaftlichen Elite, bevor er Massensport wurde.

Wenn man für das Phänomen des englischen Sportes eine Erklärung sucht, so stößt man auf den englischen Puritanismus, das heißt auf die bekannte Auffassung, erfolgreich sei der Tugendhafte, auf dem der Segen des Herrn ruhe. Man weiß, welche Rolle dieses protestantische Leistungsdenken für die bürgerliche Leistungsgesellschaft gespielt hat. Derlei Dinge werden heute gerne negativ apostrophiert, wobei doch häufig vergessen wird, daß alle Vorzüge der modernen Zivilisation ihre Entstehung diesem Leistungsdenken verdanken. Der Sieg im Wettkampf ist gleichsam ein »verselbständigter« Erfolg, bei dem der ursprüngliche Bezug verlorengegangen ist wie etwa in der Kunst der kultisch-magische Bezug. So könnte man den Sport, vor allem in England, als eine Spielform des Leistungsprinzips sehen, das sich an den antiken Idealen der körperlich-geistigen Harmonie orientiert hat.

Anfänge der Leibeserziehung

Im Jahre 1780 erschien das Werk eines Arztes namens Johann Peter Frank mit dem Titel »System einer vollständigen und medizinischen Polizey« mit dem Vers: »Ihr lehrt Religion, Ihr lehrt die Bürgerpflicht, auf ihres Körpers Wohl und Bildung seht Ihr nicht.« Unter »Polizey« verstand der Verfasser nur, daß der Staat sich der Leibeserziehung annehmen solle, und natürlich schwebte ihm Platons »Staat« vor, diese strenge Utopie, in der alles, von der Weibergemeinschaft bis zur Körperkultur, strikte geregelt und als Idee durchdacht ist.

Das Interesse an körperlicher Betätigung, an den verschiedensten Formen der Gymnastik und des Sportes, hatte durch die Französische Revolution, ebenso durch die Ideen Rousseaus von Natur und Natürlichkeit immer stärkere Nahrung erhalten, man fühlte sich von unerträglichem gesellschaftlichem Druck befreit und begann in dieser aufgewühlten Zeit alles mögliche auszuprobieren, das vorher wohl schon gedacht, aber nie Wirklichkeit geworden war.

Mit dem Beginn der modernen Leibeserziehung sind berühmte Namen verknüpft. Klopstock, der kühne Autor mit dem provokativen Unabhängigkeitsdrang, brachte den Eislauf in Mode; der Hofarzt in Weimar, Christoph Wilhelm Hufeland (1762–1836), schrieb sein berühmtes Werk »Makrobiotik oder die Kunst, sein Leben zu verlängern« (1796), die Kaiserin Maria Theresia erließ 1770 für Ungarn und Böhmen die »Ratio educationis«, eine Verordnung über Erziehung, die zum ersten Male in Europa von Staats wegen Leibeserziehung angeordnet hat. Das lag in der Zeit, ohne daß man im einzelnen noch sagen kann, wie sich die Strömung zusammensetzte. Selbst ein Kopf wie Lichtenberg, der scharfsichtige und überhell formulierende bucklige Philosoph, äußert sich zum Thema und fordert nach englischem Vorbild in einer Kampfschrift 1793 die Einrichtung eines Seebades. Tatsächlich werden in jenen Jahren an der Ostsee die ersten Freibäder eingerichtet, erst in Heiligendamm/Doberan, dann in Travemünde, und wie an der See, so wird es auch im Gebirge lebendig. Der Großglockner wird 1802 zum ersten Male bestiegen, 1804 der Ortler, 1820 die Zugspitze. Der Alpinismus kommt langsam in Mode, das Hochgebirge verliert seine Schrecken.

Das alles sind nur Zeichen, an denen sich die Tendenz der Epoche ablesen läßt; die Dinge waren in Bewegung geraten wie überall, wo es um Erziehung und Ertüchtigung ging, und nach Vorbildern brauchte man nicht lange zu suchen. Sie lagen nahe, begegneten Lehrern und Schülern in täglicher Lektüre. Die allgemeine Geistesbildung war humanistisch, das heißt an Griechenland und Rom orientiert, noch mußten auf den Gymnasien Reden auf lateinisch gehalten werden, wurden Dissertationen lateinisch verfaßt. Was die Leibeserziehung anging, so lieferte das griechische Ideal leib-seelischer Vollkommenheit noch immer die Leitbilder, und je nachdem, ob es um die Individualität oder um Interessen des Staates ging, wurde Athen oder Sparta als Vorbild gepriesen.

So griff auch Johann Peter Frank bewußt auf Platon zurück, ihm ging es um eine »Wiederherstellung der Gymnastik«, und auch bei Johannes Bernhard Basedow, dem Begründer einer neuen Erziehungsmethode, dem sogenannten Philanthropismus, und eines ersten bahnbrechenden Internates (1774), ist das griechische Vorbild deutlich. Er führte in Dessau den Fünfkampf als Mittel der Leibeserziehung ein, die damals noch vollkommen vernachlässigt wurde, und notierte 1779 beiläufig über den Tagesinhalt: »Nach der Stunde Wettlaufen, Werfen, überhaupt olympische Spiele« – so nahe, so wichtig und allgegenwärtig war ihm der Gedanke an Griechenland, und so ungewöhnlich waren solche Übungen, die heute zur Schulpraxis des Alltags gehören. Im Philanthropinum zu Dessau wirkte auch als Wissenschaftler Johann Chr. F. Guts Muths (1759–1839), ein Bauernsohn aus Thüringen, dessen 1793 erschienene Schrift »Gymnastik für die Jugend« die erste überzeugende Grundlage für die Leibeserziehung junger Menschen lieferte. Guts Muths, der bis ins hohe Alter als Erzieher tätig war und dessen Persönlichkeit als Wissenschaftler sich auch in der Geographie und in der Pädagogik bewährte, hat sein Buch über das Turnen im Jahre 1817 »Turnbuch für die Söhne des Vaterlandes« genannt. Nicht nur in der Methodik, die er den Forderungen des »Turnvaters Jahn« anpaßte, sondern auch im Geist war das eine Wendung, die Athen den Rücken kehrte, um dem spartanischen Preußen zu dienen.

Der sogenannte Turnvater Jahn ist eine typisch deutsche Figur, deren Nationalismus, deren bewußt zur Schau getragene Kraftmeierei uninteressant wären, wenn das deutsche Turnen nicht weite internationale Wirkungen nach sich gezogen hätte – manche Formen des amerikanischen Sportes tragen unverkennbar deutsche Züge. Guts Muths hatte in Dessau die Fürsten aufgefordert, olympische Spiele durchzuführen, lange bevor der Baron Coubertin diese Idee realisierte, und ihnen zugerufen: »Welch ein Mittel, ein ganzes Volk zu leiten!« Sein Erziehungsideal war »germanische Fertigkeit und Kraft, Mut und Mannessinn mit Kultur des Herzens und Geistes vereint«, und er sah in den Turnübungen folgerichtig nicht einen Weg, damit der einzelne sich vervollkommnen könne, sondern eher als »notwendige Vorschulen des werdenden Vaterlandsverteidigers«. Diese Formel lag in der Zeit und reichte bis 1914 für vieles aus, ehe man den Mechanismus staatlicher Aggressionen zu durchschauen begann. Sie hätte ebenso noch 1941–1945 im Großen Vaterländischen Krieg der UdSSR gegen das Reich Hitlers gebraucht werden können. Während aber bei Guts Muths der nationale Ton eigentlich nur eine Begleitstimme lieferte, wurde er beim Turnvater Jahn zum eigentlichen Zweck.

Turnen macht frei

Als der Pastorensohn Friedrich Ludwig Jahn im Jahre 1778 in dem Dorfe Lanz bei Lenzen (Mark Brandenburg) geboren wurde, gab es das Wort »turnen« nicht. Er ritt mit den Husaren und Kürassieren zur Tränke, lernte von einem Wilderer das Schießen, von einem Mann aus Grönland das Schwimmen, und mit den Schmugglern des Dorfes, die über die Grenze gingen, trainierte er das Laufen. Daß er bei einem Affen im Tierpark des Herzogs von Mecklenburg das Klettern abgesehen haben soll, ergänzt das anekdotisch stilisierte Bild eines kerndeutschen und natürlichen Mannes. Nach den Lehr- und Wanderjahren als rauflustiger Student in Jena war er Hauslehrer und geriet in den Strudel der Zeitereignisse. Er hatte bereits zwei kleinere, leider verlorene Schriften verfaßt, nämlich »Über die Beförderung des Patriotismus im preußischen Reiche« sowie »Bereicherung des hochdeutschen Sprachschatzes«. Seine Studien waren nicht abgeschlossen, als Napoleon gegen Preußen marschierte und in der Schlacht von Jena und Auerstedt den friderizianischen Ruhm der Armee zu Staub zerfallen ließ. Jahn, als Freiwilliger auf dem Weg zur Truppe, geriet in die Strudel des Rückzuges und soll, ein junger Mann von 28 Jahren, in dieser Nacht ergraut sein. Er führte sein unstetes Wanderleben fort und wurde schließlich Lehrer an der Schule, die er selbst einst besucht hatte, dem berühmten »Grauen Kloster« zu Berlin.

Mit seinen Schülern zog er erst vors Hallesche Tor, später zur »Hasenheide«, einem umfangreichen Kiefernwäldchen vor den Toren im Süden Berlins, an das heute nur noch der Name der S-Bahn erinnert. Es gab Lauf- und Balancespiele, Übungen an Barren und Reck, man hatte sich einen Rennplatz und einen Thingplatz gebaut, auch erfand man neue Geräte. Jahn hat unermüdlich vorgeturnt und durch seine Lebendigkeit, wohl auch Sprunghaftigkeit die Gruppe in Bewegung gehalten; man trug graue Drillichanzüge, die »angetane Deutschheit«, wie seine Gegner sagten, kennzeichnete sich mit einem Abzeichen, der Turnmarke, und fühlte sich tüchtiger als alle Franzosen. Damals war das Turnen noch nicht nur Geräteturnen, und auch das Exerziermäßige, sosehr es auch der Zeit entsprach, war nicht das Wesentliche, sondern eher Beweglichkeit. Jahn selbst hatte gesagt, der Turnort sei kein Drillort und könne also nicht vor Schulsteifigkeit erstarren. »Der gewaltige Jahn mit früh kahlem Scheitel, aber immer beredten Mundes, damals 33 Jahre alt, und neben ihm der damals 27jährige Friedrich Friesen, noch im Wertherschen Frack gekleidet, wenn er nicht das Drillichzeug trug, sie waren der Mittelpunkt des Kreises, das gegenwärtige oder abwesende Gewissen.«

Als im Jahre 1813 die sogenannten Befreiungskriege begannen, fuhren Jahn und Friesen nach Breslau, von wo aus die nationale Bewegung ihren Ausgang nahm. Beide traten ins Freikorps des Freiherrn von Lützow ein und nahmen an einigen Gefechten teil, nicht ohne flammende Aufrufe an das deutsche Volk erlassen zu haben. Friesen fiel, Jahn kehrte krank aus dem Feldzug zurück. Das Turnen war inzwischen eine nationale und eine politische Angelegenheit geworden, denn die Turner waren organisiert, und sie waren »teutsch« gesinnt, das heißt national – nicht ihre Fürsten und Herren, sondern das deutsche Vaterland war ihnen Opfer wert.

Nach der Ermordung des reaktionären Dichters Kotzebue durch den national gesinnten Theologiestudenten Sand am 23. März 1819 griff die Polizei zu und verhaftete Jahn, vom Krankenbett seiner Kinder weg, wegen »geheimer hochverräterischer Leistungen«. Die angebliche Verschwörung, zu der Sand gehört haben soll, gab Anlaß zu den berüchtigten »Karlsbader Beschlüssen«. Die Zensur wurde eingeführt, die Universitäten beaufsichtigt, man verbot alle Burschenschaften und Turnverbände und verfolgte alle »Demagogen«, also Männer, die an einen Sieg der Demokratie glaubten. Selbst der Bibelforscher Wette, der an die Mutter Sands einen Trostbrief geschrieben hatte, wurde verfolgt, und »schließlich wurde alles verdächtig: demokratischer Schnurrbart, carbonarihafter Filzhut, revolutionäres Reckspringen, ja sogar ein ›sand‹-farbener Flaus« (Friedell). Bis 1820 blieb Jahn in Haft, mußte sich dann in Kolberg aufhalten und bekam 1824 seinen Prozeß, der erst mit Verurteilung zu zweijähriger Festungshaft, dann mit Freispruch endete. Erst 1840 ist er rehabilitiert worden, und 1847 wurde er in die Paulskirche gewählt. 1852 ist er als 74jähriger nach kurzer Krankheit gestorben.

Das Turnen diente der Körperertüchtigung, der Nationalismus setzte die politischen Ziele. So wundert es nicht, daß der Gedanke Jahns auch in anderen Ländern zur Gründung militanter Organisationen führte, die sich freilich nun gegen das Deutschtum richteten. So gab es in den damals österreichischen Ländern Böhmen und Mähren nationalbewußte junge Männer, die sich seit 1862 unter dem Namen Sokol (tschechisch: Falke) in militanten Turnerschaften organisierten, auch die Polen und Südslawen gehörten zu diesem Bund. Für den Befreiungskampf jener Völker hat er keine geringere Rolle gespielt als die Turnerschaften Jahns in den preußischen Befreiungskriegen gegen Napoleon. Turnvater Jahns Grundgedanke, daß jedes Dorf, sozusagen neben der Kirche, einen Turnplatz haben solle, der zur Schule gehöre, vielleicht sogar eine Turnhalle, die von einem Vorsteher zu leiten sei, ist schrittweise Wirklichkeit geworden. 1816 wurde von einem Jahn-Schüler die Hamburger Turnerschaft gegründet, 1817 der Mainzer Turnverein, andere folgten, und seit 1846 gab es die erste Zeitschrift: »Der Turner. Zeitschrift gegen leibliche und geistige Verkrüppelung«. Im Revolutionsjahr entstand dann der »Allgemeine Turnerbund«, und im Jahre 1860 trafen sich in Coburg rund 1000 Turner aus 139 Orten zum ersten »Deutschen Jugend- und Turnfest«. Man kann in diesen Ansätzen die Vorläufer jener Massenaufmärsche sehen, wie sie gerade in den sozialistischen Staaten zum Bild der politischen Feiertage gehören.

Zwischen dem als deutsch erlebten Turnen und dem als ausländisch empfundenen »sport« im Sinne englischer Box- und Fußballkämpfe gab es im 19. Jahrhundert Differenzen, und mit sehr deutscher Gründlichkeit und Prinzipientreue wurde dieser Gegensatz ausgeleuchtet, wobei man noch 1906 die Olympischen Spiele zu Athen mit der Schwimmleistung eines Bierfahrers über die Havel, ein Achtel auf dem Rücken, in Zusammenhang brachte – beides erschien in der Turnerpresse unter »Vermischtes«. So weit ging die Verblendung, daß man, falls man Turner war, Sport als »englischen Fremdkörper im deutschen Volkstum« empfinden konnte oder sportliche Wettkämpfe als »semitische Beigabe und Ausnutzung des Ehrgeizes junger Leute« ansah (Diem).

Die Ermordung Kotzebues, die für den Turnvater Jahn so schwerwiegende Folgen hatte, hinterließ auch Spuren in Amerika. Karl Follen (1796–1840), Student in Gießen und Mitglied eines Turnvereins, wurde als Angehöriger der Burschenschaft nach dem Attentat auf Kotzebue ausgewiesen und ging 1824 nach Amerika, wo er in Harvard einen Lehrauftrag für Deutsch, später auch Jurisprudenz erhielt. Auch sein Freund Karl Beck (1798–1866) ist 1824 in die Staaten gekommen, ebenfalls aus politischen Gründen, und hat in Harvard gelehrt. Karl Beck führte 1826 Turnen und Gymnastik in den USA ein, übersetzte Jahns Buch »Die deutsche Turnkunst«, das Standardwerk jener Zeit, und errichtete die erste Turnhalle »an dieser Seite des Atlantik«. Dies alles spielte sich an der Vorschule zur Universität ab, während an dieser selbst Karl Follen die ersten Schritte tat und turnerische Übungen in sein Vorlesungsverzeichnis aufnahm.

Schließlich gehörte zu diesem Freundeskreis noch Franz Lieber (1800–1872), der am Grauen Kloster Schüler von Jahn und Friesen gewesen war. Auch von General von Pfuel, der in Berlin die erste Schwimmschule errichtet hatte, war er auf mancherlei abenteuerliche Weise ausgebildet worden. Mit dem Schwimmlehrerzeugnis und einer Empfehlung von Jahn zog er nach Amerika und übernahm als Nachfolger Follens das Boston-Gymnasium in Harvard. Er hat übrigens nicht nur turnen und schwimmen können, sondern auch 1829 die Encyklopedia Americana begründet, die bis 1833 in 13 Bänden erschienen ist und allgemeine Anerkennung fand. Als vierter ist John Griscom zu nennen, ein Engländer (1774–1852), der die New Yorker High School gegründet hat und hier alle jene Sportarten einführte, die er aus England gewohnt war. New York gab für Amerika den Ton an; so mischten sich deutsches Turnertum und englischer Sportsgeist, vor allem über das Schul- und Hochschulwesen, zu jener Form der sportlichen Betätigung, die heute in der ganzen Welt verbreitet ist und in der Olympiade ihren typischen Ausdruck findet. Freilich spiegelt der unerbittliche Leistungswettkampf auf den Sportplätzen nur die Verhältnisse der Gesellschaft wider, die ihn veranstaltet; der Spitzensport ist industrialisiert wie das Show-business, er hat die Funktion der Gladiatorenspiele übernommen, und nichts gibt ihm die Unschuld seiner griechischen Anfänge wieder, als der Sieger noch ein Liebling der Götter war.

Im Prozeß der menschlichen Selbstdarstellung, in den Musik und bildende Künste wie Dichtung und Sportkampf gehören, ist der Spielraum für selbstvergessenes, zweckfreies Spiel immer mehr verschattet worden. Es wäre reizvoll zu fragen, wie der Mensch denn künftig mit all seinen Spielen umgehen wird, wenn die Verhältnisse ihn wirklich aus ihren Zwängen entlassen – wird er noch Träume genug haben, die zu spielen sich lohnt?

Literatur

Ein detaillierter Quellennachweis für dieses Buch würde den Umfang eines weiteren Buches erreichen. Deshalb ist es nur möglich, einige Titel zusammenzustellen, die nicht nur für den Autor wichtig waren, sondern auch für den Leser von Nutzen sein können. Standardwerke der Geschichtswissenschaft, Lexika, fremdsprachige Literatur und ältere Spezialuntersuchungen wurden nicht aufgeführt. Wo der Autor die hier angegebene Literatur herangezogen hat, ist der Name im Text in Klammern gesetzt. Literaturangaben aus bereits vorangegangenen Bänden werden nicht ausdrücklich wiederholt.

ABENDROTH, Wolfgang: Sozialgeschichte der europäischen Arbeiterbewegung. 1951.
ADAMI, Leonhard: Lehrbuch der Völkerkunde. 1958.
BENGTSON, Hermann: Die Olympischen Spiele in der Antike. 1971.
BERTHOLD, Margret: Weltgeschichte des Theaters. 1968.
BIRKET-SMITH, Kaj: Geschichte der Kultur. 1948.
BLOODSWORTH, Dennis: Chinesenspiegel. 1967.
BORRIS, Siegfried: Die großen Orchester. 1969.
BRUDFORD, Walter H.: Kultur und Gesellschaft im klassischen Weimar 1775–1806. 1966.
BUSCHOR, Ernst: Die Plastik der Griechen. 1958.
CABANNE, Pierre: Die Geschichte der großen Sammler. 1961.
DANCKERT, Werner: Unehrliche Leute. 1963.
DIEM, Carl: Weltgeschichte des Sports. 1960.
DITTMER, Kurt: Allgemeine Völkerkunde. 1954.
DOERNER, Max: Malmaterial und seine Verwendung im Bilde. 1965.
DURANT, Will: Das Vermächtnis des Ostens. 2. Aufl. 1956.
DURANT, Will: Die Renaissance. 1955.
EICHENDORFF, Joseph von: Deutsches Adelsleben. 1867.
EICHHORN, Werner: Kulturgeschichte Chinas. 1964.
ERDBERG-CONSTEN, Eleanor: Das alte China. (o. J.)
FERRERO, Guglielmo: Macht. (o. J.)
FITZGERALD, C. P.: China von der Vorgeschichte bis zum 19. Jahrhundert. 1967.
FRIEDELL, Egon: Geschichte der Neuzeit. 1965.
FRIEDENTHAL, Richard: Goethe. Sein Leben und seine Zeit. 1965.
FRIEDENTHAL, Richard: Luther. Sein Leben und seine Zeit. 1967.
FRISCHAUER, Paul: Die Welt der Bühne als Bühne der Welt. Band 1 und 2. 1967.
GAL LE GOFF, Jacques: Kultur des europäischen Mittelalters. 1964.
GRASSI, Ernesto: Kunst und Mythos. 1957.
GREGOR, Joseph: Kulturgeschichte des Balletts. (o. J.)
GRUNEBAUM, G. E.: Der Islam in seiner klassischen Epoche. 1966.
GUTMANN, Robert: Richard Wagner. 1971.
HASELBERGER, Herta: Kunst-Ethnologie. 1969.
HAUSER, Arnold: Sozialgeschichte der bildenden Kunst und Literatur. 1953.

HOCKE, Gustav René: Die Welt als Labyrinth. 1967.
HUIZINGA, Johan: Homo ludens. 1963.
HUIZINGA, Johan: Geschichte und Kultur. 1954.
KRIS, Ernst, und KURZ, Otto: Die Legende vom Künstler. 1964.
KUGAWA, Gerhard von: Ursprung und Sinn des Seins. 1949.
LAATHS, Erwin: Geschichte der Weltliteratur. 1953.
LACOUR-GAYET, Robert: So lebten die Amerikaner. 1958.
LANGE-EICHBAUM, Wilhelm: Genie, Irrsinn und Ruhm. 1967.
LINDEMANN, Gottfried: Das goldene Zeitalter der niederländischen Malerei. 1965.
LOMMEL, Manfred: Fortschritt ins Nichts. 1969.
MALINOWSKI, Bronislaw: Sitte und Verbrechen bei den Naturvölkern. 1940.
MELLERS, Wilfried: Musik und Gesellschaft. 1–2. 1964, 1965.
OOSTERWAAL, Gottfried: Die Papua. 1963.
PROMIES, Wolfgang: Die Bürger und der Narr oder das Risiko der Phantasie. 1966.
RENNER, Hans: Geschichte der Musik. 1965.
ROBERTSON, A., und STEVENS, Denis: Geschichte der Musik. Band 1–3. 1964.
ROUSSELLE, Erwin: Vom Sinn der Buddhistischen Bildwerke in China. 1958.
SCHNEIDER, Wolf: Das Buch vom Soldaten. Porträt einer umstrittenen Gestalt. 1964.
SCHNOOR, Hans: Weber. 1953.
TAUBERT, Karl Heinz: Höfische Tänze. 1968.
TAUBERT, Karl Heinz: Theater des Barock. 1966.
TOYNBEE, Arnold J.: Krieg und Kultur. Der Militarismus im Leben der Völker. 1951.
UMMINGER, Walter: Helden, Götter, Übermenschen. 1962.
WIESE, Benno von: Das deutsche Drama. 1–2. 1960.
WIESE, Benno von: Der deutsche Roman. 1–2. 1963.
WOLFF-WINDEGG, Philipp: Die Gekrönten. Sinn und Sinnbilder des Königtums. 1958.

Register